추 리 논 증 핵 심 이 론 및 기 출 문 제 유 형 별 학 습 서

조성우
추리논증

기본 개정 10판

조성우

추리논증 기본

지은이 조성우
발행일 초판 1쇄 2008년 5월 23일 개정 10판 2쇄 2023년 12월 29일
펴낸곳 메가로스쿨
출판등록 2007년 12월 12일 제 322-2007-000308호
주소 서울특별시 서초구 반포대로 81, 2층
주문전화 070-4014-5139 **팩스** 031-754-5145

조성우 추리논증

논증영역

조성우 지음

메가로스쿨

개정10판 저자 서문

이 책은 'LEET 추리논증 핵심이론 정리 및 기출문제 유형별 학습'을 목적으로 만들어진 '기본강의' 교재로 추리논증 시험을 위한 두 번째 단계의 학습서이다. 기출문제의 중요성은 이제 강조하지 않아도 LEET를 준비하는 수험생이면 누구나 인식하고 있는 데 반하여, 기출문제를 어떻게 활용하여야 하는지는 모르는 수험생이 여전히 많은 것으로 파악된다.

일례로, 수험생 중에는 기출문제가 최상급 모의고사로서의 가치가 있기 때문에 아껴두었다가 시험 직전에 최종모의고사 문제로 풀어보는 것이 어떻겠냐는 질문을 하는 경우가 적지 않은데, 이는 매우 위험한 접근이다. 기출문제는 시험 직전에 모의고사로 한 번 풀어볼 정도의 자료가 아니라, 수험생활을 하는 동안 내내 곱씹어 가며 분석하고 학습에 활용해야 할 자료이기 때문이다. 또한 시험 직전에 기출문제를 풀어보고 자신이 제대로 방향을 잡고 학습하지 못했음을 그때 깨닫게 된다면 이때는 만회할 시간이 없고, 설령 점수가 좋게 나왔다 하더라도 시험을 준비하면서 학습서와 강의 등을 통해 이미 직간접적으로 기출문제를 접한 후에 나온 점수라는 점에서 자신의 실력을 제대로 보여주는 점수라고도 할 수도 없기 때문이다. 따라서 LEET 강의 등을 통해 기출문제를 직간접적으로 접하기 전에, 실전과 동일한 상황에서 풀어봄으로써 자신의 현 주소를 파악하고, 이를 학습에 적극적으로 활용하는 것이 현명한 접근이다.

하지만 추리논증 입문자의 경우, LEET 기출문제를 실전처럼 바로 풀어본다는 것이 매우 부담스러울 수도 있고, 몇 회분 정도 풀어봤는데 계속 풀어보는 게 의미가 있나 싶을 정도로 커다란 벽을 느낄 수도 있다. 이러한 측면을 고려하여 기출문제를 풀어보기 전에, 추리논증의 핵심이론을 밀도 있게 학습하고 이를 LEET 예시문항 및 PSAT 기출문제와 연결시켜 학습하는 첫 번째 단계의 강의 및 교재가 '기초입문강의'이고 '추리논증 기초' 교재이다. 대부분의 수강생들이, 심지어 고득점을 획득한 합격생들도 매우 큰 도움이 된 필수강좌라고 적극적으로 추천하고 있는 만큼, 너무 늦게 시험 준비를 시작한 것이 아니라면, 그리고 제대로 학습하고자 한다면, 기초입문교재를 먼저 학습하거나 병행할 것을 권한다.

두 번째 단계의 학습서인 본 교재는 시험을 준비하는 수험생들이 가장 많이 수강하고 있는 필자의 대표강의인 '기본강의'의 교재로, 제한된 지면에 시험에 필요한 내용을 빠짐없이 최대한 담아 왔다. 그러다 보니 강의 도움을 받지 않고 혼자 추리논증 학습을 처음 시작하는 수험생에게는 이 책보다는 기초입문교재가 더 적합하다. 기초입문교재의 경우에는 독습이 가능하도록 최대한 친절하게 그리고 수험적합성 있게, 문제 설명 및 학습가이드를 제공하였기 때문이다.

그럼 이제 본 교재의 특징과 개정된 내용들을 소개하도록 하겠다.

첫째, 가장 효과적인 학습 틀인 '추리논증 핵심이론 및 기출문제 유형별·소재별 학습서'로서의 틀을 유지하면서, 수험적합성을 1순위 기준으로 하여 최신기출을 업데이트하며 완성도를 높이는 쪽으로 개정작업을 진행하였다.

이 책은 크게 3권으로 구성되어 있고 각권 해설집까지 고려하면 총 5권으로 구성되어 있다. 제1권은 '추리논증의 이해와 학습전략'으로 수험에 필요한 학습가이드를 담았고, 제2권은 '추리영역'을, 제3권은 '논증영역'을 담아 구성하였다.

둘째, 개정7판(2018년 출간)까지는, 가능한 중요 기출문제를 모두 유형별로 분류하여 한 권의 책에 담고자 하였기에, 법학전문대학원협의회가 출제를 맡기 시작한 2012 LEET부터 2018 LEET까지의 전체 문항과 추리논증 체계를 파악하는 데 필요한 필수문항들을 유형별·소재별로 모두 분류해서 핵심이론과 함께 기본교재에 실었다. 그러나 개정8판(2019년 출간)부터는 제한된 기본강의시간을 고려할 때 더 이상 한 권의 책에 모든 기출문제를 담을 수 없어, 최대한 기출유형별 분석 및 반복학습의 효과를 극대화할 수 있도록 책을 구성함과 동시에 추가적으로 보충교재제작 및 특강을 진행하였다. 결과적으로 이번 개정10판은 핵심이론과 함께 283문항으로 구성하였다.

참고로, 2021년 모든 기출문제를 함께 학습할 수 있는 훈련용 교재(전체기출문항의 유형별 훈련서 - 훈련편1, 훈련편2)를 출간하였고, 기출 전체 법률형 문제의 학습을 원하는 수험생들의 요구에 부응하여 법률특강1(2014년 진행)에 이어 개정10판 출간 직전인 2022년 10월에 법률특강2를 진행하였다. 따라서 전체 기출문제를 유형별로 학습하고자 하는 수험생의 경우에는 교재 마지막 장에 소개된 훈련용 교재와 강의를 참조하여 학습할 것을 권한다.

셋째, 기본강의 중 가장 최신 시험문제(2023 LEET)는 건드리지 않고 강의가 끝난 후 특강 형태로 실제시험처럼 풀어보고 분석하고자 하는 의도에서, 이번 개정10판에서도 2023 LEET 기출문제는 교재에 싣지 않았다. 따라서 기출특강 수강을 함께 할 수 없는 수험생들은 2023 LEET 기출문제를 법학적성시험 홈페이지(http://www.leet.or.kr)에서 다운받아 풀어보고 법학전문대학원 해설집(또는 메가로스쿨 해설집)을 참고할 것을 권한다.

모쪼록 수험생에게 보다 도움이 되는 교재나 강의가 되도록 나름 최선을 다하고 있는 만큼 본서나 강의를 잘 활용하여 차별화된 결과가 있기를 바란다. 성공하는 사람은 '생각'이 다르고, '생각'이 다른 만큼 다르게 '행동'한다. 이 책을 펼쳐든 여러분이 성공하는 사람의 생각방식과 행동으로 목표한 바를 꼭 성취하고 훌륭한 법조인이 되길 바라면서 글을 맺는다.

2022년 12월

조성우

개정7판 서문 중 일부발췌

(앞부분 생략)

수험생 중에는 기출문제를 풀고 한 문제 한 문제 꼼꼼히 분석하였다고 하지만, 판단기준을 구체화하지 못하고 각각의 문제들을 유기적으로 연결시키지 못하여 실력 향상으로 이어지지 않는 사례가 적지 않다. 이러한 측면과 다양한 학습 시 애로사항을 수렴하여 구성한 교재가 바로 'LEET 추리논증 핵심이론 및 기출문제 유형별 학습서'인 이 책이다.

기타 이 책의 특징은 뒤에 이어지는 개정6판 서문을 참조하고, 지난 개정6판과 달라진 본 교재(개정7판)의 특징을 끝으로 언급한다면, 첫째, 2016년 12월 확정되고 2019 LEET부터 전격 반영된 개선안을 고려하여 교재 편제에 변화를 주었고, 지난 개정6판에 비해 완성도와 가독성을 높이고자 하였다.

(뒷부분 생략)

2018년 12월

조성우

이 책은 'LEET 추리논증 핵심이론 정리와 기출문제 유형별 학습'을 목적으로 만들어진 '기본강의' 교재이다. 이 책에서는 LEET 추리논증 시험을 위해 반드시 학습해야 할 내용들과 문제들을 다루고 있고 적성평가시험인 추리논증의 학습방법을 구체적으로 제시하고 있다.

필자의 책과 강의는 제1회 법학적성시험(LEET) 이후로 수석합격자를 비롯한 대다수의 합격자로부터 수험적합성이 가장 높은 것으로 평가받아 왔다. 그 이유는 출제기관의 지침을 하나도 빠짐없이 철저히 분석하고 이를 구체화하여 책을 구성하였고 실전을 항상 염두에 두고 강의를 진행하였기 때문일 것이다. 그 결과로 책과 강의를 통해 몸에 익힌 문제유형들이 시험에 다수 출제되어 필자와 함께 추리논증 학습을 제대로 한 학생들은 추리논증 영역에서 기대 이상의 결실을 거두어 왔다.

LEET와 같은 적성시험 내지 능력평가시험은 어떤 특정 지식을 알고 있는지를 확인하는 시험이 아니라 문제를 해결하는 능력을 평가하는 시험이기 때문에 "좋은 문제"를 가지고 "제대로" 학습하는 것이 매우 중요하다. 단순히 논리학, 수학 등을 학습하는 것으로 충분치 않고 그것을 왜 배우는지, 어떻게 문제 해결에 활용할 수 있는지를 문제를 통해 습득하는 것이 중요하다. 특히 언어적 자료인 논증(論證)문제의 경우에는 주관성이 개입될 여지가 많으므로 충분히 객관성이 확보된 문제로 답안 선택의 기준을 익히는 것이 더더욱 중요하다고 할 수 있다.

따라서 개정 6판에서도 여전히 가장 효과적인 학습 틀인 '추리논증 핵심이론 및 기출문제 유형별 학습서'로서의 틀을 유지하면서 좀 더 수험적합성을 높이는 쪽으로 집필의 방향을 설정하고 개정작업을 진행하였다.

LEET 추리논증 학습에 있어 가장 중요한 자료는 "기출문제"이다. 기출문제는 추리논증 학습의 '보고(寶庫)'이자 일종의 '판례(判例)'와 같다. 그래서 필자의 대표강의인 기본강의에서는 "추리논증 핵심이론 및 기출문제 유형별 분석"을 목표로 교재를 구성하여 강의를 진행해 왔다. 그런데 LEET가 시행된 지 벌써 9년이 되다 보니 기본강의에서 다루어야 할 기출문제의 양이 많아져, 2년 전부터는 기본강의에서 자세히 설명하던 기초 이론과 문제의 상당 부분을 입문강의로 내리고 기본강의에서는 "추리논증 핵심이론과 LEET 기출문제"를 보다 집중적으로 다루어 왔다.

이러한 점을 고려할 때 강의의 도움을 받지 않고 혼자 추리논증 학습을 처음 시작하는 수험생에게 이 책은 적절치 않다. 추리논증 입문자의 경우에는 이 책을 보기 전에 〈조성우 추리논증 기초〉를 먼저 학습할 것을 권한다. 입문교재는 독습이 가능하도록 최대한 친절하게 그리고 수험적합성 있게, 문제 설명 및 학습가이드를 제공하였다.

따라서 입문서를 학습한 후에 또는 입문서와 함께 이 책으로 학습한다면 학습의 효과는 배가(倍加)될 것이다. 본서에 수록된 핵심이론 및 문제는 추리논증 문제해결을 위해 꼭 필요한 내용과 LEET 기출문제를 포함한 공인된 시험을 통해 객관적으로 충분히 검증된 좋은 문제들로만 구성되었으므로 한 문제 한 문제 제대로 학습하고 여러 번에 걸쳐 반복적으로 학습하면서 효율적인 문제해결방법 및 객관적인 판단기준을 확립해 갈 것을 권한다.

마지막으로 수험생에게 보다 도움이 되는 교재를 제작하기 위해 나름 고민 고민하며 작업에 임한 만큼 본서와 인연을 맺은 이들에게 차별화된 결과가 있기를 기대해 본다. 성공하는 사람은 '생각'이 다르고, '생각'이 다른 만큼 다르게 '행동'한다. 이 책을 펼쳐든 여러분은 성공하는 사람의 생각방식과 행동으로 목표한 바를 꼭 성취하기 바란다.

2017년 1월

조성우

CONTENTS

CHAPTER 1
논증 분석 및 재구성

CHAPTER 2
논증에 대한 평가 및 문제해결

CHAPTER 3
논쟁 및 반론

Ⅰ. 논증 비판 및 반론의 이론적 틀

Ⅱ. 논쟁 분석 및 평가 문제의 유형별 학습

Ⅲ. 비판 및 반론하기 문제의 유형별 학습

CHAPTER 4
법적 추론 및 논증

Ⅰ. 법률형 문제 개요

Ⅱ. 규범 이해 및 적용(법적 추론) 문제의 유형별 학습

Ⅲ. 법적 논증 문제의 유형별 학습

Legal
Education
Eligibility
Test

논증

출제기관은 확정된 개선안에서 논증영역을 논증분석, 논쟁 및 반론, 평가 및 문제해결로 나누고 각각의 세부 문제 유형을 다음과 같이 제시하였다.

문항유형 / 내용영역	논증분석			논쟁 및 반론			평가 및 문제해결		
	명시적 요소 분석	암묵적 요소 분석	구조 분석	논쟁 분석 및 평가	반론 구성	오류	논증 평가	강화 또는 약화	문제 해결
인문									
사회									
과학기술									
법·규범									

논증분석은 논증의 요소와 구조를 분석하는 능력을 측정하기 위한 문항으로 명시적 요소 분석, 암묵적 요소 분석, 구조 분석문항으로 세분하였고, 논쟁 및 반론은 논쟁을 분석하고 평가하는 능력과 더불어 상대방의 오류를 지적하는 것을 포함한 반론을 구성하는 능력을 측정하기 위한 문항으로 논쟁 분석 및 평가, 반론 구성, 오류문항으로 세분하였으며, 평가 및 문제해결은 논증을 평가하는 능력, 증거가 가설을 입증하는 강도를 평가하는 능력, 합리적인 선택과 문제해결 능력을 측정하기 위한 문항으로 논증 평가, 강화 또는 약화, 문제해결문항으로 세분하였다.

개선안 이전의 논증영역의 내용 변화는 사실상 없다고 할 수 있고 단지 부분적으로 유형의 통합과 재분류가 있었다고 할 수 있다. 따라서 본 교재에서는 '논증이론'과의 연계성과 설명의 체계를 고려하여 제1장에서 논증분석을, 제2장에서는 위 분류와 순서를 달리하여 평가 및 문제해결을 살펴보고, 제3장에서 논쟁 및 반론을 살펴보도록 한다.

CHAPTER 1
논증 분석 및 재구성

본 장에서는 논증 분석 내지 논증의 분석 및 재구성에 대한 핵심이론들을 살펴보고 기출문제를 유형별로 묶어 학습하도록 한다. 논증을 재구성하고 분석하는 것은 논증을 제대로 이해하기 위함이다. 따라서 논증 분석 및 재구성으로 분류된 문제들은 제시된 논증에 대한 제대로 된 이해를 묻고 있다고 할 수 있다.

	인지활동영역 및 하위 범주	
2016년 확정 개선안	명시적 요소 분석	논증에 명시적으로 제시되어 있는 문장들 중에서 전제들과 결론을 찾아내고, 전제들이 결론을 어떻게 뒷받침하고 있는지 파악하는 능력을 측정
	암묵적 요소 분석	논증이나 추리과정에서 의식적 또는 무의식적으로 생략된 전제들을 찾아내어 완전한 논증이나 완전한 추리과정을 재구성할 수 있는 능력을 측정
	구조 분석	논증 전체의 구조를 분석할 수 있는 능력을 측정함
과거 출제 지침	1. 논증의 주장을 파악하고 제시된 근거를 파악하기 2. 논증이 기반하고 있는 원리나 가정 파악하기 3. 논증에서 생략된 전제 찾기 4. 논증의 구조 분석 및 논증 유형 비교하기	

2023

2022

2021

2020

2019

2018

2017

2016

Ⅰ. 논증의 분석 및 재구성 개요

1 논증과 비(非) 논증 [1)]

(1) 논증의 개념 및 요건

① 추리(inference) 와 논증(argument)

추리를 논리학에서는 일반적으로 추론(inference)이라고 부르는데, 추론이란 주어진 사실로부터 새로운 사실을 이끌어내는 사고의 과정이라고 정의할 수 있다.

논증(argument)이란 주장과 근거가 포함된 말 묶음으로 논리적으로 이치를 따질 수 있는 말의 단위이다. 즉, 논증에는 주장이 포함되어야 하고, 그 주장을 뒷받침하는 근거가 포함되어야 한다.

사고의 과정인 추론을 언어로 표현했을 때, 추론의 주어진 사실은 논증의 근거가 되고, 추론의 새로운 사실은 논증의 주장이 된다. 논증의 근거를 논거 또는 논증의 전제라고 하고, 논증의 주장을 논지 또는 논증의 결론이라고 한다.

② 논증의 요건

논증에는 주장(=논지, 결론)이 포함되어야 하고, 그 주장을 뒷받침하는 근거(= 논거, 전제)가 포함되어야 한다. 전제는 결론을 '지지한다' 또는 '뒷받침한다' 또는 '정당화한다'라고 표현한다. 요컨대 제시된 전제들을 근거로 해서 결론이 참이라고 또는 받아들일 만한 것이라고 합리적으로 설득하는 것이 논증이다.[2)]

(2) 논증이 아닌 글

논증은 주장과 근거가 포함된 말 묶음이라는 점에서 관찰된 사실을 있는 그대로 보고하는 말 묶음인 기술(description)이나 이미 발생한 사실에 대한 원인을 제시하고 왜 그런 사실이 발생했는지 설명하는 인과적 설명(causal explanation)과는 구분된다.

---

1) 송하석, 전게서, pp. 14~16.

2) 최훈, 논리는 나의 힘, 2007, p. 169.

논증이 아닌 글에는 그 밖에도 믿음(의견), 보고(report), 해설(expository statements), 예시(illustration), 설명(explanation) 등이 있다. [3]

● 확인문제

다음 글이 논증인지 아니면 인과적 설명인지 판단하시오.

(가) 석이는 영이를 좋아한다. 왜냐하면 영이는 마음씨가 곱기 때문이다.

(나) 석이는 영이를 좋아한다. 왜냐하면 석이는 영이 주위를 떠나지 않고, 자주 선물하기 때문이다.

확인문제 해설 논증과 인과적 설명을 혼동하는 경우가 많다. 이러한 혼동에는 두 가지의 말 묶음에 자주 등장하는 '왜냐하면 ~이기 때문이다'라는 표현 때문이다. 일반적으로 논증은 그 전제에 그것이 그 논증의 전제임을 알려주는 전제 지시사(premise indicator)가 붙고, 결론 앞에는 그것이 그 논증의 결론임을 알려주는 결론 지시사(conclusion indicator)가 자주 붙는다. 대표적인 전제 지시사로 '왜냐하면', '~이기 때문이다' 등이 있고, 결론 지시사로는 '그러므로', '따라서' 등이 있는데, '왜냐하면~ 이기 때문이다'라는 표현은 인과적 설명에도 사용되기 때문에 논증과 혼동하는 경우가 많다. (가)는 석이가 영이를 좋아한다는 사실에 대한 인과적 설명이고, (나)는 석이가 영이를 좋아한다고 그 근거와 함께 주장하고 있는 논증이다.

(3) 문장, 명제, 진술

다 비슷한 말 같은 문장과 명제와 진술을 엄격하게 구분해서 쓰는 학자들도 있다. [4] 이들에 따르면 문장이란 문법에 맞춰 낱말들을 배열한 덩어리이며, 명제는 문장들이 말하고 있는 내용, 즉 참이거나 거짓인 문장의 내용을 말하고, 진술은 씌어진 낱말이나 의미만으로 구분되지 않고 화자가 문장을 통해 말하려는 바가 무엇이냐를 기준으로 구분된다. 즉, 같은 문장을 누가 언제 어디서 말했느냐에 따라 다른 진술이 될 수 있다. [5]

---

3) ① 믿음(의견) : 자신의 믿음이나 생각을 표현하는 믿음(belief)이나 의견(opinion)에 관한 진술 ② 기술(description) : 마치 단어로 어떤 장면을 묘사하는 것처럼 어떤 상황을 있는 그대로 잘 보여주는 경우의 진술 ③ 보고(report) : 보고는 여러 가지 점에서 기술과 유사한 측면이 있으나, 그것은 어떤 상황이나 사건에 관한 정보를 전달하는 진술들로 구성되어 있을 뿐 증명하기 위한 주장이 없기 때문에 논증이라 할 수 없다. ④ 해설(expository statements) : 상술적 혹은 해설적 진술에서 화제가 되는 문장과 함께 시작한 다음, 그것을 계속 전개시켜 나간다. ⑤ 예시(illustration) : 하나의 진술이 그 진술의 예를 나열하는 언급과 연결될 경우, 이런 진술들의 모임을 예시라고 한다. ⑥ 설명(explanation) : 설명은 두 요소로 구성되어 있다. 설명되어야 할 사건 혹은 현상을 기술하는 진술인 피설명항과 설명할 것을 의도하는 진술인 설명항이 그것이다. 설명은 '왜냐하면' '… 때문에'란 전제 지시어를 사용하기 때문에, 논증과 혼동하기가 쉽다(박은진 외, pp. 76~84).

4) 문장(sentence)이란 진술될 수 있도록 언어의 규칙에 맞춰 낱말을 나열한 것을 말하고, 진술(statement)이란 구체적인 상황에서 사용된 참이거나 거짓인 문장을 말하고, 명제(proposition)란 문장이 주장하는 내용, 혹은 참이거나 거짓인 문장을 의미한다(박은진 외, 전게서, pp. 61~66).

5) 최훈, 논리는 나의 힘, pp. 164~166.

확인문제

다음 글 중 문장, 명제, 진술은 각각 몇 개인지 판단하시오.

① 나는 학생이다.
② 나는 학생이다.
③ I am a student.
④ Ich bin Student.

확인문제 해설 문장은 3개 또는 4개(①과 ②는 같은 유형이니까 같은 문장이라고 보기도 하고, 씌여진 위치와 시간이 다르므로 다른 문장이라고 보기도 한다), 명제는 1개(위 보기들은 모두 같은 내용을 말하고 있으므로)이며, 진술은 이 문장들이 말해지는 상황이 고정되지 않으면 몇 개인지 말할 수 없다.

2 논증의 재구성[6)]

논증의 재구성이란 주어진 글을 논증의 표준틀에 맞도록 전제와 결론의 순서를 배열하는 것으로, 생략된 전제나 결론을 채우는 작업을 가리킨다.

말이나 글에서 논증을 파악할 때, 논증의 논리적 구조를 보여주는 표준틀은 다음과 같다.[7)]

▶ **논증의 표준틀**

전제 1
전제 2
전제 3
⋮
그러므로 결론

6) 박은진 외, 전게서, pp. 112~124.

7) 이처럼 명확한 형태의 논증을 접하기는 어렵지만, 어떤 논증이든 전제와 결론을 분리해서 정돈해 보면, 이런 방식으로 재구성할 수 있다. 전제의 수는 하나일 수도 있지만, 경우에 따라서는 결론이 참임을 확립하는 데 필요한 만큼 더 늘어날 수도 있다. 또 명백하게 표현되어 있는 것은 아니라 할지라도, 전제들 중 일부를 문맥에서 파악해 낼 수도 있다. 따라서 이처럼 생략된 전제는 논증을 표준틀로 재구성할 때 세심하게 보충해야 한다(박은진, 전게서, p. 113).

3 논증의 분석

논증의 분석이란 주어진 글을 치밀하고 호의적으로 재구성한 다음, 전제와 결론의 관계를 구조적으로 파악하는 작업이다. 즉 주어진 글 속에서 논증을 구성하고 있는 명제들의 역할을 분석하는 작업을 말한다.[8)]

(1) 논증의 구조 유형[9)]

| 전제가 각각 부분적으로 결론을 지지하는 구조 |

▶ **논증구조도**

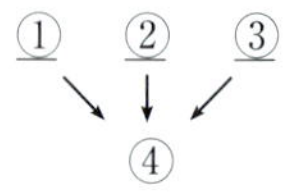

1번 까마귀는 검다.(①) 2번 까마귀는 검다.(②)
3번 까마귀는 검다.(③)
따라서 모든 까마귀는 검다.(④)

| 전제가 결합하여 결론을 지지하는 구조 |

▶ **논증구조도**

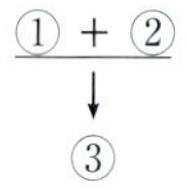

그녀가 미녀라면 그녀는 잠꾸러기이다.(①)
그녀는 미녀이다.(②)
따라서 그녀는 잠꾸러기이다.(③)

(2) 논증 분석의 순서

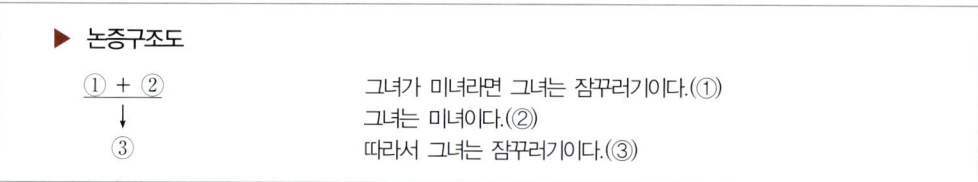

① 주어진 글이 논증인지 아닌지 따진다.
② 논증이라면, 그 글의 주장에 해당하는 결론을 찾아낸다.
③ 논증에서 불필요한 문장들을 제거하고, 전제들을 찾아낸다.
④ 전제와 결론의 관계를 따져 논증구조도를 작성한다.

---

8) 논증이 간단할 경우, 논증의 분석은 아주 수월하다. 그러나 여러 개의 근거들이 복잡하게 얽혀 있는 논증의 경우, 근거들을 가려내고 또 그 근거들이 서로 어떻게 얽혀서 주장을 뒷받침하고 있는가를 알아내기가 쉽지 않다. 이렇게 근거들을 가려내고, 그 구조를 파악해내는 일이 논증의 구조 분석이다. 논증을 분석한다는 것은 논증에 등장한 모든 문장이 전체 논증에서 어떤 역할을 하고 있는가를 알아내는 것이다.(박은진 외, pp. 118~119).

9) 「피셔의 비판적 사고」에서는 전제가 각각 부분적으로 결론을 지지하는 구조를 '합류구조'라고 부르며, 전제가 결합하여 결론을 지지하는 구조를 '결합구조'라고 부른다. 더불어 하나의 전제가 하나의 결론을 지지하고 이 결론이 전제로서 또 다른 결론을 지지하는 구조를 '연쇄구조'라는 이름으로 소개하고 있다.

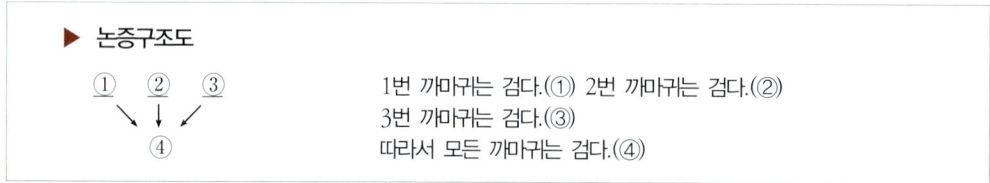

Ⅱ. 주장 및 근거 파악 문제의 유형별 학습

1 주장 및 근거의 파악 개요[10)]

(1) 문장의 위치를 통해 전제와 결론을 판단할 수는 없다.

논증에서 전제가 결론보다 먼저 나올 수도 있고, 결론이 전제보다 먼저 나올 수도 있다. 그리고 전제와 결론이 한 문장에 다 들어 있을 수도 있으며, 서로 다른 문장으로 되어 있을 수도 있다.

(2) 전제는 한 개 이상 얼마든지 있을 수 있으나 결론은 한 논증에 한 개뿐이다.

어떤 논증에서 결론이 두 개 있다고 생각될 때는 실제로는 연쇄적이거나 독립적인 두 논증이 있는 것이라고 생각해야 한다. 결국 결론의 개수는 논증이 몇 개냐를 판단하기 위해 필요하므로 중요하지만 전제의 개수는 별로 중요하지 않다.

(3) 논증을 봤을 때 가장 먼저 할 일은 그 논증이 말하고자 하는 바를 이해하는 것이다.

논증을 펼친 이가 이 논증으로서 무슨 주장을 하고자 했고, 그 주장의 근거로서 어떤 이유들을 제시했는지 찾아내야 한다. 이 말은 곧 논증의 전제와 결론을 찾아야 한다는 뜻이다.

(4) 지시어가 있는 경우 지시어를 활용하여 전제와 결론을 찾는다면 도움이 될 것이다. 하지만 전제나 결론을 나타내는 지시어를 전혀 쓰지 않고서도 얼마든지 논증을 할 수 있기 때문에 결국에는 논증의 내용과 앞뒤 맥락에 의존해서 찾아내는 훈련을 많이 해야 한다.

① 전제 지시어 : 왜냐하면, … 이기 때문에, … 라는 점을 생각해 보면, 그 이유로는, … 를 보건대, 첫째, 둘째, 셋째…
② 결론 지시어 : 따라서, 그러므로, 결국, 결론적으로, 사실, 이에 따라, … 임을 보여준다. … 라고 생각할 수 있게 되었다.

10) 최훈, 전게서, pp. 169~182.

2 주장 및 근거의 파악

01
유비논증

다음 논증에 대한 분석으로 옳지 않은 것은? 제4회 2012 LEET 문18 [명시적 요소 분석 예시문항]

정의가 없는 왕국이란 거대한 강도떼가 아니고 무엇인가? 강도떼도 나름대로는 작은 왕국이 아닌가? 강도떼도 사람들로 구성되어 있다. 그 집단도 두목 한 사람의 지배를 받고, 공동체의 규약에 의해 조직되며, 약탈물을 일정한 원칙에 따라 분배한다. 만약 어느 악당이 무뢰한들을 거두어 모아 거대한 무리를 이루어서 일정한 지역을 확보하고 거주지를 정하거나, 도성을 장악하고 국민을 굴복시킬 지경이 된다면 아주 간편하게 왕국이라는 이름을 얻게 된다. 그런 집단은 야욕을 억제해서가 아니라 야욕을 부리고서도 아무런 처벌을 받지 않는다는 사실만으로도 당당하게 왕국이라는 명칭과 실체를 얻는 것이다. 사실 알렉산드로스 대왕의 손에 사로잡힌 어느 해적이 대왕에게 한 답변에서 이런 현실이 적나라하게 드러났다. 해적에게 무슨 생각으로 바다에서 남을 괴롭히는 짓을 저지르고 다니느냐고 문초하자, 해적은 알렉산드로스 대왕에게 거침없이 이렇게 대꾸했다고 한다. "그것은 폐하께서 전 세계를 괴롭히시는 생각과 똑같습니다. 단지 저는 작은 배 한 척으로 그 일을 하는 까닭에 해적이라 불리고, 폐하께서는 대함대를 거느리고 다니면서 그 일을 하시는 까닭에 대왕이라고 불리시는 점이 다를 뿐입니다!"

- 아우구스티누스, 『신국론』 -

① 정의가 없는 왕국과 강도떼의 차이를 명칭과 규모의 관점에서 설명하고 있다.
② 정의가 없는 왕국과 강도떼가 야욕과 처벌의 측면에서 동일하다고 설명하고 있다.
③ 정의가 없는 왕국과 강도떼의 공통점을 지배 체제와 공동체의 조직 원리에서 찾고 있다.
④ 강도떼가 발전하여 정의가 없는 왕국이 될 가능성을 제시하여 둘의 차이를 좁히는 전략을 쓰고 있다.
⑤ 알렉산드로스 대왕과 해적의 대화를 통해 정의가 없는 왕국과 강도떼의 유비(類比)의 설득력을 높이는 전략을 쓰고 있다.

02
근거 추론 문제

㉠에 대한 근거로 적절한 것만을 보기 에서 있는 대로 고른 것은? 제10회 2018 LEET 문24

화재가 발생하여 화재의 기전에 의해 사망하는 것을 화재사라고 한다. 화재 현장에서 불완전연소의 결과로 발생한 매연(煤煙)을 들이키면 폐 기관지 등 호흡기 점막에 새까맣게 매(煤)가 부착된다. 화재 현장에서 생성되는 다양한 유독가스 중 일산화탄소는 피해자의 호흡에 의해 혈류로 들어가 헤모글로빈에 산소보다 더 강하게 결합하여 산소와 헤모글로빈의 결합을 방해한다. 생체의 피부에 고열이 작용하면 화상이 일어나는데 그중 가장 경미한 정도인 1도 화상에서는 손상에 대한 생체의 반응으로 피부로의 혈액공급이 많아져 발적과 종창이 나타난다. 더 깊이 침범된 2, 3도 화상에서는 피부의 물집, 피하조직의 괴사 등이 나타난다. 불길에 의해 고열이 가해지면 근육은 근육 단백질의 형태와 성질이 변하여 위축되는 모양을 띤다. 근육의 위축은 그 근육에 의해 가동되는 관절 부위의 변화를 가져오게 되는데 관절을 펴는 근육보다는 굽히는 근육의 양이 더 많으므로 불길에 휩싸여 열변성이 일어난 시신은 대부분의 관절이 약간씩 굽은 모습으로 탄화된다.

한편, 화재 현장에서 변사체가 발견되어 부검이 시행되었다. 부검을 마친 법의학자는 ㉠ 희생자가 생존해 있을 때에 화재가 발생하여 화재의 기전에 의해 사망하였다고 판단하였다.

보기

ㄱ. 불에 탄 시체의 관절이 약간씩 굽어 있다.
ㄴ. 얼굴에 빨간 발적이나 종창이 일어난 화상이 있다.
ㄷ. 혈액 내에 일산화탄소와 결합한 헤모글로빈 농도가 높다.

① ㄱ ② ㄴ ③ ㄱ, ㄷ
④ ㄴ, ㄷ ⑤ ㄱ, ㄴ, ㄷ

Ⅲ. 논증의 기반 원리 및 가정 파악 문제의 유형별 학습

1 암묵적 가정 내지 전제 파악

03
암묵적 전제

갑의 추론이 설득력을 갖기 위해 전제되어야 하는 것만을 보기 에서 있는 대로 고른 것은?

제6회 2014 LEET 문28

A국 범죄학자 갑은 형사 사법 기관이 작성한 공식 범죄 통계를 이용하여 전체 범죄 및 범죄 유형별 발생 건수의 추이를 분석하였다. 그는 범죄 유형별 범죄 신고율을 과학적으로 밝혀내기가 매우 어렵다고 판단하여, 그 비율을 이용하여 공식 범죄 통계로부터 실제 범죄 발생 건수를 계산하지는 않았다. 대신 공식 범죄 통계의 추이로부터 직접적으로 전체 범죄 건수와 범죄 유형별 범죄 건수의 추이를 추정하였다. 공식 범죄 통계를 분석한 결과, 2009년 대비 2010년의 성폭력 범죄 발생 건수는 2% 증가했으나 2010년 대비 2011년의 성폭력 발생 건수는 30% 증가한 것으로 나타났다. 갑은 이런 분석 결과를 기초로 2010년과 2011년 사이에 A국의 성폭력 범죄가 폭발적으로 증가했다고 주장하였다.

하지만 이런 갑의 주장에는 문제가 있다. 일반적으로 공식범죄 통계는 경찰 혹은 검찰이 직접 인지하거나 범죄 피해자 혹은 목격자가 신고한 사건을 기초로 하여 작성된다. 그렇지만 공식 범죄 통계는 암수(暗數) 범죄, 즉 실제 발생하기는 했지만 통계의 집계에서 누락된 범죄를 포착하지 못한다. 사람들이 사건을 신고하지 않거나, 신고하더라도 이를 경찰이 통계에 포함하지 않는다면 암수 범죄의 문제가 발생한다. 이 문제를 고려하지 않은 갑의 주장을 신뢰하기는 어렵다.

보기

ㄱ. 암수 범죄의 전년 대비 증가율은 매년 일정하다.
ㄴ. 발생한 범죄 사건 중 신고된 사건의 비율은 범죄 유형별로 매년 일정하다.
ㄷ. 형사 사법 기관이 신고를 받거나 인지한 사건들을 범죄 통계에 반영하는 기준과 방식에 일관성이 있다.

① ㄴ　② ㄷ　③ ㄱ, ㄴ
④ ㄱ, ㄷ　⑤ ㄴ, ㄷ

04
암묵적
전제 추론

아래 글의 저자가 암묵적으로 전제하는 것으로 옳지 않은 것은? 제8회 2016 LEET 문 12

육식을 정당화하는 사람들은 동물들이 서로 잡아먹는 것을 근거로 들 때가 있다. '그래, 너희들이 서로 먹는다면, 내가 너희들을 먹어서는 안 될 이유가 없지'라고 생각하는 것이다. 그러나 이런 주장에 대해 제기될 수 있는 반박은 명백하다. 먹기 위해 다른 동물을 죽이지 않으면 살아남을 수 없는 많은 동물들과 달리, 사람은 생존을 위해 반드시 고기를 먹을 필요가 없다. 나아가 동물은 여러 대안을 고려할 능력이나 식사의 윤리성을 반성할 능력이 없다. 그러므로 동물에게 그들이 하는 일에 대한 책임을 지우거나, 그들이 다른 동물을 죽인다고 해서 죽임을 당해도 괜찮다고 판정하는 것은 타당하지 않다. 반면에 인간은 자신들의 식사습관을 정당화하는 일이 가능한지를 고려하지 않으면 안 된다.

한편 어떤 사람들은 동물들이 서로 잡아먹는다는 사실은 일종의 자연법칙이 있다는 것을 의미하는 것으로 간주하곤 한다. 그것은 더 강한 동물이 더 약한 동물을 먹고 산다는 일종의 '적자생존'의 법칙을 말한다. 그들에 따르면, 우리가 동물을 먹는 것은 이러한 법칙 내에서 우리의 역할을 하는 것일 뿐이다. 그러나 이런 견해는 두 가지 기본적인 잘못을 범하고 있다. 첫째로, 인간이 동물을 먹는 것이 자연적인 진화 과정의 한 부분이라는 주장은 더 이상 설득력이 없다. 이는 음식을 구하기 위해 사냥을 하던 원시문화에 대해서는 참일 수 있지만, 오늘날처럼 공장식 농장에서 가축을 대규모로 길러내는 것에 대해서는 참일 수 없다. 둘째로, 가임여성들이 매년 혹은 2년마다 아기를 낳는 것은 의심할 여지없이 '자연스러운' 것이지만, 그렇다고 해서 그 과정에 간섭하는 것이 그릇된 것임을 의미하지는 않는다. 우리가 하는 일의 결과를 평가하기 위해서 우리에게 영향을 미치는 자연법칙을 알 필요가 있음을 부정할 필요는 없다. 그러나 이로부터 어떤 일을 하는 자연적인 방식이 개선될 수 없음이 따라 나오지는 않는다.

① 반성 능력이 없는 존재에게는 책임을 물을 수 없다.
② 자신의 생존에 위협이 되는 행위는 의무로 부과할 수 없다.
③ 어떤 행위의 대안을 고려할 수 있는 존재는 윤리적 대안이 있는데도 그 행위를 하는 경우라면 그것을 정당화해야 한다.
④ 공장식 농장의 대규모 사육은 자연스러운 진화의 과정이 아니다.
⑤ 자연적인 방식이 개선되면 기존의 자연법칙은 더 이상 유효하지 않다.

05 암묵적 근거 추론

㉠으로 적절한 것만을 보기 에서 있는 대로 고른 것은? 제10회 2018 LEET 문17

어떤 논리학 교수가 한 농부와 대화를 나누었다.

교수 : 자, 독일에 낙타가 없다고 합시다. 그리고 B라는 도시가 독일에 있다는 건 잘 아시죠? 그럼 B에 낙타가 있을까요, 없을까요?

농부 : 글쎄요, 잘 모르겠습니다. 독일에는 가본 적이 없어서요.

교수 : 다시 생각해 보시죠. 그냥 독일에 낙타가 없다고 치자는 겁니다.

농부 : 음, 다시 생각해 보니 B에 낙타가 있을 것도 같군요.

교수 : 그래요? 어째서 그렇게 생각하시죠? 제 질문을 제대로 기억하시나요?

농부 : 독일에는 낙타가 없는데, 그럴 때 B에 낙타가 있느냐, 없느냐, 물으시는 거 아닌가요? 그런데 B가 꽤 큰 도시라고 알고 있거든요. 그래서 거기에 낙타가 있을 것 같다는 생각이 드는 겁니다.

교수 : 그러지 말고 제 질문을 다시 잘 생각해 보시죠.

농부 : 아무래도 그 도시에는 확실히 낙타가 있을 것 같습니다. 왜냐하면 세상에는 큰 도시들이 있는데, 그런 곳에는 꼭 낙타들이 있는 법이니까요. B가 큰 도시라는 건 당신도 아실 테고요.

교수 : 그렇지만, 독일 안에 그 어디에도 낙타라고는 단 한 마리도 없다고 치자고 했는데 그건 어떻게 되나요?

농부 : 그건 모르겠고 하여튼 B가 큰 도시잖아요. 그러면 카자크스나 크리기즈(둘 다 낙타의 종들이다)가 거기에 있을 것입니다.

대화를 마친 직후 교수는 이 농부가 논리적 추론을 전혀 할 줄 모른다고 판단했다. 하지만 얼마 후 교수는 ㉠이 대화의 녹취록에서 찾아낸 근거를 고려하여 자신의 판단이 너무 성급했다고 생각하게 되었다.

보기

ㄱ. 실제로 농부는 대화 중에 올바른 논증을 사용한 적이 있다.
ㄴ. 큰 도시에 낙타가 있고 B가 큰 도시라는 농부의 말은 거짓이 아니었다.
ㄷ. 농부는 순전히 가정적인 전제에서 시작하는 추론을 굳이 할 필요가 없다고 여긴 것 같다.

① ㄱ ② ㄴ ③ ㄱ, ㄷ
④ ㄴ, ㄷ ⑤ ㄱ, ㄴ, ㄷ

2 필요조건의 추론

06

기업의 재고 운영 전략

기업이 (나)의 전략을 택하기 위한 조건만을 보기 에서 있는 대로 고른 것은? 제1회 2009 LEET 문36

기업이 자사 상품의 재고량을 어느 수준으로 유지해야 하는가는 각 기업이 처한 상황에 따라 달라진다. 우선 그림 (가)에서는 기업이 생산량 수준을 일정하게 유지하면서 재고를 보유하는 경우를 나타낸다. 수요량에 맞추어 생산량을 변동하려면 노동자와 기계가 쉬거나 초과 근무를 하는 경우가 발생할 수 있으며, 이 경우 생산 비용이 상승할 수 있다. 따라서 기업은 생산량을 일정하게 유지하는 것을 선호하며, 이때 생산량과 수요량의 차이가 재고량을 결정한다. 즉 판매가 저조할 때에는 재고량이 늘고 판매가 활발할 때에는 재고량이 줄게 된다.

그런데 기업에 따라 그림 (나)와 같은 경우도 발견된다. 이러한 기업들의 생산량과 수요량의 관계를 분석해 보면, 수요량이 증가할 때 생산량이 증가하고 수요량이 감소할 때 생산량도 감소하는 경향을 보이며, 생산량의 변동이 수요량의 변동에 비해 오히려 더 크다.

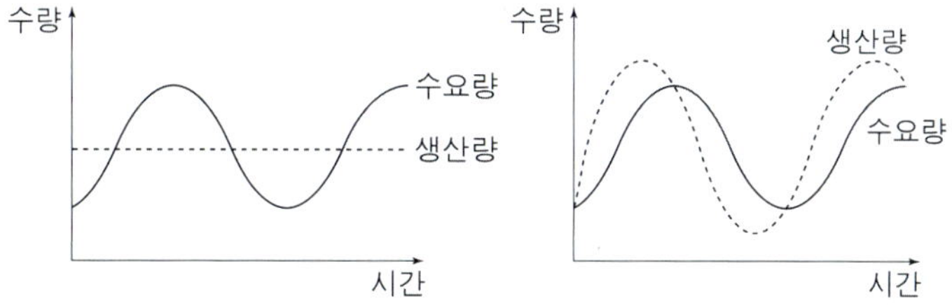

(가) (나)

보기

ㄱ. (가)의 전략을 택하는 기업에 비해, 기업의 제품당 생산 비용이 생산량에 의해 크게 영향을 받지 않는다.
ㄴ. (가)의 전략을 택하는 기업에 비해, 수요가 상승하는 추세에서 생산량 및 재고량이 수요량을 충족시키지 못하는 경우 시장 점유 측면에서 상대적으로 불리하다.
ㄷ. 가격과 품질 등 다른 조건이 동일한 상품에 대하여, 수요가 줄어드는 추세에서 발생한 재고에 따르는 추가적인 재고 관리 비용이 (가)의 전략을 택하는 기업에 비해 더 크다.

① ㄱ ② ㄷ ③ ㄱ, ㄴ
④ ㄴ, ㄷ ⑤ ㄱ, ㄴ, ㄷ

Ⅳ. 생략된 전제 찾기 문제의 유형별 학습

1 생략된 전제 찾기 개요

논증을 표준틀로 재구성할 때, 명백히 제시되어 있지 않은 부분이 있다면 그 생략된 부분을 보충해야 한다. 생략된 부분이 전제이거나 결론이거나 그것은 마찬가지이다. 논증을 재구성하려는 이유는 주어진 논의를 가장 합리적으로 받아들여야하기 때문이다. 생략된 전제와 결론을 숨은 전제 또는 숨은 결론이라고도 한다.

(1) 특정 전제나 결론은 논증을 펼치는 이나 논증을 듣는 이 모두 알고 있을 때는 흔히 생략된다.

> "이 비디오는 미성년자 관람불가야. 너는 볼 수 없어." 이 논증은 "너는 미성년자이다"라는 전제가 하나 생략되어 있다. 그 전제는 논증을 하는 사람이나 듣는 사람 모두 알고 있는 뻔한 것이기 때문이다. 이렇게 생략된 전제를 숨은 전제라고 부른다.

(2) 때로는 실수로, 때로는 의도적으로 전제나 결론을 생략하기도 한다.

> 가끔은 꼭 필요한 전제를 실수로 빼먹기도 하고, 상대방이 자신의 논증을 얼른 받아들이게 하기 위해서 민감한 전제나 결론은 의도적으로 빼먹기도 한다.

(3) 논증을 듣고 해석하는 원리 | 자비로운 해석의 원리 |

> 남의 논증을 듣고 해석해야 하는 입장이라면 숨은 전제와 숨은 결론을 찾으려고 애써야 한다. 효과적인 의사소통을 위해서는 자비로운 해석의 원리를 적용해야 한다. 즉, 논증을 가능한 한 가장 좋은 논증이 되도록 해석해야 한다는 뜻이다.

(4) 효과적인 논쟁을 위해 숨은 전제 및 숨은 결론은 중요하다.

> 상대편의 논지가 담고 있는 드러나지 않는 가정들을 밝혀내서, 그 가정들에 기초한 사실과 논리에 대해서 이의를 제기한다면 효과적인 논박이 될 수 있다.

2 보충되어야 할 전제의 추론

07
생략된 전제의 추론

다음 추론에서 결론을 도출하기 위해 보충해야 할 전제는? 제1회 2009 LEET 문4

> X가 변호사가 아니라면 그는 아나운서이다. 그런데 모든 아나운서는 붉은색 넥타이를 착용한다. 그러나 X는 푸른색 넥타이를 착용한다. 만일 X가 변호사라면, 그는 미국인이거나 영국인이다. 그런데 어느 영국인도 한국 생활을 경험해 본 적이 없다면, 김치를 먹을 줄 모른다. 그리고 한국 생활을 경험한 변호사들은 모두 붉은색 넥타이를 착용한다. 따라서 X는 미국인 변호사이다.

① X는 김치를 먹을 줄 안다.
② X는 한국 생활을 경험하지 않았다.
③ 어떤 아나운서는 변호사가 될 수 있다.
④ 미국인의 일부는 김치를 먹을 줄 안다.
⑤ 김치를 먹을 수 있는 사람은 영국인이 아니거나 한국 생활을 경험했다.

3 생략된 기준의 추론

08
생략된 기준의 추론

(가)~(라)의 유형 구분에 사용되었을 두 가지 기준을 보기 에서 고른 것으로 가장 적절한 것은?

제2회 2010 LEET 문24

한 범죄학자가 미성년자 대상 성범죄자의 프로파일을 작성하기 위해서 성범죄자를 A기준과 B기준에 따라 네 유형으로 분류하였다.

	B 기준	
A 기준	(가) 유형	(나) 유형
	(다) 유형	(라) 유형

(가) 유형은 퇴행성 성범죄자로, 평소에는 정상적으로 성인과 성적 교류를 하지만 실직이나 이혼 등과 같은 실패를 경험하는 경우에 어려움을 극복하는 기술이 부족하여 일시적으로 미성년 여자를 대상으로 성매매 등의 성적 접촉을 시도한다. 이들은 흔히 내향적이며 정상적인 결혼생활을 하고 있고 거주지가 일정하다.

(나) 유형은 미성숙 성범죄자로, 피해자의 성별에 대한 선호를 보이지 않는다. 정신적, 심리적 문제를 가진 경우가 많고 주위 사람들로부터 따돌림을 당해서 대부분 홀로 생활한다. 이들의 범행은 주로 성폭행과 성추행의 형태로 나타나는데, 일시적이고 충동적인 면이 있다.

(다) 유형은 고착성 성범죄자로, 선물이나 금전 등으로 미성년자의 환심을 사기 위해 장기간에 걸쳐 노력을 기울인다. 발달 과정의 한 시점에 고착되었기 때문에 10대 후반부터 미성년자를 성적 대상으로 삼는 행동을 보인다. 성인과의 대인관계를 어려워하며, 생활과 행동에서 유아적인 요소를 보이는 경우가 많다.

(라) 유형은 가학성 성범죄자로, 공격적이고 반사회적인 성격을 가진다. 전과를 가진 경우가 많고, 피해자를 해치는 경우가 많으며, 공격적 행동을 통하여 성적 쾌감을 경험한다. 어린 미성년남자를 반복적으로 범죄 대상으로 선택하는 경우가 많다.

보기

ㄱ. 미성년자 선호 지속성　　ㄴ. 내향성
ㄷ. 공격성　　ㄹ. 성별 선호

① ㄱ, ㄴ　② ㄱ, ㄷ　③ ㄴ, ㄷ
④ ㄴ, ㄹ　⑤ ㄷ, ㄹ

09

업무
분류 기준

다음 글로부터 추론한 것으로 옳은 것만을 보기에서 있는 대로 고른 것은? 제4회 2012 LEET 문17

업무는 분석 가능성과 다양성을 기준으로 구분할 수 있다. 분석 가능성이란 업무를 표준화된 절차에 따라 과정별로 나누어 수행을 용이하게 할 수 있는 정도를 뜻한다. 다양성이란 업무 중에 예측하지 못한 새로운 일이 생기는 정도를 뜻한다. 이에 따라 아래의 표를 만들고, 여러 가지 직업의 특성을 고려하여 P1~P4에 몇 가지 직업을 채워 보았다.

		B	
		(다)	(라)
A	(가)	P1	P2
	(나)	P3	P4

○ P1에는 많은 정보에 대한 분석 기술을 가지고 일정한 절차와 기법 등에 따라 예외 상황을 해결할 수 있는 직업군으로 회계사, 토목기사 등이 속하였다.

○ P2에는 업무 예외 상황의 발생 가능성이 낮고 단순 정보에 대한 분석 기술로 업무를 처리할 수 있는 직업군으로 은행 창구 직원, 생산직 근로자 등이 속하였다.

○ P3에는 새로운 상황이 많이 발생하며 업무와 관련된 정보가 복잡하여 경험과 넓은 시각 및 통찰력과 직관력이 필요한 직업군이 속하였다.

보기

ㄱ. (가)는 분석 가능성이 낮은 유형이다.
ㄴ. (다)는 다양성이 낮은 유형이다.
ㄷ. 작곡가, 피아니스트와 같은 직업은 P4에 속할 것이다.

① ㄱ ② ㄷ ③ ㄱ, ㄴ
④ ㄴ, ㄷ ⑤ ㄱ, ㄴ, ㄷ

V. 논증의 구조 분석 및 유형 비교 문제의 유형별 학습

1 논증 구조 분석 개요

(1) 논증 평가의 전 단계로서의 논증 분석

일반적으로 논증을 평가하기 위해서 거쳐야 하는 과정은 다음과 같다.

① 가장 먼저 주어진 구절이 논증인지, 인과 관계인지 아니면 단순한 서술인지 판단한다.
② 만약 논증이면 그 논증에서 애매하거나 모호하게 쓰이는 언어들이 있는지 찾아본다. 있는 경우에는 혼동의 여지가 없도록 명확하게 고친다.
③ 다음은 전제와 결론, 그리고 필요하면 숨은 전제와 결론을 찾아 논증의 구조를 다이어그램으로 그린다. 이 단계가 논증 분석 단계이다.
④ 논증 분석이 끝나면 평가를 시작한다. 논증 평가는 세 가지 기준에 의해 이루어진다.
⑤ 논증 평가의 결과에 따라 좋은 논증인지 나쁜 논증인지를 결정하게 된다.

논증 분석은 ③에 해당되는 것으로 본격적인 평가를 위한 전(前)단계 작업이라 할 수 있다.

(2) 논증 분석의 중요성

다른 사람의 논증을 듣고 받아들일 만한 충분한 이유가 있는지 판단하기 위해서는 논증을 정확하게 이해하여야 한다. 이렇게 논증을 정확히 이해하는 과정을 논증의 분석이라고 한다.

▎논증 분석의 1차적인 목표는 반박이 아니라 이해이다. ▎

① 우선 논증을 펼치는 이가 주장하고자 하는 결론이 무엇인지 찾고, 그 다음에 그 결론을 지지하기 위해 제시한 전제를 찾아 상대방의 주장을 최대한 합리적으로 만들어 놓아야 한다.
② 논증 분석에서는 문장을 하나하나 나누거나 때로는 문장 하나도 더 잘게 나누어 그것들 사이의 구조를 보여준다.
③ 논증을 제대로 분석해 놓으면 어떤 전제들이 있고 그 전제들에서 어떤 경로를 통해 결론을 지지하는지 그 구조가 한 눈에 들어오므로 논증을 평가하는 것은 그리 어렵지 않을 것이다.
④ 요리 조리법처럼 정해진 순서대로 따라서만 하면 되는 논증 분석 방법은 없다. 앞뒤 맥락과 논증을 펼친 이의 의도를 파악하는 것이 최선의 방법이다.

(3) 논증 분석의 실제

논증의 전체 구조를 정확하게 파악해야 비로소 논증의 연결이 적절한지 평가할 수 있다.

▎단계별 논증 분석의 요령 ▎

1. 결론을 찾아라. 결론 지시어가 있으면 도움이 될 것이다.
2. 명백한 전제를 찾아라. 전제 지시어가 있으면 도움이 될 것이다.
3. 필요하면 숨은 전제를 찾아라.
4. 군더더기, 정의, 부연 설명 등이 있는지 살펴보라.
5. 전제와 결론 사이의 지지 관계를 다이어그램으로 그린다.[11]

논증 분석을 위해 많이 쓰이는 방법은 다이어그램을 이용하는 것이다. 여러 전제들과 결론에 각각 번호를 붙여 지지 관계를 화살표로 나타내는 것이다.

▶ 사례 1

① 나는 생각한다. ② 그러므로 나는 존재한다.

▶ 사례 2

① 한자 혼용을 주장하는 사람들은 한자어는 한자로 표기돼야 그 뜻이 얼른 들어온다고 말한다. ② 이런 주장이 터무니없는 것은 아니다. ③ 낱말에 따라서, 맥락에 따라서, 한자어의 표의성이 크게 효과를 발휘하는 경우가 있기는 하다. ④ 또 한자 혼용문에 익숙한 나이든 세대의 경우, 한자어가 한글로 표기됐을 때보다는 한자로 표기됐을 때 더 뜻이 쉽게 파악될 수도 있다.[12]

〈사례 1〉 〈사례 2〉

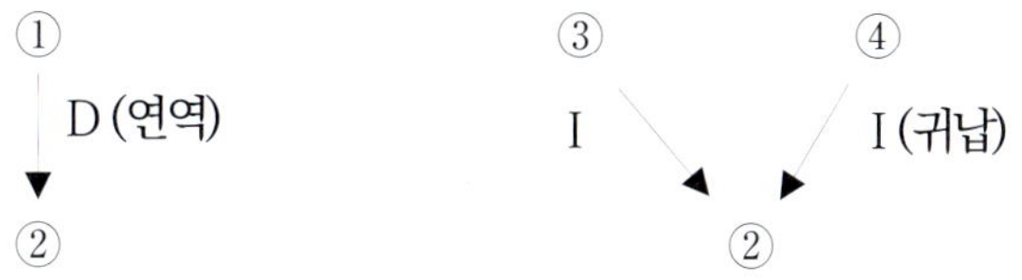

11) 체계적이지 못한 논증은 체계적이지 못한 상태를 그대로 보여주면 된다. 우리가 할 수 있는 일은 위에서 말한 논증 분석 요령을 기본적으로 숙지하고 상대방의 논증에 대해 자비심과 인내심을 가지고 부단하게 연습을 하는 수밖에 없다. 많은 논증을 보고 다루는 연습을 하면 틀림없이 논증을 이해하는 능력이 향상 될 것이다(최훈, 전게서, pp. 214~215).

12) ①이 결론일까? ①은 한자 혼용을 주장하는 사람들의 견해로서 소개한 것이고, 논증을 펼치는 이의 주장은 그런 생각이 터무니없는 것은 아니라는 ②일 것이다. 따라서 ①은 다이어그램을 그릴 때 빼도 상관없다. 이 논증은 귀납논증이다. (전제가 참이어도 결론이 거짓일 수 있기 때문이다.)

▶ 사례 3

① 자연선택이 없다면 진화는 멈출 것이다. ② 그런데 자연선택은 이제 인간에게는 적용되지 않는다. ③ 자연선택이 이루어지려면 강한 개체보다 훨씬 많은 수의 약한 개체들이 번식하기 전에 죽어야 하는데, 현대의 의학은 약한 자들도 강한 자들에 못지않게 살아남고 또 번식할 수 있도록 만들어 놓았기 때문이다. ④ 따라서 인간은 더이상 진화하지 않는다.13)

▶ 사례 4

① 지난 30년간의 주식 시장이 보여주듯이, ② 주식은 경기 침체 후 회복되는 첫 번째 해에 채권보단 대체로 수익성이 높다. ③ 올해가 그 해이기 때문에, ④ 주식은 채권보다 수익성이 높아야 한다.14)

〈사례 3〉

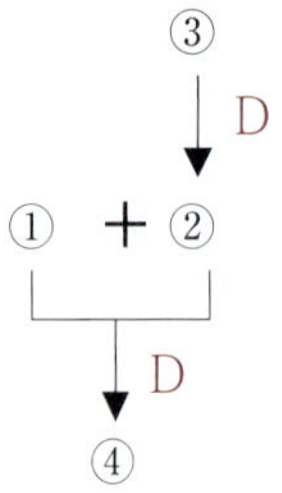

〈사례 4〉

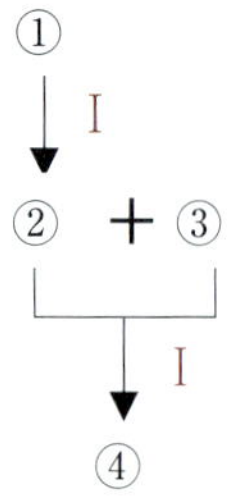

▶ 사례 5

① 당신이 정말로 날 사랑한다면 내가 원하는 것을 해 줬을 거야.

이 논증은 숨은 전제와 숨은 결론을 보충해 주면 분석이 될 것이다. 숨은 전제는 ⓐ, ⓑ, …같은 기호로 나타내기로 하자.

ⓐ 당신은 내가 원하는 것을 해 주지 않았다.
ⓑ 당신은 날 사랑하지 않는다.

〈사례 5〉

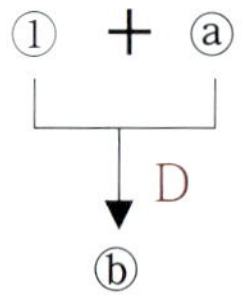

13) 결론 지시어가 있는 ④가 결론이다. 왜 인간이 더 이상 진화하지 않는지 ①과 ②에서 그 근거를 말하고 있다. 그런데 ①과 ②는 따로따로 ④를 지지하지 않고 결합하여 지지한다.

14) 필요하다면 한 문장을 더 잘게 쪼개서 분석한다. 첫 번째 문장과 두 번째 문장은 지지 구조를 더 잘 잘 보여주기 위해 각각 두 개의 진술로 나누었다. ①에 의해 귀납적으로 ②가 나온다. 결론④는 ②와 ③이 합해져서 따라 나온다. ②와 ③은 홀로 ④를 지지할 수 없다. 그런데 ②와 ③이 옳더라도 ④는 얼마든지 거짓일 수 있다. 따라서 이 논증은 귀납논증이다.

2 논증 유형 비교 개요

(1) 논증의 종류

모든 논증에서 전제가 하는 일은 결론을 지지하는 것이다. 그런데 그 지지하는 정도가 얼마나 강한가에 따라 논증은 세 가지 종류로 나뉜다.

| 연역논증 |

어떤 논증에서 전제들이 모두 참인데 그 결론이 반드시 참이라고 한다면 그 논증은 연역논증이다.

| 귀납논증 |

전제들이 모두 참인데도 그 결론이 참이라는 것이 그럴듯할 뿐 반드시 참은 아니라면 그 논증은 귀납논증(induction)이다.

| 오류논증 |

전제가 결론을 아주 약하게 지지하거나 아예 관련이 없으면 그 논증은 오류논증이다.

(2) 연역과 귀납에 대한 오해

연역논증은 보편적인 진술에서 구체적인 진술을 추론하는 논증이고, 귀납논증은 거꾸로 구체적인 진술에서 보편적인 진술을 추론하는 논증이라고 생각하는 경향이 있다. 그러나 이것은 오해의 소지가 있다. 연역논증에도 구체적인 문장에서 일반적인 문장을 추론하는 경우가 있고 귀납논증에도 일반적인 문장에서 구체적인 문장을 추론하는 경우가 얼마든지 있기 때문이다.

▶ 사례 1 – 전제에도 구체적인 진술이 들어 있지만 연역논증이다.

모든 사람은 죽는다.
소크라테스는 사람이다.
따라서 소크라테스는 죽는다.

▶ 사례 2 – 보편적인 진술에서 구체적인 진술을 끌어냈지만 귀납논증이다.

지금까지 아침이면 언제나 해가 동쪽에서 떴다.
그러므로 내일도 해가 동쪽에서 뜰 것이다.

▶ **사례 3 – 고전적인 연역논증을 패러디한 오류논증이다.**

모든 사람은 죽는다.
소크라테스는 죽는다.
따라서 모든 사람은 소크라테스이다.

(3) 타당성과 개연성

전제가 참이면 결론이 거짓일 논리적 가능성이 전혀 없는 논증을 타당하다(valid)고 말한다. 연역논증은 타당한 논증이고, 타당한 논증은 연역논증이다.

'그럴듯함'을 전문 용어로 개연성(plausibility)이라 부른다. 곧 귀납논증에서 전제가 옳을 때 결론은 개연적으로 참일 뿐이며, 반드시 참이라고 말할 수는 없다.

연역논증이 전제가 참이면 결론이 반드시 참인 이유는 연역논증의 결론에서 말하고 있는 정보나 내용이 모두 전제들 속에 이미 들어 있거나 적어도 암암리에 숨어 있기 때문이다.

(4) 논리적 불가능성과 법칙적 불가능성

연역과 귀납은 법칙적 가능성이 아닌 논리적 가능성을 통해 정의내리는 것이다. 법칙적으로 불가능해도 논리적으로 가능한 일은 많다. 전제가 참인데 결론이 거짓일 가능성이 조금이라도 있다면 귀납논증이라고 정의했는데 이때 결론이 거짓일 가능성을 판단하는 기준은 바로 논리적 가능성이다.

① 연역논증은 전제가 참이면 결론이 반드시 참인 논증이다.

연역논증은 전제가 참일 때 결론이 거짓이 되는 가능성을 인간의 머리로는 도저히 상상할 수 없는 논증이다.

② 거짓이 되는 가능성을 판단하는 기준으로 논리적 가능성 개념을 사용한다. 전제가 참일 때 결론이 거짓이 되는 것이 논리적으로 가능하다면 귀납 또는 오류논증이고, 논리적으로도 불가능하다면 연역논증이다.

상상할 수는 있지만 자연 법칙에 어긋나기 때문에 일어날 수 없는 일을 법칙적으로 불가능하다고 말하고, 일어난다는 것을 아예 상상조차 할 수 없는 일은 논리적 또는 개념적으로 불가능하다고 말한다. 전제가 참일 때 결론이 거짓이 되는 것을 논리적으로도 가능성을 찾을 수 없을 때(불가능할 때)만 연역논증이다. 이것이 법칙적으로 불가능하지만 논리적으로는 가능하다면 연역논증이라 할 수 없고, 결과적으로 귀납논증 내지 오류논증이 된다.

③ 논리적 불가능성과 법칙적 불가능성 사례

▶ (자연)법칙적으로 불가능하지만 논리적으로는 가능한 예

- 내가 63빌딩 꼭대기에서 떨어졌는데 제비가 되어 하늘을 난다.
- 모래알에 싹이 튼다.
- 돼지가 알을 낳는다.

▶ 논리적 불가능성의 예

- 나는 꿈에서 동그란 네모를 봤다.
- 저기 보이는 섬들은 5개이면서 6개이다.
- 브라질과의 경기에서 한국팀이 자책골이 아닌 골을 더 많이 넣고 부정행위가 없었는데도 한국팀이 진다.

3 논증구조도 문제

10
인구와 식량

다음 논증의 구조를 가장 잘 표현한 것은? (단, 기호‘↓’는 글쓴이가 위 진술을 바로 아래 진술을 주장하는 근거로 사용하고 있다는 것을 의미하며, 기호‘+’는 앞뒤의 진술들이 합쳐짐으로써 그 진술들이 지지하는 진술에 대한 근거를 구성한다는 것을 의미한다.) 제1회 2009 LEET 문18

> ⓐ 인구는, 제한되지 않으면, 기하급수적으로 증가한다. ⓑ 식량은 기껏해야 산술급수적으로 증가한다. ⓒ 인구의 증가율과 식량의 증산율의 차이를 피할 수 없다. ⓓ 사람이 사는 데 식량이 필요하다는 것은 자연의 법칙이다. ⓔ 따라서 우리는 어떻게 해서든지 인구의 증가율과 식량의 증산율을 같게 해야 한다. ⓕ 결과적으로 인구는 식량 부족 때문에 지속적으로 강력하게 제한될 수밖에 없다. ⓖ 인구가 제한될 수밖에 없다면 이것은 대부분의 사람들에게 심각한 위협이 될 수밖에 없다. ⓗ 많은 사람들에게 심각한 위협이 있는 사회는 모든 구성원이 편안하고 행복하게 사는 완전한 사회가 아니다. ⓘ 그러므로 모든 구성원이 편안하고 행복하게 사는 완전한 사회란 있을 수 없다.

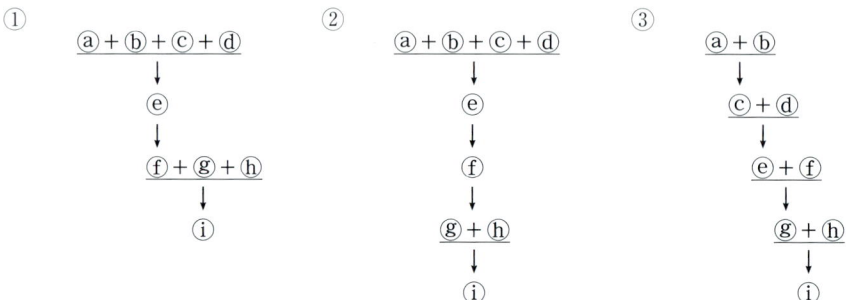

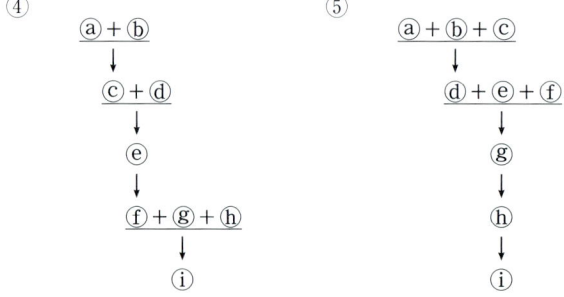

①
ⓐ + ⓑ + ⓒ + ⓓ
↓
ⓔ
↓
ⓕ + ⓖ + ⓗ
↓
ⓘ

②
ⓐ + ⓑ + ⓒ + ⓓ
↓
ⓔ
↓
ⓕ
↓
ⓖ + ⓗ
↓
ⓘ

③
ⓐ + ⓑ
↓
ⓒ + ⓓ
↓
ⓔ + ⓕ
↓
ⓖ + ⓗ
↓
ⓘ

④
ⓐ + ⓑ
↓
ⓒ + ⓓ
↓
ⓔ
↓
ⓕ + ⓖ + ⓗ
↓
ⓘ

⑤
ⓐ + ⓑ + ⓒ
↓
ⓓ + ⓔ + ⓕ
↓
ⓖ
↓
ⓗ
↓
ⓘ

11

행위 책임의
전제조건으로서의
동일성

다음 논증의 구조를 분석한 것으로 가장 적절한 것은? (단, '↓'는 글쓴이가 위 진술을 아래 진술의 근거로 사용하고 있음을 의미하며, '+'는 앞뒤의 진술들이 합쳐짐으로써 아래 진술에 대한 근거를 구성함을 의미한다.)

제2회 2010 LEET 문16

> ⓐ 영혼의 동일성을 확인할 길은 없다. 예를 들어 나의 영혼과 소크라테스의 영혼이 같은지 다른지 확인할 길이 없다. ⓑ 영혼은 물질적인 것이 아닌 신비로운 것이기 때문이다. ⓒ 이것이 행위의 책임 소재를 영혼의 동일성에서 찾을 수 없는 이유이다. 그런데 ⓓ 행위주체와 책임주체가 동일한 육체를 가지고 있는지 여부는 경험적으로 확인할 수 있다. 그렇다면 ⓔ 주체의 동일성을 육체의 동일성에서 찾을 수 있는 것처럼 보인다. ⓕ 육체의 동일성이 유지된다 하더라도 기억상실증 환자처럼 의식이 동일하지 않을 수 있는데, 의식이 전혀 다른 주체의 행위에 대해 책임을 지는 것은 부당하다. 따라서 ⓖ 단지 행위주체와 육체가 동일하다는 이유만으로 과거 행위에 대해 책임을 져야 한다고 말할 수 없다. ⓗ 의식의 동일성이 유지되지 않으면 주체의 동일성이 유지된다고 말할 수 없기 때문이다. ⓘ 의식의 동일성은 경험적으로 확인할 수 있다. 그러므로 ⓙ 영혼의 동일성이나 육체의 동일성이 아니라 의식의 동일성이 유지되어야 행위에 대한 책임을 물을 수 있다.

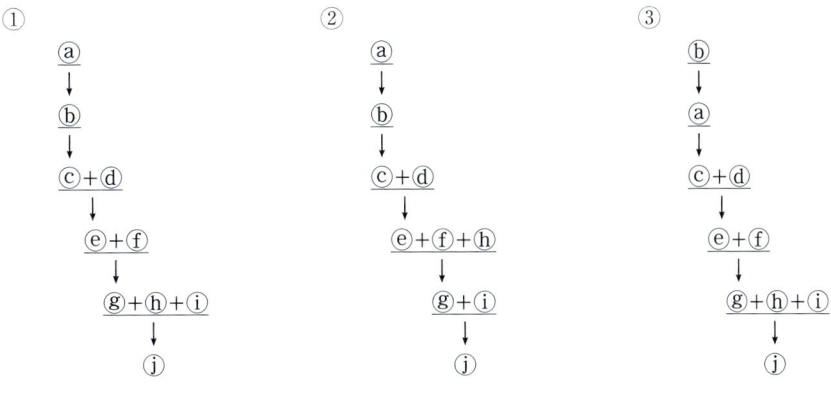

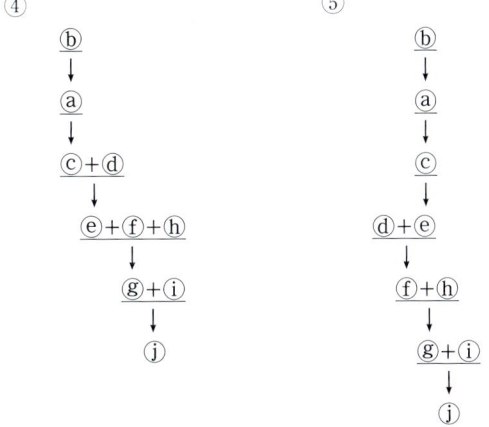

①
ⓐ
↓
ⓑ
↓
ⓒ+ⓓ
↓
ⓔ+ⓕ
↓
ⓖ+ⓗ+ⓘ
↓
ⓙ

②
ⓐ
↓
ⓑ
↓
ⓒ+ⓓ
↓
ⓔ+ⓕ+ⓗ
↓
ⓖ+ⓘ
↓
ⓙ

③
ⓑ
↓
ⓐ
↓
ⓒ+ⓓ
↓
ⓔ+ⓕ
↓
ⓖ+ⓗ+ⓘ
↓
ⓙ

④
ⓑ
↓
ⓐ
↓
ⓒ+ⓓ
↓
ⓔ+ⓕ+ⓗ
↓
ⓖ+ⓘ
↓
ⓙ

⑤
ⓑ
↓
ⓐ
↓
ⓒ
↓
ⓓ+ⓔ
↓
ⓕ+ⓗ
↓
ⓖ+ⓘ
↓
ⓙ

12

보편적 윤리의 토대

다음 논증의 구조를 가장 적절하게 분석한 것은? 제11회 2019 LEET 문20

ⓐ 행복을 추구하는 인간의 성향도, 자비심과 같은 도덕적 감정도 보편적 윤리의 토대가 될 수 없다. ⓑ 행복 추구의 동기가 올바른 삶을 살아야 하는 당위의 근거가 될 수는 없다. ⓒ 우선 윤리적으로 살면 언제나 행복해진다는 것은 참이 아니다. ⓓ 더욱이 행복한 삶을 산다는 것과 올바른 삶, 선한 삶을 산다는 것은 완전히 다른 것이기에, ⓔ 옳고 그름의 근거를 구할 때 자기 행복의 원칙이 기여할 부분은 없다. ⓕ 가장 중요한 점은 행복 추구의 동기가 오히려 도덕성을 훼손하고 윤리의 숭고함을 파괴해 버린다는 것이다. ⓖ 자기 행복의 원칙에 따라 행하라는 명법은 이해타산에 밝아지는 법을 가르칠 뿐 옳고 그름의 기준과 그것의 보편성을 완전히 없애버리니 말이다. ⓗ 인간 특유의 도덕적 감정은 자기 행복의 원칙보다는 윤리의 존엄성에 더 가까이 있긴 하지만 여전히 도덕의 기초로서 미흡하다. ⓘ 개인에 따라 무한한 차이가 있는 인간의 감정을 옳고 그름의 보편적 잣대로 삼을 수는 없다.

①
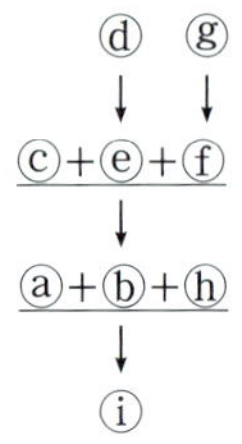

②
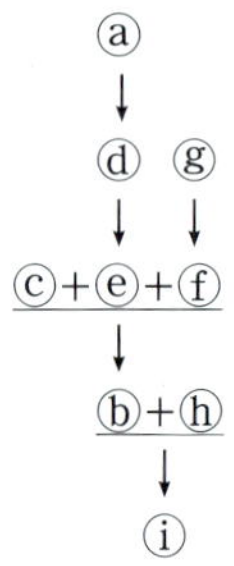

③
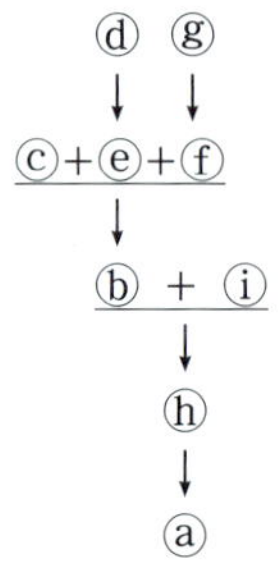

④
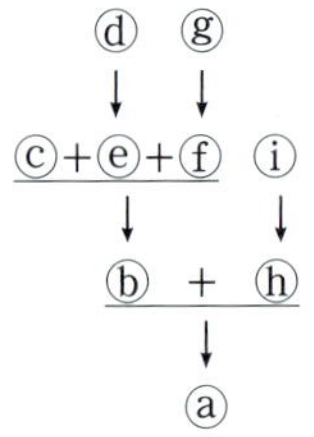

⑤
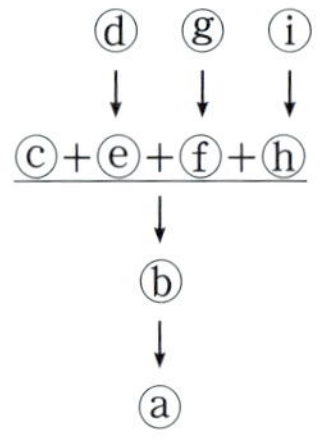

13

선(善)의 정의

다음 논증의 구조를 가장 적절하게 파악한 것은? 제12회 2020 LEET 문20

> ㉠ 선(善)을 정의하려는 시도는 성공할 수 없다. ㉡ 선을 정의할 수 있으려면 그것을 자연적 속성과 동일시하거나, 아니면 형이상학적 속성과 동일시해야 한다. ㉢ 선을 쾌락이라는 자연적 속성과 동일시하여 "선은 쾌락이다"라고 정의를 내릴 수 있다고 한다면, "선은 쾌락인가?"라는 물음은 "선은 선인가?"라는 물음과 마찬가지로 동어반복으로서 무의미한 것이 되어야 한다. ㉣ 그러나 "선은 쾌락인가?"라는 물음은 무의미하지 않다. ㉤ 쾌락 대신에 어떠한 자연적 속성을 대입하더라도 결과는 마찬가지이므로, ㉥ 선을 자연적 속성과 동일시하는 모든 정의는 오류이다. ㉦ 선을 형이상학적 속성과 동일시하는 정의들은 사실 명제로부터 당위 명제를 추론한다. ㉧ 즉 어떠한 형이상학적 질서가 존재한다는 사실로부터 "선은 무엇이다"라는 정의를 이끌어 낸다. ㉨ 그런데 당위는 당위로부터만 도출되기 때문에 사실로부터 당위를 끌어내는 것은 가능하지 않다. ㉩ 따라서 선을 형이상학적 속성과 동일시하는 정의들은 모두 오류이다.

①
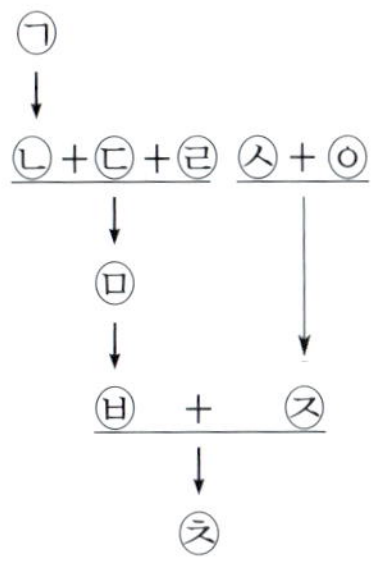

②
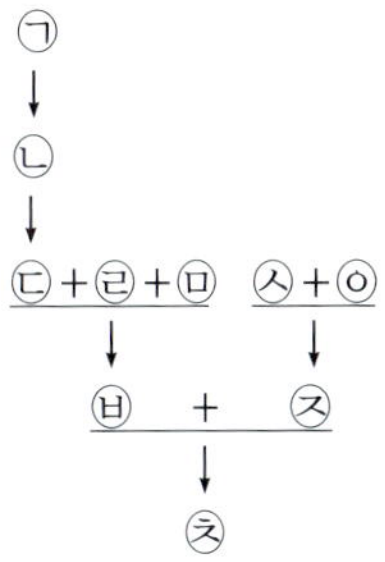

③
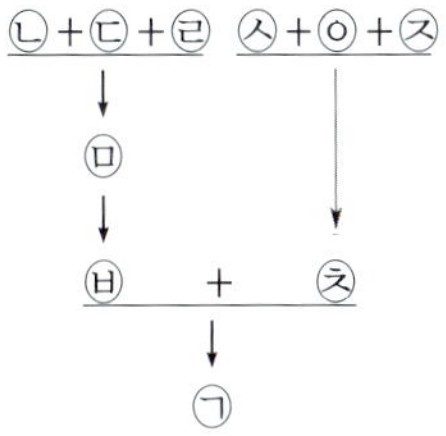

④
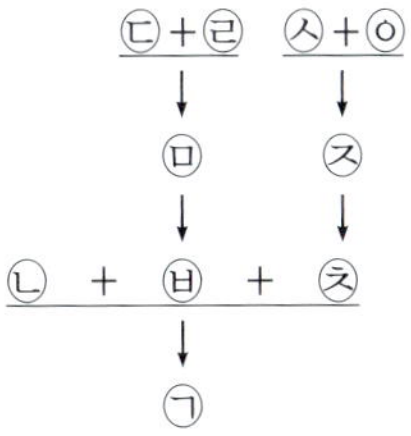

⑤
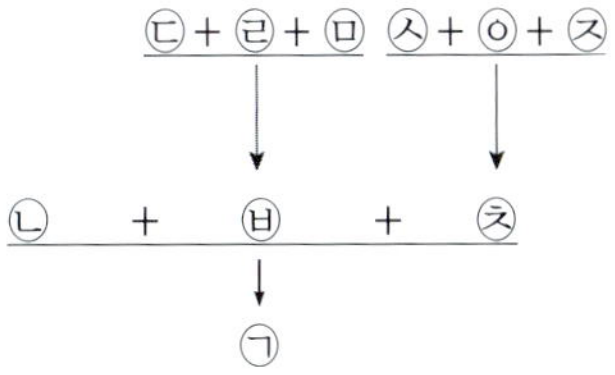

14

논증구조도/
병렬적 관계와
지지관계

다음 논증의 구조를 가장 적절하게 분석한 것은? 제14회 2022 LEET 문36

㉠ 사람들은 종종 마치 로봇이 사람인 것처럼 대하는데, 이와 같은 현상에는 동서양의 차이가 존재하며 그러한 차이는 문화 또는 문화적 요인을 통해 이루어지는 진화, 즉 문화선택에 의한 것으로 보인다. ㉡ 한 연구 결과에 따르면, 사람의 행동에 반응하여 로봇 개 아이보가 꼬리를 살랑거리며 빙글빙글 도는 모습을 피실험자에게 보여 주었을 때, 서양인 피실험자보다 한국인 피실험자가 더 강한 정도로 사람과 로봇이 친구가 될 수 있다고 답하였다. ㉢ 어린이가 아이보의 꼬리를 부러뜨리려는 장면을 피실험자에게 보여 주고 그 어린이에게 아이보를 괴롭히지 말라는 도덕 명령을 내릴 것이냐고 물었을 때에도, 서양인 피실험자보다 한국인 피실험자가 더 강한 긍정적인 답을 내놓았다. ㉣ 이는 로봇을 마치 사람처럼 대하는 현상이 서양인보다 한국인에게서 더 강하게 나타난다는 것을 보여 준다. ㉤ 묵가에 의하면, 우정같은 감정은 대상이 나에게 실질적인 이득을 가져다 줄 것이라는 판단을 내렸을 때에만 발생할 수 있다. ㉥ 유가에 의하면, 도덕 판단의 근거는 판단 주체에게 내재한 모종의 원칙이 아닌 대상과의 감정적 관계에 있다. ㉦ 묵가와 유가 이론을 사람과 로봇 관계에 적용한다면, 사람들은 아이보가 자신에게 즐거움을 준다고 판단할 때 아이보를 친구로 여길 수 있게 되고 아이보를 불쌍하다고 느낄 때 아이보를 도덕 판단의 대상으로 여길 수 있게 된다. ㉧ 한국 사회 전반에서 묵가와 유가 전통을 통한 문화선택이 발생했으며, 그에 따라 한국인 일반의 감정과 도덕성에 관한 사회적 측면이 부분적으로 결정되었다는 연구 결과가 있다.

①
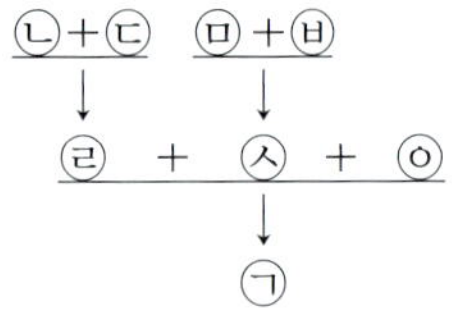

②
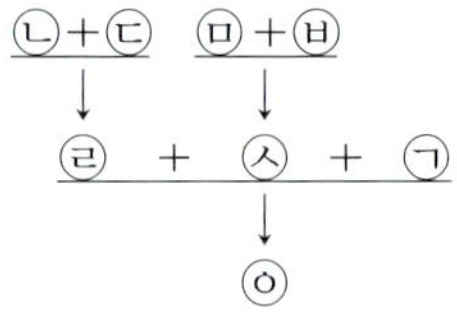

③
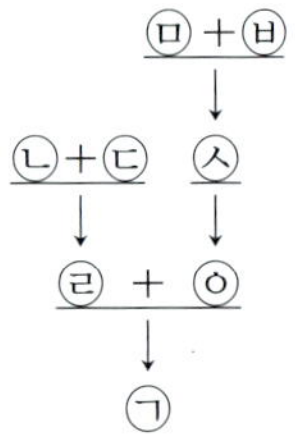

④
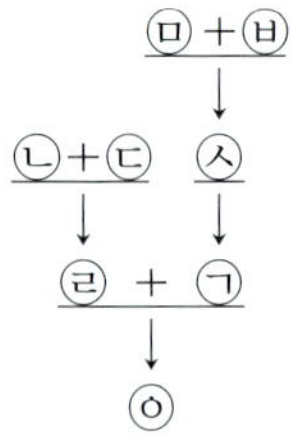

⑤
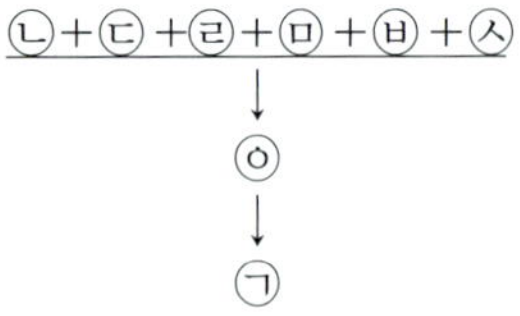

4 논증 구조 분석 문제

15

논증 분석 문제의
효과적 해결

다음 논증에 대한 분석으로 옳지 않은 것은? 제2회 2010 LEET 문18

ⓐ 행복한 사람에게는 친구가 필요하지 않다는 주장이 있다. ⓑ 그는 이미 좋은 것들을 가지고 있으며 자족적인 만큼 그 어떤 것도 추가적으로 필요하지 않다. ⓒ 친구는 본인 스스로 할 수 없는 것을 제공해 주는 사람이니 말이다. 그런데 ⓓ 신이 행복한 사람에게 모든 좋은 것을 다 나눠주면서 친구를 주지 않는다는 것은 이상한 일이다. ⓔ 친구가 하는 일이 서로 잘해주는 것이면서 서로의 선행을 받아주는 것이라면, 또 선행을 베푸는 것이 좋은 사람, 탁월한 사람이 하는 일이라면, 그런 사람은 자신의 선행을 잘 받아줄 사람을 필요로 하게 될 것이다. 그렇다면 ⓕ 행복한 사람에게 친구가 필요하지 않다는 것이 주장하는 바는 무엇인가? ⓖ 대중은 자신에게 이로운 사람을 친구로 간주한다. ⓗ 행복한 사람은 좋은 것들을 가지고 있기 때문에 자신에게 이로운 친구를 필요로 하지 않는다. ⓘ 그러한 친구를 필요로 하지 않기에 친구를 필요로 하지 않는 것처럼 보이는 것이다.

① 이 논증은 ⓐ의 '주장'을 반박하는 부분과 ⓐ의 '주장'을 사람들이 받아들이는 이유를 설명하는 부분으로 되어 있다.
② 행복한 사람에게 이로운 친구는 없어도 되지만 자신의 선행을 받아 줄 친구는 필요하다는 점에서 ⓐ의 '주장'이 부정된다.
③ ⓑ와 ⓒ가 결합하여 ⓐ의 '주장'을 뒷받침한다.
④ ⓔ는 ⓓ를 뒷받침한다.
⑤ ⓖ와 ⓗ가 결합하여 ⓐ의 '주장'을 반박하는 근거가 된다.

16

논증의 구조 분석

다음 논증의 구조를 분석한 것으로 적절하지 않은 것은?

제3회 2011 LEET 문32

ⓐ공간에 대한 인간의 요구와 반응이 각 환경에서 어떤 형태로 나타나는지를 알기 위해서는 동물과의 비교 연구가 도움이 된다. ⓑ이용 가능한 공간의 크기에 따른 행동의 변화를 동물을 대상으로 관찰할 경우 인간 행동의 관찰에서는 기대하기 어려운 것까지도 발견할 수 있기 때문이다. ⓒ동물의 세대간격은 비교적 짧기 때문에 동물을 이용하면 시간을 가속화할 수 있다. ⓓ예컨대 한 과학자가 40년 동안 관찰할 수 있는 생쥐는 440세대에 이르지만 인간은 고작 2세대에 그친다. ⓔ그리고 동물의 생명에 대해서는 비교적 냉정한 태도를 취할 수 있다. ⓕ게다가 동물 관찰에서는 변덕과 자기합리화로 뒤범벅인 행동을 해석하느라 골치를 썩일 필요도 없다. ⓖ동물은 자연스러운 상태에서 놀라우리만큼 일관적인 태도로 반응하고, 따라서 동물에게서는 반복적인 행위, 사실상 동일한 행위가 관찰된다.

ⓗ특히 동물이 공간을 다루는 방식을 관찰한 결과를 인간의 상황에 적용함으로써 얻을 수 있는 지식은 자못 크다. ⓘ동물의 행동을 연구하는 데 기본 개념이 되는 것 중의 하나가 영토권이다. ⓙ영토권이란 동물 개체가 특징적으로 설정하고 있는 영역을 일컫는 것으로, 개체는 동일 종의 다른 구성원이 그 영역을 침범하면 방어 행동을 보인다. ⓚ동물의 영토권에 대한 연구는 인간의 생활에 대한 기존 관념들을 많이 바꾸어 놓고 있다. ⓛ흔히 자신은 사회에 감금되어 있지만 동물은 그렇지 않다고 생각해서 "새처럼 자유롭다."는 표현을 우리는 쓴다. ⓜ그러나 우리는 영토권 연구를 통하여 오히려 그 역이 진실에 가깝다는 것을 알게 된다. 다시 말해 동물은 자신의 영토에 갇혀 있는 경우가 많으며 그에 비한다면 인간은 매우 자유로운 존재인 셈이다.

① 최종 결론인 ⓐ가 ⓑ와 ⓗ로부터 도출되는 것이 이 논증의 큰 줄기이다.
② ⓑ를 지지하는 근거로 ⓒ, ⓔ, ⓕ가 사용되고 있다.
③ ⓓ는 ⓒ를, ⓖ는 ⓕ를 지지하는 근거로 사용되고 있다.
④ ⓚ는 ⓙ를, ⓙ는 ⓘ를, ⓘ는 ⓗ를 지지하는 근거로 사용되고 있다.
⑤ ⓛ과 ⓜ은 ⓚ를 지지하는 근거로 사용되고 있다.

17

논증의
구조 분석

다음 논증의 구조를 분석한 것으로 옳지 않은 것은? 제6회 2014 LEET 문11

아담 스미스는 자본이 증가하면 자본의 경쟁도 심화되기 때문에 이윤은 낮아진다고 주장하였다. 『국부론』의 「자본의 이윤」에서 그는 이렇게 말한다. "ⓐ 많은 부유한 상인들이 한 업종에 투자하게 되면 그들 간의 상호 경쟁 때문에 이윤은 자연스럽게 낮아지는 경향이 있다. ⓑ 한 사회 안에서 모든 업종에 걸쳐 투자액이 증가한다면, 그 모든 업종에서 같은 경쟁 때문에 동일한 효과가 발생할 수밖에 없다." 이 대목에서 아담 스미스는 ⓒ 자본의 경쟁이 이윤을 낮추는 것은 가격을 낮추기 때문이라고 생각하는 것 같다. 어떤 특정업종에서 자본 투자가 증가하기 때문에 그 업종에서 이윤율이 낮아지는 것은 보통 가격의 하락에 기인하기 때문이다. 그러나 이것이 그가 뜻한 바라면, ⓓ 가격 하락이 한 상품에만 국한되는 경우에는 실제로 생산자의 이윤을 축소시키지만 모든 상품에 함께 일어나는 경우에는 그런 효과가 없어진다는 점을 그는 놓친 것이다. ⓔ 모든 물건의 가격이 내린다면 실질적으로는 어떤 물건도 가격이 내리지 않는 것과 마찬가지이기 때문이다. 화폐로 계산해 보아도 모든 생산자에게 매출이 줄어든 만큼 생산비도 줄어든다. ⓕ 모든 다른 물건들은 가격이 하락하는데 노동만이 가격이 하락하지 않는 유일한 상품이라면 실질 이윤은 감소할 것이지만, 그런 경우에 실제로 일어난 일은 임금 상승이다. 이 경우에 자본의 이윤을 낮춘 것은 가격하락이 아니라 임금 상승이라고 해야 맞다.

- 존 스튜어트 밀, 『정치경제학 원리』 -

① 글쓴이는 ⓐ의 타당성을 인정하고 있다.
② ⓓ는 ⓑ를 비판하고 있다.
③ ⓔ는 ⓓ의 근거이다.
④ ⓕ는 ⓒ를 비판하고 있다.
⑤ ⓕ는 ⓔ의 근거이다.

18

논증의 지지관계 분석

다음 논증의 지지 관계를 분석한 것으로 적절하지 않은 것은?

제9회 2017 LEET 문19

> ㉠자연권이란 개개인이 자신의 생명을 보존하기 위해 원할 때는 언제나 자신의 힘을 사용할 수 있는 자유를 의미하는 것으로, 모든 사람에게 동등하게 보장된 것이다. 반면 ㉡자연법이란 이성에 의해 발견된 계율 또는 일반규칙으로서, 그러한 규칙의 하나에 따르면 인간은 자신의 생명을 보존하는 수단을 박탈하거나, 자신의 생명 보존에 가장 적합하다고 생각되는 행위를 포기하는 것이 금지된다. 권리는 자유를 주는 반면, 법은 자유를 구속한다.
>
> ㉢인간의 자연 상태는 만인에 대한 만인의 전쟁 상태이며, ㉣이 상태에서 모든 이성적 인간은 적에 맞서 자신의 생명을 보존하는 데 도움이 되는 것은 어떤 것이든 사용할 수 있다. 따라서 ㉤그런 상태에서는 모든 사람은 모든 것에 대해, 심지어는 상대의 신체에 대해서도 권리를 갖게 된다. ㉥상대의 신체에 대한 권리는 그 신체를 훼손할 권리까지 포함하므로, ㉦모든 것에 대한 이러한 자연적 권리가 유지되는 한 인간은 누구도 안전할 수 없다. 그런데 자연법은 생명의 안전한 보존에 가장 적합하다고 생각되는 행위를 결코 포기해서는 안 된다고 명하고 있으므로, ㉧모든 사람은 평화를 이룰 희망이 있는 한 그것을 얻기 위해 노력하지 않으면 안 된다. 그렇다면 이성이 우리에게 명하는 또 하나의 계율은 이렇게 요약될 수 있다. ㉨평화와 자기 방어에 필요하다고 생각하는 한 우리는 모든 사물에 대한 자연적 권리를 기꺼이 포기하고, 우리가 다른 사람에게 허용한 만큼의 자유에 스스로도 만족해야 한다.

① ㉠이 ㉣의 근거로 제시되고 있다.
② ㉢과 ㉣이 ㉤의 근거로 제시되고 있다.
③ ㉤이 ㉥의 근거로, 그리고 이 ㉥이 다시 ㉦의 근거로 제시되고 있다.
④ ㉡이 ㉧의 근거로 제시되고 있다.
⑤ ㉦과 ㉧이 ㉨의 근거로 제시되고 있다.

5 논증 분석 및 재구성 종합 문제

19
지식의 정당화

다음 논증에 대한 분석으로 옳지 않은 것은? 제5회 2013 LEET 문10

ⓐ 다른 지식에서 추론됨으로써 정당화되는 지식이 있다.
ⓑ 이러한 지식을 '추론적 지식'이라고 하고, 추론적 지식이 아닌 지식을 '비추론적 지식'이라고 하자.
ⓒ 모든 지식이 추론적 지식이라고 가정해 보자.
ⓓ 어떤 추론적 지식을 G_1이라고 하면, G_1을 추론적으로 정당화하는 다른 지식이 있다.
ⓔ 그중 어떤 것을 G_2라고 하면, G_2는 추론적 지식이다.
ⓕ G_2를 추론적으로 정당화하는 다른 지식이 있고, 그중 하나를 G_3이라고 하면 G_3도 추론적 지식이다.
ⓖ 이런 과정은 무한히 계속될 것이다.
ⓗ 정당화의 과정이 무한히 이어질 수는 없다.
ⓘ 정당화의 과정이 끝나려면 다른 지식을 정당화하는 어떤 지식은 비추론적 지식이어야 한다.
ⓙ 그러므로 비추론적 지식이 존재한다.

① ⓔ는 ⓒ와 ⓓ로부터 도출된다.
② ⓒ~ⓖ는, ⓒ의 '가정'이 주어지는 한, 지식을 정당화하는 과정이 끝나지 않는다는 것을 보여준다.
③ ⓖ의 '과정'이 순환적일 가능성을 배제할 수 없으므로, ⓖ가 참이기 위해 무한히 많은 추론적 지식이 존재할 필요는 없다.
④ ⓖ와 ⓗ가 충돌하므로 ⓐ도 부정되고 ⓒ의 '가정'도 부정된다.
⑤ 이 논증이 타당하다면 '비추론적 지식이 없으면 추론적 지식도 있을 수 없다'는 것이 증명된다.

20

수단-목적 관계와 인과관계

(가)~(바)의 분석으로 옳지 않은 것은?

제5회 2013 LEET 문22

(가)
그대가 다음 실수를 피하기를 나는 진심으로 바라노라.
즉 우리 눈은 보기 위해 창조된 것이며
또 우리 다리는 직립보행을 하도록
그렇게 생긴 것이라고 그대가 생각하지 말기를.

(나)
사람들이 내세우는 이런 주장들은
모두가 뒤집힌 추론으로 인해 앞뒤가 뒤바뀌어 있다.
왜냐하면 우리 몸에서 사용을 목적으로 생겨난 것은
아무것도 없고, 생겨난 그것이 용도를 창출하기 때문이다.

(다)
눈이 생겨나기 전에는 본다는 것은 없었고,
혀가 생기기 전에는 단어로써 말한다는 것은 없었다.
오히려 혀의 시초가 말보다 훨씬 앞서 있으며,
소리가 들리기 오래 전에 귀가 생겨났고,
내 생각으로는 우리의 모든 신체적 지체가 그 사용보다 먼저 있었도다.
따라서 이것들은 사용되기 위해 생겨난 것일 수 없다.

(라)
빛나는 창들이 날아가기 오래 전에 이미 전투에서 맨손으로 싸웠으며,
또 잔이 생기기 훨씬 전부터 갈증을 해소해 오지 않았던가.
따라서 삶과 사용의 필요로부터 나온 것들은 모두
사용을 위해 발명된 것으로 믿을 수 있다.

(마)
그러나 자신이 홀로 먼저 생겨나고
나중에 사용에 관한 개념을 낳은 것들은
이것들과는 완전히 다른 부류에 속한다.

(바)
따라서 반복하노니, 우리의 감각기관들과 지체들이
그 사용을 위해서 창조되었다고
그대가 믿을 만한 이유가 전혀 없다.

- 루크레티우스, 『사물의 본성에 관하여』 -

① (가)는 논증이 비판하고자 하는 견해를 제시하고 있다.
② (나)는 논증이 비판하고자 하는 견해가 인과 관계를 잘못 파악하고 있음을 지적하고 자신이 논증할 견해를 제시하고 있다.
③ (다)는 발생과 사용의 시간적 선후 관계를 이용해서 논증하고 있다.
④ (라)는 논증이 비판하고자 하는 견해가 설득력을 갖는 대상 영역을 제시하고 있다.
⑤ (마)는 (다)와 (라)가 양립할 수 없음을 지적함으로써 (바)가 옳음을 논증하고 있다.

21
사회계약론

다음 글을 분석한 것으로 옳지 않은 것은? 제7회 2015 LEET 문13

가장 강한 자라고 하더라도 자기의 힘을 권리로, 복종을 의무로 바꾸지 않고서는 언제나 지배자 노릇을 할 수 있을 만큼 강하지는 않다. 따라서 '강자의 권리'라는 구절이 언뜻 반어적인 의미를 가진 것으로 보이면서도 실제로 하나의 근본 원리인 것처럼 여겨지는 것에 대하여 뭔가 설명이 필요하다. ⓐ힘이란 물리력인데, 물리력이 어떻게 도덕적 결과를 가져올 수 있는지 나는 이해할 수 없다. ⓑ힘에 굴복하는 것은 어쩔 수 없어서 하는 행동이요 기껏해야 분별심에서 나온 행동이지 의무에서 나온 행동은 아니다.

ⓒ만일 강자의 권리라는 것이 있어서, 힘이 권리를 만들어낸다고 해보자. 그렇다면, 원인이 바뀜에 따라 결과도 달라지므로, 최초의 힘보다 더 강한 힘은 최초의 힘에서 생긴 권리까지도 차지해 버릴 것이다. 힘이 있어서 불복한다면 그 불복종은 정당한 것이 되며 강자는 언제나 정당할 터이므로 오직 중요한 점은 강자가 되는 것뿐이다. ⓓ힘이 없어질 때 더불어 없어지고 마는 권리란 도대체 무엇인가? ⓔ강도가 덮쳤을 때 내가 강제로 지갑을 내주어야 할 뿐만 아니라 지갑을 잘 감출 수 있을 때에도 강도의 권총이 권력이랍시고 양심에 따라 지갑을 내줄 의무가 있는 것은 아니다. ⓕ어쩔 수 없어서 복종해야 한다면 의무 때문에 복종할 필요는 없으며 복종을 강요받지 않을 경우에는 복종할 의무도 없다. 권리에 복종하라는 말이 만약 힘에 복종하라는 말이라면, 이는 좋은 교훈일지는 몰라도 하나마나한 말로서, ⓖ나는 그러한 교훈이 지켜지지 않는 일은 결코 없으리라고 장담할 수 있다. ⓗ'강자의 권리'라는 말에서 '권리'는 '힘'에 덧붙이는 것이 없으며, 따라서 공허한 말이다.

- 루소, 『사회계약론』 -

① ⓑ가 ⓐ를 뒷받침하려면 '물리적인 것'과 '도덕적인 것'의 구별이 전제되어야 한다.
② ⓒ~ⓗ에서 글쓴이는 '강자의 권리'라는 구절로부터 불합리한 귀결이 나옴을 보임으로써 '강자의 권리'를 부정하는 논증을 펴고 있다.
③ ⓔ는 ⓑ의 예시이다.
④ ⓖ에서 글쓴이가 '장담'하는 근거는 ⓕ이다.
⑤ ⓓ와 ⓗ는 둘 다 힘에서 나오는 '권리'라는 것은 무의미한 말임을 지적하고 있다.

22

약리효과의 검증기준

다음을 분석한 것으로 옳지 않은 것은?

제8회 2016 LEET 문19

ⓐ A국 식약청은 특정 질환에 대한 신약을 출시하려는 제약 회사에게 위약시험을 통해 신약의 효능을 입증하도록 요구한다. 즉, 치료약인 것처럼 제시되지만 실제 약효가 전혀 없는 가짜 약품(위약)으로 치료받은 환자들과 비교하여 신약으로 치료받은 환자들의 치료 효과가 우월해야 신약의 출시가 허용된다. 이미 해당 질환에 대한 치료 효능이 입증되어 신약과 비교 가능한 약품이 존재하더라도, 신약 제조사는 신약에 대한 위약시험을 거쳐야 한다.

반면 ⓑ H선언은 기존 약품 중 효능이 가장 좋은 것과 신약의 효능을 비교하는 동등성 시험으로 신약의 효능 입증 시험을 해야 한다고 요구한다. H선언의 윤리적 기준에 따르면, 효과적인 치료법이 있는 경우 의사는 환자에게 그것을 제공할 윤리적·법적 의무를 갖는다. 동등성시험으로 신약의 효능을 검증하는 것은 환자에게는 치료를 제공하고 의사에게는 안전성과 효능에 대한 비교 가능한 정보를 제공한다.

이러한 윤리적 원칙들에도 불구하고 ⓒ 몇몇 의사들은 향정신성 의약품에 대한 임상 시험에는 다른 기준이 적용되어야만 한다고 주장한다. 이들에 따르면, 향정신성 의약품의 효능을 검증하는 것은 어려운데, 특히 우울증의 경우, 치료의 성패는 대개 환자 개인의 주관에 따라 결정된다. 때문에 동등성시험으로 신약 효과를 평가하는 방법은 부적절하다는 것이다. 이런 주장은 만약 위약이 약리 효과를 검증하는 항상적 기준을 제공하는 것으로 가정할 수 있다면 타당할 수도 있다. 하지만 ⓓ 시험 참가자들이 평가하는 위약의 효과는 일정치 않고 상당히 가변적인 것으로 알려지고 있다. 정신과 치료의 경우에 위약 효과는 특히 가변적이고 예측 불가능할 수 있는데, 신약의 약리적 평가에 상대적으로 큰 영향력을 미치는 개인의 주관이 위약에 대한 효과의 평가에도 동일하게 개입하기 때문이다. 이러한 결과는 약품의 실질적 효능을 측정할 수 있다고 가정되는 확고한 준거점으로서의 위약 개념에 의문을 제기한다.

① 기존 시판 약품과 비교해서 신약의 효능이 더 우월하다고 입증되었을 경우에도, ⓐ는 이 신약의 출시를 불허할 수 있다.

② 동등성시험 대신 위약시험에 참여하는 환자들이 그 기간 동안 효과적인 약품으로 치료받을 수 있는 기회를 박탈당한다는 점은 ⓑ가 위약시험으로 신약의 효능을 검증하는 방식을 비판하는 논거가 된다.

③ 알레르기 치료제로 속인 위약을 먹은 환자 집단의 알레르기 증상이 실제 완화되었다면, 이는 ⓑ가 주장하는 동등성시험의 필요성을 약화하는 근거가 된다.

④ ⓒ는 향정신성 의약품의 경우 위약시험이 동등성시험보다 환자의 주관적 판단이 초래하는 오류로부터 상대적으로 자유롭다고 전제하고 있다.

⑤ 무작위로 선정된 대상자가 치료 효과를 주관적으로 평가하는 50차례 위약시험 결과, 50개 신약 치료 집단 간 응답의 분포 및 평균값에는 유의미한 차이가 없었고 50개 위약 치료 집단 간 응답의 분포 및 평균값에는 유의미한 차이가 있었다면, 이는 ⓓ를 지지하는 근거가 된다.

23

자유의지와
도덕적 책임

다음 글에 대한 분석으로 옳은 것만을 보기 에서 있는 대로 고른 것은? 제9회 2017 LEET 문14

우리 행위가 우리 자신의 자유로운 선택의 결과일 때에만 우리는 그 행위에 도덕적 책임을 진다. 그러나 만약 인간 행위가 결정론적 인과 법칙에 의해 전적으로 지배된다면, 어떻게 내 행위가 자유로운 행위였다 할 수 있는지의 질문이 제기될 수 있다. 이에 대해 "우리가 자유 의지를 가지고 있고 자유롭게 행위한다는 것을 우리는 누구보다 잘 알고 있습니다. 여기에는 아무 문제가 없습니다."라고 주장하는 것은 문제의 해결이 아니다. 만약 우리가 우리의 의지가 자유롭다는 것을 정말로 안다면, 우리의 의지가 자유롭다는 것은 참일 수밖에 없다. 사실이 아닌 어떤 것을 알 수는 없기 때문이다. 그러나 "우리의 의지는 자유롭지 않으므로 어느 누구도 우리 의지가 자유롭다는 것을 알지 못한다."는 주장 역시 가능하다. 사람들이 자신들이 자유롭게 행위한다고 믿는다는 것은 분명한 사실이다. 그러나 자유롭게 행위한다고 느낀다는 것이 우리가 실제로 자유롭다는 점을 입증하지는 못한다. 그것은 단지 우리가 행위의 원인에 대해 인식하고 있지 못함을 보여줄 뿐이다.

보기

ㄱ. 이 글에 따르면, 자유로운 선택에 의한 것이지만 도덕적 책임을 지지 않는 행위는 있을 수 없다.
ㄴ. 이 글에 따르면, 우리가 무언가를 안다는 것은 그것이 참임을 함축한다.
ㄷ. 우리가 자유롭게 행했다고 여기는 많은 행위들을 인과 법칙적으로 설명할 수 있다면, 이 글의 논지는 약화된다.

① ㄴ ② ㄷ ③ ㄱ, ㄴ
④ ㄱ, ㄷ ⑤ ㄱ, ㄴ, ㄷ

24

다음 글에 대한 분석으로 옳은 것만을 [보기]에서 있는 대로 고른 것은? 제9회 2017 LEET 문15

㉠ 내가 이전에 먹었던 빵은 나에게 영양분을 제공하였다. 과거에 경험한 이런 한결같은 사실을 근거로, ㉡ 미래에 먹을 빵도 반드시 나에게 영양분을 제공할 것이라고 결론 내릴 수 있을까?

어떤 사람들은 미래에 관한 이런 명제가 과거에 관한 명제로부터 올바르게 추리된다고 주장한다. 즉 전제가 참이면 결론도 반드시 참이라는 의미에서, 미래에 관한 명제가 과거에 관한 명제로부터 추리된다고 말한다. 하지만 그들이 말하는 그 추리가 연역적으로 타당하게 이끌어진 추리가 아니라는 점은 명백하다. 왜냐하면 그 경우 전제가 참이더라도 결론이 거짓일 수 있기 때문이다. 그렇다면 그 추리는 어떤 성질을 지닌 추리인가?

만약 어떤 사람이 그 추리가 경험에 근거해서 결론이 필연적으로 따라나오는 추리라고 주장한다면, 그 사람은 논점 선취의 오류를 범하는 것이다. 왜냐하면 경험에 근거해서 결론이 필연적으로 따라나오는 추리가 되려면, ㉢ 미래가 과거와 똑같다는 것을 기본 전제로 가정해야 하기 때문이다. 만일 자연의 진행 과정이 변할 수도 있다고 생각할 수 있다면, 모든 경험은 소용이 없게 될 것이며 아무런 추리도 할 수 없게 되거나 아무런 결론도 내릴 수 없게 될 것이다. 따라서 경험을 근거로 하는 어떠한 논증도 미래가 과거와 똑같을 것이라는 점을 증명할 수는 없다. 왜냐하면 그런 논증은 모두 미래가 과거와 똑같을 것이라는 그 가정에 근거해 있기 때문이다.

[보기]

ㄱ. ㉢을 참이라고 가정하면 ㉠으로부터 ㉡을 추리할 수 있다.
ㄴ. ㉢이 거짓이라면 ㉡의 참을 확신할 수 없다.
ㄷ. ㉢을 정당화할 수 있는, 경험에 근거한 추리란 없다.

① ㄱ
② ㄷ
③ ㄱ, ㄴ
④ ㄴ, ㄷ
⑤ ㄱ, ㄴ, ㄷ

25

함축의 의미 / 귀류법의 논리사용

다음 글에 대한 분석으로 옳은 것만을 보기 에서 있는 대로 고른 것은? 제12회 2020 LEET 문21

명제가 다른 명제를 필연적으로 함축한다면 전자가 참일 가능성은 후자가 참일 가능성을 필연적으로 함축한다. 예를 들어 지구에 행성이 충돌하는 것이 인간이 멸종하는 것을 필연적으로 함축한다면, 지구에 행성이 충돌할 가능성은 인간이 멸종할 가능성을 필연적으로 함축한다. 왜 그럴까?

㉠ 지구에 행성이 충돌한다는 것이 인간 멸종을 필연적으로 함축하지만, 그런 충돌 가능성이 있는데도 인간 멸종의 가능성은 없다고 가정해 보자. 사람들은 지구에 행성이 충돌하는 일이 실제로 일어나겠느냐고 의심할지 모르지만, 그런 충돌이 가능하다고 가정했기 때문에, 그런 일이 실제로 일어나는 상황이 있다고 해도 아무런 모순이 없다. 그리고 그런 일이 실제로 일어난다는 것은 인간 멸종을 필연적으로 함축하므로, 그 상황에서는 인간이 멸종한다. 그런데 인간이 멸종하는 상황은 없다고 가정했으므로 모순이 발생한다. 그러므로 ㉡ 지구에 행성이 충돌한다는 것이 인간 멸종을 필연적으로 함축한다면, 행성 충돌의 가능성은 인간 멸종의 가능성을 필연적으로 함축한다.

보기

ㄱ. ㉡을 도출하는 과정에서 인간 멸종이 가능하지 않다는 것과 인간이 멸종하는 상황이 없다는 것을 동일한 의미로 간주하고 있다.

ㄴ. 지구에 행성이 충돌할 가능성이 실제로는 없다고 밝혀지더라도, ㉠으로부터 ㉡을 추론하는 과정에 아무런 문제가 없다.

ㄷ. ㉠으로부터 ㉡으로의 추론은, 어떤 가정으로부터 모순이 도출된다면 그 가정의 부정은 참이라는 원리를 이용한다.

① ㄱ ② ㄴ ③ ㄱ, ㄷ
④ ㄴ, ㄷ ⑤ ㄱ, ㄴ, ㄷ

26

생략된 결론 / 인과적 의존과 원인의 정리

다음 글에 대한 분석으로 옳은 것만을 보기 에서 있는 대로 고른 것은? 제13회 2021 LEET 문33

다음 두 정의를 받아들여 보자.

(정의 1) '사건 Y가 사건 X에 인과적으로 의존한다'는, X와 Y가 모두 실제로 일어났고 만약 X가 일어나지 않았더라면 Y도 일어나지 않았을 것이라는 것이다.

(정의 2) '사건 X가 사건 Y의 원인이다'는, X로부터 Y까지 이르는 인과적 의존의 연쇄가 있다는 것이다.

갑이 치사량의 독약을 마시자마자 건물 10층에서 떨어졌고 땅바닥에 부딪쳐 죽었다. 사건 A~E는 다음과 같다.

A : 갑이 독약을 마시는 사건
B : 독약이 온몸에 퍼지는 사건
C : 갑이 건물 10층에서 떨어지는 사건
D : 갑이 땅바닥에 부딪치는 사건
E : 갑의 죽음

C로부터 D를 거쳐 E까지 모두 실제로 일어났다. 하지만 ㉠B는 실제로 일어나지 않았다. 즉, 독약이 온몸에 퍼지기 전에 갑은 이미 죽었다. 반면에 ㉡'만약 C가 일어나지 않았더라면 E는 일어나지 않았을 것이다'는 거짓이다. C가 일어나지 않은 경우에는, A로부터 B를 거쳐 E까지 이르는 인과적 의존의 연쇄가 실현되었을 것이기 때문이다. 그래서 ㉢C는 E의 원인이 아니라는 귀결이 도출되는 듯 보인다. 하지만 Z가 X에 인과적으로 의존하지 않더라도, Y가 X에, Z가 Y에 인과적으로 의존할 수 있다. C가 일어나지 않았더라면 D가 일어나지 않았을 것이고, D가 일어나지 않았더라면 E가 일어나지 않았을 것이다.

보기

ㄱ. 위 글로부터 '갑이 건물 10층에서 떨어진 것이 갑의 죽음의 원인이다'가 따라 나온다.
ㄴ. (정의1)과 ㉠으로부터 '어떠한 사건도 B에 인과적으로 의존하지 않는다'가 따라 나온다.
ㄷ. (정의1), ㉡, 그리고 'C가 E의 원인이라면 E는 C에 인과적으로 의존한다'로부터, ㉢이 따라 나온다.

① ㄱ ② ㄷ ③ ㄱ, ㄴ
④ ㄴ, ㄷ ⑤ ㄱ, ㄴ, ㄷ

27

언어철학 / 의미와 지시체

다음 글에 대한 분석으로 옳은 것만을 보기 에서 있는 대로 고른 것은? 제14회 2022 LEET 문21

일상에서 역사적 인물의 이름인 '나폴레옹'을 사용할 때, 이 이름은 실존 인물 나폴레옹을 지칭한다. 그런데 나폴레옹이 등장인물로 나오는 소설『전쟁과 평화』와 같은 허구 작품에서 사용된 이름 '나폴레옹' 역시 실존 인물 나폴레옹을 지칭하는가? 우리는 그렇다는 자연스러운 직관을 갖는다.

하지만 나폴레옹이 아메리카노로 등장하여, 커피 친구들과 모험을 하는 극단적인 허구 작품을 상상해 보자. 여기에 등장하는 나폴레옹은 실존 인물 나폴레옹과 전혀 유사하지 않으므로 이 작품에서 사용되는 '나폴레옹'은 단지 허구 속에 나타나는 등장인물을 지칭하는 것이지, 실존 인물을 지칭하는 것은 아니라고 결론 내릴 수 있다.

이처럼 적어도 어떤 허구 작품들에서 사용되는 '나폴레옹'은 실존 인물을 지칭하지 않는다는 주장을 받아들인다면, 우리는 다음 둘 중 하나를 받아들여야 한다.

(1) 어떤 허구 작품들에서 사용되는 '나폴레옹'은 실존 인물을 지칭하지 않지만, 어떤 다른 허구 작품들에서 사용되는 '나폴레옹'은 실존 인물을 지칭한다.
(2) 모든 허구 작품들에서 사용되는 '나폴레옹'은 실존 인물을 지칭하지 않는다.

여기에서 이론의 단순성과 통일성을 고려한다면 (2)의 견해에 어떤 심각한 문제점이 나타나지 않는 이상 우리는 (1) 대신 (2)를 취해야만 할 것이다.『전쟁과 평화』에서 사용되는 '나폴레옹'이 실존 인물 나폴레옹을 지칭한다는 직관이 (2)와 상충하여 문제된다고 생각할 수 있겠지만, 이는 다음과 같이 설명할 수 있다.『전쟁과 평화』에서 사용되는 '나폴레옹' 역시 허구 속의 등장인물 나폴레옹을 지칭하며, 이 허구 속의 등장인물 나폴레옹이 실존 인물 나폴레옹과 유사한 특징을 가졌기에, 우리는 그 이름이 실존 인물을 지칭하는 것이라는 잘못된 직관을 갖는 것이다.

보기

ㄱ. 이 글에 따르면, 만일 누군가의 글 속에서 사용된 어떤 이름 'N'이 실존 인물을 지칭하는 경우, 그 글은 허구 작품이 아니다.

ㄴ. 만일 모든 허구 작품들에서 사용되는 '나폴레옹'이 실존 인물을 지칭한다는 견해에 어떤 문제점도 없다면, 이 글의 논증은 약화된다.

ㄷ. 이 글의 논증은, "허구 작품에서 사용되는 등장인물의 이름이 실존 인물을 지칭하지 않는다면, 그 등장인물과 실존 인물은 어떤 유사성도 갖지 않는다."가 참이라 가정하고 있다.

① ㄱ
② ㄷ
③ ㄱ, ㄴ
④ ㄴ, ㄷ
⑤ ㄱ, ㄴ, ㄷ

CHAPTER 2
논증에 대한 평가 및 문제해결

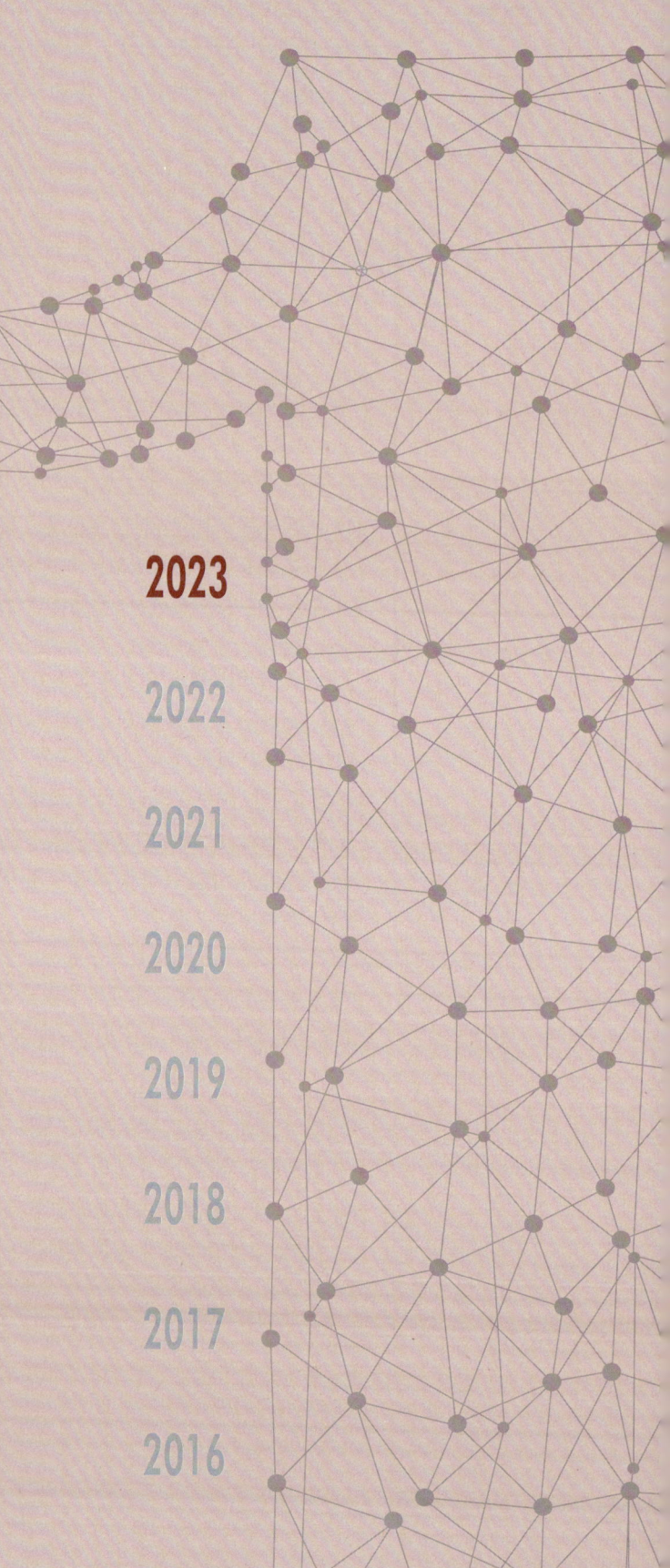

출제기관은 논증 평가 및 문제 해결 영역은 비판 활동의 완결과 새로운 대안의 제시 또는 더 깊이 있는 문제의 발견 단계에 해당한다고 소개하고, 세부 문항 유형으로 '논증 평가', '강화 또는 약화', '문제해결'을 제시하였다. 그리고 오류찾기 유형은 논증 평가 문항 유형에 포함될 수도 있지만, 상대방의 논증을 비판하는 하나의 활동으로도 볼 수 있어 논쟁 및 반론의 한 유형으로 정하였다고 밝히고 있다. 따라서 오류찾기 문항은 논증 평가에서 살펴보아도 어색하지 않고, 논쟁 및 반론에서 살펴보아도 어색하지 않으나, 본서에서는 논증 평가를 먼저 다루는 만큼 제2장에서 오류찾기 문항들을 평가이론과 함께 살펴보도록 하겠다. 그럼 출제기관에서 제시한 평가 및 문제해결의 하위 범주와 오류찾기 유형을 관련 이론과 함께 살펴보도록 한다.

	인지활동영역 및 하위 범주	
2016년 확정 개선안	논증 평가	주어진 논증의 적절성과 설득력을 평가할 수 있는 능력을 측정
	강화 또는 약화	새로운 정보나 증거의 추가가 기존의 논증을 강화 또는 약화하는지 판단할 수 있는 능력을 측정
	문제 해결	옳다고 믿는 가설과 배경지식을 동원하여 어떤 상황을 예측하였으나 현실적으로 그러한 예측이 틀린 역설적 상황에서 문제를 해결할 수 있는 방안을 찾을 수 있는 능력을 측정
과거 출제 지침	1. 논증이 범하고 있는 오류를 파악하기 2. 귀납논증에서 결론의 정당성을 강화하거나 약화하는 사례(조건) 파악하기 3. 논증에 대하여 종합적으로 평가하기 4. 평가의 원리 내지 가정 파악하기	

2023

2022

2021

2020

2019

2018

2017

2016

Ⅰ. 논증에 대한 판단 및 평가의 이론적 틀[15)]

1 논증 평가 체계

(1) 논증 평가의 제 단계

논증을 평가한다는 것은 상대방 논증의 전제를 받아들일 수 있는지, 그 전제와 결론들 사이의 관계는 올바른지 따져 보는 것이다.16)

▎논증의 종합적 평가과정 ▎

가장 먼저 주어진 구절이 논증인지, 인과 관계인지 아니면 단순한 서술인지 판단한다. 만약 논증이면 그 논증에서 애매하거나 모호하게 쓰이는 언어들이 있는지 찾아본다. 만약 있다면 혼동의 여지가 없도록 명확하게 고쳐준다.

그 다음에 전제와 결론 그리고 필요하면 숨은 전제와 숨은 결론을 찾아 논증의 구조를 다이어그램으로 그린다. 꽤 긴 논증의 경우 문장 하나하나를 다 분석하기가 힘들다면 중요한 전제와 결론만으로 논증의 뼈대를 세우면 쉬울 것이다. 나중에 필요하면 그 뼈대에 하위 논증들을 입히면 된다.

논증 분석이 끝나면 평가를 시작한다. 이 책에서 설명하는 순서대로 하자면 첫 번째 평가기준인 전제들이 받아들일만한 것인지를 확인하는 작업부터 해야 한다. 그러나 논리적으로 볼 때는 두 번째 평가기준, 곧 전제들이 결론과 관련성이 있는지 없는지를 먼저 따지는 게 낫다. 전제들이 받아들일 만한지 확인하는 과정은 사실 확인의 작업으로서 쉽지가 않은 일이다. 기껏 힘들게 전제들이 받아들일 만하다고 확인했어도 그 전제들이 결론과 관련이 없으면 그만이다. 허탈하게도 그 논증은 설득력이 없다. 따라서 아예 전제들이 받아들일 만하다고 가정해 놓고서 그 전제들이 결론과 관련이 있는지 없는지를 먼저 조사하는 게 효율적인 순서인 것이다. 전제가 아무리 참이더라도 결론과 관련이 없으면, 결론을 지지하지 못한다. 따라서 전제들 중 결론과 무관한 것들이 있는지 확인해서 있으면 버려라.

---

15) 김광수, 논리와 비판적 사고, pp.275~352. 송하석, 리더를 위한 논리훈련, pp. 136-179. 박은진 외, 비판적 사고를 위한 논리, 2007, pp. 156-196. 최훈, 논리는 나의힘, 2007, pp. 223-381.

16) 상대방의 논증에서 결론에 대해 바로 공격하거나 찬성하는 것은 결코 그 사람의 논증을 평가하는 것이 아니다. 다시 말하면 결론 그 자체를 받아들이느냐 받아들이지 않느냐는 논증을 평가하는 기준이 아니라 논증 평가의 결과라 할 수 있다.

그 다음에 전제들이 받아들일 만한 것인지를 확인하라. 전제들이 아무리 결론을 강하게 지지해도 거짓이거나 의심스러우면 과감하게 버려라. 논증의 진정한 힘은 받아들일 만한 전제에서 생긴다. 이제 거짓인 전제와 관련 없는 전제는 버렸고, 남은 전제들만 가지고 이것들이 결론을 얼마나 강하게 지지하는지 즉, 세 번째 평가기준에 따른 평가할 준비가 되었다.

이때 논증이 연역논증이라면 전제에서 결론이 필연적으로 따라 나오는가 보라. 그리고 논증이 귀납논증이라면 전제가 결론을 얼마나 강하게 지지하는지 평가하라. 귀납추리영역에서 소개한 오류들을 저지른다면 아주 약한 논증일 것이다. 이상과 같은 과정을 거쳐 연역논증일 때는 전제에서 결론이 필연적으로 따라 나오거나 귀납논증의 경우에는 전제가 결론을 강하게 지지하면 우리는 그 논증을 좋은 논증, 설득력이 있는 논증으로 받아들이는 것이다.

주의할 것은 위 세 가지 평가기준을 만족하지 못한다고 해서 그 논증을 바로 거부하는 것은 성급하다. 여러 번 강조한 것처럼 그 논증을 최대한 자비롭게 해석할 여지가 있는지 다시 한 번 살펴보아야 한다. 아무리 자비를 베풀어 해석해도 위 평가기준 중 하나라도 만족하지 못하면 그 논증은 물리쳐야 하는 것이다.

(2) 논증 평가의 세 가지 기준

다음의 세 가지 논증 평가기준은 논증을 평가할 때뿐만 아니라 타인의 논증을 비판하고 반론을 제기할 때도 활용할 수 있는 기준이라고 할 수 있다.[17)]

▶ 논증 평가 과정의 세 가지 기준[18)]

1. 논증의 전제들이 받아들일 만한가?
2. 논증의 전제들이 결론들과 관련성이 있는가?
3. 논증의 전제들이 결론의 충분히 강한 증거가 되는가?

---

17) 논증 평가의 기준은 다른 사람의 논증을 평가할 때도 중요하지만 스스로 논증을 펼칠 때도 유용하다. 우리는 논증을 통해서, 곧 근거가 제시된 주장을 함으로써 다른 사람을 합리적으로 설득하려고 한다. 그 과정을 자세히 들여다보면 다음과 같다. 1. 너 내가 말한 전제들을 받아들이지? 2. 그 전제들에서 내가 말하는 결론이 따라 나온다는 것을 인정하지? 3. 그러면 내 결론을 받아들여야 하겠지? 이런 과정이 모두 성공하면 다른 사람들은 내 논증에 합리적으로 설득을 당한 것이고, 그렇지 않고 내 결론을 받아들일 수 없다고 한다면 내 논증의 어느 한 부분, 즉 전제들 중에 받아들일 수 없는 것이 있다든지 또는 전제들에서 결론이 따라 나온다는 것을 인정하지 않는다는 것이다. (1, 2를 인정하면서도 3을 받아들이지 않는 사람은 합리적인 대화 상대가 아니다.) 그러므로 우리는 다른 사람의 논증을 평가할 때 뿐 만 아니라 스스로 논증을 할 때도 논증 평가의 세 가지 기준을 만족하고 있는지 스스로 물어보아야 설득력 있는 논증을 펼칠 수 있을 것이다. 그리고 다른 사람의 논증을 비판할 때도 비판으로 끝내는 것이 아니라 같은 주장에 대해서 더 좋은 근거가 있는지 또는 대안이 가능한지 생각한다면 그것이 곧 논증을 스스로 구성하는 작업이 될 것이다. 논증 평가와 논증 구성은 별개가 아니다(최훈, 전게서, 233~234).

18) 논증 평가의 두(세) 가지 기준을 만족하는 논증이 좋은 논증이다. 논증이 좋다, 논증이 나쁘다고 말하면 너무 소박해 보이므로 논리학자들은 연역논증의 경우에는 좋은 논증을 타당하다고 부르고 귀납논증의 경우에는 개연성이 높다고 말한다. 그러나 이 말들은 일상에서 쓰일 때보다 꽤 제한되어 엄격하게 쓰인다. 따라서 논증 평가의 기준을 모두 만족하는 논증은 좋다, 설득력이 있다, 그럴 듯하다, 타당하다, 적절하다, 강하다 등으로 여러 가지 말로 바꾸어 부르도록 하며, 나쁜 논증은 설득력이 없는 논증 또는 오류논증이라 부르도록 한다(최훈, 전게서, 223~234).

〈그림〉 논증 평가의 제 단계

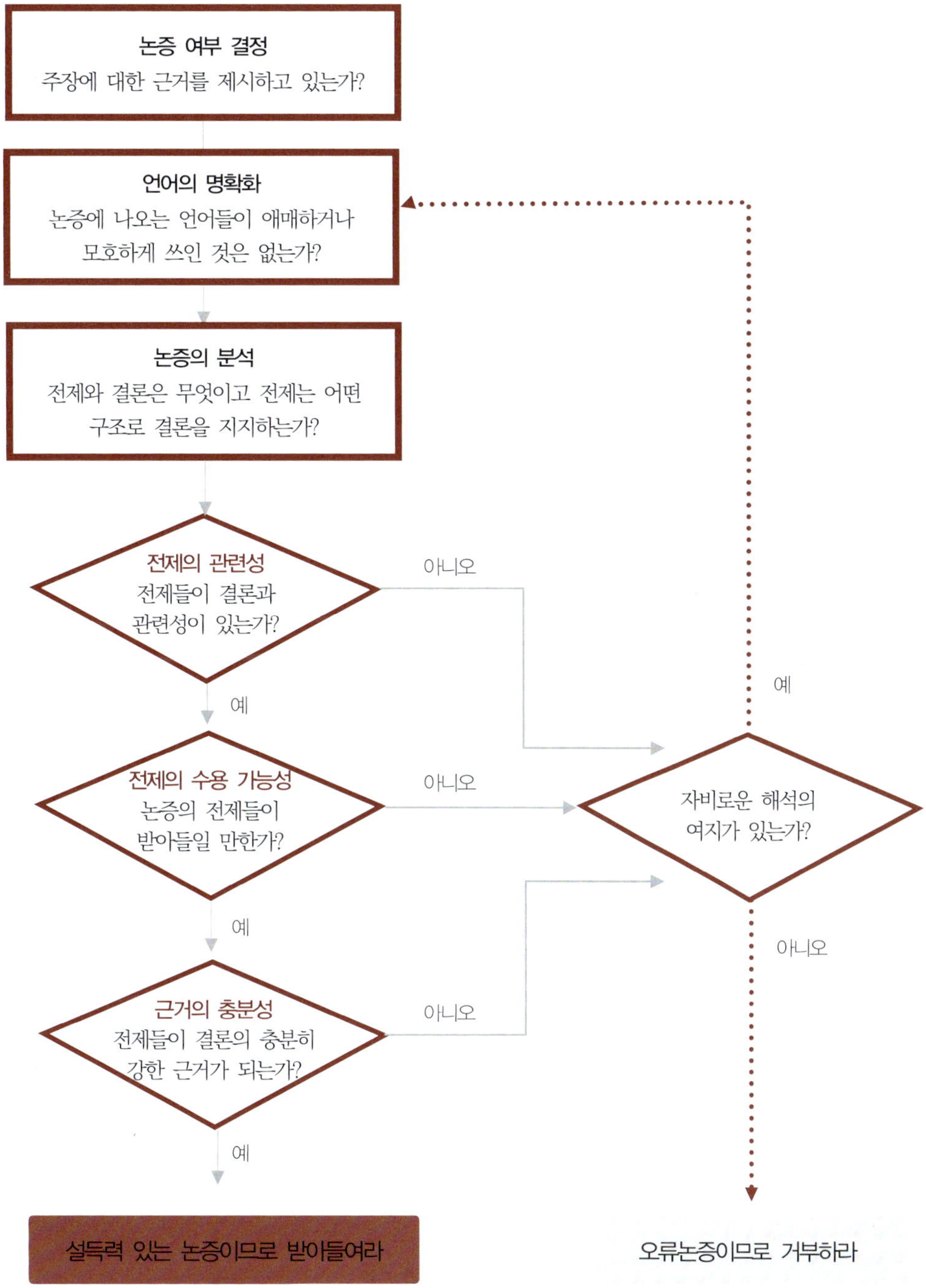
논증 여부 결정
주장에 대한 근거를 제시하고 있는가?
언어의 명확화
논증에 나오는 언어들이 애매하거나
모호하게 쓰인 것은 없는가?
논증의 분석
전제와 결론은 무엇이고 전제는 어떤
구조로 결론을 지지하는가?
전제의 관련성
전제들이 결론과
관련성이 있는가?
아니오
예
전제의 수용 가능성
논증의 전제들이
받아들일 만한가?
아니오
예
근거의 충분성
전제들이 결론의 충분히
강한 근거가 되는가?
아니오
예
자비로운 해석의
여지가 있는가?
예
아니오
설득력 있는 논증이므로 받아들여라
오류논증이므로 거부하라

<table>
<tr><th colspan="3">연역논증</th><th>비연역논증</th></tr>
<tr><td colspan="3">논증 평가의 두 가지 기준</td><td>논증 평가의 세 가지 기준</td></tr>
<tr><td colspan="2">1. 전제들이 받아들일 만한가?</td><td rowspan="3">건전성</td><td>1. 전제들이 받아들일 만한가?</td></tr>
<tr><td rowspan="2">2. 전제들이 정말로 결론을 지지하는가?</td><td rowspan="2">타당성</td><td>2. 전제들이 결론들과 관련성이 있는가?</td></tr>
<tr><td>3. 전제들이 결론의 충분히 강한 증거가 되는가?</td></tr>
</table>

연역논증에서는 전제가 결론과 관련이 있느냐, 그리고 관련이 있다면 충분히 있느냐 하는 기준은 이미 만족되었고, 또 두 기준을 구분할 필요도 없다. 연역논증에서는 첫 번째 기준, 곧 전제가 받아들일 만한가만 문제가 될 뿐이다. 그래서 연역논증의 전제가 참이기까지 하다면 그 논증은 '건전한 논증'이라고 말한다.

건전한 논증은 논증 평가의 세 가지 기준을 다 만족하고 있으므로 당연히 '설득력이 있는 논증'이다. 그러나 설득력이 있는 논증이라고 해서 모두 건전한 논증인 것은 아니다.

연역 이외의 논증에서는 전제가 받아들일 만해도 두 번째 기준과 세 번째 기준을 구분하고 그것들을 만족하는가 묻는 것이 아주 중요하다. 그리고 그 기준들을 얼마나 잘 만족했느냐에 따라서 설득력의 정도가 다양하게 나타날 수 있다.

2 오류 논증

(1) 오류논증

논증 평가의 세 가지 기준을 만족시키지 못하는 논증을 나쁜 논증 또는 오류논증이라고 한다. 즉, 오류논증은 전제가 받아들일 만하지 못하다든가, 전제가 결론과 관련이 없다든가, 전제가 결론을 충분히 지지해 주지 못할 때 생긴다. 논증의 오류는 비판의 근거가 된다.

(2) 논증 평가 및 비판의 일환으로 오류논증 활용하기

▶ **논증 평가기준별 오류 분류**

① 수용가능성의 오류 : 전제가 받아들일 만하지 못할 때 생기는 오류들
② 관련성의 오류 : 전제가 결론과 관련이 없을 때 생기는 오류들
③ 불충분성의 오류 : 전제가 결론을 충분히 지지해 주지 못할 때 생기는 오류들

첫 번째 평가기준[19] (수용가능성의 오류)	**두 번째 평가기준** (관련성의 오류)	**세 번째 평가기준** (불충분성의 오류)
① 부적합한 권위에의 호소 ② 선결 문제 요구의 오류 ③ 거짓 딜레마(=흑백논리)	① 논점일탈의 오류 ② 사람에의 호소 - 인신공격성 사람에의 호소 (발생적 오류) - 정황적 논증 (피장파장의 오류, 우물에 독풀기) ③ 대중에의 호소 ④ 감정(힘)에의 호소 ⑤ 허수아비 공격의 오류 ⑥ 무지에의 호소	① 전건부정의 오류, 후건긍정의 오류 ② 성급한 일반화의 오류 ③ 편향된 통계의 오류 ④ 선후 관계와 인과 관계를 혼동하는 오류 ⑤ 원인과 결과를 혼동하는 오류 ⑥ 공통 원인의 무시 오류

(3) 오류의 올바른 학습 방법

① 오류는 반드시 논증 평가의 일환으로서 학습하여야 한다.
② 어떤 논증이 오류가 되는 형식만 봐서는 안 되고 그 논증이 제기되는 구체적인 상황에 주목해야 한다.

---

19) 부적합한 권위에의 호소는 관련성의 오류로도 볼 수 있다. 하지만 최훈 교수는 전제 수용 조건의 하나로 '전문가의 견해'를 설명하면서 수용가능성의 오류로 분류하여 설명하고 있다(최훈, 전게서, p. 257).

3 평가의 첫 번째 측면 : 전제의 수용가능성 판단

전제들은 믿을 만해야 한다. 전제가 설사 확실하게 참이라고 알려지지 않았다고 할지라도 받아들일 만한 합당한 이유가 있어야 한다. 그리고 전제들이 거짓이거나 의심스럽다고 생각할 만한 증거가 없어야 한다. 그렇지 않다면 받아들이기 어려운 전제라 할 수 있다.

(1) 전제의 수용가능성

▶ **논증 평가의 첫 번째 기준 – 전제의 수용가능성**

- 맨 처음의 전제를 도저히 받아들일 수 없다면 그 전제로부터 시작하는 논증이 아무리 훌륭해도 그 논증의 결론을 받아들일 수 없다.
- 전제를 받아들인다고 해서 꼭 그 전제가 참임을 믿는다고 말할 수 없다.
  ⇒ 논증의 전제가 꼭 참이라고 생각하지는 않더라도 받아들이는 경우가 발생하기에 전제의 참보다 전제의 수용가능성이 논증 평가의 첫 번째 기준으로 적합하다.

(2) 초기 전제로 수용될 수 있는 5가지 진술 20)

아래 해당하는 5가지 진술들은 다른 전제들의 지지를 받지 않았더라도 좋은 논증의 맨 처음 전제로 받아들일 수 있다.

① 우리 자신의 경험

▶ **아무 저항 없이 받아들일 수 있는 대표적인 진술들은 내가 직접 경험한 것이다.**

① 저 토마토는 빨갛구나. ② 잘 익었네.

위 논증을 분석하면 오른쪽 그림과 같다. ⓐ 빨간 토마토는 잘 익었다. 이 논증을 내가 했다면 ①은 당연히 나 자신의 경험에 의한 진술이고 다른 사람이 했다고 하더라도 내가 확인할 수 있다면 역시 나 자신의 경험에 의한 진술이다. 철학자들 중에는 경험에 대해 의심하는 사람들(회의론자)이 있기도 하지만 내가 보고 듣고 느낀 것만큼 확실한 것이 없기에 ①과 같이 경험에 의한 진술은 전제로서 받아들일 수 있다.

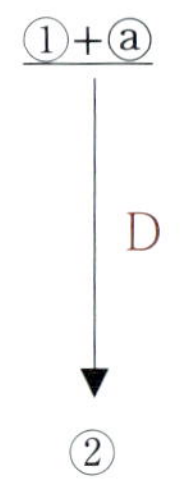

20) 논리학자들은 전제들과 결론 사이의 관계를 설명하는 규칙들은 만들었지만, 어떨 때 전제들을 받아들여야 하는지 결정하는 규칙은 만들지 못했다. 사실 그 규칙이나 조건을 만든다는 것은 논증의 논리적인 관계를 따지는 이 책의 주제와 범위를 넘어서는 일이기에 여기서는 아주 대강의 조건밖에 말할 수 없다.

② 선험적으로 참인 진술

▶ **그 진술이 참인지 거짓인지 알기 위해서 감각 경험에 의존할 필요가 없는 진술을 선험적(a priori)이라고 부르고 경험에 의해 그것의 참을 확인해야 하는 진술은 경험적 또는 후험적(a posteriori)이라고 한다.**

"최수종의 매형은 남자이다." 이 진술은 내가 최수종의 매형을 한 번도 본 적이 없다고 하더라도 받아들일 수 있다. '매형'이라는 말에 '남자'라는 의미가 이미 들어 있기 때문에 '매형'이라는 말만 듣고도 남자라는 것을 추론해낼 수 있다. 경험에 의존하지 않고 낱말의 의미와 논리적 추론에 의존해서 바로 알게 되는 선험적으로 참인 진술들이 전제에 나오면 언제나 받아들일 만하다.

▶ **사례**

- 저 총각은 결혼하지 않았다.
- 지금 밖에는 비가 오거나 오지 않을 것이다.
- 저 빨간색 공은 색깔이 있다.
- 마름모는 네모다.
- 모든 고양이는 쥐만 보면 못살게 구는데 고양이인 톰은 쥐인 제리를 못살게 군다.

③ 상식

▶ **한 사회의 모든 사람들이 또는 대부분의 사람들이 받아들이는 지식을 상식이라고 한다. 상식에서 생긴 진술은 그것을 받아들이기 위해서 더 이상의 근거를 찾을 필요가 없다.**

- 이순신 장군은 조선시대 사람이다.
- 우리나라 대통령은 청와대에 산다.
- 정당한 이유 없이 남을 괴롭히는 것은 옳지 않은 일이다.
- 머리를 감고 말리지 않은 채 찬바람을 쐬면 감기에 걸린다.
- 미국은 세계에서 힘이 가장 센 나라이다.

▶ **하위 논증이 필요한 경우의 상식 – 어느 시대에 사느냐 어디에 사느냐에 따라 누구에게는 상식인 것이 누구에게는 상식이 아닐 수 있다는 것 자체가 하나의 상식이다.**

만약 한 사람은 상식으로 간주하고 그 전제에서 논증을 시작했는데 다른 사람이 그 전제에 동의하지 못하고 의문을 제기 했는데 그 의문 제기가 정당하다면, 당연히 그 전제에 대한 하위 논증이 필요하다.

④ 증언

▶ **다른 사람 또는 매체(신문 · 방송 · 인터넷 · 잡지 등)에서 들은 말을 증언이라고 하고 증언이 전제로 나오면 그 전제는 받아들일 만하다고 본다. 하지만 다른 사람 또는 매체의 말이 언제나 신뢰성이 있지는 않기 때문에 다음과 같이 몇 가지 기준이 필요하다.**

첫째, 관찰이 정상적인 조건에서 이루어졌는가?
둘째, 믿을 만한 사람인가?(증언하는 사람이 신용이 있다면 그 사람의 말이 참말이라는 근거를 또 다시 찾을 필요 없이 그냥 받아들일 것이다.)
셋째, 편견이 없는가?
넷째, 내가 가지고 있는 다른 지식과 어긋나지 않는가?

⑤ 전문가의 의견

▶ **전문가의 의견을 더 이상의 근거 없이 받아들일 수 있기 위해서는 증언에서 말한 네 가지 기준은 기본으로 만족해야 한다.**

〈전문가의 의견과 증언의 차이점〉

전문가의 의견은 전문 지식의 영역에 있다. 전문 지식이란 전문가가 공동의 패러다임을 사용하여 확립한 지식의 체계로 전문 지식의 영역에 관한 전문가의 의견이 전제로 나왔다면 그 전제는 받아들일 만한 것으로 간주한다. 반면에 증언은 전문 지식이 아니어도 얼마든지 할 수 있다.

(3) 전제의 수용과 관련된 오류들

▶ 부적합한 권위에의 호소
▶ 선결 문제 요구의 오류
▶ 거짓 딜레마(=흑백논리)

① 부적합한 권위에의 호소

- 어떤 특정한 분야에 대한 전문가나 권위자를 다른 분야에 대한 전문가나 권위자로 착각하는 데서 발생하는 오류를 말한다.
- 정당한 권위에 호소하는 것 자체는 오류가 아니다. 그러나 첫째, 전혀 전문가가 아닌 사람의 전문 영역에 대한 진술을 그대로 받아들인다든가 둘째, 전문가는 맞지만 자신의 전문 영역이 아닌 곳에 대한 진술을 받아들이는 것은 잘못이다.

▶ **부적합한 권위에의 호소 사례**

UFO가 있어. 우리 삼촌이 있다고 했어. 우리 삼촌은 대학생이야.

② 선결 문제 요구의 오류(= 순환논증)

- 결론의 근거, 즉 전제를 물어 보았는데 주장하려고 하는 바, 즉 결론을 전제로 내세운다든가 아니면 전제 자체가 결론과 비슷한 말이어서 전제를 받아들이지 못할 때의 오류를 말한다. 즉, 전제로부터 어떤 새로운 결론이 도출된 것이 아니라, 전제와 결론이 동어반복으로 이루어진 경우의 오류를 말한다.21)
- 전제가 결론을 지지한다는 것을 입증하기 전에 그것이 참이라는 것이 다른 무엇보다 먼저 해결되어야 한다는 뜻에서 선결문제가 요구되는 오류라고 불린다. 또한 의심스럽거나 쟁점이 되고 있는 결론을 다시 전제로 내세워 문제를 피해가고 있으므로 질문을 회피하는 논증 오류라는 표현을 쓰기도 한다.

▶ **순환논증의 사례** 22)

목사 : 성경 말씀에 따르면 하나님은 계십니다. 출애굽기에 보면 모세 앞에 나타나셔서 "내가 하나님 야훼"라고 말씀하십니다.
불신자 : 그 성경 말씀이 옳다고 볼 수 있는 이유는 무엇입니까?
목사 : ① 성경은 하나님의 말씀입니다. 그러니까 ② 성경 말씀은 옳습니다. ③ 하느님께서 거짓말할 리가 있습니까?

---

21) 우리가 논증을 하는 이유는 당연하게 받아들이는 것을 전제로 해서 당연하다고 생각하지 않는 다소 놀라운 결론을 남에게 설득하려는 것이다. 그런데 결론의 근거, 곧 전제를 물어 보았는데 주장하려는 바로 그 결론을 전제로 내세운다든가 아니면 전제 자체가 결론과 비슷한 말이어서 전제를 받아들이지 못할 때가 있다. 그러면 그 논증은 전제가 받아들일 만해야 한다는 논증 평가의 첫 번째 기준을 어겼으므로 잘못된 논증이 된다(최훈, 전게서, pp. 266~267).

22) 이 논증은 형식적으로 봐서는 전혀 문제가 없다. 전제가 참이면 결론이 틀림없이 참이므로 전문 용어로 타당한 논증이다. 또 전제도 받아들일 만하다. 목사의 권위를 인정할 때 ③과 ①은 받아들일 수 있다. 그러면 무엇이 문제인가? 지금 목사는 성경의 말씀이 옳다는 것을 불신자에게 설득하고 있다. 불신자는 바로 그것을, 곧 성경의 말씀이 옳다는 것에 의심을 품고 있는 사람이다. 그런데 의심하고 있는 바로 그것을 전제로 해서 불신자를 설득할 수 있겠는가? ③과 ①을 합하면 바로 ②와 똑같은 말이 된다. 입증하려고 하는 바로 그 결론을 다시 전제로 내세우고 있는 것이다. 따라서 이 논증은 형식적으로 잘못은 없지만, 전제를 통해 결론을 설득한다는 논증의 본연의 목표를 전혀 달성하고 있지 못하므로 오류로 봐야 한다. 위 목사의 논증은 지지 관계가 빙빙 돌고 있기 때문이다. 결론의 참은 전제의 참에 의존하고, 전제의 참은 다시 결론의 참에 의존하는 식이다(최훈, 전게서 pp. 268~269).

③ 거짓 딜레마 (=흑백논리)[23]

선언적 삼단논법이나 딜레마 논증에서 첫 번째 전제가 거짓이 되는 논증을 거짓 딜레마[24]라고 한다.

▶ **선언적 삼단논법 & 딜레마 논증의 형식**[25]

(사례 1) "너는 서울대공원 또는 롯데월드에 갈 수 있다. 그런데 너는 서울대공원에는 가고 싶어하지 않는다. 따라서 너는 롯데월드에 가야 한다."	[선언적 삼단논법] P 또는 Q이다. P가 아니다. 따라서 Q이다.
(사례 2) "너는 서울대공원 또는 롯데월드에 갈 수 있다. 롯데월드는 사람이 너무 많아 갈 수가 없다. 서울대공원은 가는 길이 막힐 것 같아 갈 수가 없다. 따라서 우리는 아무데도 갈 수가 없다."	[딜레마 논증] P 또는 Q이다. P이면 R이다. Q이면 S이다. 따라서 R 또는 S이다[26]

▶ **거짓 딜레마의 구조**

① P 또는 Q이다.(=P를 선택하지 않았으면 Q이다.)
ⓐ P와 Q 외에 다른 선택지가 없다고 가정한다.
ⓑ 그러나 위 가정은 거짓이다.

⇒ 오류를 피하기 위해서는 ⓐ가 정말로 거짓인지 따져보면 될 것이다. ⓐ가 참인지 거짓인지 따져보기 위해서는 P와 Q 중 하나가 거짓이면 다른 하나는 반드시 참인지, 아니면 둘 중 하나가 거짓이어도 다른 것도 역시 거짓일 수 있는지 살펴보면 된다.

---

23) 거짓 딜레마는 일상에서 흑백 논리, 이분법적인 논리, 모 아니면 도라는 말로 더 많이 쓰인다.

24) 선언적 삼단논법이나 딜레마 논증(=양도논법)은 모두 전제가 참이면 결론이 반드시 참이 되는 연역적으로 타당한 논증이다. 그런데 첫 번째 전제(P 또는 Q이다)에서 P와 Q를 모두 거짓으로 만들 수 있는 제 3의 가능성이 있어 첫 번째 전제가 거짓이 된다면 두 논증의 설득력은 매우 떨어지게 되고, 이렇게 되었을 때의 첫 번째 전제는 실제로 딜레마 상황이 아니라 거짓 딜레마 상황이었음을 알 수 있다. 따라서 이와 같은 이유로 첫 번째 전제를 수용할 수 없는 경우를 거짓 딜레마(의 오류)라고 한다. 참고로 진짜 딜레마라는 것은 두 가지 중 하나를 선택해야 하는데 둘 다 곤란한 선택이기 때문에 이러지도 저러지도 못하는 상황을 가리킨다. 그런데 이와 같이 제3의 가능성이 제시된다면 딜레마 상황이라 할 수 없다. 즉, 거짓 딜레마 상황이다.

25) 위의 사례-1 논증은 논리학자들이 선언적 삼단논법이라고 부르는 것이고 사례-2 논증은 딜레마 논증이라고 부르는 것이다. 두 논증 모두 연역적으로 타당한 논증이다. 그런데 두 논증이 모두 타당하기 위해서는 첫 번째 전제(P또는 Q이다)에서 P와 Q외에 다른 선택지가 없다는 가정이 숨어 있어야 한다. 오직 P와 Q 중에서 하나만 선택하는 상황이어야 한다. 위에선 서울대공원과 롯데월드라는 두 가지 선택지만 염두에 두고 논증을 했지만, "왜 서울대공원하고 롯데월드에만 가야 해? 다른 데 가면 왜 안 돼?"라고 이의를 제기한다면 두 논증의 설득력은 떨어질 것이다. 이렇게 선언적 삼단논법이나 딜레마 논증에서 첫 번째 전제가 거짓이 되는 논증을 거짓 딜레마라고 부른다.

26) R과 S는 같은 것일 수도 있고 다른 것일 수도 있다. 위 예문에서는 R과 S가 같다(최훈, 전게서 p. 275).

4 평가의 두 번째 측면 : 전제와 결론의 관련성 판단

전제들이 결론과 관련성이 있어야 한다는 말은 결론의 참을 옹호하는 증거를 적어도 약간이나마 제시해야 한다는 뜻이다. 다시 말해서 전제들은 결론을 증명한다고 간주되는 증거나 이유 등을 말해야 한다. 전제들은 논증이 다루고 있는 주제와 상관없거나 벗어나 있는 측면을 기술해서는 안 된다는 것이다. 논증 평가기준에서 전제들이 결론과 관련성이 있는가는 다른 기준들과 견주어 볼 때 가장 중요한 기준이라 할 수 있다. 전제들의 관련성이 없다면 아무리 전제들이 받아들일 만하다고 하더라도 그 전제들은 소용없는 것이 되고, 결론의 충분히 강한 근거가 되기는커녕 아예 근거 자체가 되지 못한다. 따라서 상대방의 논증에서 전제가 결론과 관련이 없다고 공격한다면 그것은 완벽하게 반박하는 셈이 된다.[27)]

(1) 전제의 결론 관련성 판단 방법

① 먼저 이슈가 되는 결론이 무엇인지 정확하게 파악하여야 한다.

전제의 관련성을 판단하기 전에 먼저 도대체 무엇을 증명하려고 하는지, 지금 이슈가 되고 있는 결론이 무엇인지, 정확하게 해 두어야 할 필요가 있다. 따라서 논증을 분석하고 평가할 때 먼저 결론이 무엇인지 정확하게 해야 전제의 관련성을 제대로 밝힐 수 있다.

② 다음과 같은 질문을 통해 전제가 결론과 정말로 관련이 있는지 따져 본다.

이 전제의 참이 결론이 참일 가능성을 더 높여주는가? 이 전제의 거짓이 결론이 거짓일 가능성을 더 높여주는가? 이 질문들에 "예"라고 대답이 되면 전제는 결론과 관련이 있다. 그러나 어느 질문에도 "아니오"라는 대답이 나온다면 전제는 무관하다.

(2) 전제의 결론 관련성과 관련된 오류들

- ▶ 논점일탈의 오류
- ▶ 사람에의 호소 – 인신공격성 사람에의 호소, 정황적 논증 (피장파장의 오류, 우물에 독풀기)
- ▶ 대중에의 호소
- ▶ 감정(힘)에의 호소
- ▶ 허수아비 공격의 오류
- ▶ 무지에의 호소

---

27) 전제가 결론과 관련이 있는지를 평가하는 것은 사실에 대한 지식보다는 논리적인 고려가 우선시 된다고 할 수 있으나, 전제들이 받아들일 만한가와 전제들이 결론을 충분히 지지하는가를 결정하기 위해서는 논리적인 고려보다는 사실에 대한 지식이 많이 필요하다(최훈, 전게서, pp. 304~305).

① 논점 일탈의 오류

상대방이 관련 없는 전제를 내세워서 지금 문제되고 있는 이슈에서 벗어난 이야기를 하는 것을 보고 논점을 일탈했다고 한다. 또한 전제와 결론의 관련성이 없어서 생기는 논증의 잘못 중 특별히 붙일 오류의 이름이 없다면 모두 논점 일탈의 오류라고 분류해도 무방하다.

▶ **사례**

"왜 당신은 끝까지 아들을 고집하십니까?"

"저도 딸을 사랑하지만 어쨌든 아들은 필요합니다. 사실 성차별이란 건 여자를 보호하기 위한 차별 아닙니까?"

② 사람에의 호소(인신공격성 사람에의 호소, 정황적 논증)

사람이 내세우는 주장이나 이론을 향해 논증하는 것이 아니라 바로 그 사람을 향해 공격할 때 사람에의 호소 오류를 저지르고 있다고 한다.

▶ **오류 구조**

① x는 P라고 주장한다.
② x는 F라는 특성을 지닌 사람이다.
③ 따라서 P는 틀렸다.

▶ **인신공격성 사람에의 호소**

사람의 개인적인 특성, 즉 나이 · 성별 · 국적 · 직위 · 신용도 · 과거의 행적 등에 의존해서 그 사람의 주장을 공격하는 것을 말한다.

예) '나이가 어리므로', '여자이므로', '~출신이므로', '~한 적이 있으므로', 네 주장은 틀렸다.

▶ **정황적 논증**

상대방이 처한 정황 또는 상황에 의존해서 공격한다.

① 피장파장의 오류 - 상대방의 정황과 주장 사이의 불일치를 지적함으로써 이루어지는 것으로, 거리에 침 뱉는다고 야단치는 노인에게 "할아버지는 거리에 침 뱉은 적 없어요?"라고 대꾸하는 것이 한 예이다.

② 우물에 독 풀기 - 상대방의 특별한 사정 때문에 그렇게 주장할 수밖에 없다고 공격하는 것으로, 급여 동결을 주장하는 사장에게 사장은 돈을 많이 벌기 때문에 그러는 것이라고 반박하는 것이 하나의 사례이다. 즉, 주장의 근원(우물)에 독을 풂으로써 사장이 하는 무슨 말이든 의심스럽게 만드는 것이다.

③ 대중에의 호소 (→ 전통에의 호소)

많은 사람의 지지를 받는다는 것은 분명히 어떤 주장의 설득력이 높아 보이는 증거이다. 그러나 많은 사람의 지지를 받는다는 것 말고 그 주장이 설득력 있는 독립적인 근거를 대지 못한다면 그 주장은 대중에 호소하는 오류라고 할 수 있다.

▶ 대중에의 호소

① 많은 사람들이 P라고 믿거나 또는 P를 한다.
② P는 대중의 인기도를 나타내는 표현이나 상품이 아니다.
③ 따라서 P는 참이거나 P를 해도 된다(해야 한다).

예) 길을 막고 물어봐라. 한전이 삼성보다 경영을 잘한다고 대답할 사람은 한 사람도 없을 것이다.

▶ 전통에의 호소

- 군중에의 호소의 한 형태
- 군중에의 호소에서 많은 사람들이 지지한다는 것이 그 주장을 받아들일 근거라고 생각하는 것처럼, 전통에의 호소에서도 오랜 시간 동안의 지지가 그 주장을 받아들일 근거가 된다고 생각한다.

예) 호주제는 "우리의 전통과 문화에 바탕을 둔 것"이기 때문에 "우리의 문화와 국민 정서가 변화하지 않는 한 큰 줄기가 유지돼야 할 것으로 본다."

④ 감정에의 호소(→ 동정심, 공포 등)

어떤 주장을 하면서 특정 감정을 불러일으키는 경우가 있다. 그러나 감정은 사람의 특성이나 인기도와 마찬가지로 어떤 주장을 받아들이는 문제와는 관련이 없다. 이를 감정에 호소하는 오류라고 한다.

⑤ 허수아비 공격의 오류

상대방의 주장을 이해할 때 반박하기 쉽게 해석해서 공격하는 것을 허수아비 공격의 오류라고도 한다. 이 오류는 상대방의 주장을 왜곡해서 원래의 주장보다 약하게 만들어 놓고 반박할 때 생긴다. 그러나 자기가 공격하고 있는 그 허수아비는 상대방의 진짜 주장과 관련이 없고, 따라서 허수아비 이론이 잘못됐다고 반박한 근거는 원래 주장이 거짓임을 보여주는 것과 관련이 없다.

▶ **사례**

A : 학력(學歷)란을 철폐하자.
B : 학력(學力)을 높일 필요가 없다.
B는 A와 관련이 없으며, A보다 훨씬 공격하기가 쉽다.

상대방의 반박에서 허수아비 공격의 오류를 찾아내는 방법은 그가 반박하는 입장이 원래 입장 그대로인가 혹은 그게 아니더라도 요지를 제대로 반영한 것인가 확인하는 것이다.

⑥ 무지에의 호소와 입증의 부담

어떤 주장이 참 또는 거짓임을 모른다는 사실을 전제로 그 주장의 참 또는 거짓을 추론하는 것을 무지에의 호소라고 한다.

▶ **오류구조**

① P가 아니라는 것이 알려지지 (증명되지) 않았다. ② 따라서 P이다.	전제인 ①은 우리가 P와 관련해서 현재 아느냐 모르느냐 하는 사실이고 ②는 P 자체이므로 ①은 ②와 아무런 관련이 없다. 어떤 것이 참이라는 것을 모른다고 해서 바로 거짓이 되는 것이 아니라 참인지 거짓인지가 결정 안 되는 것뿐이다.
	무지에 호소하고 있다고 해서 항상 오류라고 볼 수는 없다. 입증의 부담이 있는 쪽에서 무지에 호소할 때만 오류라고 봐야 할 것이다.[28]

5 평가의 세 번째 측면 : 전제의 증거력 강약 판단

전제들은 결론을 받아들이는 것이 합리적이라고 생각할 만한 충분한 이유를 제시해야 한다. 이 말은 전제가 관련성이 있어야 한다는 것 이상의 의미이다. 전제들은 결론에 대한 증거로 간주되는 정도에 그쳐서는 안 되고 결론을 받아들이는 것이 합당하다고 생각할 만한 충분한 증거 또는 이유를 제시해야 한다는 것이다.

---

28) 일반적으로 민사소송법에서는 소송을 먼저 제기한 원고쪽에 입증의 부담이 있다고 규정하고 있다. 꼭 법정이 아니더라도 논쟁을 할 때 대체로 주장을 먼저 제기한 쪽에서 입증의 부담을 진다. 예를 들어 북한에 핵무기가 있다고 주장한 사람, 외계인이 있다고 주장한 사람, 도청 의혹이 있다고 주장한 사람이 그것이 있음을 적극적으로 보여줘야 존재 증명이 된다(최훈, 전게서, p. 330~333).

(1) 전제의 증거력 관련 오류들

여기서 논의되는 오류들은 이미 언어추리 영역에서 연역추리의 오류와 귀납추리의 오류라는 이름으로 살펴본 내용들이다.

- 전건부정의 오류, 후건긍정의 오류
- 성급한 일반화의 오류
- 편향된 통계의 오류
- 선후 관계와 인과 관계를 혼동하는 오류
- 원인과 결과를 혼동하는 오류
- 공통 원인의 무시 오류

(2) 연역논증과 귀납논증

연역논증(추리)은 타당성에 근거한 추론으로 전제가 참이면 결론이 반드시 참인 논증이므로 형식적으로 올바르면 그것 자체로 전제들이 결론의 충분히 강력한 증거라고 말할 수 있다. 반면에 귀납논증은 개연성에 근거한 추론으로 전제가 참이어도 결론이 반드시 참이라고 말할 수 없고 단지 개연성이 높을 뿐이기 때문에 전제가 결론을 얼마나 강하게 지지하냐에 따라 다양한 강도의 논증이 나올 수 있다.

(3) 연역논증과 관련된 오류

① 전제의 강한 증거력 - 타당한 추론의 형식(=함축 규칙), 대치 규칙(=동치)
② 오류 - 전건부정의 오류, 후건긍정의 오류, 선언지긍정의 오류 등

(4) 귀납논증과 관련된 오류

논증의 종류	판단 기준	강한 논증 vs 약한 논증
귀납적 일반화 통계적 일반화	① 관찰된 사례수 ② 관찰된 사례의 다양성 ③ 결론의 범위	① 성급한 일반화의 오류 ② 편향된 통계의 오류 ③ 결론의 범위가 좁을수록 강한 논증
유비논증	비교되는 두 집단의 유사성	잘못된 유비추론의 오류
인과논증	① 선후관계 vs 인과 관계 ② 시간적 선행성 ③ 공통원인 (허위 변수)	① 선후관계와 인과 관계 혼동의 오류 ② 원인과 결과를 혼동하는 오류 ③ 공통 원인의 무시 오류

6 강화 약화 중립 판단

연역 논증이나 귀납 논증의 적절성과 설득력을 평가하는 문항이 논증 평가 문항이다. 실험이나 관찰의 결과로부터 가설의 진위에 대한 판단을 추론하는 것은 대표적인 귀납논증으로서, 실험이나 관찰의 결과가 가설이 참일 가능성을 높일 경우 가설을 '강화'한다고 하고, 실험이나 관찰의 결과가 가설이 참일 가능성을 낮출 경우 가설을 '약화'한다고 일컬어진다. 어떤 새로운 정보가 주어진 가설을 강화하거나 약화한다고 평가하는 것은 대표적인 논증 평가라고 말할 수 있다. 그러나 그 중요성 때문에 강화하거나 약화한다는 판단에 대해 평가하는 문항을 강화 또는 약화라는 독립적인 문항 유형으로 분류하였다.[29)]

(1) 강화 약화의 의미[30)]

문항 유형의 명칭으로 사용하는 '강화'라는 표현은 서로 밀접한 관계에 있는 두 가지 의미를 지닌다. 첫째 의미는 증거가 가설이나 주장을 확증한다(confirm)는 의미이다. 둘째 의미는 새로운 증거가 논증을 강화한다(strengthen)는 의미이다.

귀납추론 과정에서 경험적 증거가 가설을 잘 뒷받침(지지)하면, "경험적 증거가 가설을 확증한다(confirm)"라고 한다. 경험적 증거가 가설의 거짓을 뒷받침(지지)하면, "경험적 증거가 가설을 반확증한다(disconfirm)"라고 한다. 법학적성시험에서는 전자의 확증을 '강화'로, 후자의 반확증을 '약화'라고 표현한다. 또한 법학적성시험에서는 새로운 경험적 증거의 추가가 기존의 귀납논증의 강도를 더 세게 만드는지, 아니면 더 약하게 만드는 지를 평가할 것을 요구할 때에도 '강화' 또는 '약화'라는 표현을 사용한다.

(2) 강화 약화 중립의 판단기준

① 강화 약화 중립 판단기준 [2017 LEET 문31][31)]

> 증거는 가설을 입증하기도 하고 반증하기도 한다. 물론, 어떤 증거는 가설에 중립적이기도 하다. 이렇게 <u>증거와 가설 사이에는 입증·반증·중립이라는 세 가지 관계만이 성립</u>하며, 이 외의 다른 관계는 성립하지 않는다. 그럼 이런 세 관계는 어떻게 규정될 수 있을까? 몇몇 학자들은 이 관계들을 <u>엄격한 논리적인 방식으로 규정</u>한다. 이 방식에 따르면, 어떤 가설 H가 증거 E를 논리적으로 함축한다면 E는 H를 입증한다. 또한 H가 E의 부정을 논리적으로 함축한다면 E는 H를 반증한다. 물론 H가 E를 함축하지 않고 E의 부정도 함축하지 않는다면, E는 H에 대해서 중립적이다. 이런 증거와 가설 사이의 관계는 <u>'논리적 입증·반증·중립'</u>이라고 불린다.
>
> 그러나 <u>증거와 가설 사이의 관계는 확률을 이용해 규정될 수도</u> 있다. 가령 우리는 "E가 가설 H의 확률을 증가시킨다면 E는 H를 입증한다."고 말하기도 한다. 이와 비슷하게 우리는 "E가 H의 확

29) 「법학적성시험안내서(개정판)」, 법학전문대학협의회 지음, 2020. 5. p.165.

30) 조성우 추리논증 기본 [추리논증이해와 학습전략, p.28], 법학적성시험안내서 pp.226~234

31) 기본교재 제2부 언어추리 제1장 귀납추리 참고

률을 감소시킨다면 E는 H를 반증한다."고 말한다. 물론 E가 H의 확률을 변화시키지 않는다면 E는 H에 중립적이라고 하는 것이 자연스럽다. 이런 증거와 가설 사이의 관계에 대한 규정은 '확률적 입증·반증·중립'이라고 불린다. (후략)

② 강화 약화 판단기준[32)]

이 문항 유형은 하나 혹은 둘 이상의 주장이나 가설을 제시하고 새로운 경험적 증거나 가정적으로 새롭게 도입된 정보에 의해 이들 주장이나 가설의 설득력이 어떤 영향을 받는지를 평가하도록 요구한다. 특히 이 유형에는 동일한 현상을 설명하는 서로 경쟁하는 가설들이 있을 때 추가적인 증거나 정보가 각각의 가설에 대해 차별적으로 갖는 지지 관계를 판단할 수 있는 지를 묻는 문항이 포함된다.

- ▶ **H가 참인 경우 E가 참이라는 것이 충분히 예상된다(달리 말하면, H가 참인 경우 E가 참일 확률이 높아진다) ⇔ E는 H를 강화한다.**
- ▶ **H가 참인 경우 E가 거짓이라는 것이 충분히 예상된다(달리 말하면, H가 참인 경우 E가 거짓일 확률이 높아진다) ⇔ E는 H를 약화한다.**

(3) 논증평가[강화 약화 중립] 정리

① 연역 논증 vs. 귀납 논증

전제1 [참↑ 〈= 경험적 증거, 가정적으로 새롭게 도입된 정보] (강화)
전제2 [거짓↑ 〈= 경험적 증거, 가정적으로 새롭게 도입된 정보] (약화)
==========
∴ 결론

I) 전제에 부합하는 사례(구체적 사례) =〉 강화사례
ii) 오류(결함), 양립불가 사실 및 사례 =〉 약화사례
iii) 전제와 직접 관련이 없는 추가적인 언급이, 결론의 설득력을 높이거나 낮춘다면, 강화 또는 약화
iv) 암묵적 전제(생략된 전제)와 관련된 언급

② 귀납논증[33)]

i) 유비추리(논증)의 평가 요소 =〉 강화, 약화, 중립
ii) 귀납적일반화 평가 요소 =〉 강화, 약화, 중립
iii) 통계적 삼단논법
iv) 가설추리(인과논증) : 가설입증, 반증의 논리 =〉 강화, 약화, 중립

32) 「법학적성시험안내서(개정판)」, 법학전문대학협의회 지음, 2020. 5. pp.175~184.

33) 자세한 내용은 추리영역 귀납추리 참조.

Ⅱ. 논증이 범하고 있는 오류 파악 문제의 유형별 학습

01
논증 오류 찾기

다음 논증의 결함을 가장 적절하게 지적한 것은? 제5회 2013 LEET 문11

우리 눈앞에 서 있는 이 피고인이 얼마 전 일어난 여성 살해사건의 진범이라는 점은 물증과 정황을 통해서 명백히 드러났습니다. 하지만 과연 이 사람이 죽인 사람이 그 여성 한 명뿐일까요? 이 피고인이 우리가 찾던 바로 그 연쇄살인범은 아닐까요? 비록 피고인은 살인을 한 적이 단 한 번뿐이라고 말하고 있지만 말이죠. 우리 모두가 목격했듯이 피고인은 자기가 연쇄적으로 살인을 했다는 것을 아무런 감정적 동요 없이 단호하게 부인하고 있습니다. 거짓말 탐지기 앞에서도 그는 다른 피해자들을 알지 못한다고 말하면서 아무런 감정적 동요를 보이지 않았지만, ㉠ 거짓말 탐지기는 그가 거짓말을 하고 있다는 반응을 보였습니다. ㉡ 거짓말 탐지기의 결과에 전적으로 의존할 수는 없습니다. 하지만 피고인이 거짓말을 하고 있다고 거짓말 탐지기가 반응한다면 실제로 거짓말을 하고 있을 가능성이 있지요. 만약 피고인이 연쇄적으로 살인을 저지른 것이 확실한데도 자기가 연쇄살인범이라는 것을 아무런 감정적 동요 없이 단호하게 부인한다면, ㉢ 그는 극단적 유형의 사이코패스에 속한다고 보아야 합니다. 사이코패스는 일반적인 살인자와 달리 살인을 저지르는 동안에 오히려 심리적으로 안정되고 심장 박동이 느려지기까지 한다는 점이 여러 사례에서 밝혀진 바 있습니다. 살인을 경험한 극단적 유형의 사이코패스는 전혀 죄책감을 느끼지 않죠. ㉣ 피고인처럼 당연히 감정적 동요도 느끼지 않습니다. 살인을 경험한 극단적 유형의 사이코패스는 연쇄적으로 살인을 저지르기 마련입니다. 그러므로 ㉤ 피고인은 연쇄적으로 살인을 저지른 것이 분명합니다.

① ㉠과 모순되는 전제를 포함하고 있다.
② ㉡을 불충분한 수의 사례들로부터 일반화하여 도출하고 있다.
③ ㉢에 인신공격적 내용을 포함하고 있다.
④ ㉣을 입증하지 못한 채 전제로 받아들이고 있다.
⑤ ㉤을 암묵적 전제로 요구하는 동시에 결론으로 도출하고 있다.

다음 논증에 대한 비판으로 가장 적절한 것은? 제8회 2016 LEET 문17

로크는 자연에 있는 사물들이 "적어도 다른 사람들도 좋은 상태로 사용할 만큼 충분히 남아있는 한" 그 사물을 노동을 통해 소유할 수 있다고 주장한다. 이러한 로크의 제한조건이 의미하는 바는 "다른 사람들의 상황을 더 나쁘게 하지 않는 한에서만" 소유권이 인정된다는 것이다. 그러나 로크의 이 제한조건이 현재에는 더 이상 만족될 수 없다고 한다면 어떻게 될까? 만약 그렇다면 우리는 "이전에 우리가 인정했던 소유권을 포함해서 그 어떤 소유권도 성립할 수 없다."라는 놀라운 결론을 이끌어낼 수 있다.

우선 "로크의 제한조건에 위배된다."를 곧 "다른 사람들의 상황을 더 나쁘게 한다."라는 것으로 정의하자. 그리고 ⓐ어떤 종류의 사물 t가 여러 사람들에 의해 소유되어 이제 그것이 충분히 남아 있지 않아, Z는 그 사물을 사용할 수 없게 되었다고 가정하자. 즉, Z가 사용할 수 있는 좋은 상태의 충분한 사물 t가 세상에 존재하지 않는다고 가정해 보자. 그렇다면 Z 바로 전에 t를 소유한 Y의 행위는, Z가 t를 사용할 자유를 갖지 못하게 하여 Z의 상황을 더 나쁘게 하였으므로 로크의 제한조건에 위배된다. 그런데 더 거슬러 올라가, ⓑY가 t를 소유하기 바로 전에 t를 소유한 X 역시 Y를 더 나쁜 상황에 빠뜨린 셈이다. 왜냐하면 ⓒX가 t를 소유함으로써 Y는 로크의 제한조건에 위배되지 않고서는 t를 소유하지 못하게 되었고, X의 소유는 결국 Y의 소유가 로크의 제한조건에 위배되게끔 만들었기 때문이다. 따라서 ⓓX의 소유 역시 로크의 제한조건에 위배된다. 이와 같은 방식으로, X 전에 t를 소유한 W에 대해서도, W는 X를 더 나쁜 상황에 빠뜨렸으므로, W의 소유는 로크의 제한 조건에 위배된다고 말할 수 있다. ⓔ같은 방식으로 계속 추론하다보면, t를 최초로 소유한 A의 소유 역시 로크의 제한조건에 위배된다고 말하지 않을 수 없다.

① ⓐ의 가정은 현실에 부합하지 않는다. 자연에는 아직 모든 사람들이 사용하기에 충분할 정도로 많은 자원이 남아 있다.

② ⓑ는 ⓒ로부터 도출되지 않는다. 만약 Y 바로 전에, X가 아니라 W가 t를 소유했다면 W가 Y를 나쁜 상황에 빠뜨렸을 것이므로, X가 Y를 더 나쁜 상황에 빠뜨렸다고 볼 수 없다.

③ ⓒ의 주장은 받아들일 수 없다. X가 t를 소유해도, Y가 로크의 제한조건에 위배되지 않고 t를 소유할 여지가 여전히 남아 있다.

④ ⓓ는 ⓑ로부터 도출되지 않는다. X가 Y를 더 나쁘게 한 방식은 Y가 Z를 그렇게 한 방식과 차이가 있음을 간과하고 있다.

⑤ ⓔ의 진술은 의심스럽다. 어떤 사물을 최초로 소유한 자를 확정하기란 거의 불가능하므로 우리는 한 사물의 소유에 대해 누가 최초로 로크의 제한조건을 위반하는지를 판단할 수 없다.

다음 글에 대한 분석으로 옳은 것만을 보기 에서 있는 대로 고른 것은? 제9회 2017 LEET 문24

일반적으로 과학적 탐구는 관찰과 관찰한 것(자료)의 해석으로 압축된다. 특히 자료의 해석은 객관적이고 올바르며 엄밀해야 한다. 그런데 간혹 훈련받은 연구자들조차 사회 현상을 해석할 때 분석 단위를 혼동하거나 고정관념, 속단 등으로 인해 오류를 범하기도 한다. 예를 들어 집단, 무리, 체제 등 개인보다 큰 생태학적 단위의 속성에 대한 판단으로부터 그 단위를 구성하는 개인들의 속성에 대한 판단을 도출하는 경우(A 오류), 편견이나 선입견에 사로잡혀 특정 집단에 특정 성향을 선불리 연결하는 경우(B 오류), 집단의 규모를 고려하지 않고, 어떤 집단이 다른 집단보다 특정 행위의 발생 건수가 많다는 점으로부터 그 집단은 다른 집단보다 그 행위 성향이 강할 것이라고 속단하는 경우(C 오류) 등이 이에 해당한다. 이와 같은 오류들로 인해 과학적 탐구 결과가 왜곡될 수 있으므로 주의가 필요하다.

보기

ㄱ. 상대적으로 젊은 유권자가 많은 선거구가 나이 든 유권자가 많은 선거구보다 여성 후보에게 더 많은 비율로 투표했다는 사실로부터 젊은 사람이 나이 든 사람보다 여성 후보를 더 지지한다고 결론을 내린다면, A 오류를 범하게 된다.

ㄴ. 외국인과 내국인 사이에 발생한 범죄가 증가하고 있다는 자료로부터 가해자가 외국인이고 피해자가 내국인인 범죄가 증가한다고 결론을 내린다면, B 오류를 범하게 된다.

ㄷ. 자살자 수가 가장 많은 연령대는 1,490명을 기록한 50~54세라는 통계로부터 50~54세의 중년층은 다른 연령대보다 자살 위험성이 가장 크다고 결론을 내린다면, C 오류를 범하게 된다.

① ㄴ ② ㄷ ③ ㄱ, ㄴ

④ ㄱ, ㄷ ⑤ ㄱ, ㄴ, ㄷ

Ⅲ. 결론의 정당성 강화 및 약화 문제의 유형별 학습

1 강화하는 논거 및 사례 찾기

04
떡따구리의
생태환경

다음 글에 제시된 가설을 지지하는 조사 결과만을 보기 에서 있는 대로 고른 것은?

제 1회 2009 LEET 문 23

딱따구리는 나무에 구멍을 파 둥지를 짓는다. 평소 암수는 각자 잠을 자는 둥지를 짓지만, 번식기(4월~5월)가 되면 짝을 만나 새끼를 키울 둥지를 짓는다. 번식기에도 암컷은 밤이 되면 잠을 자는 둥지로 돌아가며 수컷만 새끼들과 함께 번식 둥지에서 잠을 잔다.

조사자는 딱따구리의 번식기에 우리나라 어떤 지역의 A구역과 B구역을 대상으로 딱따구리의 둥지를 조사하였다. A구역에는 울창한 숲 사이에 남북으로 곧게 뻗은 약 10m 폭의 산책로가 있으며, 산책로 동쪽에는 높은 산이 인접하여 오전에는 산책로에 그늘이 진다. B구역은 주위에 산이 없이 편평한 곳으로 나무들이 띄엄띄엄 서 있다. 조사가 끝난 뒤 이 지역의 기상 자료를 분석한 결과 비가 온 날에는 언제나 남풍이 불었던 것으로 나타났다.

조사 결과와 기상 자료를 기초로 조사자는 딱따구리의 둥지에 대해 다음의 가설을 세웠다. 첫째, 딱따구리의 둥지는 어떠한 것이든 비가 들이칠 수 있는 방향은 우선적으로 피한다. 둘째, 잠을 자는 둥지는 둥지 안으로 들어오는 빛의 양은 상관하지 않으며 그 입구는 다른 나무로 인한 걸림이 많은 쪽을 향한다. 셋째, 번식 둥지는 가능한 한 오랜 시간 빛이 들어오고, 다른 나무로 인한 걸림이 적어 수시로 드나들기 쉬운 방향을 선택한다.

보기

ㄱ. A구역의 경우 번식 둥지는 주로 산책로의 서쪽 가장자리 나무에 있었으며 그 입구는 대부분 동쪽을 향하고 있었다.
ㄴ. A구역의 산책로를 벗어난 울창한 숲 속에는 잠을 자는 둥지만 있었고, 잠을 자는 둥지의 입구는 동쪽, 서쪽, 북쪽을 향하고 있었으며 그 빈도는 세 방향이 비슷하였다.
ㄷ. B구역의 경우 번식 둥지의 입구는 동쪽 또는 서쪽을 향하고 있었으며 그 빈도는 동쪽과 서쪽이 비슷하였다.

① ㄱ ② ㄴ ③ ㄱ, ㄷ
④ ㄴ, ㄷ ⑤ ㄱ, ㄴ, ㄷ

〈가설〉을 강화하는 것은?

제6회 2014 LEET 문29

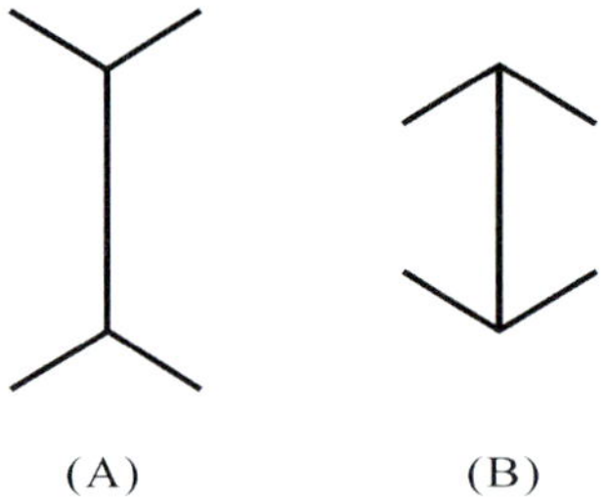

〈그림 1〉

〈그림 2〉

〈그림 1〉에서 수직으로 그어진 두 선분의 길이는 서로 같다. 그러나 (A)의 선분이 (B)의 선분보다 길어 보이는데, 이러한 현상을 '뮐러-라이어(Muller-Lyer)착시'라고 부른다.

〈가설〉

뮐러-라이어 착시는 입체적 시각 경험이 배경 지식으로 작용하여 평면적 형태의 지각에 영향을 끼치기 때문에 발생한다. 〈그림 1〉의 (A)는 〈그림 2〉의 벽면에서 안으로 오목하게 들어간 모서리에 해당하고, (B)는 벽면에서 앞으로 볼록하게 나온 모서리에 해당한다. 우리는 일상에서 입체적 모서리를 자주 경험하게 되고 이러한 경험이 누적되면, 우리의 인지체계는 〈그림 1〉의 두 선분을 볼 때에 볼록한 모서리를 닮은 (B)가 오목한 모서리를 닮은 (A)보다 우리에게 더 가까이 있다고 가정하게 된다. 그런데 우리의 망막에 맺힌 두 선분의 상의 길이는 같다. 그래서 우리의 인지체계는 더 멀리 있는 (A)의 선분 길이가 실제로는 더 길다고 판단하게 되며, 그 영향 때문에 우리는 같은 길이의 두 선분을 다른 길이의 선분으로 경험한다.

① 3차원 형태를 지각하는 방식이 우리와 다른 꿀벌에게도 뮐러-라이어 착시가 발생한다는 것이 알려졌다.

② 선분의 양 끝에 있는 화살표 모양을 둥근 곡선 모양으로 대체하여도 뮐러-라이어 착시는 똑같이 나타난다.

③ 자로 두 선분의 길이를 재서 서로 같음을 확인하고 난 뒤에도 뮐러-라이어 착시는 여전히 사라지지 않는다.

④ 모서리를 가진 직선형 건물이나 사물에 대한 경험이 없는 원주민 부족은 뮐러-라이어 착시를 거의 경험하지 않는다.

⑤ 비슷한 크기의 두 정육면체가 서로 다른 거리에 놓여 있는 경우 우리는 두 입체의 실제 크기를 쉽게 판단하지 못한다.

06

인문학 / 철학/인식론

다음 글에 대한 평가로 옳은 것만을 보기 에서 있는 대로 고른 것은? 제14회 2022 LEET 문19

연구팀은 철학자 집단과 일반인 집단을 대상으로 다음 세 문장에 대한 동의 여부를 조사하였다.

(가) 어떤 주장이 누군가에게 참이라면, 그것은 모든 사람에게 참이다.
(나) 모든 사람이 어떤 주장에 동의한다면, 그 주장은 참이다.
(다) 어떤 주장이 참이라면, 그것은 사실을 나타낸다.

두 집단 모두에서 (다)에 대해 '동의함'의 비율이 80%를 웃돌았다. (나)에 대해서는 두 집단 모두에서 '동의하지 않음'의 비율이 훨씬 우세했고 '동의함'의 비율은 철학자에서 더 높았다. 흥미로운 것은 (가)이다. 철학자는 83%가 (가)에 동의한 반면, 일반인은 그 비율이 40%를 약간 넘었고 동의하지 않는다는 응답의 비율이 오히려 더 높았다. (가)를 둘러싼 이 차이는 어디서 비롯되었을까? 연구팀에 따르면, (가)는 다음 둘 중 하나로 읽힌다.

[독해 1] 어떤 주장이 참임이 결정되었다면, 그것의 참임은 객관적이다.
[독해 2] 만약 누군가가 어떤 주장이 참이라고 생각한다면, 모두가 그에게 동의할 것이다.

주장의 참임이 객관적이라는 것은, 그것의 참이 각자의 관점에 상대적이지 않다는 뜻이다. 연구팀은 "㉠ 일반인에게서 (가)에 동의하는 의견의 비율이 철학자에 비해 현격히 낮았던 이유는, 철학자는 (가)를 [독해 1]로, 일반인은 [독해 2]로 읽는 경향이 있기 때문이다."라고 말한다. 연구팀은 이 차이에도 불구하고 ㉡ 참임의 객관성에 대해서는 일반인과 철학자의 의견이 일치한다고 생각한다. 왜냐하면 (가)와 (다)는 참임의 객관성을 긍정, (나)는 부정하는 문장인데, (다)에 대해 일반인과 철학자의 '동의함' 의견의 비율이 비슷하게 높았고, (나)에 동의하지 않는 비율도 철학자와 일반인이 비슷하게 높았기 때문이다.

보기

ㄱ. 추가 조사 결과 철학자 대다수가 [독해 2]에 대해 '동의하지 않음'으로 응답했다면, ㉠은 강화된다.
ㄴ. 추가 조사 결과 일반인 대다수가 [독해 1]에 대해 '동의함'으로 응답했다면, ㉡은 강화된다.
ㄷ. (나)에 대해 동의하는 응답의 비율에서 일반인과 철학자 사이에 차이가 있는 것으로 나타난 이유가, '동의하지 않음' 의견을 지닌 일부 철학자가 '동의함'으로 잘못 응답한 실수 때문이었음이 밝혀진다면, ㉡은 강화된다.

① ㄱ ② ㄴ ③ ㄱ, ㄷ
④ ㄴ, ㄷ ⑤ ㄱ, ㄴ, ㄷ

2 약화하는 논거 및 사례 찾기

07

눈의 크기와 이동 속도의 관계

다음 글의 논지를 약화하는 것으로 가장 적절한 것은? 제5회 2013 LEET 문33

큰 눈은 긴 초점거리를 가지고 있기 때문에 망막에 상이 크게 맺힌다. 큰 상이 작은 상보다 더 많은 시각세포에 의해 처리되므로 눈이 클수록 예민한 시력을 가진다. 예민한 시력을 가지면 보다 짧은 시간에 장애물을 발견하고 회피할 수 있다. 장애물을 회피하지 못하면 치명적인 충돌사고로 이어진다. 따라서 최대 속도가 빠른 동물일수록 각종 장애물을 보다 짧은 시간에 효과적으로 회피하기 위해 큰 눈을 가진다.

① 먹이를 찾을 때는 다른 새들에 비해 느리게 날지만 먹이를 사냥하는 순간에는 장애물이 많은 곳이라도 순간적으로 아주 빠르게 나는 매의 경우, 비슷한 몸 크기를 가진 다른 새들에 비해 눈이 크다.

② 일반적으로 새를 포함하는 척추동물의 경우 몸이 클수록 더 큰 눈을 가지고 또한 이동속도도 빠르지만, 성장의 법칙에 따라 몸이 큰 척추동물일수록 눈의 크기는 몸 크기에 비해 상대적으로 작다.

③ 눈이 작으면 몸의 크기도 작아서 먼 거리를 이동할 때 에너지가 적게 들고, 이 때문에 눈의 크기가 작은 철새들이 눈의 크기가 큰 철새들보다 더 빠른 평균 이동속도로 먼 거리를 이동한다.

④ 날지 못하는 쪽으로 진화한 새들은 비슷한 몸 크기의 다른 새들에 비해 눈 크기가 작지만, 장애물이 많은 곳에서 빨리 달릴 수 있는 타조 같이 큰 눈을 가진 새들도 있다.

⑤ 매보다 최대 속도가 느린 새들 중에 눈이 매보다 더 큰 새들이 있지만, 상이 맺히는 망막 부분에 존재하는 시각세포는 이 새들보다 매가 더 많다.

08

반박 사례 판단

〈이론〉을 반박하는 관찰 결과만을 보기 에서 있는 대로 고른 것은?

제7회 2015 LEET 문24

증후군 A는 손가락이 굳는 증상에서 시작하여 피부가 딱딱해져서 끝내는 몸 전체가 굳는 증상을 보이는 희귀 질환이다. 이 질환은 대개 45세에서 55세 사이에 발병하는데, 심한 경우 혈관과 폐까지 경화가 진행되어 사망한다. 이 질환의 정확한 발병 원인이 알려져 있지 않다. 최근 한 연구팀은 증후군 A에 걸린 여성의 혈액을 조사하였다. 이 여성은 27년 전 출산한 적이 있는데, 임신 당시 태아에서 유래한 세포('태아 유래 세포')가 27년이 지난 시점에도 이 여성의 혈액에 잔존하고 있었다. 이를 발견한 연구 팀은 다음 〈이론〉을 제시하였다.

〈이론〉

여성이 임신을 하게 되면 면역 체계가 태아 유래 세포를 외부 침입자로 인식하여 제거하지만, 산모의 세포와 태아 유래 세포가 유사할 경우 태아 유래 세포 중 일부가 면역 체계에 의하여 제거되지 않고 남아 있을 수 있다. 이 경우 이 세포들은 산모의 혈액 속을 떠돌다가 다양한 세포로 분화하는데 이 과정에서 면역 체계는 더 이상 이 태아 유래 세포를 외부 침입자로 여기지 않는다. 시간이 흘러 원인 불명의 계기로 산모의 면역 체계에 특정한 변화가 생기는 경우가 있을 수 있는데, 이 경우 면역 체계가 이 세포들을 외부 침입자로 인식하여 공격하게 되면 증후군 A가 발병한다. 현재까지 알려진 증거로 볼 때 증후군 A는 이와 같은 경로 이외로는 발병할 수 없다.

보기

ㄱ. 임신 경험이 있는 증후군 A 환자의 혈액에서 태아 유래 세포가 발견되지 않았다.
ㄴ. 임신 경험은 있지만 증후군 A의 증상은 없는 여성의 혈액에서 태아 유래 세포가 발견되었다.
ㄷ. 임신 경험이 있고 면역 체계에 문제가 있는 여성에게서 증후군 A의 증상이 나타나지 않았다.

① ㄱ
② ㄴ
③ ㄱ, ㄷ
④ ㄴ, ㄷ
⑤ ㄱ, ㄴ, ㄷ

09

다원주장의 약화논거

다음에서 제시된 논증의 설득력을 약화하는 것만을 보기 에서 있는 대로 고른 것은?

제8회 2016 LEET 문26

지금껏 지구에 존재했던 다양한 생물종들이 모두 하나의 원시 조상으로부터 유래했다는 다윈의 주장은 합리적인 근거를 가지고 있다. 그것은 바로 지구의 모든 생물들이 DNA라는 공통 유전물질을 가지고 있다는 것이다. 이 DNA는 네 가지 뉴클레오티드로 구성되어 있으며, 이들에 담긴 생명체의 유전 정보가 세대 간 전달된다. 수천만 개를 훨씬 상회하는 분자들 중, DNA만이 유전 정보의 보존과 복제를 가능하게 하는 구조를 가지고 있다는 점은 무척 놀라운 일이다. 왜냐하면 생명체가 유전 정보를 후대에 전달하기 위하여 DNA를 사용해야 할 어떤 필연적인 이유도 없기 때문이다. 그럼에도 불구하고 지구에 현존하는 모든 생물종은 DNA를 통해 그 정체성을 유지하고 있다. 이것이 바로 다윈의 주장이 설득력을 갖는 이유다.

보기

ㄱ. 남극에서 화석의 형태로 발견된 어느 고생물을 조사한 결과 그것의 유전물질은 DNA와 다른 구조를 지녔던 것임이 밝혀졌다.

ㄴ. 생물학적으로 가능한 모든 형태의 생명체들은 유전물질로 DNA를 사용할 수밖에 없다는 사실이 밝혀졌다.

ㄷ. 지구에 존재하는 생명체들은 DNA가 유전물질의 역할을 하는 여러 외계 생명체들로부터 기원했다는 사실이 밝혀졌는데, 그중 하나는 다른 모든 것들의 조상이었다.

① ㄴ　② ㄷ　③ ㄱ, ㄴ
④ ㄱ, ㄷ　⑤ ㄱ, ㄴ, ㄷ

3-1 개별 논거 및 사례의 논지 강화, 약화, 중립 판단

10 경찰의 하위문화 수용에 영향을 주는 요인

〈관찰〉을 토대로 〈이론〉을 평가한 것으로 옳은 것은? 제4회 2012 LEET 문15

〈이론〉

미국의 '경찰 하위문화(subculture)'는 '업무 수행 및 구성원들과의 인간관계와 관련하여 경찰관 사이에 공유되는 비공식적 규범'으로, 경찰관들의 고립적이고 위험한 생활방식에 대한 반응으로서 발전한 것이다. 남성중심주의와 남자다움의 숭배, 범죄에 대한 강경 대응을 강조하는 통제 지향적 태도, '우리'와 '그들'을 구분하는 배타주의, 변화에 대한 저항 등이 경찰 하위문화의 대표적 속성들이다. 경찰 하위문화의 속성들은 서로 밀접한 관련이 있어, 한 속성을 받아들이면 나머지 속성들도 모두 받아들이는 특징이 있다. 경찰 하위문화를 많이 받아들일수록 업무로부터 야기되는 직무 스트레스나 심리적 소진(과업 수행과 관련된 동기와 헌신의 상실)은 더 많이 감소한다.

〈관찰〉

- 경찰 하위문화의 수용 정도는 남자는 중간계급이 가장 높고, 여자는 계급이 높을수록 높다.
- 경찰 하위문화 수용 정도가 상위계급에서는 여자가 남자보다 높지만, 하위계급에서는 성별에 따른 차이가 없다.
- 성별과 계급이 동일할 경우, 수사부서 경찰관이 대민부서 경찰관보다 범죄에 대한 통제 지향적인 태도를 더 많이 보인다.

* 경찰 하위문화를 고려하지 않을 때의 직무 스트레스나 심리적 소진의 정도는 모든 경찰관이 동일하다고 가정한다.

① 대민부서에 근무하는 상위계급 여자 경찰관이 수사부서에 근무하는 중간계급 남자 경찰관보다 심리적 소진의 정도가 높다면 〈이론〉은 약화될 것이다.

② 수사부서에 근무하는 중간계급 여자 경찰관이 대민부서에 근무하는 하위계급 남자 경찰관보다 직무 스트레스가 낮다면 〈이론〉은 약화될 것이다.

③ 수사부서에 근무하는 중간계급 남자 경찰관이 대민부서에 근무하는 상위계급 남자 경찰관보다 직무 스트레스가 낮다면 〈이론〉은 약화될 것이다.

④ 중간계급 남자 경찰관이 같은 부서의 하위계급 여자 경찰관보다 심리적 소진의 정도가 높다면 〈이론〉은 약화될 것이다.

⑤ 하위계급 남자 경찰관이 같은 부서의 상위계급 여자 경찰관보다 직무 스트레스가 높다면 〈이론〉은 약화될 것이다.

11

지구 온난화

다음 논증에 대한 평가로 옳지 않은 것은?

제4회 2012 LEET 문27

사람들은 기후의 불순한 변화를 경험할 때마다 지구온난화 때문이라고 쉽게 말하지만, 지구온난화가 실제로 발생하고 있는지 여부조차 판단하기 어렵다. 지구온난화의 발생 여부를 판단하려면 우선 지구의 평균 기온과 그것의 장기적 추세를 판단해야 하는데, 이는 대단히 어려운 문제이다.

(가) 기상관측소의 대부분이 북반구의 선진국에 집중되어 있고, 해상, 사막 등 관측소가 없는 지역이 많다. 이렇게 제한된 관측 자료로는 지구의 평균 기온을 제대로 파악할 수 없다.

(나) 기온 관측이 이루어진 것은 150년에 불과하다. 이 자료를 근거로 해서 불규칙한 주기로 일어나는 기후의 변화를 판단하는 것은 불가능하다. 그것은 마치 항해 중인 배의 사진 한 장을 보고 긴 항로를 예측하는 것만큼 무리한 일이다.

(다) 지구 역사상 대기 중 온실가스 농도는 증감을 되풀이하였고, 그에 상응하여 기온의 상승과 하강(1천 년에 약 0.1℃ 정도)이 있었다. 지구온난화론 지지자들은 이러한 자료에 근거하여, 온실가스 농도 증가가 기온 상승을 초래한다고 주장한다. 하지만 어떤 원인으로 기온과 해수온도가 먼저 상승하고 그 결과로 해수의 온실가스 용해도가 낮아져서 해수에서 대기로 온실가스가 유출되어 온실가스 농도가 높아진 것인지, 아니면 대기 중 온실가스 농도가 상승하고 그 결과로 온도 상승이 유발된 것인지 불명확하다.

(라) 지구온난화는 온실가스가 장파복사에너지를 흡수한 결과로 나타난 온도 상승만을 의미하기 때문에, 지상 기온의 상승을 근거로 지구온난화를 주장할 수는 없다. 왜냐하면 지상 기온은 지표면 변화의 영향을 크게 받기 때문이다.

① 위성 관측 기술의 발달로 전 지구의 온도 분포를 파악할 수 있게 되었다는 사실은 (가)의 주장을 약화한다.

② 기상 관측 기술의 발달로 오늘날 기상 자료의 신뢰도가 매우 높아졌다는 사실은 (나)의 주장을 약화한다.

③ 오늘날의 기온 상승 속도가 지구 역사에서 전례 없이 매우 빠르다는 사실은 (다)의 주장을 약화한다.

④ 산업혁명 이래 대기로 배출된 온실가스 중 절반 가까이가 해수로 녹아들고 있다는 사실은 (다)의 주장을 약화한다.

⑤ 장파복사에너지 흡수 효과가 지상 기온 상승에 크게 기여한다는 것이 컴퓨터 수치 실험의 발달로 입증되었다는 사실은 (라)의 주장을 약화한다.

12
뇌의 인식방법

㉠~㉢에 대한 평가로 적절한 것만을 보기 에서 있는 대로 고른 것은? 제10회 2018 LEET 문32

대뇌피질에는 운동을 전담하는 영역, 시각을 전담하는 영역 등이 있다. 그럼 대뇌피질 속 이런 전담 영역들을 결정하는 것은 무엇인가? 최근 연구 결과에 따르면, 각 영역의 겉모습이나 구조에 의해 그 전담 영역이 결정되는 것이 아니다. 그보다 대뇌피질 영역들 사이의 연결 방식과 대뇌피질 영역과 중추신경계의 다른 영역 사이의 연결 방식에 따라 각 대뇌피질의 전담 영역이 결정된다. 즉 ㉠ 대뇌피질의 전담 영역은 각 영역이 가진 고유한 물리적 특징에 의해 결정되는 것이 아니라 다른 영역들과의 연결 양상에 의해 결정된다.

㉡ 대뇌피질로 들어오는 입력의 유형은 근본적으로 똑같다. 물론 청각과 시각은 그 성질이 다르다. 소리는 파동의 형태로 공기를 통해 전달되고, 시각은 빛의 형태로 전달된다. 그리고 시각은 색깔·결·형태를, 청각은 음조·리듬·음색을 지닌다. 이런 점들 때문에, 각 감각기관들은 서로 근본적으로 분리된 상이한 실체로 생각되곤 한다. 그러나 그런 상이한 감각이 관련 기관에서 활동전위로 전환되고 나면, 각 기관이 뇌로 전달한 신호는 모두 똑같은 종류의 활동전위 패턴에 불과해진다. 우리 뇌가 아는 것이라곤 이들 패턴들뿐이며, 우리 자신을 비롯하여 우리가 인식한 외부 세계의 모습은 모두 그런 패턴들로부터 구축된다.

결국, ㉢ 뇌에 의해 파악된 외부 세계와 몸 사이의 경계는 바뀔 수 있다. 활동전위의 패턴이 전달되면, 뇌는 전달된 패턴들에 정합성을 주는 방식으로 몸의 경계를 파악한다. 이때 패턴이 흔히 몸의 일부라고 여겨지는 것에서 유래되었는지 그렇지 않은 지는 중요하지 않다. 패턴이 정합적으로 전달되기만 하면, 뇌는 그 패턴만을 이용해서 그것이 유래된 것을 몸의 일부로 통합하게 된다. 외부 세계와 우리 몸에 대한 지식은 모두 패턴들로부터 구축된 하나의 모형일 뿐이다.

보기

ㄱ. 대뇌피질 전체가 겉모습이나 구조 면에서 놀라울 정도로 균일하다는 사실은 ㉠을 강화한다.

ㄴ. 뇌기능 영상촬영 기법들을 이용하여 특정 과제가 수행될 때 평소보다 더 활성화되는 부위를 검출함으로써 얼굴인식 영역, 수학 영역 등과 같은 특화된 영역들을 확인하였다는 사실은 ㉡을 약화한다.

ㄷ. 다른 감각을 차단한 채, 작은 갈퀴를 손에 쥐고 무엇인가를 건드리도록 한다면 뇌는 작은 갈퀴를 우리 몸의 일부로 여긴다는 사실은 ㉢을 강화한다.

① ㄱ ② ㄴ ③ ㄱ, ㄷ
④ ㄴ, ㄷ ⑤ ㄱ, ㄴ, ㄷ

13

p53 단백질의 암 발생 억제기능

㉠을 평가한 것으로 적절한 것만을 보기 에서 있는 대로 고른 것은? 제10회 2018 LEET 문34

종양억제유전자는 정상세포가 암세포로 전환되는 것을 억제한다. 대표적인 종양억제유전자인 p53 유전자는 평상시에는 소량 발현되지만, DNA 손상 등의 외부 자극에 반응하여 발현량이 증가한다. p53 유전자의 발현에 의해 생성되는 p53 단백질은 세포 내에서 세포자살 유도, 세포분열 정지, 물질대사 억제 등의 기능을 수행한다. ㉠ 발현량이 증가된 p53 단백질의 물질대사 억제 기능이 암 발생을 억제한다는 가설을 검증하려 한다.

〈실험〉

A, B, C 형태의 p53 돌연변이 단백질을 각각 발현하는 생쥐 실험군 a, b, c와 함께, 대조군으로 정상 생쥐와 p53 유전자가 제거된 생쥐 x를 준비하였다. 모든 실험 대상 생쥐에 대해 DNA를 손상시키는 조작을 가하였고 실험 대상 생쥐에서 p53 단백질의 발현량을 측정하고, 발현된 p53 단백질의 세포 내 기능을 확인하였다. 이후 일정 기간 동안의 암 발생률을 확인하였다.

〈실험 결과〉

○ DNA를 손상시키는 자극에 반응하여 정상 생쥐의 p53 단백질과 생쥐 실험군 a, b의 A, B 돌연변이 p53 단백질의 발현량은 증가한 반면, 생쥐 실험군 c의 C 돌연변이 p53 단백질의 발현량은 변화가 없었다.

○ 생쥐 실험군 a는 암 발생률이 정상 생쥐와 동일하였고, 생쥐 실험군 b, c와 x는 정상 생쥐에 비해 암 발생률이 높았다.

보기

ㄱ. 실험군 a의 p53 단백질에서 세포자살 유도 기능은 사라졌지만 세포분열 정지, 물질대사 억제 기능은 여전히 남아 있다면 가설은 약화된다.

ㄴ. 실험군 b의 p53 단백질에서 물질대사 억제 기능은 사라졌지만 세포자살 유도, 세포분열 정지 기능은 여전히 남아 있다면 가설은 강화된다.

ㄷ. 실험군 c의 p53 단백질에서 세포자살 유도, 물질대사 억제 기능은 사라졌지만 세포분열 정지 기능은 여전히 남아 있다면 가설은 강화된다.

① ㄱ　② ㄴ　③ ㄱ, ㄷ
④ ㄴ, ㄷ　⑤ ㄱ, ㄴ, ㄷ

14

활성산소의
병독균 성장 저해
가설의 평가

㉠에 대한 평가로 옳은 것만을 [보기]에서 있는 대로 고른 것은? 제11회 2019 LEET 문39

초파리의 장에는 많은 종류의 세균이 존재하는데, 이들 세균은 초파리를 죽이는 병독균, 병독균의 성장을 저해하여 초파리에게 도움을 주는 유익균, 그 외의 일반균으로 구분된다. 이들 세균의 성장은 초파리의 장세포가 분비하는 활성산소에 의해 조절되며, 활성산소의 분비는 세균이 분비하는 물질에 의해 조절된다. 활성산소가 적정량 분비될 때는 초파리에게 해를 끼치지 않지만 다량 분비될 때는 초파리의 장세포에 염증을 일으킨다. 초파리 장내세균의 종류와 이를 조절하는 메커니즘을 알기 위해 장내세균이 전혀 없는 무균 초파리에 4종류의 세균 A~D 혹은 이들 세균이 분비하는 물질 X를 주입하여 다음과 같은 실험 결과를 얻었다. 단, 세균 B와 D는 물질 X를 분비한다.

장내 주입물	활성산소 분비	초파리 생존
물질 X	분비됨	건강하게 생존
세균 A	분비되지 않음	건강하게 생존
세균 B	적정량 분비됨	건강하게 생존
세균 C	분비되지 않음	죽음
세균 D	다량 분비됨	생존했으나 만성 염증
세균 A + 세균 C	분비되지 않음	죽음
세균 B + 세균 C	적정량 분비됨	건강하게 생존

이 실험 결과로부터 ㉠ '초파리의 장세포가 분비하는 활성산소는 병독균의 성장을 저해한다'는 가설을 도출하고 추가 실험을 실시하였다.

보기

ㄱ. 세균 A와 세균 B를 주입했을 때 활성산소가 적정량 분비되고 초파리는 건강하게 생존했다는 추가 실험 결과는 ㉠을 강화한다.
ㄴ. 물질 X와 세균 C를 주입했을 때 활성산소가 적정량 분비되고 초파리는 건강하게 생존했다는 추가 실험 결과는 ㉠을 강화한다.
ㄷ. 세균 C와 세균 D를 주입했을 때 활성산소가 다량 분비되고 초파리는 생존했지만 만성 염증이 발생했다는 추가 실험 결과는 ㉠을 강화한다.

① ㄱ ② ㄴ ③ ㄱ, ㄷ
④ ㄴ, ㄷ ⑤ ㄱ, ㄴ, ㄷ

15 생명과학 / 자폐증 시험 / 가설평가

다음 글을 평가한 것으로 적절한 것만을 보기 에서 있는 대로 고른 것은? 제14회 2022 LEET 문38

아이에게 생기는 자폐증의 주요한 원인 중 하나는 임신 중 엄마의 비정상적인 면역 활성화로 여겨지고 있다. 엄마의 장에 존재하는 수지상 세포(dendritic cell, DC)는 체내에 바이러스가 감염되면 활성화된다. 이 DC는 장에 존재하는 T_H17 면역 세포를 활성화시키는데, 이때 T_H17에서 분비되는 IL-17 단백질이 태아에 전달되어 뇌 발달을 저해한다는 것이다. 최근 ㉠ 엄마의 장에 공생하는 특정 장내 세균의 존재 유무가 이러한 비정상적 면역 활성화에 중요하다는 가설이 제기되었다. 장내 세균의 명확한 역할은 알 수 없지만, 엄마에게 특정 장내 세균이 없을 때에는 위와 같은 면역 활성화가 일어나지 않는다는 것이다. 이를 검증하기 위해 다음 실험을 계획하였다.

〈실험〉

○ 다음과 같이 네 종류의 임신한 생쥐 군(X1, X2, Y1, Y2)을 준비하였다.

생쥐 군	장내 특정 공생 세균	바이러스 감염 여부
X1	있음	감염됨
X2	있음	감염되지 않음
Y1	없음	감염됨
Y2	없음	감염되지 않음

○ 일정 시간 후 각 생쥐의 장에서 DC와 T_H17 세포를 분리하였다. 각 세포에는 바이러스나 세균이 섞이지 않도록 하였다. 분리된 각 DC와 T_H17을 섞어 배양한 후 IL-17의 분비량을 측정하였다.

○ 각 생쥐에서 태어난 새끼들의 자폐 성향을 분석하였다.

보기

ㄱ. X1의 DC를 X2의 T_H17과 배양했을 때 IL-17이 생산되고 X1의 DC를 Y2의 T_H17과 배양했을 때 IL-17이 생산되지 않는다면, ㉠이 강화된다.

ㄴ. X1의 DC를 Y2의 T_H17과 배양했을 때 IL-17이 생산되고 Y1 의 DC를 Y2의 T_H17과 배양했을 때 IL-17이 생산되지 않는다면, ㉠이 강화된다.

ㄷ. X1에서 태어난 새끼들은 자폐 성향을 보이고 Y2에서 태어난 새끼들은 자폐 성향을 보이지 않는다면, ㉠이 강화된다.

① ㄱ ② ㄷ ③ ㄱ, ㄴ
④ ㄴ, ㄷ ⑤ ㄱ, ㄴ, ㄷ

16

물리주의 논증에 대한 평가

다음 논증에 대한 평가로 옳은 것만을 보기 에서 있는 대로 고른 것은? 제12회 2020 LEET 문22

인간의 마음을 연구하는 많은 학자들은 정신적인 현상이 물리적인 현상에 다름 아니라는 물리주의의 입장을 받아들인다. 물리주의는 다음과 같은 원리들을 받아들일 때 자연스럽게 따라 나온다고 생각된다. 첫 번째 원리는 모든 정신적인 현상은 물리적 결과를 야기한다는 원리이다. 이는 지극히 상식적이며 우리 자신에 대한 이해의 근간을 이루는 생각이다. 가령 내가 고통을 느끼는 정신적인 현상은 내가 "아야!"라고 외치는 물리적 사건을 야기한다. 두 번째 원리는 만약 어떤 물리적 사건이 원인을 갖는다면 그것은 반드시 물리적인 원인을 갖는다는 원리이다. 다시 말해 물리적인 현상을 설명하기 위해서 물리 세계 밖으로 나갈 필요가 없다는 것이다. 세 번째 원리는 한 가지 현상에 대한 두 가지 다른 원인이 있을 수 없다는 원리이다.

이제 이 세 가지 원리가 어떻게 물리주의를 지지하는지 다음과 같은 예를 통해서 살펴보자. 내가 TV 뉴스를 봐야겠다고 생각한다고 하자. 첫 번째 원리에 의해 이는 물리적인 결과를 갖는다. 가령 나는 TV 리모컨을 들고 전원 버튼을 누를 것이다. 이 물리적 결과는 원인을 가지고 있으므로, 두 번째 원리에 의해 이에 대한 물리적 원인 또한 있다는 것이 따라 나온다. 결국 내가 리모컨 버튼을 누른 데에는 정신적 원인과 물리적 원인이 모두 있게 되는 것이다. 정신적 원인과 물리적 원인이 서로 다른 것이라면, 세 번째 원리에 의해 이는 불가능한 상황이 된다. 따라서 정신적인 원인은 물리적인 원인에 다름 아니라는 결론이 따라 나온다.

보기

ㄱ. 어떤 물리적 결과도 야기하지 않는 정신적인 현상이 존재한다면, 이 논증은 이런 정신적 현상이 물리적 현상에 다름 아니라는 것을 보여 주지 못한다.

ㄴ. 아무 원인 없이 일어나는 물리적 사건이 있다면, 위의 세 원리 중 하나는 부정된다.

ㄷ. 행동과 같은 물리적인 결과와 결심이나 의도와 같은 정신적인 현상을 동시에 야기하는 정신적 현상이 존재한다면, 이 논증이 의도한 결론은 따라 나오지 않는다.

① ㄱ　② ㄷ　③ ㄱ, ㄴ

④ ㄴ, ㄷ　⑤ ㄱ, ㄴ, ㄷ

17

과학개념에 대한 본질주의적 견해 비판 논증

다음으로부터 평가한 것으로 옳은 것만을 [보기]에서 있는 대로 고른 것은? 제12회 2020 LEET 문34

A이론은 과학적 연구가 가능하기 위해서는 '중력'과 같은 과학 용어의 정확한 의미, 즉 개념이 먼저 정의되어야 한다고 주장한다. "개념부터 정의해야 한다"가 이들의 핵심 구호이다. 그러나 甲은 다음 두 가지 이유에서 A이론은 과학의 실제 모습과 충돌한다고 비판한다.

첫째, A이론이 참이라면 과학자들은 과학 연구에 앞서 과학 용어의 완벽한 정의를 먼저 추구할 것이다. 하지만 실제 과학자들은 세계를 연구하기 전에 어떤 용어를 어떻게 정의할 것인지 거의 논쟁하지 않는다. 예를 들어 대학의 생물학과나 생물학 연구소에서는 '생명'의 정의를 논의하지 않으며, 생물학자들은 자신들의 연구가 정확한 정의의 부재 때문에 방해받는다고 생각하지 않는다. 과학 용어의 의미는 용어의 정의에 의해 주어지는 것이 아니라 자료와 이론의 상호 작용에 의해 주어지기 때문이다.

둘째, 실제 과학에서 용어의 정의는 연구가 진행됨에 따라 끊임없이 변화한다. 뉴턴 역학에서 중력은 질량을 가진 두 물체 사이의 잡아당기는 힘으로 정의되었으나, 아인슈타인의 일반상대성 이론에서 중력 개념은 뒤틀려 있는 시공간의 기하학적 구조의 발현으로 사용된다. A이론은 과학의 발전에 따른 이러한 변화를 제대로 해명하지 못한다.

보기

ㄱ. 과학의 역사에서 결정적인 실험은 그 실험의 배경 이론에 포함된 용어의 정의보다 앞서 실행된 경우가 많다는 사실은 A이론을 약화한다.

ㄴ. 개념에 대한 정의를 내리는 활동과 그 개념에 관련된 과학 연구 활동은 원칙적으로 구별될 수 없다는 사실은 A이론을 강화한다.

ㄷ. 과학자들이 '중력'의 개념을 뉴턴 역학뿐만 아니라 일반상대성 이론에서의 개념과도 다르게 사용한다면 甲의 주장은 약화된다.

① ㄱ ② ㄴ ③ ㄱ, ㄷ
④ ㄴ, ㄷ ⑤ ㄱ, ㄴ, ㄷ

18

비특이성 질환

다음으로부터 평가한 것으로 옳은 것만을 보기 에서 있는 대로 고른 것은? 제12회 2020 LEET 문36

특정 병인에 의하여 발생하고 원인과 결과가 명확히 대응하는 '특이성 질환'과 달리, '비특이성 질환'은 그 질환의 발생 원인과 기전이 복잡하고 다양하며, 유전·체질 등 선천적 요인 및 개인의 생활 습관, 직업적·환경적 요인 등 후천적 요인이 복합적으로 작용하여 발생하는 질환이다.

역학조사를 통해 어떤 사람에게서 특정 위험인자와 비특이성 질환 사이에 역학적 상관관계가 인정된다고 하자. 이러한 경우 비특이성 질환의 원인을 밝히기 위해서는 추가적으로 그 위험인자에 노출된 집단과 노출되지 않은 다른 일반 집단을 대조하여 역학조사를 해야 한다. 그뿐만 아니라, 그 집단에 속한 개인이 위험인자에 노출된 시기와 정도, 발병 시기, 그 위험인자에 노출되기 전의 건강 상태, 생활 습관 등을 면밀히 살펴 특정 위험인자에 의하여 그 비특이성 질환이 유발되었을 개연성을 확실히 증명하여야 한다.

폐암은 비특이성 질환이다. 폐암은 조직형에 따라 크게 소세포암과 비소세포암으로 나뉜다. 비소세포암은 특정한 유형의 암을 지칭하는 것이 아니라 소세포암이 아닌 모든 유형의 암을 통틀어 지칭하는 것이다. 여기에는 흡연과 관련성이 전혀 없거나 현저하게 낮은 유형의 폐암도 포함되어 있다. 의학계에서는 일반적으로 흡연과 관련성이 높은 폐암은 소세포암이고, 비소세포암 중에서는 편평세포암과 선암이 흡연과 관련성이 높다고 보고하고 있다. 세기관지 폐포세포암은 선암의 일종이지만 결핵, 폐렴, 바이러스, 대기 오염 물질 등에 의해 발생한다는 보고가 있으며 흡연과의 관련성이 현저히 낮다고 알려져 있다.

〈사례〉

甲은 30년의 흡연력을 가지고 있으며 최근 폐암 진단을 받았다. 甲은 하루에 한 갑씩 담배를 피웠고, 이 때문에 폐암이 발생하였다고 주장하며 자신이 피우던 담배의 제조사 P를 상대로 소송을 제기하였다. 하지만 P는 甲의 폐암은 흡연에 의해 유발되었을 개연성이 낮다고 주장하였다.

보기

ㄱ. 흡연에 노출되지 않은 집단에서 폐암이 발병할 확률이 甲이 포함된 흡연자 집단에서 폐암이 발병할 확률보다 낮은 것으로 확인되었다면 P의 주장이 강화된다.

ㄴ. 甲의 부친은 만성 폐렴으로 오랫동안 고생한 후 폐암으로 사망하였으며 甲 또한 청년기부터 폐렴을 앓아 왔고 조직검사 결과 甲의 폐암은 비소세포암으로 판명되었다면 P의 주장이 약화된다.

ㄷ. 조직검사 결과 甲의 폐암이 소세포암으로 판명되었다면 甲의 주장이 강화된다.

① ㄱ　② ㄷ　③ ㄱ, ㄴ　④ ㄴ, ㄷ　⑤ ㄱ, ㄴ, ㄷ

19

베이츠 의태에 대한 두 가설 평가

㉠과 ㉡에 대한 판단으로 옳은 것만을 보기 에서 있는 대로 고른 것은? 제12회 2020 LEET 문37

의태란 한 종의 생물이 다른 종의 생물과 유사한 형태를 띠는 것이다. 의태 중에서 가장 잘 알려진 것 중 하나는 베이츠 의태로, 이는 독이 없는 의태자가 독이 있는 모델과 유사한 경고색 혹은 형태를 가짐으로써 포식자에게 잡아먹히는 것을 피하는 것이다. 서로 형태가 유사하지만 독성이 서로 다른 2종의 모델, 즉 약한 독성을 가진 모델 A와 강한 독성을 가진 모델 B가 동시에 존재하는 경우에 의태자 C가 어떻게 의태할지에 대해서는 여러 가지 가설이 제시되었다. 그중 ㉠ C가 A보다 B의 형태로 진화하는 것이 생존에 유리하다는 가설이 지배적이었다.

하지만 최근에 '자극의 일반화'라는 현상을 기반으로 ㉡ C가 B보다 A의 형태로 진화하는 것이 생존에 유리할 것이라는 가설이 제시되었다. 자극의 일반화란 자신에게 좋지 않은 약한 자극에 노출된 경우에는 포식자가 이후에 이와 동일한 자극만 회피하려고 하지만, 자신에게 좋지 않은 강력한 자극에 노출된 경우에는 포식자가 이후에 이 자극과 동일 종류의 자극뿐 아니라 유사한 종류의 자극도 회피하려고 한다는 것이다. 이로 인해 C가 A를 의태할 경우에는 A 또는 B에 대한 학습 경험이 있는 포식자 모두로부터 잡아먹히지 않지만, B를 의태할 경우에는 B에 대한 학습 경험만 있는 포식자로부터만 잡아먹히지 않는다는 것이다.

보기

ㄱ. 독에 대한 경험이 없던 닭들이 개구리의 형태로 독성을 판단하여 강한 독을 가진 개구리는 잡아먹으려고 시도하지 않지만 약한 독을 가진 개구리는 잡아먹으려고 시도한다는 사실은 ㉠을 강화하고, ㉡을 약화한다.

ㄴ. 독에 대한 경험이 없던 닭들 중 강한 독이 있는 나방을 잡아먹은 닭들은 모두 죽었으나, 약한 독이 있는 나방을 잡아먹은 닭들은 죽지 않고 이후에 약한 독이 있는 나방과 동일하게 생긴 독이 없는 나방을 잡아먹지 않으려고 한다는 사실은 ㉠과 ㉡ 모두를 약화한다.

ㄷ. 독에 대한 경험이 없던 닭들이 아주 강력한 독이 있는 나방을 잡아먹은 이후에 이와 유사하게 생긴 독이 없는 나방은 잡아먹으려 하지 않지만, 전혀 다르게 생긴 독이 있는 개구리는 잡아먹으려고 시도한다는 사실은 ㉡을 약화한다.

① ㄱ ② ㄷ ③ ㄱ, ㄴ

④ ㄴ, ㄷ ⑤ ㄱ, ㄴ, ㄷ

3-2 두 개 이상의 가설에 대한 강화 약화 중립 판단

20
과학적 가설의
강화 중립 판단

갑과 을의 견해에 대한 진술로 옳은 것만을 [보기] 에서 있는 대로 고른 것은? 제2회 2010 LEET 문25

갑 : 열매의 성숙도에 따라 나타나는 색깔의 변화는 동식물 상호진화의 산물이다. 덜 익은 열매는 주로 식물의 잎 색깔과 비슷한 푸른색이어서 동물의 눈에 잘 띄지 않다가 열매가 익어감에 따라 눈에 잘 띄는 색으로 변한다. 이러한 변화는 식물이 열매 속의 씨를 산포할 준비를 하고 있다는 의미다. 익은 열매 중 빨간색이 가장 많은 것은 우연이 아니라 씨를 잘 산포하기 위한 선택이라 할 수 있다. 주로 씨를 손상시키기만 하는 곤충은 푸른색 잎과 섞여있는 빨간색 열매를 잘 구분하지 못한다. 반면 척추동물은 빨간색 열매를 쉽게 찾아먹을 수 있다. 척추동물도 좋은 먹이를 제공한 식물에게 보상을 해준다. 척추동물은 씨를 손상시키지 않고 소화관을 통해 배설물과 함께 몸 밖으로 배출하며, 척추동물이 이동함에 따라 씨는 넓은 지역으로 산포되었다가 발아한다.

을 : 식물은 자신의 씨를 발아 가능한 상태로 산포해 줄 동물에게만 먹히고 그렇지 않은 동물에게는 먹히지 않기 위한 수단으로 화학물질을 합성한다. 고추의 매운 맛을 내는 성분인 캡사이신이 그 예다. 고추의 씨를 발아 가능한 상태로 산포할 수 없는 동물 A는 캡사이신의 매운 맛 때문에 고추를 먹지 못 한다.

[보기]

ㄱ. 씨가 성공적으로 산포되는 것을 효과로 볼 때, 열매의 색깔 변화와 캡사이신의 합성이 나타내는 효과는 유사하다.
ㄴ. 식물이 자신의 씨를 발아 가능한 상태로 산포하기에 적합한 대상을 선택하는 방향으로 진화했다고 보는 점에서 갑과 을의 견해는 일치한다.
ㄷ. 캡사이신을 합성하지 못하는 돌연변이 고추를 동물 A가 먹고 그 씨를 산포하기는 했으나 발아하지 않았다는 실험결과는 을의 견해를 강화한다.

① ㄴ ② ㄱ, ㄴ ③ ㄱ, ㄷ
④ ㄴ, ㄷ ⑤ ㄱ, ㄴ, ㄷ

21

증거와 예시

〈사실〉에 대한 A와 B의 주장을 분석한 것으로 옳은 것은?

제3회 2011 LEET 문17

〈사실〉

찰스 다윈은 1872년 『인간과 동물의 감정 표현』을 출간했다. 이 책에서 다윈은 기쁨, 슬픔, 놀람, 분노 같은 기본적인 감정의 표현이 다양한 문화권의 사람들과 영장류에서 유사하게 나타난다고 주장했다. 이 책은 또한 사진을 과학적 논의에 사용한 최초의 사례 중 하나였다. 그런데 1998년, 이 책에 사용된 사진 일부가 인위적인 방식으로 크게 수정되었다는 사실이 명백하게 밝혀졌다.

A : 다윈은 인간과 영장류가 문화와 종의 차이에도 불구하고 기본적 감정 표현 방식을 공유한다는 자신의 주장을 지지하기 위해, 감정을 표현하는 사진들의 유사성을 결정적인 증거로 제시했다. 그런데 이후 이 사진들이 의도적으로 조작되었음이 분명히 밝혀졌으므로, 다윈은 '변조'에 해당되는 연구 부정행위를 저지른 셈이 된다.

B : 다윈이 사진 일부를 의도적으로 변형한 것은 사실이지만 그의 행위를 연구 부정행위로 보기는 어렵다. 관련 정황을 고려할 때, 다윈이 사진을 증거가 아니라 자신의 주장을 생생하게 설명하는 '예시'로 사용했다고 보는 것이 옳기 때문이다. 지금도 책 내용의 이해를 돕기 위해 예시로 사용하는 사진을 변형하는 경우가 있지만 아무도 이것을 '변조'라 보지 않는다. 마찬가지로 다윈의 사진 변형도 문제되지 않는다.

① 찰나적 감정을 제대로 담지 못하는 당시 사진 기술의 한계를 극복하기 위해 일부 사진을 보정했다고 다윈이 책에서 밝혔다면, A의 설득력은 낮아지고 B의 설득력은 높아진다.

② 다윈의 책에 사진이 전혀 등장하지 않았더라도 책에 제시된 다른 증거가 다윈의 주장을 충분히 입증한다고 판단된다면, A의 설득력은 영향을 받지 않고 B의 설득력은 낮아진다.

③ 다윈의 책 출간 이후 이루어진 관련 과학 연구결과에 의해 감정 표현의 보편성에 대한 다윈의 주장이 충분히 옹호될 수 있다면, A의 설득력은 높아지고 B의 설득력은 낮아진다.

④ 피부에 전기 자극을 주어 원하는 얼굴 표정을 인공적으로 만드는 당시 최신 기술을 다윈이 책에 실린 사진 일부를 얻는 데 사용했다면, A의 설득력은 높아지고 B의 설득력은 낮아진다.

⑤ 다윈의 책 출간 당시 과학 연구에서 사진을 증거로 사용하는 것과 '예시'로 사용하는 것의 구별 기준이 미처 확립되지 않았다면, A의 설득력은 높아지고 B의 설득력은 영향을 받지 않는다.

22 시청각 정보의 인식과 감정 반응 체계

〈사실 및 추정〉에 비추어 두 가설을 평가한 것으로 옳은 것은? 제4회 2012 LEET 문25

〈사실 및 추정〉

얼굴이나 음성의 인식 및 감정과 관련한 신경 체계는 다음처럼 작동한다. 대뇌 측두엽에는 얼굴과 사물의 인식에 특화된 영역이 존재한다. 이 영역에 손상을 입은 환자는 친밀한 사람의 얼굴을 알아보지 못한다. 측두엽에서 인식된 얼굴 정보는 감정 반응을 만드는 변연계로 보내진다. 변연계 입구인 편도가 인식된 정보의 감정적 의미를 먼저 분별하고, 이를 감정 반응을 일으키는 변연계의 감정중추로 중계한다. 음성 인식 영역에서 인식된 정보는 시각 정보와는 다른 경로로 편도에 도달하지만 편도 이후의 경로는 동일하다. 변연계 감정중추의 작용에 의해서 우리는 비로소 분별된 감정 정보에 어울리는 친숙함, 사랑, 두려움 등의 감정을 느끼게 된다. 손바닥에 나는 땀을 이용하여 변연계에서 일어나는 감정적 반응을 측정하는 GSR(피부전도반응) 시험에서, 정상인은 가족사진을 보면 높은 GSR을 보이지만 낯선 얼굴을 보면 아무 반응도 보이지 않는다.

자동차 사고를 당한 A가 사고 전과 달리 자신과 가까운 인물들을 가짜라고 여기는 망상증을 보였다. 그는 아버지를 보고, "저 남자는 내 아버지와 똑같이 생겼지만, 진짜가 아닌 가짜입니다."라고 말한다. 이러한 현상은 A가 부모 얼굴은 알아보지만 부모와 연관된 정서적 감정을 느끼지 못하기 때문에 일어나는 것으로 추정된다. 이런 추정과 관련하여 두 가지 가설을 세우고 몇 가지 사례를 통하여 이들을 각각 평가해 보았다.

〈가설 1〉 A의 증상은 시각 인식 영역과 편도 사이의 연결 경로가 손상되었기 때문이다.
〈가설 2〉 A의 증상은 변연계 감정중추가 손상되어 감정 능력에 혼란이 생겼기 때문이다.

① A가 오바마나 아인슈타인 같은 유명인의 얼굴을 알아본다는 사실은 〈가설 1〉은 강화하고 〈가설 2〉는 약화한다.

② A가 부모 얼굴에 대한 GSR 시험에 아무 반응을 보이지 않는다는 사실은 〈가설 1〉은 약화하고 〈가설 2〉는 강화한다.

③ A가 농담에 웃고 자신의 처지에 대한 좌절이나 두려움 등의 정상적 감정을 보인다는 사실은 〈가설 1〉과 〈가설 2〉 모두를 약화한다.

④ A가 낯은 익지만 별다른 감정을 느낄 이유가 없는 사람에 대해서는 가짜라고 말하지 않는다는 사실은 〈가설 1〉은 약화하고 〈가설 2〉는 강화한다.

⑤ A가 부모와 전화로 이야기하는 동안에는 부모를 가짜라고 주장하지 않고 정상적인 친근감을 보인다는 사실은 〈가설 1〉은 강화하고 〈가설 2〉는 약화한다.

23

조류의
군집 생활

가설 A, B를 평가한 것으로 옳은 것은? 제7회 2015 LEET 문22

조류가 군집을 이루어 생활하는 경우가 많다는 사실은 큰 집단을 이루어 살기 위해 치러야 하는 비용이 많다는 점을 고려할 때 설명하기 쉽지 않다. 집단 내의 개체수가 많을수록 둥지를 마련하고 짝을 쟁취하기 위한 경쟁이 치열해진다. 게다가 모여 사는 새떼에는 전염성 질병과 기생충이 퍼질 가능성도 높다. 이러한 잠재적 비용에도 불구하고 새들이 군집 생활을 하는 현상을 설명하기 위해 다음 두 가설이 제안되었다.

A : 새들이 군집을 형성하는 이유는 집단에 합류함으로써 개체가 얻는 이익이 홀로 생활할 때에 비해 크기 때문이다. 예를 들어, 포식자에 공동으로 대응해서 잡아먹힐 위험을 줄일 수 있고, 먹이를 찾거나 환경에 효율적으로 대응하기 위한 정보를 보다 쉽게 얻을 수 있다.

B : 새들의 군집 생활은 단지 모든 개체가 서식지와 배우자를 선택할 때 본능적으로 동일한 '규칙'을 적용하기 때문에 나타나는 부산물에 불과하다. 예를 들어, 각 개체는 먹이가 풍부하고 포식자가 적은 서식지를 선호하며, 일반적으로 암컷은 강하거나 새끼에게 헌신적인 수컷을 선호한다.

① 네브래스카의 벼랑제비 둥지에서 제비벌레 등을 제거하기 위해 순한 살충제로 훈증하면 그러지 않았을 경우에 비해 새끼들의 생존율이 증가한다는 사실은 A의 설득력을 높인다.

② 아이오와의 둑방제비는 먹이를 얻기 위해 군집을 떠날 때 많은 먹이를 물고 온 다른 제비를 따라가지 않고 사방으로 흩어져 날아간다는 사실은 A의 설득력을 높인다.

③ 뉴질랜드의 동박새 수컷들은 새벽에 경쟁적으로 노래를 부르는데, 영양 상태가 좋을수록 더 오랫동안 복잡한 노래를 부르고 대다수의 암컷들이 복잡한 노래를 길게 부른 수컷을 선호한다는 사실은 B의 설득력을 높인다.

④ 혹독한 추위를 견뎌야 하는 남극의 수컷 펭귄은 암컷이 먹이를 구하러 간 사이에 서로 몸을 붙여 체온을 유지하며 바깥쪽과 안쪽 자리를 서로 번갈아 바꾼다는 사실은 B의 설득력을 높인다.

⑤ 1950년대 영국의 군집 생활을 하는 푸른박새들 사이에서 문간에 놓아둔 우유병 뚜껑에 구멍을 내고 크림을 마시는 새로운 행동이 순식간에 퍼졌다는 사실은 B의 설득력을 높인다.

24

두 가설에 대한 강화 약화 판단

A, B에 대한 평가로 옳은 것만을 [보기]에서 있는 대로 고른 것은? 제8회 2016 LEET 문27

다음은 모기가 인간의 혈액을 섭취하는 과정에서 섭취한 혈액 속의 액체성분을 꽁무니로 분비하는 이유에 대한 가설들이다.

A : 인간의 혈액은 적혈구 등의 세포성분과 혈장으로 불리는 액체성분으로 구성되어 있다. 모기가 인간의 혈액을 섭취할 때 단백질 성분이 풍부한 세포성분을 더 많이 몸속에 저장할수록 알을 더 많이 생산한다. 따라서 모기가 인간의 혈액을 섭취하는 과정에서 액체성분을 분비하는 것은 더 많은 세포성분을 몸속에 저장하기 위한 행동이다.

B : 급격한 온도 변화는 곤충의 생리에 좋지 않은 영향을 미친다. 평소 인간보다 낮은 체온을 가진 모기는 인간의 혈액을 섭취할 때 고온 스트레스의 위험에 직면하게 된다. 따라서 모기가 인간의 혈액을 섭취하는 과정에서 액체성분을 분비하는 것은 증발 현상을 이용하여 체온 상승을 조절하기 위한 행동이다.

[보기]

ㄱ. 세포성분이 정상이고 모기의 체온과 같은 온도의 혈액을 섭취한 모기로부터 분비되는 액체성분의 양보다, 세포성분이 정상보다 적고 모기의 체온과 같은 온도의 혈액을 섭취한 모기로부터 분비되는 액체성분의 양이 많다면, A는 강화된다.

ㄴ. 세포성분이 없고 인간의 체온과 같은 온도의 혈액을 섭취한 모기로부터는 액체성분이 분비되지만, 세포성분이 없고 모기의 체온과 같은 온도의 혈액을 섭취한 모기로부터는 액체성분이 분비되지 않는다면, B는 강화된다.

ㄷ. 세포성분이 정상이고 모기의 체온과 같은 온도의 혈액을 섭취한 모기로부터 분비되는 액체성분의 양보다, 세포성분이 정상보다 적고 인간의 체온과 같은 온도의 혈액을 섭취한 모기로부터 분비되는 액체성분의 양이 많다면, A와 B 모두 강화된다.

① ㄱ ② ㄷ ③ ㄱ, ㄴ
④ ㄴ, ㄷ ⑤ ㄱ, ㄴ, ㄷ

25

세 주장에 대한 강화 약화 판단

〈자료〉를 토대로 다음 주장들을 옳게 평가한 것은?

제8회 2016 LEET 문18

갑 : 자살의 원인은 존재의 어려움으로 인한 절망이다. 삶의 짐이 버거울 때 사람들은 자살을 생각하게 되는 것이다. 통계에 따르면 1873~1878년 동안 16,264명의 기혼자들이 자살한 데 비해, 미혼자의 자살자 수는 11,709명에 불과하다. 따라서 결혼과 가족은 자살의 가능성을 높인다. 미혼자는 기혼자보다 쉬운 삶을 산다고 할 수 있다. 결혼은 여러 종류의 부담과 책임을 부과하기 때문이다.

을 : 그 통계 자료를 자세히 보면 미혼자의 상당수는 16세 미만이고, 기혼자는 모두 16세 이상이다. 그리고 16세까지는 자살 경향이 매우 낮다. 미혼자들이 낮은 자살 경향을 보이는 것은 미혼이기 때문이 아니라 대다수가 미성년자이기 때문이다. 결혼이 자살에 미치는 영향을 알기 위해서는 기혼자와 16세 이상 미혼자만 비교해야 한다. 16세 이상인 기혼자와 미혼자의 인구 백만 명당 자살 건수를 비교하면, 미혼자는 173이나 기혼자는 154.5이다. 따라서 결혼은 자살을 막는 효과가 있다.

병 : 결혼이 최소한 자살 가능성을 높이지 않는다는 점에 동의한다. 하지만 미혼자의 자살률은 기혼자의 자살률의 고작 1.12배로, 둘 사이의 차이는 미미하다. 결혼의 자살 예방 효과를 확신하기 어렵다.

자료

ㄱ. 1848~1857년의 통계를 보면, 미혼자의 평균 연령은 27~28세, 기혼자의 평균 연령은 40~45세이다. 이 기간의 연령별 자살률은 연령대가 높아질수록 증가한다. 만약 연령이 자살에 영향을 미치는 유일한 요소라면, 기혼자의 인구 백만 명당 자살률은 140 이상이고 미혼자의 인구 백만 명당 자살률은 97.9 이하여야한다. 하지만 실제 자살률은 기혼자보다 미혼자가 더 높다.

ㄴ. 1889~1891년 통계에 의하면, 미혼 여성의 자살률은 기혼 여성 자살률의 1.56배이고 미혼 남성의 자살률은 기혼 남성자살률의 2.73배이다.

ㄷ. 1889~1891년 통계는 미혼 여성의 자살률이 배우자와 사별한 여성의 자살률의 0.84배이고 미혼 남성의 자살률은 배우자와 사별한 남성의 자살률의 1.32배임을 보여 준다.

ㄹ. 인구 대비 혼인 건수는 수십 년 동안 큰 변화가 없었으나, 자살률은 3배로 증가하였다.

① ㄱ은 을이 병의 주장을 반박하는 근거가 된다.

② ㄴ은 병이 을의 주장을 반박하는 근거가 된다.

③ ㄷ은 갑을 강화한다.

④ ㄹ은 을을 강화한다.

⑤ ㄹ은 병을 약화한다.

26

실험결과의 가설지지 여부판단

〈가설〉과 〈실험〉의 관계에 대한 진술로 옳은 것만을 보기 에서 있는 대로 고른 것은?

제8회 2016 LEET 문20

〈가설〉

인적 자본 가설은 기업에 채용될 남녀의 확률이 다르게 나타나는 현상을 생산성을 나타내는 인적 자본의 성별 차이로써 설명한다. 인적 자본은 교육 수준, 직무 경험, 직무에 대한 능력 및 헌신 등 업무 수행에 필요한 인적 특성을 뜻하는데, 이 가설은 여성이 남성에 비해 이러한 인적 자본이 부족하다는 점을 강조한다. 기업의 입장에서 낮은 인적 자본은 낮은 생산성으로 이어지기 때문에 여성 대신 남성을 선호한다는 것이다.

이에 반해 차별 가설은 교육 수준이 동일하고 직무 경험도 비슷하며 유사한 능력을 갖췄다고 하더라도 같은 직무에 지원할 경우 여성이 남성보다 채용될 확률이 낮은 현상에 주목한다. 차별 가설은 여성이 특정 업무에 적합하지 않으며 업무 수행 능력 등이 남성보다 뒤떨어진다는 고용주의 편견과 고정 관념으로 인해 채용상의 불이익을 받는다고 설명한다.

〈실험〉

갑은 오케스트라 단원 채용에 관한 자료를 가지고 두 가설을 검증해 보았다. 채용 시험은 서류 심사와 연주 심사라는 두 단계로 이루어진다. 우선 서류 심사로 일정 배수의 지원자를 뽑는다. 서류 심사를 통과한 지원자들은 연주 능력 등 오케스트라 단원으로서 요구되는 최소한의 인적 자본을 갖추고 있는 것으로 간주된다. 최종 합격 여부는 서류 심사를 통과한 지원자를 대상으로 한 연주 심사 점수에 의해 결정된다.

갑이 모은 자료를 보면 연주 심사는 두 가지 형태가 있었는데, 하나는 평가자들이 지원자의 성별을 파악할 수 있는 공개 평가방식이었고, 다른 하나는 연주자를 커튼으로 가려 성별을 알 수 없게 하는 방식이었다. 자료 검토 결과, 지원자들은 두 방식에 무작위로 배정되었다고 간주할 수 있었다. 갑은 각 방식에 따라 연주 심사에 응한 남성과 여성의 수를 파악한 후 채용된 남성과 여성의 수를 분석하였다.

* 서류 심사에서는 지원자의 성별이 노출되지 않으며, 연주 심사의 평가는 지원자의 인적 자본 변인들이나 성별에 의해서만 이루어진다고 가정한다.

** 남성 합격률=(남성 합격자 수/ 연주 심사에 응한 남성 지원자 수) × 100
여성 합격률=(여성 합격자 수/ 연주 심사에 응한 여성 지원자 수) × 100

보기

ㄱ. 공개 연주 심사의 여성 합격률이 커튼으로 가린 연주 심사의 여성 합격률보다 유의미하게 높다는 결과는 인적 자본 가설을 지지한다.
ㄴ. 공개 연주 심사에서 여성 합격률이 남성 합격률보다 유의미하게 낮다는 결과는 차별 가설을 지지한다.
ㄷ. 커튼으로 가린 연주 심사에서 여성의 합격률이 남성의 합격률보다 유의미하게 낮다는 결과는 인적 자본 가설을 지지한다.

① ㄱ ② ㄴ ③ ㄷ
④ ㄴ, ㄷ ⑤ ㄱ, ㄴ, ㄷ

27
두 가설에 대한
강화 약화 판단

가설 A~C에 대한 평가로 옳은 것만을 [보기]에서 있는 대로 고른 것은? 제9회 2017 LEET 문23

A : 기온과 공격성 사이에는 정(+)의 상관관계가 있다. 기온이 높아지면 공격적인 행동이 증가한다.

B : 기온과 공격성의 관계는 역 U자 형태를 나타낸다. 집단과 개인의 공격성은 매우 덥거나 매우 추울 때보다도 중간 정도의 기온에서 두드러진다.

C : 기온과 공격 행동 간에 유의미한 관계가 나타난다고 하더라도 기온이 공격 행동을 유발한다고 볼 수는 없다. 기온과 공격성 간의 관계는 단지 공격 행동의 기회가 기온에 따라 달라지기 때문에 나타나는 효과일 뿐이다.

[보기]

ㄱ. 섭씨 30도가 넘는 무더운 여름 날 신호등이 주행 신호로 바뀌어도 계속 정지해 있는 차량이 있을 때, 운전자들이 신경질적으로 경적을 누르는 횟수와 경적을 계속 누르고 있는 시간이 증가했고 이런 행동은 에어컨이 없는 차량의 운전자들에게서 특히 강하게 나타났다는 실험 연구 결과는 A를 강화한다.

ㄴ. 한여름 낮 시간에 실내 온도가 섭씨 30도 이상으로 올라갈 때 냉방 장치가 없는 장소보다 냉방 장치가 가동되는 장소에서 폭력 범죄가 더 많이 발생한다는 연구 결과는 B를 약화한다.

ㄷ. 한여름에 같은 심야 시간대일지라도 유흥가가 한적해지는 주중보다 유흥가가 북적거리는 주말에 폭력 범죄가 훨씬 더 많이 발생한다는 사실은 C를 약화한다.

① ㄱ ② ㄴ ③ ㄱ, ㄷ
④ ㄴ, ㄷ ⑤ ㄱ, ㄴ, ㄷ

논증 영역

28

두 주장에 대한 강화 약화 판단

다음 글에 대한 평가로 옳은 것만을 보기 에서 있는 대로 고른 것은?

제9회 2017 LEET 문25

특정 학생이 공부를 잘할 것이라거나 못할 것이라는 교사의 기대와 그 학생의 실제 성적 간에는 유의미한 관계가 나타난다. A와 B는 그 관계를 설명하는 견해이다.

A : 교사가 공부를 잘할 것이라 믿는 학생의 성적은 향상되지만 공부를 못할 것이라 믿는 학생의 성적은 떨어진다. 교사의 기대 효과는 교사와 학생 간 상호작용을 통해 실현된다. 예를 들어 성적이 좋아질 것이라고 생각되는 학생에게 질문 기회를 더 많이 주고 칭찬과 격려를 아끼지 않는 등 긍정적으로 반응하는 것은 그 기대에 부응하고자 하는 학생의 노력을 유도함으로써 성적 향상으로 이어진다. 반대로 성적이 좋지 않을 것이라고 생각되는 학생에게는 긍정적인 반응을 적게 하고 부정적인 반응을 많이 함으로써 해당 학생의 학업에 대한 관심은 낮아지고 이는 성적 하락으로 귀결된다.

B : 교사의 기대가 높은 학생의 성적이 높게 나타나는 것은 교사의 예측 능력이 뛰어나기 때문이다. 교사는 특정 학생에 대한 정보나 상징적 상호작용을 통해 학업에 대한 기대를 형성하는데, 과거의 교육 경험에 기반을 둔 이러한 기대는 매우 예측력이 높다. 따라서 교사의 기대 효과는 존재하지 않으며, 교사의 기대가 높은 학생의 성적이 높고 기대가 낮은 학생의 성적이 낮은 것은 학생의 지적 능력에 대한 교사의 정확한 예측을 반영하는 것일 뿐이다.

보기

ㄱ. 질병으로 휴직한 담임교사 후임으로 새로운 교사가 부임해옴에 따라 이전만큼 담임교사로부터 높은 기대와 관심을 받지 못하게 된 학생들의 성적이 크게 하락했다면, A는 강화된다.

ㄴ. 학생에 대한 교사의 기대 수준과 학생의 실제 성적을 비교하였을 때 그 값의 편차가 교육 경험이 없는 새내기 교사보다 경험이 매우 많은 교사에게서 더 크게 나타났다면, B는 강화된다.

ㄷ. 교사가 학생들에 대해 가지고 있는 기대치와 학생들의 실제 성적을 동일 시점에서 측정하여 비교하였을 때 기대치가 높은 학생들의 성적은 높았고 기대치가 낮은 학생들의 성적은 낮았다면, A는 강화되고 B는 약화된다.

① ㄱ　② ㄴ　③ ㄱ, ㄷ

④ ㄴ, ㄷ　⑤ ㄱ, ㄴ, ㄷ

29

두 주장에 대한 강화 약화 판단

(A)와 (B)에 대한 평가로 옳은 것만을 보기에서 있는 대로 고른 것은? 제9회 2017 LEET 문34

대부분의 포유동물은 다섯 가지 기본적인 맛인 단맛, 쓴맛, 신맛, 짠맛 그리고 감칠맛을 느낄 수 있으며, 이 맛들은 미각세포에 존재하는 맛 수용체에 의해 감지된다. 많은 포유동물들은 단맛과 감칠맛을 선호하는데, 일반적으로 단맛은 과일을 포함한 식물성 먹이에 대한 정보를 제공하고, 감칠맛은 단백질 성분의 먹이에 대한 정보를 제공한다. 단맛과 감칠맛과는 달리, 쓴맛은 몸에 좋지 않은 먹이에 대한 정보를 제공한다.

사람과 달리 고양이는 단맛을 가진 음식을 선호하지 않는데, 고양이의 유전자 분석 결과 단맛 수용체 유전자에 돌연변이가 일어나 기능을 할 수 없다는 사실이 밝혀졌다. 육식동물로 진화한 고양이는 단맛 수용체 유전자가 작동하지 않아도 사는 데 지장이 없기 때문이라는 진화론적 설명이 가능하다. 즉, (A) 생명체는 게놈의 경제학을 통해 유전자가 필요 없을 경우 미련 없이 버린다는 것이다.

이후 연구자들이 진화적으로 가깝지 않은 서로 다른 종에 속하는 육식 포유동물들의 단맛 수용체 유전자를 연구한 결과, 단맛 수용체 유전자에 돌연변이가 일어나 단맛 수용체가 정상적으로 기능을 할 수 없음을 확인하였다. 단맛 수용체 유전자의 돌연변이가 일어난 자리는 종마다 달랐는데, 이는 서로 다른 종의 동물들이 육식에만 전적으로 의지하는 동물로 진화해 가는 과정에서 독립적으로 유전자 변이가 일어났음을 의미한다. 즉, 단맛 수용체 유전자의 고장은 수렴진화의 예로서, (B) 진화적으로 가깝지 않은 서로 다른 종의 생물이 적응의 결과, 유사한 형질이나 형태를 보이는 모습으로 진화했다는 것이다.

보기

ㄱ. 진화적으로 서로 가깝지 않은 다른 종의 잡식동물인 집돼지와 불곰은 쓴맛 수용체 유전자의 개수가 줄어든 결과로 보다 강한 비위와 왕성한 식욕을 가지게 되었다는 사실이 밝혀졌다. 이는 (A)를 약화하고 (B)를 강화한다.

ㄴ. 진화적으로 서로 가깝지 않은 다른 종의 육식동물인 큰돌고래와 바다사자는 먹이를 씹지 않고 통째로 삼키는 형태로 진화한 결과로 단맛 수용체 유전자뿐 아니라 감칠맛 수용체 유전자에도 돌연변이가 일어나 기능을 할 수 없게 되었다는 사실이 밝혀졌다. 이는 (A)와 (B) 모두를 강화한다.

ㄷ. 사람과 오랑우탄의 공동조상은 과일 등을 통해 충분한 양의 비타민C를 섭취할 수 있도록 진화한 결과로 비타민C 합성 유전자에 돌연변이가 일어나 기능을 할 수 없게 되었으며, 이로 인해 진화적으로 서로 가까운 사람과 오랑우탄이 비타민C를 합성하지 못한다는 사실이 밝혀졌다. 이는 (A)를 강화하고 (B)를 약화한다.

① ㄱ ② ㄴ ③ ㄱ, ㄷ
④ ㄴ, ㄷ ⑤ ㄱ, ㄴ, ㄷ

30

가설과 실험에 대한 평가

다음의 가설과 실험에 대한 평가로 옳은 것만을 [보기]에서 있는 대로 고른 것은? 제10회 2018 LEET 문33

교통사고로 뇌 손상을 입은 어떤 환자는 사고 후 의사나 가족들, 친구들에게 자신의 아내가 가짜라고 말하지만 여전히 아내와 함께 식사를 하고 같은 집에 살면서 일상을 함께 보낸다. 이 환자는 자신의 아내가 가짜라고 믿고 있는가? 사람들이 이 질문에 답하는 데에 무엇을 고려하는지 알기 위해, 실험으로 다음 가설들을 평가하였다.

〈가설 1〉

사람들은 다른 사람이 어떤 믿음을 갖는지 판단할 때, 그 사람의 언어적 행동과 일치하는 믿음을 갖는다고 판단한다.

〈가설 2〉

사람들은 다른 사람이 어떤 믿음을 갖는지 판단할 때, 그 사람의 비언어적 행동과 일치하는 믿음을 갖는다고 판단한다.

〈실험 1〉과 〈실험 2〉에서 실험 참가자들에게 교통사고로 뇌 손상을 입은 K에 관한 이야기를 해 주고 "K는 그의 아내가 가짜라고 믿고 있는가?"라고 질문하였다.

〈실험 1〉

실험 참가자 120명을 무작위로 A 그룹과 B 그룹으로 나누었다. A 그룹에게는 K가 아내를 가짜라고 말하지만 사고 전과 동일하게 아내와 일상을 보내고 있다고 이야기해 주었다. B 그룹에게는 K가 아내를 가짜라고 말하면서 사고 전과 달리 아내와 일상을 보내기를 거부한다고 이야기해 주었다.

〈실험 2〉

실험 참가자 90명을 무작위로 A 그룹과 B 그룹으로 나누었다. A 그룹에게는 K가 사고 후 단 한 번 아내에게 "당신은 가짜다."라고 말했지만 사고 전과 동일하게 아내와 일상을 보내고 있다고 이야기해 주었다. B 그룹에게는 사고 후 아내에게 "당신은 가짜다."라는 말을 매일 한다는 점에서만 A 그룹에게 해 준 것과 다른 K의 이야기를 해 주었다.

보기

ㄱ. 〈실험 1〉의 결과 A 그룹과 B 그룹 모두에서 질문에 '예'라고 답한 사람의 비율이 95% 이상이라면, 〈가설 2〉는 약화된다.

ㄴ. 〈실험 1〉의 결과 A 그룹에서 질문에 '예'라고 답한 사람의 비율은 20% 이하지만 B 그룹에서 '예'라고 답한 사람의 비율은 90% 이상이라면, 〈가설 2〉는 강화된다.

ㄷ. 〈실험 2〉의 결과 A 그룹에서 질문에 '예'라고 답한 사람의 비율은 10% 이하지만 B 그룹에서 '예'라고 답한 사람의 비율은 90% 이상이라면, 〈가설 1〉은 약화된다.

① ㄴ ② ㄷ ③ ㄱ, ㄴ ④ ㄱ, ㄷ ⑤ ㄱ, ㄴ, ㄷ

31
사람들의 행위 동기 연구 실험

다음으로부터 평가한 것으로 옳은 것만을 보기 에서 있는 대로 고른 것은? 제12회 2020 LEET 문17

사람들의 행위 동기를 연구하기 위해 다음 실험이 수행되었다.

〈실험〉

보상이 기대되는 긍정적인 업무와 아무런 보상도 기대할 수 없는 중립적 업무가 참가자에게 각각 하나씩 제시된다. 참가자에게 참가자가 아닌 익명의 타인이 한 명씩 배정되고, 참가자는 두 개의 업무를 그 타인과 본인에게 하나씩 할당해야 한다. 할당 방식에는 두 가지가 있다. A 방식은 참가자 본인의 임의적 결정으로 업무를 할당하는 것이며, B 방식은 참가자가 동전 던지기를 통해 업무를 할당하는 것이다. 참가자는 둘 중 하나의 방식을 공개적으로 선택하지만, 선택이 끝난 후 업무를 할당하기까지의 전 과정은 공개되지 않는다.

〈결과〉

40명의 참가자를 대상으로 실험한 결과, 20명의 참가자가 A방식을 선택하였고 이들 중 17명이 긍정적 업무를 자신에게 할당하였다. 긍정적 업무를 타인에게 할당한 참가자는 3명이었다. 한편 나머지 20명의 참가자는 B방식을 선택했는데, 이들 중 18명이 자신에게 긍정적 업무를 할당하였고 타인에게 긍정적 업무를 할당한 참가자는 2명이었다.

동전 던지기에서 통상적으로 기대되는 결과와 비교할 때 B방식에 따른 이런 할당 결과는 매우 이례적인 것이어서 이를 설명하기 위해 다음 가설들이 제시되었다.

가설 1: B 방식을 택한 대부분의 사람들은 원래는 공정하게 업무를 할당할 의도가 있었지만, 실제로 동전을 던져서 자신에게 불리한 결과가 나왔을 때 이기적인 동기가 원래의 공정한 의도를 압도하면서 결과를 조작한 것이다.

가설 2: B 방식을 택한 대부분의 사람들은 원래부터 공정하게 업무를 할당할 의도가 없었으며, 단지 결과 조작을 통해 업무 할당의 이득을 안전하게 확보할 수 있고 사람들에게 공정한 사람처럼 보일 수 있는 추가 이득까지 얻을 수 있기 때문에 이 방식을 택한 것뿐이다.

보기

ㄱ. B 방식을 택한 참가자들 대부분이 A 방식도 B 방식만큼 공정하다고 사람들이 생각하리라 믿었다면, 가설 2는 약화된다.

ㄴ. B 방식을 택한 참가자들 중 결과를 조작한 사람들 대부분이 자신의 업무 할당이 공정하지 않았음을 인정한다면, 가설1은 약화되고 가설 2는 강화된다.

ㄷ. B 방식에서 동전 던지기를 통한 업무 할당 과정이 공개되도록 실험 내용을 수정하여 동일한 수의 새로운 참가자들을 대상으로 실험한 후에도 B 방식을 선택하는 참가자의 수에 큰 변화가 없다면, 가설 1은 강화되고 가설 2는 약화된다.

① ㄱ ② ㄴ ③ ㄱ, ㄷ ④ ㄴ, ㄷ ⑤ ㄱ, ㄴ, ㄷ

32

제도 / 연구결과의 해석

다음 글에 대한 평가로 옳은 것만을 보기 에서 있는 대로 고른 것은? 제14회 2022 LEET 문28

피해자 영향 진술(VIS) 제도는 재판의 양형 단계에서 피해자에게 범죄로부터 받은 영향을 표현할 수 있도록 기회를 제공한다. 그런데 VIS가 없는 경우보다 있는 경우에 형량이 더 무거운 경향이 있는데, 그 이유와 관련하여 두 가지 견해가 제시된다. A 견해에서는 VIS의 유무가 아니라 피해의 심각성이 무거운 형량을 유도한다고 본다. 이에 따르면, 피해가 심각할수록 형량이 무거워지는데, 주로 심각한 피해를 입은 피해자들이 공소장에 적시된 피해 내용을 부각하기 위해 VIS를 제시하고 피해가 심각하지 않은 피해자들은 VIS를 제시하지 않으므로, VIS와 양형 간에 유의미한 관계가 있는 것처럼 보인다는 것이다. B 견해에서는 판사나 배심원들이 피해자가 VIS를 통해 부각하고자 하는 피해 내용에 의해 영향을 받을 뿐만 아니라 피해자가 VIS를 통해 표출하는 강한 감정으로부터도 영향을 받기 때문에, VIS가 무거운 형량을 유도한다고 주장한다. 각 견해의 타당성을 검증하기 위해 연구방법 P, Q를 구상하였다.

P: 무작위로 추출된 모의 배심원을 세 집단으로 구분한 뒤 사건에 대한 객관적 정보를 제공한다. [집단 1]에는 일반적인 기대를 뛰어넘는 심각한 내용의 정서적 상해가 기술된 VIS를 제공하고, [집단 2]에는 일반적인 기대에 미치지 않는 정서적 상해가 기술된 VIS를 제공하며, [집단 3]에는 VIS를 제공하지 않는다. 이후 각 집단이 제시한 평균 형량을 비교한다.

Q: 무작위로 추출된 모의 배심원을 세 집단으로 구분한 뒤 사건에 대한 객관적 정보를 제공한다. [집단 1]에는 피해자가 감정적으로 매우 고조된 상태로 심각한 내용의 VIS를 낭독하는 재판 영상을 제공하고, [집단 2]에는 동일한 내용의 VIS를 피해자가 차분하게 낭독하는 재판 영상을 제공하며, [집단 3]에는 앞의 경우보다 덜 심각한 내용의 VIS를 피해자가 차분하게 낭독하는 재판 영상을 제공한다. 이후 각 집단이 제시한 평균 형량을 비교한다.

보기

ㄱ. P에서 [집단 1]의 평균 형량이 [집단 2]의 평균 형량보다 유의미하게 높고 [집단 2]의 평균 형량이 [집단 3]의 평균 형량보다 유의미하게 높으면, A 견해는 강화된다.

ㄴ. Q에서 [집단 1]의 평균 형량이 [집단 2]의 평균 형량보다 유의미하게 높고 [집단 2]의 평균 형량이 [집단 3]의 평균 형량보다 유의미하게 높으면, B의 견해는 강화된다.

ㄷ. Q에서 연구 방법을 수정하여 [집단 1]과 [집단 2]만을 비교할 경우, 두 집단의 평균 형량에 유의미한 차이가 없다면, A 견해는 약화된다.

① ㄱ　② ㄴ　③ ㄱ, ㄷ

④ ㄴ, ㄷ　⑤ ㄱ, ㄴ, ㄷ

Ⅳ. 논증의 종합적 평가 문제의 유형별 학습

1 인과논증에 대한 종합적 판단 및 평가

33

청소년
비행의 원인

(가)~(라)에 대한 평가로 옳은 것만을 보기 에서 있는 대로 고른 것은? 제4회 2012 LEET 문20

(가) 중퇴는 미래의 성공 기회를 제약하는 요인이다. 중퇴로 인해 발생하는 좌절 경험이 청소년의 비행을 유발한다.

(나) 부모와의 유대는 비행의 발생을 통제하는 사회적 끈이다. 유대가 약해질 때 청소년은 비행을 저지르게 되며, 유대가 약할수록 비행을 많이 저지른다. 중퇴는 부모와의 유대를 점점 더 약화시키는 원인으로 작용한다.

(다) 청소년이 학교에서 경험하는 학교 부적응, 낮은 학업 성적 등의 요인이 청소년으로 하여금 비행을 저지르게 하는데, 중퇴는 이러한 요인의 영향에서 벗어나게 한다.

(라) 중퇴와 비행 사이에는 높은 상관관계가 있는데, 이는 어떤 공통 원인이 비행도 저지르게 하고 중퇴도 하게 하기 때문이다. 이것이 중퇴가 비행의 원인인 것처럼 보이는 이유이다.

보기

ㄱ. 중퇴 이후의 비행률이 중퇴 이유에 따라서 상반된 방향으로 변화했다면, 이는 (가), (다) 중 어느 한 주장만으로는 설명할 수 없을 것이다.

ㄴ. 중퇴 전에 비행을 하지 않던 청소년이 중퇴 이후에도 비행을 하지 않았다면, 이는 (가)를 약화하고 (라)를 강화할 것이다.

ㄷ. 중퇴생의 비행이 중퇴 이후 시간이 지남에 따라 점차 증가하였다면, 이는 (나)를 강화하고 (다)를 약화할 것이다.

① ㄱ ② ㄴ ③ ㄱ, ㄷ
④ ㄴ, ㄷ ⑤ ㄱ, ㄴ, ㄷ

34 다음 글에 대한 분석으로 옳은 것만을 [보기]에서 있는 대로 고른 것은? 제4회 2012 LEET 문24

영민은 아래의 〈설명〉을 보고 처음에는 ⓐ "S_1의 낙하가 S_2 낙하의 원인이다."라는 직관적 판단을 했지만, 〈인과 이론〉을 배운 후에는 ⓑ "S_2의 낙하가 S_1 낙하의 원인이다." 라는 판단도 가능하다고 생각하게 되었다.

〈설명〉

실린더 속에 금속판 S_1과 S_2가 접해 있다. 위쪽의 S_1은 줄에 매달려 있고, 아래쪽의 S_2는 양 옆에 칠한 강한 접착제에 의해서 지탱되고 있다. 만약 접착제에 의하여 S_2가 지탱되지 않는다면, S_2는 중력에 의해서 낙하할 것이다.

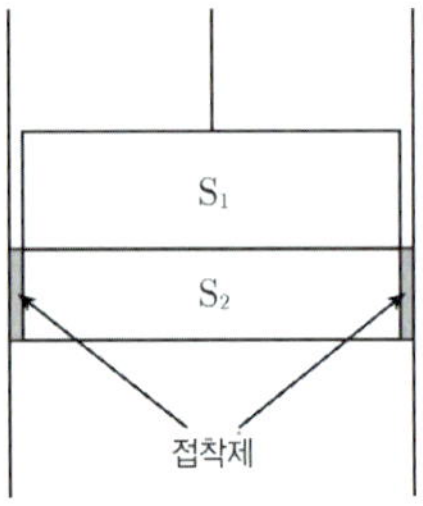

〈인과 이론〉

집중호우가 산사태의 원인이라는 것은 "만약 집중호우가 발생하지 않는다면 산사태가 발생하지 않았을 것이다."로 분석할 수 있다. 즉 사건 A가 B의 원인이라는 것은 A가 발생하지 않으면 B도 발생하지 않는다는 의미이다.

이 이론에 따라 영민은 〈설명〉을 다음과 같이 분석했다. 어떤 시점에 S_1이 매달려 있던 줄이 끊어지고, 그에 따라 자유낙하를 하고자 하는 S_1이 아래 방향의 힘을 S_2에 가하여 접착제가 부서지고, S_2와 S_1이 낙하하게 된다. 영민은 S_2가 S_1보다 먼저 떨어진다고 생각했다. 그래서 영민은 만약 S_2가 낙하하지 않으면 S_1 역시 낙하하지 않을 것이므로, "S_2의 낙하가 S_1의 낙하의 원인이다."라고 판단했다.

보기

ㄱ. "S_1이 낙하하지 않았다면 S_2 역시 낙하하지 않았을 것이다."라는 판단이 참이라면, 판단 ⓐ는 〈인과 이론〉에 의해서 지지될 수 있다.

ㄴ. 원인은 결과보다 시간적으로 앞선다고 할 때, 영민이 생각한 대로 S_2의 낙하가 S_1의 낙하에 시간적으로 앞선다면 판단 ⓑ는 설득력을 갖는다.

ㄷ. S_1이 아래 방향으로 힘을 가하는 사건과 S_1이 낙하하는 사건을 구분해서, S_1이 아래 방향으로 힘을 가하여 S_2가 낙하하고, 그래서 S_1이 낙하한다고 생각하면, 판단 ⓐ는 옳지만 판단 ⓑ는 옳지 않다.

① ㄴ ② ㄷ ③ ㄱ, ㄴ
④ ㄱ, ㄷ ⑤ ㄱ, ㄴ, ㄷ

2 사회과학논증에 대한 종합적 판단 및 평가

35

교육
정책논변

다음 글로부터 바르게 판단한 것만을 보기 에서 있는 대로 고른 것은? 제5회 2013 LEET 문3

Z국은 A, B, C 세 인종으로 구성되어 있는데 전체 인구의 절반 가까이를 차지하여 온 A 인종이 사회의 주류 세력으로서 타 인종들에 대한 배타적인 정책을 실시해 왔다. 교육에서도 A인종만의 입학을 허용하는 교육기관, 그 외의 인종만의 입학을 허용하는 교육기관, 그리고 모든 인종의 입학이 허용되는 교육기관을 분리하여 설치·운영하였다. 이후 인종 간의 통합이 강조되면서 재학생 중 A인종의 비율이 60%를 초과하는 교육기관을 대상으로 A인종의 비율이 60%를 넘지 못하도록 하는 정책을 시행하였다. 이러한 정책이 지나치게 일률적이라는 반발이 거세지자 정부는 교육기관마다 선별적으로 정책을 집행하기로 하고, 그 정책 적용의 제한기준에 대하여 법률가 갑, 을, 병에게 자문을 구하였다. 이들은 각각 아래와 같은 원칙을 제시하였다.

갑 : 이 정책은 특정 인종에 유리하도록 학생을 선발해 온 교육기관에 적용되어야 한다.
을 : 이 정책은 교육기관에 재학 중인 각 인종 학생들 모두의 학업성취도를 향상시키는 데 이바지하여야 한다.
병 : 이 정책은 교육기관에 보다 다양한 인종의 학생들이 다니는 결과를 낳아야 한다.

보기

ㄱ. 교육기관 P의 입학생 중 A인종의 비율이 매년 평균 78%로 유지되고 있었다. 교육기관 P가 A인종이 다른 인종에 비하여 언어능력시험성적이 높다는 사실을 발견하고 이를 학생선발에 적극적으로 활용해 왔다면, 갑의 원칙에 따를 때 교육기관 P에 위 정책이 적용된다.

ㄴ. 교육기관 Q에는 A인종만이 재학하고 있는데 B, C 인종의 학생들이 전학해 올 경우 그 학생들의 학업성취도는 이전 학교에서보다 상당히 상승할 것으로 예측된다. 을의 원칙에 따르면 교육기관 Q에 위 정책이 적용된다.

ㄷ. 교육기관 R은 B, C 인종의 낙후된 교육수준을 높이기 위하여 설립되어 나름대로 훌륭한 교사진과 시설을 갖추고 인종을 기준으로 B, C 인종의 학생들만 선발하여 왔다. 병의 원칙에도 불구하고 교육기관 R에는 위 정책이 적용되지 않는다.

① ㄱ ② ㄴ ③ ㄱ, ㄷ
④ ㄴ, ㄷ ⑤ ㄱ, ㄴ, ㄷ

36

물가와 통화정책

다음 글에 비추어 판단한 것으로 적절하지 않은 것은? 제5회 2013 LEET 문28

과거 영국은 파운드화의 가치를 금에 고정시키는 금본위제를 운영했다. 원하는 사람에게 은행권을 금화로 교환해주어야 할 의무가 있었던 잉글랜드은행은 파운드화 가치의 안정을 위해 은행권의 발행량을 금보유량에 원칙적으로 연계시켰다. 그런데 1797년 가뜩이나 어려운 경제상황에 프랑스 군대의 본토 침공이 임박했다는 소문까지 겹치면서 은행권을 금화로 바꿔줄 것을 요구하는 사람들이 늘어났고, 중앙은행인 잉글랜드은행은 결국 ㉠ 금태환의 한시적 정지를 선언하였다.

이후 금화가 아닌 순수한 금, 곧 지금(地金)의 시장가격과 물가가 상승함에 따라 영국 의회는 조사위원회를 구성해 그 원인을 규명하려 했다. 이때 물가상승의 원인을 금태환의 정지에서 찾았던 '지금파'는 '금보유량에 비례하는 은행권 발행'이라는 규율원리가 깨짐으로써 잉글랜드은행이 은행권을 초과발행하게 되었고 이로 인해 물가가 올라갔다는 주장을 펼쳤다. 그러나 '반지금파'는 은행권의 경우 상거래 과정에서 사용된 우량어음을 매입해 주거나 이들 어음을 담보로 대출해 주는 방식으로 발행되므로 모든 은행권 발행의 배후에는 상거래와 실물경제활동이 대응된다며, 은행권의 초과발행이란 있을 수 없다고 반박했다.

그런데 논쟁 과정에서 가장 돋보였던 사람은 헨리 손턴이었다. 그는 통화정책의 우선순위를 어디에 둘 것이며, 정책목표를 어떻게 달성할 것인가에 대한 체계적인 인식을 제공함으로써 물가상승의 원인을 놓고 벌어졌던 이 논쟁을 한 차원 높게 발전시켰다. 그는 파운드화 가치 안정에만 초점을 맞춘 정책에 비판적이었고 물가상승의 원인이 통화량 증가가 아닌 다른 것일 수 있음을 인정했던 점에서는 반지금파와 입장을 같이 했다. 하지만 그는 은행에 제시된 어음의 경우 과거 생산활동의 결과는 물론 미래의 수익성에 대한 사업가들의 기대에도 좌우되므로, 호황으로 기대가 낙관적인 상황에서 모든 우량어음에 대해 은행권을 제공하는 것은 미래의 추가적인 물가상승과 경기의 팽창으로 이어질 수 있다며 규율원리의 필요성을 인정했는데, 이 점에서는 지금파로 분류될 수도 있다. 하지만 그는 불황일 때는 중앙은행이 재량권을 가지고 경기 악화에 능동적으로 대응할 수 있어야 한다는 점도 함께 강조함으로써 지금파의 일면적 인식을 뛰어넘을 수 있었다.

① ㉠에 대한 손턴의 입장은 '지금파'보다 '반지금파'에 가까웠을 것이다.
② 당시에 극심한 흉년으로 곡물가가 상승했다면, '지금파'의 논지는 약화되고 '반지금파'와 손턴의 논지는 강화될 것이다.
③ 재산을 금융자산으로 보유한 사람들은 '지금파'를, 농산물을 판매해야 할 사람들은 '반지금파'의 주장을 지지했을 것이다.
④ 은행권 발행에 관한 중앙은행의 결정을 엄격한 원리에 의해 제약할 필요성은 '지금파'가 가장 강하게 인정하고, 다음으로 손턴, '반지금파'의 순서일 것이다.
⑤ 실물경제 활동이 부진한 상황에서 불황의 심화를 우려해 은행권을 사용하지 않고 보관하는 사업가들이 늘어났다면, 손턴의 논지는 약화되고 '지금파'의 논지는 강화될 것이다.

37 연구설계의 타당성 평가

A ~ D에 대한 평가로 옳은 것만을 보기 에서 있는 대로 고른 것은? 제12회 2020 LEET 문25

〈연구목적〉

X국에서 차량 과속 단속에 걸린 운전자 중 특정 인종의 비율이 높은 것으로 나타났다. 甲은 그러한 현상이 특정 인종이 실제 과속을 많이 하기 때문인지 아니면 경찰이 과속한 차량을 모두 단속하지 않고 인종적 편견에 따라 차별적으로 일부 차량만 단속했기 때문인지 궁금해졌다. 이에 甲은 "경찰이 과속하는 차량들 중 어떤 차는 세워 단속하고 어떤 차는 무시할지를 결정하는 데 운전자의 인종이 중요한 요인으로 작용한다"라는 ㉠가설을 세우고 이를 검증하고자 한다.

〈연구설계〉

甲은 경찰의 과속 단속에서 어떤 인종 차별도 개입하지 않을 때 기대되는 특정 인종 집단에 대한 단속률과 경찰에 의해 실제 단속이 행해진 특정 인종 집단에 대한 단속률을 비교한다. 구체적인 연구 설계는 다음과 같다.

A : 고속도로 요금소를 통과하는 운전자 모집단 중 특정 인종 비율과 고속도로에서 과속으로 경찰에 의해 단속된 운전자들 중 특정 인종의 비율을 비교한다.
B : 주간과 야간의 과속 단속 결과에서 단속된 운전자의 인종별 비율을 비교한다.
C : 경찰의 6개월간 과속 운전자 단속 자료의 인종 분포를 같은 기간 동일한 조건(시간대, 장소 등)에서 甲이 객관적으로 직접 관찰한 과속 운전자의 인종 분포와 비교한다.
D : 관할 구역 거주민 모집단에서 특정 인종이 차지하는 비율과 경찰에 의해 단속된 운전자들 중에서 특정 인종이 차지하는 비율을 비교한다.

보기

ㄱ. A는 ㉠의 타당성을 검증하지 못한다.
ㄴ. B를 통해 ㉠의 타당성을 검증하려면, 운전자의 인종을 구별할 수 있는 외양적 특징이 주야간에 다르게 드러난다는 조건이 충족되어야 한다.
ㄷ. C에서 경찰 단속 결과에 나타난 과속 운전자의 인종 비율과 甲의 관찰 결과에 나타난 과속 운전자의 인종 비율이 유사하다면, 이는 ㉠을 약화한다.
ㄹ. D에서 만약 관할 구역 거주민 모집단 중 특정 인종 비율이 15%이고 단속된 운전자들 가운데 특정 인종 비율이 25%였다면, 이는 ㉠의 타당성을 뒷받침하는 논거가 된다.

① ㄱ, ㄹ ② ㄴ, ㄷ ③ ㄴ, ㄹ
④ ㄱ, ㄴ, ㄷ ⑤ ㄱ, ㄷ, ㄹ

38

사회현상의 이유(주장)에 대한 평가

다음 글에 대한 평가로 옳은 것만을 〈보기〉에서 있는 대로 고른 것은? 제14회 2022 LEET 문29

미국에서 1960년대 이래 폭발적으로 증가해 왔던 폭력 범죄와 재산 범죄는 1990년대 초반 이후로 급격한 감소 추세에 들어섰다. 1991년부터 2012년 사이에 폭력 범죄는 49%, 재산 범죄는 44% 감소하였다. 더욱이 이런 감소 현상은 모든 지역과 모든 인구 집단에서 나타났으며, 그 추이는 2020년 현재까지 지속되고 있다. 이와 관련하여 ㉠ 미국의 범죄 감소가 납과 밀접한 관련이 있다는 주장이 있다. 이에 따르면, 제2차 세계대전 후부터 1970년대 초반까지 자동차의 납 배출이 증가하면서 폭력 범죄가 뒤따랐다. 하지만 1970년대에 휘발유에서 납이 제거되기 시작하면서 이후 폭력 범죄는 감소하였다. 사에틸납(tetraethyl lead)은 가솔린 기관의 노킹 방지를 위해 1920년대에 개발되었는데, 전후 시기부터 자동차 열풍과 함께 그 사용이 폭발적으로 증가하였다. 폭력과 재산 범죄율은 10대 후반에서 20대 초반에 가장 높은데, 청소년이나 성인과 달리 아동의 경우에는 납에 노출되는 것이 뇌 발달과 미래의 범죄 가능성에 영향을 미친다. 특히 납은 공격성과 충동성 등의 증가를 유발하는 것으로 알려져 있다.

보기

ㄱ. 미국의 1∼5세 아동의 2000년 평균 혈중 납 농도가 1990년의 절반 수준으로 낮아졌다는 사실은 ㉠을 강화한다.

ㄴ. 미국의 폭력 범죄가 급격하게 감소하기 시작하는 시기가 1970년대가 아닌 1990년대라는 사실은 ㉠을 약화한다.

ㄷ. 미국에서 범죄를 저지른 청소년이 그렇지 않은 청소년보다 뼈 안의 납 농도가 4배 높다는 연구 결과는 ㉠을 강화한다.

① ㄱ　② ㄴ　③ ㄱ, ㄷ
④ ㄴ, ㄷ　⑤ ㄱ, ㄴ, ㄷ

39

사회 / 행동경제학 / 이타주의가설

다음 글에 대한 평가로 옳은 것만을 보기 에서 있는 대로 고른 것은? 제14회 2022 LEET 문31

이기적 인간은 자신의 소비를 통한 효용만을 고려한다. 그렇다면 기부 행위는 왜 존재하는가? 자신의 기부를 받을 수혜자의 효용까지도 함께 고려하는 이타심 때문이다. 인간은 자신의 소비를 통한 효용뿐 아니라 수혜자의 효용까지 고려한다는 주장을 ㉠ 순수이타주의 가설이라 한다. 이 가설 하에서 기부자는 수혜자가 필요한 총 기부액을 우선 결정한다. 만약 수혜자가 다른 기부자로부터 일정 금액의 기부를 받는 것을 알게 되면, 기부자는 정확히 그 금액만큼 기부액을 줄이게 된다. 한편, 기부 행위 자체를 통해 얻는 감정적 효용도 기부 행위에서 중요한 역할을 한다는 주장이 있다. 이를 ㉡ 비순수이타주의 가설이라 한다. 비순수이타주의 가설에서는 순수이타주의 가설에서 고려하는 기부자의 효용과 수혜자의 효용에 더하여 기부자 자신의 감정적 효용까지도 모두 고려한다.

위 두 가설을 검증하기 위해 다음과 같은 실험을 다수의 참가자에게 독립적으로 실시한다.

〈실험〉

각 참가자는 아래 표를 제공받아 a~f를 모두 결정한다. 이후, 각 참가자는 A~F 중 임의로 선택된 한 상황에서 해당하는 소득을 실제로 제공받고 결정했던 만큼의 기부를 한다.

상황	참가자의 소득	참가자의 기부액	자선 단체의 기부액
A	40	a	4
B	40	b	10
C	40	c	28
D	40	d	34
E	46	e	4
F	46	f	28

보기

ㄱ. 참가자 대부분에서 b= e-6이면, ㉡을 강화한다.
ㄴ. 참가자 대부분에서 e-a 〈 f-c이면, ㉠을 강화한다.
ㄷ. 참가자 대부분에서 0 〈 a-30 〈 b-24 〈 c-6 〈 d이면, ㉡을 강화한다.

① ㄱ ② ㄷ ③ ㄱ, ㄴ
④ ㄴ, ㄷ ⑤ ㄱ, ㄴ, ㄷ

3 자연과학논증에 대한 종합적 판단 및 평가

40

과학과 사회의 관계

다음 논증에 대한 분석으로 가장 적절한 것은? 제5회 2013 LEET 문29

"'과학의 힘'이란 사실상 '주술의 효력'과 비슷한 수준에서 평가될 수 있는 표현"이라고 주장하는 이들이 있다. 주술도 과학도 모두 특정 사회와 문화의 산물이라는 이유에서다. 그들은 아리스토텔레스의 운동이론보다 뉴턴의 운동이론을, 또는 창조론보다 다윈의 이론을 선호해야 할 이유를 자연 자체에서는 찾을 수 없다고 본다. 중세 유럽인이나 오스트레일리아 원주민의 자연관과 마찬가지로 과학이 제공하는 이론들도 특정 사회의 정치적, 경제적 목적과 결부된 문화적 산물일 뿐만 아니라 과학이론에 대한 평가 역시 특정한 사회적 배경의 제약을 벗어날 수 없다는 것이다. 그러나 과학과 사회의 관계에 관한 이런 주장은 두 가지 점에서 타당하지 않다. 먼저, 문학이나 예술과 마찬가지로 과학 역시 특정한 사회적 환경 속에 존재하는 개인이나 집단에 의해 산출되지만, 과학은 그런 개인의 특성이나 사회 환경에 의해 속박되지 않는다. 『햄릿』이나 「B단조 미사」는 셰익스피어와 바흐가 없었더라면 영원히 존재하지 않았겠지만 과학은 이와 다르다. 뉴턴이 어려서 죽는 바람에 1687년에 『프린키피아』가 저술되지 않았다고 해도 필시 다른 누군가가 몇 년 혹은 늦어도 몇 십 년 뒤에 그 책에 담긴 역학의 핵심 내용, 즉 보편중력의 법칙과 운동 3법칙에 해당하는 것을 발표했을 것이다. 여러 명의 과학자가 같은 시기에 서로 독립적으로 동일한 과학적 발견에 도달하는 동시발견의 사례들이 이를 간접적으로 입증한다. 또 과학적 발견을 성취해 낸 과학자가 지닌 고유한 품성은 설령 그것이 그 발견에 중요한 역할을 한 경우라 해도 그 성과물이 일단 그의 손을 떠나고 난 뒤에는 과학자들의 연구 활동에 아무런 영향도 미치지 않는다. 둘째로, 근대 이후 과학이 확산된 모습을 보라. 16세기 이후 최근에 이르기까지 실질적으로 모든 과학적 발견은 유럽 문명의 울타리 안에서 이루어졌지만 그 열매인 과학 이론은 전 세계에 확산되어 활용되고 있다. 모든 문화권이 이렇게 과학을 수용한 것과 대조적으로 유럽의 정치체제나 종교나 예술이 그처럼 보편적으로 수용된 것은 아니다. 과학은 특정한 개인들이 특정한 문화 속에서 만든 것이지만 이처럼 개인과 문화를 초월하는 보편적인 것이다. 과학 이외에 이런 특성을 지니는 것은 없는 듯하다.

① 뉴턴의 과학적 성과가 역학의 몇몇 핵심 법칙에 국한되지 않고 『프린키피아』에 나타난 문체와 탐구정신 같은 요소들까지 포함한다고 보면 논증의 설득력은 커진다.

② 글쓴이는 과학과 사회적 배경의 관계를 평가할 때 과학 이론이 탄생하는 과정보다 그 이론이 수용되고 사용되는 맥락이 더 중요하다고 전제하고 있다.

③ 유럽의 정치체제나 사회사상이 유럽의 과학보다 먼저 세계의 다른 지역에 전파된 경우가 확인된다면 논증의 설득력은 약화된다.

④ 글쓴이는 과학적 업적의 탄생 과정에 과학자의 개인적 특성이나 문화적 환경은 영향을 미치지 않는다고 전제하고 있다.

⑤ 과학에서 동시발견이 이루어진 사례들이 특정 문화권에 국한되어 있음이 입증되는 경우 논증의 설득력은 커진다.

41

생물학 / 강화약화판단

㉠과 ㉡에 대한 평가로 적절한 것만을 보기 에서 있는 대로 고른 것은? 제13회 2021 LEET 문36

서인도양의 세이셸 제도에는 '호랑이 카멜레온'이라는 토착종이 살고 있다. 그런데 세이셸 제도는 아프리카 남동쪽의 큰 섬인 마다가스카르로부터 북동쪽으로 약 1,100 ㎞, 인도로부터는 서쪽으로 약 2,800 ㎞ 떨어진 외딴 곳이다. 날지도 못하고 수영도 능숙하지 않은 이 작은 동물이 어떻게 이곳에 살게 되었을까?

이에 대해 다음의 두 설명이 제시되었다. 하나는 ㉠ 호랑이 카멜레온의 조상은 원래 장소에 계속 살고 있었으나 대륙의 분리 및 이동으로 인해 외딴 섬들에 살게 되었다는 것이다. 세이셸 제도는 원래 아프리카, 인도, 마다가스카르 등과 함께 곤드와나 초대륙의 일부였으나 인도-마다가스카르와 아프리카가 분리되고, 이후 인도와 마다가스카르가 분리된 다음, 최종적으로 인도와 세이셸 제도가 분리되어 지금에 이르렀다. 위 설명에 따르면, 호랑이 카멜레온의 조상은 세이셸 제도가 다른 지역과 분리된 후 독립적으로 진화했다.

다른 하나는 ㉡ 호랑이 카멜레온의 조상이 마다가스카르 또는 아프리카의 강이나 해안가로부터 표류하는 나뭇가지 등의 '뗏목'을 타고 세이셸 제도에 도착했다는 것이다. 이에 따르면 호랑이 카멜레온의 조상은 본래 아프리카나 마다가스카르에 살고 있었는데, 서식지 근처 강의 범람과 같은 사건의 결과로 표류물을 타고 세이셸 제도로 이주한 후 독립적으로 진화했다.

보기

ㄱ. 해저 화산의 분화로 형성된 후 대륙과 연결된 적이 없는 외딴 섬인 코모로 제도에만 서식하는 카멜레온 종이 있다는 사실은 ㉠을 강화한다.

ㄴ. 세이셸 제도가 인도에서 분리된 후 최근까지 서인도양의 해류가 서쪽에서 동쪽으로 흘렀다는 연구 결과가 있다면 이는 ㉡을 약화한다.

ㄷ. 아프리카 동부의 카멜레온과 호랑이 카멜레온의 가장 가까운 공동조상이 마다가스카르의 카멜레온과 호랑이 카멜레온의 가장 가까운 공동조상보다 더 나중에 출현했다는 연구 결과가 있다면 이는 ㉠을 약화하나 ㉡은 약화하지 않는다.

① ㄱ ② ㄷ ③ ㄱ, ㄴ
④ ㄴ, ㄷ ⑤ ㄱ, ㄴ, ㄷ

42

화학 / 라부아지에의 연소설

㉠에 대한 평가로 적절한 것만을 [보기] 에서 있는 대로 고른 것은? 제13회 2021 LEET 문37

18세기 말 프랑스의 화학자 라부아지에는 물질의 연소는 물질이 그가 '산소'라고 명명한 물질과 결합하는 과정이라 주장했다. 그러나 이 주장은 물질이 산소와 결합할 때 왜 열이 발생하는지 설명할 수 없다는 반론에 부딪혔다.

그는 이에 대응하여 다음을 가정했다. 첫째, 열은 사실 '열소'라는 질량이 없는 물질로, 열의 발생은 물질과 결합했던 열소가 방출되는 과정이다. 둘째, 기체는 고체나 액체에 비해 훨씬 많은 열소를 포함하고 있다. 액체 상태의 물에 막대한 양의 열을 공급하면 수증기가 되는 이유는 물과 다량의 열소가 서로 결합했기 때문이다. 마찬가지로 기체 산소 역시 산소와 열소가 결합한 화합물이다. 이 두 가지 가정을 바탕으로 라부아지에는 ㉠ 물질이 연소하는 과정에서 기체 산소 내의 산소는 타는 물질과 결합하여 화합물을 생성하나, 기체 산소 내 열소는 물질과 결합하지 않고 공기 중으로 빠져나가기 때문에 열이 발생한다고 주장했다

[보기]

ㄱ. 많은 고체 물질이 연소할 때 열이 발생함과 동시에 기체가 생성된다는 사실은 ㉠을 강화한다.

ㄴ. 산소화합물을 포함한 화약은 기체 산소가 없어도 폭발적으로 연소하면서 엄청난 양의 열을 방출한다는 사실은 ㉠을 약화한다.

ㄷ. 물질이 연소하는 과정에서 발생한 열이 아무리 많이 공기 중으로 방출되더라도 공기의 질량은 증가하지 않는다는 사실은 ㉠을 약화한다.

① ㄱ ② ㄴ ③ ㄱ, ㄷ

④ ㄴ, ㄷ ⑤ ㄱ, ㄴ, ㄷ

4 갈등 및 역설의 해소방안 찾기(문제해결)

43
역설 해소
방안 찾기

사형 찬성론자들이 〈표〉의 결과를 자신들의 입장에 불리하지 않게 해석한 것으로 옳은 것만을 보기 에서 있는 대로 고른 것은?

제6회 2014 LEET 문26

사형을 지지하는 사람들은 사형 집행의 위협이 잠재적 살인자의 살인 행위를 억제할 수 있다고 주장한다. 사형을 반대하는 사람들은 이러한 효과가 없다고 주장한다. 사형 제도가 실제로 살인을 억제하는 효과가 있다면, 사형 제도가 있는 지역이 그렇지 않은 지역보다 낮은 살인 범죄율을 보일 것이라고 기대된다. 〈표〉는 연방 국가인 A국의 사형 제도가 있는 지역과 사형 제도가 없는 지역 간 1급 및 2급 살인 범죄율을 제시한 것이다. 이 〈표〉에 근거하여 사형 제도가 살인과 같은 중범죄를 억제할 수 있는가에 대한 논쟁이 제기되고 있다.

〈표〉 사형 제도가 없는 주(州)와 사형 제도가 있는 주의 살인 범죄율

구 분	사형 제도가 없는 주		사형 제도가 있는 주	
	1967년	1968년	1967년	1968년
1급 살인	0.18	0.21	0.47	0.59
2급 살인	0.30	0.43	0.92	0.99
계	0.48	0.64	1.39	1.58

※ 살인 범죄율 = (살인 범죄 발생 건수 / 인구수) × 100,000

보기

ㄱ. 〈표〉는 제도적으로는 사형 제도를 도입했지만 실제로는 사형을 집행하지 않았기 때문에 나타난 결과일 수 있다.

ㄴ. 〈표〉는 사형 제도 이외의 다른 사회적 요소가 각 지역별 살인 범죄율의 차이를 만들었으며 사형 제도의 억제 효과를 압도했기 때문에 나타난 결과일 수 있다.

ㄷ. 사형 제도가 폐지되었다고 하더라도 그 효과는 당분간 지속될 수 있으므로, 〈표〉의 사형 제도가 없는 주의 경우 1967년 이전까지 사형 제도가 있었는지 살펴보아야 한다.

① ㄱ ② ㄴ ③ ㄱ, ㄷ
④ ㄴ, ㄷ ⑤ ㄱ, ㄴ, ㄷ

44

역설 해소 방안 찾기

㉠에 대한 대답으로 적절한 것만을 <보기>에서 있는 대로 고른 것은? 제7회 2015 LEET 문33

타인에 대한 신뢰의 형태는 크게 두 가지로 구분된다. 좁은 범위의 친숙하고 가까운 타인들에 대한 특수한 신뢰와 넓은 범위의 잘 알지 못하는 타인들에 대한 일반적 신뢰가 그것이다. 통상적으로 신뢰는 후자인 일반적 신뢰를 지칭한다. 사회학자들은 일반적 신뢰를 조사를 통해 측정해 왔다. 일반적 신뢰를 묻는 질문의 의도는 가깝고 익숙한 사람들이 아닌 멀고 낯선 사람들에 대한 신뢰를 측정하는 것이다. 기존 설문조사는 일반적 신뢰를 측정하기 위해 "귀하는 일반적으로 대부분의 사람들을 신뢰할 수 있다고 생각하십니까, 아니면 조심해야 한다고 생각하십니까?"라는 질문을 사용한다.

한편, 사회학자 A는 한 사회의 지배적 문화에서 나타나는 신뢰의 범위가 저신뢰 사회와 고신뢰 사회를 구분하는 기준이라고 주장한다. 그에 따르면, 신뢰의 범위가 가족이나 잘 아는 친구에 머무는지 아니면 잘 모르는 사람에게까지 확장되는지가 중요하다. 그는 아시아에 위치한 Z국처럼 연줄을 중시하고 특수한 관계에 기초한 좁은 범위의 신뢰만을 허용하는 문화는 저신뢰 사회로 흐를 가능성이 높고, 서구 선진국들처럼 보편주의의 원칙에 입각한 넓은 범위의 신뢰가 지배적인 문화는 고신뢰 사회가 될 가능성이 높다고 주장한다. 그럼에도 불구하고, 다수의 국제 비교 조사는 Z국의 일반적 신뢰 수준이 최상위권에 위치하고 있음을 보여준다. ㉠ <u>Z국의 일반적 신뢰 수준이 최상위권이라는 조사 결과와 Z국이 저신뢰 사회라는 주장을 어떻게 동시에 받아들일 수 있을까?</u>

<보기>

ㄱ. Z국 사람들은 이동이 어려웠던 국토의 특성상 지역 단위 경제권을 발달시켜 살았던 역사가 있기 때문에 같은 지역 출신 지인들만을 신뢰하는 경향이 강하기 때문이다.
ㄴ. Z국 사람들은 타인에 대한 불신을 다른 사람에게 밝히는 것을 꺼려하는 경향이 강하기 때문이다.
ㄷ. Z국 사람들은 '대부분의 사람들'에 해당하는 사람을 떠올릴 때 자신의 신뢰 범위 내에 있는 사람들 중에서 찾는 경향이 강하기 때문이다.

① ㄱ ② ㄷ ③ ㄱ, ㄴ
④ ㄱ, ㄷ ⑤ ㄴ, ㄷ

CHAPTER 3
논쟁 및 반론

논쟁 및 반론은 두 사람 이상이 논쟁을 벌이고 있는 상황에서 그들이 제시하고 있는 논증을 분석하고 비판하는 능력을 검사하는 문항이다. 세부 문항 유형으로는 '논쟁 분석 및 평가', '반론 구성', '오류'가 있다. 논쟁 및 반론 영역은 제1장의 논증 분석과 제2장의 논증 평가를 논쟁 상황에 적용한 것이라 할 수 있다. 따라서 논증 분석 및 평가 이론을 논쟁 및 반론의 이론적 틀로서 활용하여, 기출문제들을 유형별로 묶어 학습하도록 한다. 다만, 오류유형은 이미 제2장에서 살핀 만큼 2장의 내용을 참조하도록 한다.

	인지활동영역 및 하위 범주	
2016년 확정 개선안	논쟁 분석 및 평가	논쟁의 쟁점을 파악하거나 공통의 가정 내지 전제를 파악하며, 논쟁을 평가할 수 있는 능력을 측정
	반론 구성	주어진 논쟁의 상황에 참여하여 한쪽 입장에서 상대방의 주장을 반박할 수 있는 능력을 측정
	오류	잘못된 논증을 분석하여 논증이 어떤 잘못을 범하고 있는지 파악할 수 있는 능력을 측정
과거 출제 지침	1. 논쟁의 쟁점을 파악하거나 공통의 가정 내지 전제를 파악하기 2. 주어진 논증에 대하여 반론을 제기하기 3. 비판이나 반론에 대하여 논증을 수정 보완하거나 재구성할 방안을 찾기 4. 갈등이나 역설의 논리적 기반을 파악하거나 그 해소 방안 찾기	

2023

2022

2021

2020

2019

2018

2017

2016

Ⅰ. 논증 비판 및 반론의 이론적 틀

1 논증 비판 및 반론의 이론적 틀로서의 논증 평가 이론

논증에 대한 비판(批判)이란 상대방의 논증에 대해 옳고 그름을 가리어 판단하거나 밝히는 것을 말하고, 반론(反論)이란 남의 논설이나 비난, 논평 따위에 대하여 반박하는 것을 말한다. 즉, 상대방의 논증이 타당하지 않거나 설득력이 없음을 논리적으로 밝히는 것을 비판이라고 할 수 있으며, 자신의 논증이 부당하다거나 설득력이 없다고 공격 받을 때 이를 논리적으로 반박하는 것을 반론이라고 할 수 있다.

결국 비판이나 반론은 논쟁의 맥락 하에서 파악되는 논증 평가의 또 다른 표현이라고 할 수 있다. 따라서 논증 평가 이론을 논증의 비판 및 반론의 방법의 이론적 틀로서 활용할 수 있을 것이다.

2 논증 비판 및 반론 방법으로 오류논증 활용하기

▶ 논증 평가기준별 오류 분류

① 수용가능성의 오류 : 전제가 받아들일 만하지 못할 때 생기는 오류들
② 관련성의 오류 : 전제가 결론과 관련이 없을 때 생기는 오류들
③ 불충분성의 오류 : 전제가 결론을 충분히 지지해 주지 못할 때 생기는 오류들

첫 번째 평가기준 (수용가능성의 오류)	두 번째 평가기준 (관련성의 오류)	세 번째 평가기준 (불충분성의 오류)
① 부적합한 권위에의 호소 ② 선결 문제 요구의 오류 ③ 거짓 딜레마(=흑백논리)	① 논점일탈의 오류 ② 사람에의 호소 - 인신공격성 사람에의 호소 (발생적 오류) - 정황적 논증 (피장파장의 오류, 우물에 독풀기) ③ 대중에의 호소 ④ 감정(힘)에의 호소 ⑤ 허수아비 공격의 오류 ⑥ 무지에의 호소	① 전건부정의 오류, 후건긍정의 오류 ② 성급한 일반화의 오류 ③ 편향된 통계의 오류 ④ 선후 관계와 인과 관계를 혼동하는 오류 ⑤ 원인과 결과를 혼동하는 오류 ⑥ 공통 원인의 무시 오류

〈그림〉 논증 평가의 단계

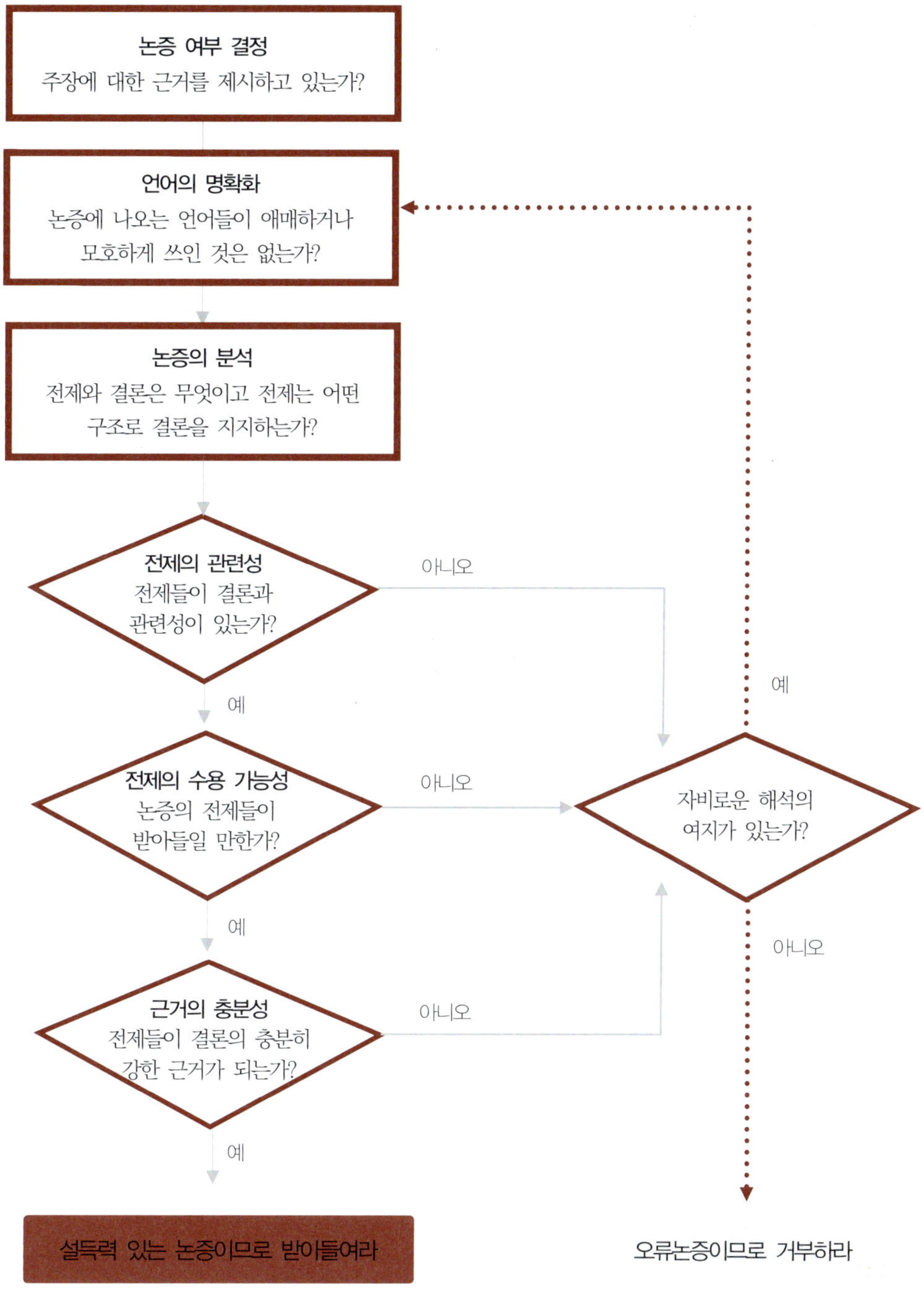
논증 여부 결정
주장에 대한 근거를 제시하고 있는가?
언어의 명확화
논증에 나오는 언어들이 애매하거나
모호하게 쓰인 것은 없는가?
논증의 분석
전제와 결론은 무엇이고 전제는 어떤
구조로 결론을 지지하는가?
전제의 관련성
전제들이 결론과
관련성이 있는가?
아니오
예
전제의 수용 가능성
논증의 전제들이
받아들일 만한가?
아니오
예
근거의 충분성
전제들이 결론의 충분히
강한 근거가 되는가?
아니오
예
자비로운 해석의
여지가 있는가?
예
아니오
설득력 있는 논증이므로 받아들여라
오류논증이므로 거부하라

Ⅱ. 논쟁 분석 및 평가 문제의 유형별 학습

1 사안 및 주장에 대한 동의 여부 판단

01
동의 가능성 판단

'도덕적으로 훌륭하지만 미적으로는 열등한 예술 작품이 있을 수 있다'는 주장에 동의할 사람만을 있는 대로 고른 것은? 제6회 2014 LEET 문22

> 갑 : 예술 작품은 모두 도덕적 성질을 갖고 있을 뿐 아니라, 예술 작품의 미적 성질과 도덕적 성질 사이에는 내재적인 관계가 있다. 도덕적으로 나쁜 작품은 바로 그 이유 때문에 미적으로도 열등하며, 도덕적으로 훌륭한 작품은 바로 그 이유 때문에 미적으로 뛰어나다. 나아가 두 작품 중에서 도덕적으로 더 나쁜 작품은 바로 그 이유 때문에 다른 작품보다 미적으로 더 열등하다.
>
> 을 : 예술 작품에 대해서 도덕적 평가를 할 수는 있지만 그 작품의 미적 성질은 도덕적 성질과 내재적인 관계를 갖지 않는다. 예를 들어, 수치심을 불러일으키기 때문에 어떤 작품을 도덕적으로 나쁘다고 평가하는 것이 정당하더라도, 그런 도덕적 평가가 그 작품에 대한 미적 평가는 아니다.
>
> 병 : 도덕적 평가를 내리는 것이 적절한 예술 작품들이 있고, 도덕적 평가를 내리는 것이 부적절한 예술 작품들이 있다. 순수한 형식미를 추구하는 음악을 듣고 도덕적 평가를 내리는 것은 적절치 않다. 도덕적 평가를 내리는 것이 적절한 예술 작품의 경우에도 도덕적 성질이 그 작품의 미적인 성질에 영향을 주는 경우는 부정적인 사례에만 국한된다. 즉 도덕적으로 나쁜 작품은 바로 그 이유 때문에 미적으로도 열등하다. 긍정적인 사례에는 이와 같은 영향 관계가 없다.
>
> 정 : 도덕적으로 나쁜 작품이 있을 수 있을 뿐 아니라 도덕적으로 나쁘다는 점이 바로 미적 장점이 되는 예술 작품이 있다. 다시 말해서 어떤 작품의 경우, 그 작품이 도덕적으로 부정적인 성질을 갖는다는 것이 그 작품을 미적으로 뛰어나게 만들 수 있다. 반대로 도덕적으로 훌륭한 가치를 드러낸다는 점은 인정할 수 있지만 바로 그 도덕적 메시지 때문에 미적으로는 형편없게 되는 예술 작품도 있다.

① 갑, 을　　② 갑, 병　　③ 을, 정
④ 갑, 병, 정　　⑤ 을, 병, 정

02
주장에 대한 동의 여부 판단

A와 B에 대한 판단으로 적절하지 않은 것은? 제7회 2015 LEET 문28

A : 어떤 사람이 자기가 한 일에 따르는 기쁨 때문에 자선행위를 한다면, 비록 그것이 나쁘다고 말할 수는 없어도 그 행위에 도덕적 가치는 없다. 왜냐하면 이 행위는 옳은 일을 해야 한다는 '의무감'때문에 행해진 것은 아니기 때문이다. 의무란 보편타당한 도덕적 명령으로서 감정이 아니라 이성에 의해 파악된다.

B : 하지만 어떻게 의무에 따라 행위하는 인간으로 성장시킬 것인가의 문제는 별도로 고려해야 한다. 습관을 통해 선행을 기뻐하도록 미리 준비되어 있어야만 의무도 잘 받아들일 수 있다. 선행을 기뻐하지 않는 사람은 의무를 말해 주어도 잘 실천하지 못할 것이다. 마땅히 기뻐해야 할 것에 기뻐하고 마땅히 괴로워해야 할 것에 괴로워하도록 훈련시키는 것이 올바른 도덕 교육이다.

A : 도덕 교육에서 더 중요한 것은 기쁨이 동반되지 않더라도 자신이 옳다고 생각하는 원칙에 따라 행위하는 것에 능숙해지도록 가르치는 것이다. 이는 모든 사람에게 보편적으로 적용될 수 있는 행위 원칙이 무엇인가에 대해 생각하기를 배우는 과정이다.

B : 하지만 도덕적으로 행위하는 것에서 고통만을 계속 느낀다면 그 누구도 감당할 수 없을 것이다. 어린이를 도덕적 인간으로 키우려면 '상이 주는 기쁨에 대한 기대'나 '벌이 주는 고통에 대한 두려움'에 의존해야 한다.

A : 벌을 통한 교육은 악행에 대한 벌이라는 행위의 결과를 염두에 두고 행위하는 인간을 양성할 뿐이다. 이러한 인간은 상황에 따라 얼마든지 악해질 수 있다. 악행을 했을 때 도덕 교육의 수단은 존중받고 싶은 아이의 바람을 거부함으로써 수치심을 유발하는 냉담한 태도이어야 한다.

① A는 '도덕 교육의 수단으로 감정을 활용할 수 있다'는 주장에 동의할 것이다.
② A는 '타인을 돕는 데서 그 어떤 기쁨을 느끼지 못하는 사람도 도덕적 인간일 수 있다'는 주장에 동의할 것이다.
③ A는 '어떤 일을 올바른 일이라 스스로 생각하고 판단할 수 없는 인간은 도덕적 인간일 수 없다'는 주장에 동의할 것이다.
④ B는 '어떤 행위에 따르는 결과의 좋고 나쁨에 의해서 그 행위의 올바름 여부가 결정된다'는 주장에 동의할 것이다.
⑤ B는 '도덕 교육에서 옳은 행위를 잘 실천하도록 만드는 것이 왜 그 행위가 옳은지의 이유를 가르치는 것보다 더 중요하다'는 주장에 동의할 것이다.

03

의견의 일치 여부 판단

다음 논쟁에 대한 분석으로 옳은 것만을 보기 에서 있는 대로 고른 것은?

제9회 2017 LEET 문10

남성 우월주의를 표방하는 단체에 소속된 회원 백여 명이 도심에 모여 나체로 행진하는 시위를 하겠다는 계획을 밝혔다. 이를 두고 다음과 같은 논쟁이 벌어졌다.

갑 : 다른 사람에게 직접적인 물리적 위해를 줄 것이 분명히 예상되는 경우를 제외한다면, 어떤 행위도 할 수 있는 권리가 보장되어야 해. 자신의 의사를 밝히는 행위 자체가 다른 사람에게 물리적 위해를 준다고는 볼 수 없지.

을 : 그렇다면 예를 들어 인종차별을 옹호하는 단체가 시위를 하겠다는 것도 허용해야 할까? 공동체 구성원의 다수가 비도덕적이라고 여기는 가치를 떠받드는 행위를 금지하는 것은 당연해.

병 : 인종차별이 정당하다고 주장하면서 시위를 하면 많은 사람들로부터 공격을 받기 쉽지 않을까?

갑 : 그런 경우라면 시위자를 공격하는 사람의 행위를 막아야지, 시위 자체를 막아서는 안 되지.

을 : 물리적 충돌이 생기는 건 불행한 일이지만 문제의 핵심은 아니야. 왜 그런 일이 생겨나겠어? 결국 대다수 사람들이 보기에 비도덕적인 견해를 공공연하게 지지하니까 직접적인 물리적 위해를 서로 주고받게 되는 거지.

병 : 직접적인 물리적 위해가 중요한 게 아니란 점에는 동의해. 하지만 내가 보기에 한 사람의 행동이 다른 사람들에게 불쾌하게 받아들여지는지가 중요하지. 그들의 주장이 옳다 해도 이 시위를 막아야 하는 것은 그 행위가 충분히 불쾌하게 받아들여지기 때문이야. 만약 사람들의 눈에 잘 띄지 않는 장소와 시간에 시위를 한다면 다른 이야기가 되겠지.

보기

ㄱ. 시위대가 시민들로부터 물리적 위해를 받을 가능성이 시위 허용 여부를 결정하는 데 중요한 요소인지에 대해서 갑과 을은 의견을 달리한다.

ㄴ. 시위대의 주장이 대다수 시민의 윤리적 판단에 부합하는지가 시위 허용 여부를 결정하는 데 중요한 요소인지에 대해서 을과 병은 의견을 달리한다.

ㄷ. 나체 시위를 불쾌하게 여길 사람이 시위를 회피할 수 있을 가능성이 시위 허용 여부를 결정하는 데 중요한 요소인지에 대해서 갑과 병은 의견을 달리한다.

① ㄱ　② ㄴ　③ ㄱ, ㄷ

④ ㄴ, ㄷ　⑤ ㄱ, ㄴ, ㄷ

2 공통 가정 내지 전제의 파악

A, B에 공통으로 필요한 전제만을 보기 에서 있는 대로 고른 것은? 제5회 2013 LEET 문24

A : 많은 범죄예방 프로그램은 구체적인 목적을 가지고 특정한 대상(지역, 범죄유형, 시간대 등)에 한정하여 시행되며, 그 대상의 범죄감소를 목표로 한다. 하지만 범죄예방 프로그램들은 의도한 효과와 더불어 의도하지 않은 결과를 초래하기도 한다. 예를 들어, 어떤 지역에 적용된 범죄예방 프로그램으로 인해 그 지역의 범죄는 줄어들지만 동시에 그로 인해 다른 지역의 범죄가 증가하기도 한다. 야간 주거침입절도를 줄이기 위한 프로그램이 시행됨에 따라 낮 시간의 주거침입절도가 증가하기도 하며, 침입경보기를 설치하는 주택이 늘어나면 이를 설치하지 않은 주택의 범죄피해가 증가하기도 한다. 이처럼 특정 범죄예방 프로그램의 시행은 다른 지역이나 다른 표적, 혹은 다른 시간에 의도하지 않게 범죄의 증가를 가져오기도 한다. 범죄 발생이 범죄예방 활동에 반응하여 단순히 이동할 뿐이라면 전체적인 수준에서의 범죄율의 변화는 나타나지 않을 것이다.

B : 범죄자를 교도소에 구금하는 정책이 범죄자의 출소 후 재범을 막기는 어려울 수도 있지만, 적어도 교도소에 구금되어 있는 동안 그가 사회를 대상으로 범죄를 저지르는 것을 제한할 수는 있다. 나이가 많아지면 범죄를 더 이상 저지르지 않는 경우가 많기 때문에 대부분의 사람들의 범죄경력 기간은 제한된다. 따라서 한창 때의 범죄자를 교도소에 가둬 둘 경우 범죄기회를 줄일 수 있다. 범죄기회가 주어지는 기간이 짧을수록 그 기간만큼 범죄를 덜 저지르게 되고, 따라서 전체적인 범죄는 그들이 구금되지 않았다면 발생했을 만큼 감소할 것이다. 예를 들어 마약 남용자 200명이 1년 동안 교도소에 구금된다면 그들이 상당수의 범죄를 저지를 수 없어 1천 건의 노상강도, 4천 건의 주거침입절도, 1만 건의 상점절도, 3천 건 이상의 다른 범죄가 감소할 것이다.

보기

ㄱ. 범죄자는 필요한 정보를 사용하여 자유의지에 의해 범죄행동을 선택할 수 있는 합리적 행위자이다.
ㄴ. 어떤 범죄자의 범행이 좌절되거나 억제되었을 때 다른 범죄자가 그 자리를 채워 범행을 하지 않는다.
ㄷ. 범죄자의 범행욕구는 비탄력적이어서 범죄자는 일정 기간 동안 일정한 정도의 범죄를 저지르도록 동기부여되어 있다.

① ㄱ ② ㄷ ③ ㄱ, ㄴ
④ ㄴ, ㄷ ⑤ ㄱ, ㄴ, ㄷ

05
암묵적
전제 판단

ⓐ~ⓒ에 관한 진술로 옳은 것만을 [보기] 에서 있는 대로 고른 것은? 제6회 2014 LEET 문23

필로누스 : 우리가 감각을 통해 뜨거움이나 차가움을 지각할 때, 그 뜨거움이나 차가움은 우리 마음 바깥의 사물에 있는 것일까, 아니면 그것들은 우리의 마음에 의해 지각되는 것으로만 존재하는 것일까? 자네는 뜨거움이나 차가움에 관해서 어떻게 생각하는가?

하일라스 : 강렬한 뜨거움이나 차가움은 통증으로 지각되네. 통증이란 지독한 불쾌감의 일종이므로, 강렬한 뜨거움과 강렬한 차가움은 지독한 불쾌감에 불과하네. ⓐ 그러므로 강렬한 뜨거움과 강렬한 차가움은 사물에 있는 것이 아니네. 그러나 그보다 덜한 정도의 뜨거움이나 차가움은 통증과는 무관한 것이네. 우리는 그것들을 뜨거움이나 차가움으로 지각할 뿐 아니라 '더 뜨거운 것'과 '덜 뜨거운 것' 등을 구별하여 지각하네. ⓑ 그러므로 이런 정도의 뜨거움은 사물에 있다고 여겨지네.

필로누스 : 우리 모두가 인정하듯이, 어떤 것이 동시에 차기도 하고 뜨겁기도 할 수는 없네. 그러면 이제 자네의 한 손은 뜨겁고 다른 한 손은 차다고 가정해 보세. 그리고 두 손을 모두 한꺼번에 미지근한 물에 넣었다고 해 보세. 그러면 뜨겁던 손에는 그 물이 차갑게 느껴지고 차갑던 다른 한쪽 손에는 뜨겁게 느껴질 것이야. 그 물에서 자네의 한 손은 뜨거움을 느끼고 다른 한 손은 차가움을 느끼는 것이네. ⓒ 그러므로 자네의 손이 느끼는 뜨거움과 차가움이 그 물에 있다고 말할 수는 없네.

[보기]

ㄱ. ⓐ의 추리는 "쾌감이나 불쾌감은 그것들을 지각하는 주체에만 존재하는 것이다."라는 것을 전제하고 있다.

ㄴ. ⓑ의 추리는 "사물의 성질 중에 인간이 지각할 수 없는 것이 있다."라는 것을 전제하고 있다.

ㄷ. ⓒ의 추리는 "어떤 주장이 불합리한 귀결을 갖는다면 그 주장은 참일 수 없다."는 원리를 이용하고 있다.

① ㄴ ② ㄷ ③ ㄱ, ㄴ
④ ㄱ, ㄷ ⑤ ㄱ, ㄴ, ㄷ

3-1 논쟁 분석 및 종합적 판단

06
선호 최대 충족의 원칙 논쟁

다음 논쟁의 A_1 ~ B_3을 분석한 것으로 옳지 않은 것은? 제2회 2010 LEET 문10

> A_1: 어떤 행위가 옳은지 그른지를 판정하는 원칙은, 그 행위가 관련된 개인들의 선호를 최대로 충족시키는 행위인가 아닌가이다. 어떤 행위가 그 행위와 관련된 당사자들의 선호를 최대로 충족시키면 그 행위는 옳다.
>
> B_1: 선호 최대 충족의 원칙은 종종 도덕적 직관에 배치되는 행위를 정당화한다. 이 원칙에 따를 경우, 만일 낙태하려는 부모의 선호가 있다면 낙태는 정당화될 것이다. 자기의식을 가지고 있지 않은 태아는 선호가 없기 때문이다. 그렇지만 "태아는 선호가 없기 때문에 낙태되어도 좋다."라는 것은 일상의 도덕적 직관에 배치된다.
>
> A_2: 낙태 문제의 경우, 부모의 선호뿐만 아니라 '낙태 반대 시위를 벌이는 사람들의 선호'도 선호 계산에 포함시키면 된다. 그 결과 낙태 반대의 선호가 다수의 선호라면 낙태 금지는 선호 최대 충족의 원칙에 의해서도 정당화된다.
>
> B_2: 다수의 선호라고 해서 도덕과 일치한다는 보장은 없다. 소수 노예 검투사들의 희생을 통해 다수 로마시민들이 오락적 선호를 충족했던 경우가 그렇다.
>
> A_3: 우리는 우리가 갖는 선호들이 일시적 분노, 착오 등에 기인한 것은 아닌지 스스로 검증해 볼 수 있다. 그 결과 '계몽된 선호'를 가지게 된다면 도덕에 배치되는 선호는 사라질 것이다. 요컨대 '계몽된 선호의 최대충족'이 행위의 옳음을 판정하는 원칙이다.
>
> B_3: 계몽된 선호라 하더라도 도덕과 일치한다는 보장은 없다. '일시적 기분, 착오에 기인하지 않으면서도 도덕에 배치되는 선호'가 있을 수 있다. 예를 들어 "내가 노예 검투사라 할지라도 나의 희생으로 인해 로마시민들이 얻을 선호 충족이 더 크므로 죽음을 감수하겠다."라고 확신에 차서 결단하는 사람이 있을 수 있는 것이다.

① B_1은 일상의 도덕적 직관에 호소하면서 A_1의 원칙을 반박하고, A_2는 원칙 적용에 있어 관련 당사자들의 범위를 넓힘으로써 이에 대처한다.

② A_2처럼 관련 당사자들의 범위를 넓혀도 도덕적 직관에 어긋나는 행위가 A_1의 원칙에 의해 정당화될 수 있다고 B_2는 반박한다.

③ B_2는 A_2를 반박하기 위해 "하나의 반례만으로도 원칙은 반증된다."라는 전략을 구사한다.

④ A_2와 A_3은 선호를 최대로 충족시키는 행위가 일상의 도덕에 배치될 가능성을 배제하려 한다.

⑤ A_3은 A_1의 선호개념의 외연을 확대함으로써 B_2의 반박에 대처하고, B_3은 이에 대해 반례를 제시한다.

07

자유의지와 양자역학

A와 B 두 사람의 토론을 분석한 것으로 적절하지 않은 것은? 제3회 2011 LEET 문18

A_1 : 최근 과학 연구 결과에 따르면, 자유의지가 있다면 그에 해당하는 신경생물학적 실체가 반드시 있어야 한다. 하지만 현재까지의 과학적 증거에 비추어 볼 때 특정 시점의 뇌 상태는 바로 이전의 뇌 상태에 의해 완전히 결정되는 것 같다. 그렇다면 우리가 일상 경험에서 아무리 생생하게 느끼더라도 자유의지는 착각에 불과하다.

B_1 : 그것은 좀 성급하다. 왜냐하면 뇌 상태가 결정론적이지 않은 방식으로 작동할 수도 있기 때문이다. 양자역학에 따르면, 특정 시점의 물리계 상태는 이전 시점의 상태에 의해 완전히 결정되지 않는다. 이러한 양자적 특징은 자유의지를 해명하는 데 도움을 줄 수 있다.

A_2 : 그 주장은 양자역학의 비결정성과 자유의지의 비결정성 사이의 중대한 차이를 간과하고 있다. 우리에게 진정한 자유의지가 있다면, 여러 선택지 중 주체의 의지로 하나를 택할 수 있어야 하고 행동의 마지막 순간까지도 그 선택을 번복할 수 있어야 한다. 하지만 미시세계에서 주로 발견되는 양자역학의 비결정성은 이런 특징을 보이지 않는다.

B_2 : 미시적 요소가 모여 복합체를 이룰 때 구성 요소의 특징과 복합체의 특징이 반드시 일치하지는 않는다. 탁자는 원자로 구성되어 있지만 표면의 매끄러움에 대응되는 원자적 속성은 없다. 그럼에도 불구하고 매끄러움은 엄연히 존재하는 탁자의 속성이다. 그러므로 복합체인 인간에게 자유의지가 나타날 가능성은 양자역학을 따르더라도 여전히 남아 있다.

A_3 : 양자역학이 자유의지가 정말로 존재한다는 것을 보여 준 것은 아니지 않는가? 그러므로 자유의지 논의에 양자역학을 끌어들이는 것은 문제 해결에 도움이 되지 않는다.

B_3 : 양자역학은 적어도 비결정론적 특징이 우리 세계에 존재할 수도 있음을 확인해 준다. 만약 어떤 비결정성도 없다면 자유의지는 논리적으로 불가능할 것이다. 양자역학은 미시적 비결정성으로부터 자유의지의 비결정성을 얻어 내는 일이 우리가 해결해야 할 문제의 핵심임을 시사한다.

① B_1은 A_1의 자유의지의 신경생물학적 실체에 대한 주장은 문제 삼지 않고 뇌 상태가 결정되는 방식에 대한 주장을 문제 삼으며 A_1의 결론에 이의를 제기하고 있다.

② A_2는 B_1이 A_1을 논박하기 위해 사용한 과학 이론이 거짓이라고 주장하고 있다.

③ A_2는 B_1이 제시한 과학 이론의 비결정성과 일상 경험에서 발견되는 비결정성 사이의 불일치를 지적하며 A_1이 지적한 문제가 B_1에 의해 해결되지 않는다고 주장하고 있다.

④ B_2는 A_2의 주장과 모순되지 않으면서도 자유의지가 진정으로 존재할 수 있는 가능성을 제시함으로써 A_1의 결론이 틀릴 수 있는 가능성을 보여 주고 있다.

⑤ A_3에 대해 B_3은 앞으로 탐구할 과제를 제시함으로써 자신의 입장을 좀 더 분명하게 해명하고 있다.

08 종과 변종의 구분기준

(가)와 (나)에 대한 분석으로 적절한 것은? 제6회 2014 LEET 문30

(가) 분류학자들은 생물 종을 분류하기 위해, 종을 규정하는 형태가 종을 구성하는 개체들 사이에서 충분히 일정하게 유지되고 다른 종의 형태와 분명히 확인될 수 있을 만한 차이를 보이는지 여부와, 만약 그런 차이가 있다면 새로운 종으로 이름을 부여할 만큼 그 차이가 충분히 중요한 것인지 여부만을 결정하면 된다. 후자의 결정은 현재 받아들여지고 있는 것보다 종 지위 결정에 있어서 훨씬 더 본질적인 사안이 될 것이다. 왜냐하면 그 둘을 연결해 주는 중간 형태가 없다면, 두 형태 사이의 차이가 아무리 사소하더라도 대부분의 분류학자들은 두 형태 각각에 종의 지위를 부여하는 것이 마땅하다고 생각할 것이기 때문이다. 그러므로 우리는 한 종과 그 종과는 뚜렷이 구별되는 변종을 식별하는 유일한 기준은, 변종은 현 상태에서 중간 형태를 통해 특정 종과 연결된다고 알려져 있거나 믿어지는 데 반해, 서로 다른 종들 사이에는 그러한 방식의 연결이 오직 과거에만 있었다는 점임을 인정해야만 한다.

(나) 종이라는 용어가 서로 닮은 개체들의 집합에 대해 편의상 임의적으로 붙인 것이라는 점, 그리고 종이라는 용어가 변종이라는 용어와 본질적으로 다른 것이 아니라는 점은 이제 분명하다. 단지 변종에 속하는 개체는 같은 종에 속한다고 보기에는 다른 개체와의 차이가 큰 형태이면서도, 종으로 분류하기에는 그 차이의 정도가 좀 덜 분명한 것일 뿐이다. 그런 점에서 종과 변종을 구별하는 차이는 같은 종에 속하는 개체들 사이의 차이와 비교할 때 편의상 임의적으로 구별한 것에 불과하다. 이런 생각은 분류학자들에게 기분 좋은 소식이 아닐 것이다. 하지만 우리는 이 견해를 따름으로써, 적어도 아직 발견되지 않은 그리고 발견될 수 없을 종의 본질을 헛되이 찾는 일로부터는 자유롭게 될 것이다.

- 찰스 다윈, 『종의 기원』 -

① (가)는 종이란 분류의 편리함을 위해 임의적으로 이름 붙인 것에 불과하다고 주장하고 있다.
② (나)는 종과 변종의 차이는 그 둘 사이의 연결 고리가 현재 존재하는지의 여부라고 주장하고 있다.
③ (가)와 (나)는 종의 본질을 찾는 노력이 헛된 일이라는 견해를 받아들이지 않을 것이다.
④ (가)와 (나)는 종이 다른 종들과 구별될 수 있는 불변하는 속성을 가지고 있다는 견해를 받아들이지 않을 것이다.
⑤ (가)와 (나)는 종과 변종 사이의 차이가 개체들 사이의 차이보다 그 정도가 큰 것일 뿐이라는 견해를 받아들이지 않을 것이다.

09 소크라테스의 문답법

다음 대화를 분석한 것으로 옳지 않은 것은? 제7회 2015 LEET 문12

소크라테스 : 자네 생각으로는 어떤 이는 좋은 것을 원하지만 Ⓐ어떤 이는 나쁜 것을 원한다는 건가?

메논 : 네.

소크라테스 : 나쁜 것을 원하는 자는 ㉠나쁜 것을 좋은 것인 줄로 여기고서 원하는 자인가, 아니면 나쁜 것인 줄 알면서도 원하는 자인가?

메논 : 양쪽 다 있습니다.

소크라테스 : 나쁜 것인 줄 알면서도 원하는 자는 ㉡그 나쁜 것이 자신에게 이로울 줄로 여기고서 원하는 자인가, 아니면 해로울 줄 알고서 원하는 자인가?

메논 : 두 부류 다 있습니다.

소크라테스 : 또한 그 나쁜 것이 자신에게 이로울 것으로 여기는 자들은 그 나쁜 것이 나쁜 줄을 아는 자일까?

메논 : 적어도 그건 전혀 아닐 것입니다.

소크라테스 : 그렇다면 그는 나쁜 것을 원하는 자는 아니네. 나쁜 줄 몰라서 그게 좋은 줄로 여긴 거니까 실상 그런 사람은 ㉢좋은 것을 원하는 자임이 명백하네.

메논 : 적어도 그들은 그런 것 같습니다.

소크라테스 : 한편 자네 주장처럼, ㉣나쁜 것이 해로울 줄로 여기면서도 그 나쁜 것을 원하는 자는, 그것으로 해서 자신이 해로움을 당할 것임을 알고 있을까?

메논 : 그야 물론입니다.

소크라테스 : 그러나 이들은 해로움을 당하는 자를 비참한 자로 간주하겠지?

메논 : 그것 또한 필연적입니다.

소크라테스 : 하지만 ㉤비참하기를 원하는 자가 있을까?

메논 : 없을 것으로 생각됩니다.

소크라테스 : 그렇다면 Ⓑ아무도 나쁜 것을 원하지는 않네.

메논 : 참으로 맞는 말씀입니다.

- 플라톤, 『메논』 -

① 메논은 Ⓐ에 대한 견해를 바꾸었다.
② 메논은 나쁜 것이 나쁜 줄을 아는 자에 ㉠이 포함되지 않는다고 인정하였다.
③ 소크라테스는 ㉠과 ㉡을 모두 ㉢에 포함시켰다.
④ 메논은 ㉣이 있을 수 있다는 견해를 유지하였다.
⑤ ㉤이 있다면 메논은 Ⓑ에 동의할 필요가 없다.

10

이기적 유전자 논쟁

A와 B의 논쟁에 대한 판단으로 옳지 <u>않은</u> 것은? 제7회 2015 LEET 문30

A_1 : 유기체란 특정 유전자가 더 많은 복제본을 만들어 내는 영속적인 과업을 위해 이용하고 버리는 꼭두각시이다. 유기체는 유전자로 알려진 '이기적'분자들을 보존하기 위해 프로그램된 생존 기계에 불과하기 때문이다.

B_1 : 우리는 누구나 '이기적'이라는 말이 부정적인 의미의 용어임을 잘 알고 있다. 바이러스도 유전자와 마찬가지로 자기 복제의 경향을 강하게 지니고 있다. 그러면 바이러스도 이기적인가? 유전자가 이기적이라는 것은 바이러스가 부끄러움을 많이 탄다고 말하는 것과 같은 말장난에 지나지 않는다.

A_2 : 유전자가 심성을 지닌 목적 지향적 존재라는 것은 아니다. 내가 의도한 바는, 유기체란 유전자가 자기 복제본의 수를 늘리는 과정의 한 부분으로서 기획, 구축, 조작하는 수단이자 도구라는 것이다. 만약 개코원숭이의 어떤 행동이 자신의 생존 및 번식 가능성을 낮추고 다른 존재의 생존 기회를 증진하는 결과를 낳았다면, 그 행동을 이타적이라 말할 수 있을 것이다. '이기적인'이라는 말도 마찬가지 방식으로 이해될 수 있다.

B_2 : 이기적이라는 말을 그렇게 이해한다고 하자. 그런데 과학자인 내가 나 자신의 복제본을 만들어 냈다고 가정해 보자. 이때 내 복제본은 '내 이기심'이 귀속되는 대상이 아니다. 그것은 나에게 만족감은 줄지 모르지만, 자기 복제를 하는 주체인 나의 수명은 단 1초도 늘려주지 못한다.

A_3 : 여기서 내가 말하는 이기적 유전자란 DNA의 한 특수한 물리적 조각이 아니라 그것의 '모든 복제'를 통칭한다. 특정의 물리적 DNA 분자는 생명이 매우 짧지만, 자신의 복사본 형태로는 1억 년을 생존하는 것도 가능하다.

B_3 : 그렇다면 같은 논리로, 예컨대 마이클 잭슨과 똑같은 복제 마이클 잭슨을 만들 수 있다면, 마이클 잭슨이 지금도 생존하고 있다고 말할 수 있는가? 만약 그렇다면, 우리는 자신을 복제한 존재를 계속 만들어 냄으로써 영생을 누릴 수 있을 것인가? 이는 '생존'이라는 말의 의미 또한 바꾸자는 소리이다.

① B_1은 유전자와 바이러스의 유비를 통하여 유기체가 유전자의 꼭두각시라는 주장을 비판하고 있다.

② A_2는 '이기적'의 개념을 재정의함으로써 B_1에 대응하고 있다.

③ B_2는 A_1이 특정 유전자와 그것의 복제 유전자는 서로 구분되는 독립적인 존재라는 사실을 무시하고 있음을 비판하고 있다.

④ A_3은 '이기적임'의 성질이 적용되는 대상의 수준이 유기체의 경우와 유전자의 경우에 서로 다름을 들어서 B_2에 대응하고 있다.

⑤ B_3은 A_1의 주장과 반대로 유전자가 유기체의 꼭두각시일 수 있음을 주장하고 있다.

논증 영역

11

유용성의 원리

A~C에 대한 분석으로 옳은 것만을 보기 에서 있는 대로 고른 것은?

제9회 2017 LEET 문11

A : 유용성의 원리가 의미하는 바는, 한 행위가 그것과 관련되는 사람들의 행복을 증가시키느냐 아니면 감소시키느냐에 따라서 그 행위를 용인하거나 부인한다는 점이다. 오직 유용성의 원리만이 구체적이고, 관찰 가능하며, 검증 가능한 옳은 행위의 개념을 산출할 수 있다. 어떤 범위와 기간까지 고려하여 유용성을 평가할 것인지도 각 행위가 행해지는 상황을 통해 충분히 결정 가능하다. 따라서 행위자의 개별 행위에 직접 적용되는 유용성의 원리만이 도덕적 고려의 대상이 되어야 한다.

B : 유용성의 원리는 개별 행위보다는 행위 규칙과 연관되어야 한다. 한 행위가 아니라, "거짓말을 하지 말라."와 같은 행위 규칙이 유용한지 아닌지를 물어야 한다. 거짓말을 허용하는 것보다 허용하지 않는 규칙이 장기적인 관점에서 더 많은 유용성을 산출한다면, 당장 거짓말하는 행위가 유용하다 할지라도 이를 금하고 그 규칙을 따르도록 해야 한다. 유용성이 입증된 행위 규칙들이 마련되면, 행위자는 매 행위의 유용성을 일일이 계산할 필요 없이 그 규칙에 부합하는 행위를 하는 것만으로 옳은 행위를 수행할 수 있다.

C : 유용성의 원리는 하나의 통일적 삶, 즉 하나의 전체로서 파악하고 평가할 수 있는 삶 속에서만 판단되고 적용되어야 한다. 인간은 그가 만들어내는 허구 속에서 뿐만 아니라 자신의 행위와 실천에 있어서도 '이야기하는 존재'이다. "나는 무엇을 해야만 하는가?"라는 물음은 이에 선행하는 물음, 즉 "나는 어떤 이야기의 부분인가?"라는 물음에 답할 수 있을 때에만 제대로 답변될 수 있다. 나는 나의 가족, 나의 도시, 나의 부족, 나의 민족으로부터 다양한 부채와 유산, 기대와 책무들을 물려받는다. 이런 것들은 나의 삶에 주어진 사실일 뿐만 아니라, 나의 행위가 도덕적이기 위해 부응해야 할 요소이기도 하다.

보기

ㄱ. A와 B에 따르면, 한 명의 전우를 적진에서 구하기 위해 두 명의 전우가 죽음을 무릅쓰는 행위가 도덕적일 수 있다.
ㄴ. A와 C에 따르면, 거짓말을 하는 것이 상황에 따라 옳을 수 있다.
ㄷ. A, B, C 모두 유용성의 원리를 도덕적 판단의 기준으로 고려한다.

① ㄱ　② ㄷ　③ ㄱ, ㄴ
④ ㄴ, ㄷ　⑤ ㄱ, ㄴ, ㄷ

12

인과 개념

다음 논쟁에 비추어 〈사례〉를 평가한 것으로 옳은 것만을 [보기] 에서 있는 대로 고른 것은?

제10회 2018 LEET 문14

갑 : 어떤 것이 없다거나 어떤 것을 행하지 않았다는 것은 원인이 될 수 없어. 예를 들어, 철수가 화초에 물을 주지 않았다는 것이 그 화초가 죽게 된 원인이라고는 할 수 없지. 다른 것의 원인이 되기 위해서는 일단 존재하는 것이어야 하니까. 만약 철수가 화초에 뜨거운 물을 주어 화초가 죽었다면, 철수가 준 뜨거운 물이 화초가 죽게 된 원인이라고 할 수 있지. 철수가 준 뜨거운 물은 존재하는 것이니까 말이야.

을 : 원인이 되는 사건이 일어나지 않았더라면 결과도 일어나지 않았을 것이라고 판단할 수 있는지가 원인과 결과를 찾는 데 중요해. 철수가 화초에 물을 주었더라면 화초가 죽는 사건은 일어나지 않았을 거야. 그런 점에서 철수가 화초에 물을 주지 않았다는 것이 화초가 죽게 된 원인이라고 해야겠지.

병 : 이미 일어난 사건이 일어나지 않았을 상황을 상상하라는 것은 지나친 요구가 아닐까? 어떤 사건이 다른 사건의 원인인지 여부는 경험할 수 있는 것을 토대로 밝혀져야 한다고 생각해. 어떤 사건이 일어난 시점 이후에 다른 사건이 일어나는 경우에만 앞선 사건이 뒤이은 사건의 원인일 수 있어. 물론 그것만 가지고 그 사건을 원인이라고 단정할 수는 없지만 말이야.

〈사례〉

탐험가 A는 홀로 사막으로 탐험을 떠날 예정이다. 그런데 그의 목숨을 노리는 두 사람 B와 C가 있다. A는 사막에서 생존하는 데 필수적인 물을 물통에 가득 담아 챙겨 두었다. B는 몰래 이 물통을 비우고 물 대신 소금을 넣었다. 이후 이를 모르는 C는 A가 탐험을 떠나기 직전 물통을 훔쳤다. 탐험을 떠난 A는 주변에 마실 물이 없었기 때문에 갈증 끝에 죽고 말았다.

[보기]

ㄱ. 갑은 A 주변에 오아시스가 없다는 것이 A가 사망한 사건의 원인이라고 보지 않을 것이다.
ㄴ. 을은 B의 행위와 C의 행위가 각각 A가 사망한 사건의 원인이라고 볼 것이다.
ㄷ. 병은 B의 행위가 A가 사망한 사건의 원인이라고 볼 것이다.

① ㄱ　② ㄴ　③ ㄱ, ㄷ
④ ㄴ, ㄷ　⑤ ㄱ, ㄴ, ㄷ

13

사실판단과 당위판단

A~C에 대한 분석으로 적절한 것만을 [보기]에서 있는 대로 고른 것은? 제10회 2018 LEET 문16

대개 우리는 사실 판단과 당위 판단을 엄격히 구분한다. 예컨대 '약속한다'거나 '선언한다'고 할 때 '~한다'는 행위는 누군가가 어떤 시점에 어떤 것을 말한다는 사실의 문제인 반면, 그 말을 한 사람이 이후에 무언가를 '해야 한다'는 것은 사실의 문제와는 다른 당위의 문제라고 생각한다. 그런데 다음 논증을 보자.

(1) 존은 다음과 같이 말한다. "나는 스미스에게 5달러를 지불하기로 약속한다."
(2) 따라서 존은 스미스에게 5달러를 지불하기로 약속한 것이다.
(3) 따라서 존은 스미스에게 5달러를 지불해야 한다.

사실로부터 시작해 당위를 최종 결론으로 이끌어내는 이 논증에 대해 세 사람 A, B, C는 각각 아래와 같이 평가하였다.

A : 이 논증은 (2)에서 (3)으로 나아가는 과정은 문제가 없지만, (1)에서 (2)로 나아가는 과정에 논리적 결함이 있다. 단순히 연극의 대사나 문법책의 예문을 읊은 경우라면 (1)로부터 (2)가 도출되지 않는다. 이런 예외적인 경우가 아니라면 (1)로부터 (2)가 도출되며, 이때는 존이 (3)과 같은 의무를 지닌다고 할 수 있다.

B : 이 논증은 존이 보통의 상황에서 약속을 했다고 할 때 (1)에서 (2)로 나아가는 과정은 문제가 없지만, (2)에서 (3)으로 나아가는 과정에 논리적 결함이 있다. (2)로부터 (3)이 바로 도출되는 것은 아니다. 그것이 도출되려면 사실과 당위를 연결해주는 암묵적 전제를 새로 추가해야 한다.

C : 이 논증은 (2)에서 (3)으로 나아가는 과정에 논리적 결함이 있다. '약속한다'는 말은 때로 당위를 의미하기도 하지만 때로 누구와 어떤 약속을 한다는 객관적 사실을 표현하기도 한다. 이처럼 '약속한다'는 말은 다의적이며, (2)에서 그것이 당위를 의미한다는 보장이 없는 한 (3)으로 나아가는 과정은 문제가 된다.

보기

ㄱ. A가 (2)를 당위 판단으로 여기는지 여부는 알 수 없다.
ㄴ. B는 (2)를 사실 판단으로 여기는 반면 C는 (2)를 당위 판단으로 여긴다.
ㄷ. A는 사실 판단에서 당위 판단이 도출될 수 있다고 보지만 C는 그렇지 않다.

① ㄴ ② ㄷ ③ ㄱ, ㄴ
④ ㄱ, ㄷ ⑤ ㄱ, ㄴ, ㄷ

14 미적 취향의 기준

A, B에 대한 평가로 옳은 것만을 보기 에서 있는 대로 고른 것은? 제11회 2019 LEET 문22

사람들의 미적 감각이 결코 우열을 가릴 대상이 아님을 당연시하는 오늘날의 상식은 흔히 ㉠ 미적 취향의 보편적 기준을 부정하고 모든 이의 미적 취향을 동등하게 인정하는 태도로 이어지곤 한다. 하지만 때로는 상식이 정반대의 견해를 옹호하는 것처럼 보이기도 한다. 우리는 흔히 예술가의 우열 구분에 쉽게 동의하곤 하는데, 미켈란젤로가 위대한 예술가라는 믿음은 실제로 상식이 아닌가. 이럴 때는 마치 상식이 미적 취향의 보편적 기준을 인정하는 것처럼 보인다. 그렇다면 상식은 한편으로는 미적 취향의 보편적 기준은 없다고 판단하면서 다른 한편으로는 그런 보편적 기준이 있다고 판단하는 셈이다.

A : 인간의 자연 본성에는 미적 취향과 관련하여 고정된 공통 감정이란 것이 있다. 편견이나 선입견 때문에 나쁜 작품이 일정 기간 명성을 얻을 수 있으나 그런 현상이 결코 지속될 수 없는 것도 바로 이 공통 감정 때문이다. 편견이나 선입견은 결국 인간의 올바른 감정의 힘에 굴복하게 되어 있다.

B : 사회 지배층이 자신들의 탁월성을 드러내고 피지배자들과의 차별성을 부각하는 과정에서 미적 취향의 기준이 생성된다. 미적 취향은 이런 사회적 관계가 체화된 것일 뿐 인간의 자연 본성에 근거한 것이 아니다. 사회적 관계가 늘 변할 수 있듯이 그런 미적 취향의 기준도 항상 변화할 수 있다.

보기

ㄱ. A는 ㉠을 거부한다.

ㄴ. B는 '사회를 구성하는 모든 이의 미적 취향을 동등하게 인정해야 한다'는 주장에 동의한다.

ㄷ. A도 B도 '피카소가 위대한 예술가라는 현재의 평가가 미래에는 달라질 수 있다'는 주장과 모순되지 않는다.

① ㄱ　　② ㄴ　　③ ㄱ, ㄷ　　④ ㄴ, ㄷ　　⑤ ㄱ, ㄴ, ㄷ

15

신의 속성에 대한 논쟁

다음으로부터 추론한 것으로 옳은 것만을 보기 에서 있는 대로 고른 것은? 제12회 2020 LEET 문18

甲 : 신은 완전한 존재이다. 이는 첫째로 신이 전능함을 함축한다. 따라서 신은 자신이 원한다면 무슨 일이든지 할 수 있을 것이다. 기적을 일으켜 자연법칙을 거스를 수도 있고 이미 지나가 버린 과거를 바꿀 수도 있다. 둘째로 신의 완전함은, 신이 이 세상을 완벽하게 창조했으며 자신이 계획한 그대로 역사를 진행시킨다는 것을 함축한다. 신의 이러한 계획에 개입할 수 있는 존재는 없다.

乙 : 甲의 주장에는 문제가 있다. 우선 甲의 두 주장은 서로 상충한다. 신이 완벽하게 과거 현재 미래를 이미 결정한 채 역사를 진행시키고 있다는 것이 사실이라면, 신이 그렇게 진행되어 온 과거를 결코 바꾸지 않을 것이다. 게다가 각 주장도 거짓이라 볼 이유가 있다. 첫째, 신은 엄청난 능력을 가지고 있기는 하나 무엇이든지 다 할 수 있다고 보는 것은 문제가 있다. 신은 아직 결정되지 않은, 장차 벌어질 사건들에서는 무한한 능력을 발휘할 수 있다. 하지만 신조차도 시간의 흐름만은 통제할 수 없기에, 과거로 거슬러 올라가 이미 벌어진 사건을 바꿀 수는 없다. 둘째, 만일 신이 자신이 계획한 대로 역사를 진행시킨다면, 우리가 신에게 기도하는 현상을 설명할 수 없다. 우리는 기도를 통해 우리가 신의 계획에 영향을 줄 수 있다고 믿는다. 이 믿음이 옳다면, 신이 세상을 계획에 따라 창조했더라도 신의 계획은 변경될 수 있을 것이다.

보기

ㄱ. 甲과 乙은 둘 다 기적이 있을 수 있다고 믿는다.

ㄴ. 甲과 乙은 신이 역사를 진행시키는 방식에 대한 견해가 다르다.

ㄷ. 乙은 신이 과거를 바꾼다는 것은 신의 계획이 완전하지 않음을 의미한다고 여긴다.

① ㄱ　　② ㄴ　　③ ㄱ, ㄷ

④ ㄴ, ㄷ　　⑤ ㄱ, ㄴ, ㄷ

16

인식론 / 필요전제 여부판단

다음 글에 대한 분석으로 옳은 것만을 [보기]에서 있는 대로 고른 것은?　　제13회 2021 LEET 문17

A: 내가 불충분한 증거에 근거해서 믿음을 갖게 된다면, 그 믿음 자체로는 큰 해가 되지 않을지도 모른다. 그 믿음이 궁극적으로 사실일 수도 있고, 결코 외부적인 행동으로 나타나지 않을지도 모른다. 그러나 나 자신을 쉽게 믿는 자로 만드는, 인류를 향한 범죄를 저지르는 것은 피할 수 없다. 한 사회가 잘못된 믿음을 가졌다는 것 자체도 큰 문제이나, 더 큰 문제는 사회가 속기 쉬운 상태가 되고, 증거들을 검토하고 자세히 조사하는 습관을 잃어서 야만의 상태로 돌아간다는 것이다. ㉠ <u>불충분한 증거에서 어떤 것을 믿는 것은 언제나 어디서나 누구에게나 옳지 않다.</u>

- 윌리엄 클리포드, 『믿음의 윤리학』-

B: "진리를 믿어라!", "오류를 피하라!" 이는 인식자에게 가장 중요한 명령입니다. 그러나 이 둘은 별개의 법칙입니다. 그리고 이들 사이에서 어떤 선택을 하느냐에 따라서 우리의 지적인 삶 전체가 달라질 수 있습니다. 진리의 추구를 가장 중요한 것으로 여기고 오류를 피하는 것을 부차적인 것으로 여길 수도 있고, 반대로 오류를 피하는 것을 가장 중대한 것으로 보고 진리를 얻는 것을 부차적인 것으로 여길 수도 있습니다. 클리포드는 우리에게 후자를 선택하도록 권고하고 있습니다. 그는 불충분한 증거에 기초해서 거짓을 믿게 되는 끔찍한 위험을 초래하기보다는, 아무것도 믿지 말고 마음을 보류 상태에 두라고 말하고 있는 것입니다. 나 자신은 클리포드 편을 들지 못할 것 같습니다. 어떤 경우든 우리가 잊지 말아야 할 것은, 진리 또는 오류에 관련된 의무에 대해서 우리가 갖고 있는 이런 태도는 증거에 기초한 것이 아니라 정념에 기초한 것이라는 점입니다. "거짓을 믿기보다는 영원히 믿지 않는 편이 낫다!"라고 말하는 클리포드 같은 사람은 순진하게 속는 것에 대한 두려움을 표현하고 있을 뿐입니다.

- 윌리엄 제임스, 『믿음에의 의지』-

[보기]

ㄱ. A는 A의 결론대로 행하지 않을 경우에 발생하게 될 바람직하지 않은 결과를 지적함으로써 그 결론을 뒷받침하고 있다.

ㄴ. B에 따르면, ㉠에 대한 클리포드의 믿음은 충분한 증거에 기초하고 있지 않다.

ㄷ. B의 논증은 '충분한 증거에 기초한 믿음이라도 오류일 수 있다'는 전제를 필요로 한다.

① ㄱ　　② ㄷ　　③ ㄱ, ㄴ
④ ㄴ, ㄷ　　⑤ ㄱ, ㄴ, ㄷ

17

동일판단 / 동일전제

다음 글을 분석한 것으로 옳은 것만을 [보기]에서 있는 대로 고른 것은? 제13회 2021 LEET 문18

A : '인식적 객관성'은 어떤 주장의 참 거짓 여부보다 그 주장을 어떤 방식으로 정당화했느냐 하는 측면과 관계가 있다. 주장을 제기하는 과정에서 자신을 포함해 그 누구의 것이든 편향성, 선입견, 동조심리, 개인적인 희망사항 등 주관적인 요소들의 개입으로 인해 이성의 건전한 상식과 합리성이 굴절되는 일이 없도록 해야 한다는 것이다. 이런 의미에서 인식적 객관성을 확보한 판단은 일반적인 설득력을 지닌다.

B : 예술작품이 의도된 효과를 발휘하기 위해서는 어떤 특정한 관점에서 감상되어야 한다. 비평가의 상황이 작품이 요구하는 상황에 적합하지 않으면 그 비평가는 작품에 대해 적절하게 판단할 수 없다. 가령 변론가는 특정한 청중을 향해 연설하기에, 그 청중에게 고유한 특질, 관심, 견해, 정념, 선입견을 고려해야 한다. 만일 다른 시대 혹은 다른 나라의 비평가가 이 변론을 접한다면, 이 변론에 대해 올바른 판단을 내리기 위해 이러한 모든 상황을 고려하여 자기 자신을 당시의 청중과 동일한 상황에 대입해야 한다. 예술작품의 경우도 마찬가지이다. 설사 비평가 자신이 예술가와 친구라 할지라도, 혹은 적대하고 있다고 해도, 그는 이러한 특수한 상황에서 벗어나 이 작품이 전제로 하는 관점을 취할 필요가 있다.

보기

ㄱ. 두 사람이 어떠한 주장에 대해 동일한 판단을 내렸다면, A에 따를 때 그들의 판단은 인식적 객관성을 가진다.

ㄴ. A에 따를 때, B의 비평가가 예술작품에 대해 내리는 판단은 인식적 객관성을 갖지 않는다.

ㄷ. 서로 다른 시대나 나라에 살았던 어떤 두 비평가가 동일한 예술작품에 대해 동일한 판단을 내렸다면, B에 따를 때 그들의 판단은 그 작품이 전제로 하는 관점에서 이루어진 것이다.

① ㄱ ② ㄴ ③ ㄱ, ㄷ

④ ㄴ, ㄷ ⑤ ㄱ, ㄴ, ㄷ

18

과학이론 변화의 성격

다음 논쟁에 대한 분석으로 옳은 것만을 보기 에서 있는 대로 고른 것은? 제13회 2021 LEET 문20

갑: 과학 이론의 변화가 '진정한 진보'인지는 분명치 않다. 물론 과학의 역사를 보면, 후속 이론이 더 많은 수의 사실을 설명하고 예측함으로써 선행 이론을 대체한 경우들도 있다. 그러나 이는 후속 이론이 '진정으로 진보적'이라는 주장의 근거는 되지 못한다. 그 사례들은 후속 이론이 단지 더 많은 사회적 지원을 받았다거나 더 많은 과학자들이 연구에 참여했다는 것만을 보여줄 뿐이다.

을: 이론의 과거 성취에 그러한 외재적 요소의 영향이 있었더라도, 진보에 대한 판단이 불가능한 것은 아니다. 왜냐하면 진보 여부에 대한 판단은 과거 성취와 더불어 미래에 달성할 수 있는 성취에도 달려있기 때문이다. 그리고 이론이 미래에 달성할 수 있는 성취는 그런 외재적 요소의 영향을 받지 않는다.

갑: 이론의 과거 실적을 비교하는 것은 가능하다. 그러나 이론이 미래에 달성할 설명과 예측의 범위, 즉 이론의 장래성을 비교하는 것은 어렵다. 우리는 한 이론이 미래에 가지게 될 모든 귀결을 알 수는 없기 때문이다.

을: 우리는 종종 두 이론의 장래성을 비교할 수 있다. 두 이론 T1과 T2에 대해, T2를 구성하는 진술들로부터 T1을 구성하는 진술들을 연역적으로 도출할 수 있지만 그 역은 성립하지 않는다고 하자. 그러면 T2는 T1의 모든 예측에 덧붙여 새로운 예측을 할 것이다. 이 경우, T2는 T1보다 '더 일반적'이므로 더 장래성이 있다.

보기

ㄱ. 과학 이론의 변화가 '진정한 진보'이려면 어떤 이론의 성공이 사회적 요소로만 해명되어서는 안 된다는 데 갑과 을은 동의한다.

ㄴ. 과학 이론의 변화는 과거 이론의 설명과 예측을 보존하고 그에 더하여 새로운 설명과 예측을 제공하는 방식으로 이루어져 왔다는 데 갑과 을은 동의한다.

ㄷ. 뉴턴 이론이 잘못 예측했던 부분에 대해 상대성 이론이 옳게 예측했다면, 상대성 이론이 뉴턴 이론보다 '더 일반적'인 이론이라는 데 을은 동의한다.

① ㄱ ② ㄴ ③ ㄱ, ㄷ
④ ㄴ, ㄷ ⑤ ㄱ, ㄴ, ㄷ

19

언어철학 / 취향술어

다음 논쟁에 대한 분석으로 옳은 것만을 보기 에서 있는 대로 고른 것은?

제14회 2022 LEET 문22

'맛있다' 혹은 '재밌다'와 같은 사람들의 취향과 관련된 술어를 취향 술어라고 한다. 취향 술어를 포함한 문장에 관하여 갑과 을이 다음과 같이 논쟁하였다.

갑: "곱창은 맛있다."라는 문장은 사실 'x에게'라는 숨겨진 표현을 언제나 문법적으로 포함한다. 이때 'x'는 변항으로서, 특정 맥락의 발화자가 그 값으로 채워진다. 예를 들어, 곱창을 맛있어 하는 지우가 "곱창은 맛있다."라고 말한다면, 지우의 진술은 〈곱창은 지우에게 맛있다〉라는 명제를 표현하는 참인 진술이 된다. 반면, 곱창을 맛없어 하는 영호가 동일한 문장을 말한다면, 영호의 진술은 〈곱창은 영호에게 맛있다〉라는 다른 명제를 표현하는 거짓인 진술이 된다.

을: 지우가 "곱창은 맛있다."라고 말하는 경우, 영호는 "아니, 곱창은 맛이 없어!"라고 반박할 수 있고, 그렇다면 둘은 이에 대해 논쟁하기 시작할 것이다. 하지만 만일 갑의 견해가 맞는다면, 지우는 단지 〈곱창은 지우에게 맛있다〉라는 명제를 표현하고, 영호는 그와는 다른 명제의 부정을 표현하는 것이므로, 이 둘은 진정한 논쟁을 하는 것이 아니다. 그러나 분명히 두 사람은 이러한 상황에서 진정한 논쟁을 할 수 있으며, 이는 갑의 견해에 심각한 문제가 있음을 보여 주는 것이다. 이를 해결하기 위해서는, "곱창은 맛있다."라는 문장은, 누가 말하든지 〈곱창은 맛있다〉라는 명제를 표현한다고 간주해야 한다.

보기

ㄱ. 갑에 따르면, 곱창을 맛있어 하는 사람들의 진술 "곱창은 맛있다."는 모두 같은 명제를 표현하지만, 이는 곱창을 맛없어 하는 사람들의 진술 "곱창은 맛있다."가 표현하는 명제와는 다르다.

ㄴ. 영호가 곱창을 맛없어 하는 경우, 영호의 진술 "곱창은 맛있다."는 갑에 따르면 참이 될 수 없지만 을에 따르면 참이 될 수 있다.

ㄷ. 을의 논증은, 같은 명제에 대해 두 사람의 견해가 불일치한다는 사실이 그들의 논쟁이 진정한 논쟁이 되기 위한 필요조건임을 가정하고 있다.

① ㄱ
② ㄴ
③ ㄱ, ㄷ
④ ㄴ, ㄷ
⑤ ㄱ, ㄴ, ㄷ

3-2 논쟁 분석 및 강화 약화 판단

20 논쟁 분석 및 평가

다음 견해들에 대한 분석으로 옳은 것만을 [보기]에서 있는 대로 고른 것은? 제8회 2016 LEET 문 13

온실가스의 배출이 국제적으로 기후변화와 자연재해를 일으킨다고 알려져 있다. 다음은 기후변화에 대응하기 위해 온실가스의 배출을 제한하는 경우 그 부담을 각국에 공정하게 분배하기 위한 견해들이다.

A : 지구상의 모든 사람들은 평등한 대기 이용 권리를 가지므로 각 개인이 배출할 권리를 갖는 온실가스의 양은 동등해야 한다. 따라서 각 국가가 가지는 온실가스 배출권은 그 국가의 인구에 비례해서 주어져야 한다.

B : 과거에 온실가스를 많이 배출한 국가들은 온실가스를 저장할 수 있는 대기의 능력 중 자신의 몫의 일부를 이미 사용한 것이므로 그만큼 장래 온실가스를 배출할 권리를 적게 가져야 한다.

C : 국제적으로 온실가스 배출량을 제한함으로써 얻을 이익이 더 큰 국가들, 즉 온실가스로 인한 자연재해의 피해가 배출제한 이후 더 많이 경감되는 국가들이 그 이익의 양에 비례해서 국제적 비용을 더 많이 지불하도록 해야 한다.

※ 각 국가는 자기 이익을 극대화하려는 성향을 가진다고 가정한다.

보기

ㄱ. 사치성 소비를 위한 온실가스 배출 권리와 필수 수요 충족을 위한 온실가스 배출 권리에 차별을 두는 것이 합당하다면 A는 약화된다.

ㄴ. 과거 세대의 행위에 대해 현재 세대에게 책임을 지울 수 없다는 이유로 B를 비판한다면, B는 과거 화석 연료를 이용한 산업화 과정을 거친 국가들이 현재 1인당 국민총생산도 일반적으로 높다는 사실을 들어 이 비판을 약화할 수 있다.

ㄷ. 온실가스로 인해 자연재해의 피해를 크게 입은 국가와 온실가스를 많이 배출한 국가가 일치하지 않고, 현재 인구가 많은 국가일수록 과거에 온실가스를 더 많이 배출했다면, 현재 인구가 많은 국가는 A보다는 C에 더 동의할 것이다.

① ㄴ ② ㄷ ③ ㄱ, ㄴ
④ ㄱ, ㄷ ⑤ ㄱ, ㄴ, ㄷ

21

논쟁 분석 및 평가

다음 논쟁에 대한 분석으로 옳은 것만을 보기 에서 있는 대로 고른 것은?

제9회 2017 LEET 문16

설거지를 하던 철수는 수지로부터의 전화벨 소리에 깜짝 놀라고 접시를 깨뜨린다. 접시를 깬 이유가 무언지 생각해본 철수는 '수지가 자신에게 전화를 건 사건'이 '자신이 깜짝 놀란 사건'의 원인이며, '자신이 깜짝 놀란 사건'이 '자신이 접시를 깬 사건'의 원인이라고 추론한다. 왜냐하면 철수는 다음의 원리를 받아들이기 때문이다.

원리 A : 임의의 사건 a, b에 대하여, a가 b의 원인이라는 것은 a가 발생하지 않았더라면 b가 발생하지 않았다는 것이다.

이어서 철수는 다음의 원리를 통해 '수지가 전화를 건 사건'이 '자신이 접시를 깬 사건'의 원인이라고 결론 내린다.

원리 B : 임의의 사건 a, b, c에 대하여, a가 b의 원인이고 b가 c의 원인이라면, a는 c의 원인이다.

철수는 자신이 접시를 깬 것은 수지 때문이라며 수지를 원망한다. 이에 수지는 다음의 사례를 들어 반박한다. 사실 어젯밤 철수의 집에 누군가 몰래 침입하여 폭탄을 설치하였다. 오늘 아침 수지가 다행히 폭탄을 발견하였고 이를 제거하였다. 철수는 무사히 출근할 수 있었다. 수지는 다음과 같이 말한다.

"'만약 누군가가 폭탄을 설치하지 않았더라면, 내가 폭탄을 제거할 일이 없었을 것'이라는 점은 당연하지. 그렇다면 원리A에 의해 '누군가 폭탄을 설치한 사건'이 '내가 그 폭탄을 제거한 사건'의 원인이라 해야 할 거야. 마찬가지 방식으로 '내가 폭탄을 제거한 사건'이 '네가 출근한 사건'의 원인이라고 해야 하겠지. 그런데 원리B에 의하면, '누군가 폭탄을 설치한 사건'이 '네가 출근한 사건'의 원인이라고 말해야 할 거야. 누군가 폭탄을 설치했기 때문에 네가 출근할 수 있었다는 게 말이 된다고 생각하니?"

보기

ㄱ. '철수가 접시를 구입하지 않았더라면, 철수는 접시를 깨지 않았을 것'이라는 것은 당연하다. 하지만 '철수가 접시를 구입한 것'이 '철수가 접시를 깬 사건'의 원인이라고 말하는 것은 부적절해 보인다. 그렇다면 이는 원리A를 약화한다.

ㄴ. 철수의 추론은 '수지가 자신에게 전화 걸지 않았더라면, 자신은 접시를 깨지 않았을 것'이라는 전제를 사용한다.

ㄷ. 수지의 추론은 '자신이 폭탄을 제거하지 않았더라면, 철수는 출근하지 못했을 것'이라는 전제를 사용한다.

① ㄱ　② ㄴ　③ ㄱ, ㄷ　④ ㄴ, ㄷ　⑤ ㄱ, ㄴ, ㄷ

22

논쟁 분석 및 평가

다음 논쟁에 대한 평가로 옳은 것만을 보기 에서 있는 대로 고른 것은? 제9회 2017 LEET 문27

A : 인간은 이기적인 존재다. 인간은 주어진 상황에서 자신의 이익을 극대화하려고 노력한다. 다음과 같은 가상적 상황을 생각해 보자. 1천 원을 갑과 을이 나눠 가져야 한다. 먼저 갑이 각자의 몫을 정해 을에게 제안한다. 을이 이 제안을 받아들이면 그 제안대로 상황은 종료된다. 하지만 만약 을이 이 제안을 받아들이지 않으면 갑과 을 모두 한 푼도 받지 못하고 상황은 종료된다. 인간이 이기적이라면, 을은 제안을 거절해서 한 푼도 받지 못하는 것보다 돈을 조금이라도 받는 것을 선호할 것이므로 갑이 아무리 적은 돈을 제안해도 받아들일 것이다. 이를 예상한 갑은 당연히 을에게 최소한의 돈만 제안할 것이다. 따라서 갑은 허용되는 최소한의 액수, 예를 들어 10원만을 을에게 주고 나머지 990원을 자신이 가질 것이다.

B : 인간은 이기적인 존재만은 아니다. 위와 같은 이기적인 결과를 실제 실험에서는 거의 찾아보기 힘들다. 갑의 역할을 하는 사람이 돈을 거의 전부 차지하겠다고 제안하는 사례는 극히 드물었다. 많은 경우 상대방에게 40% 이상의 몫을 제안하는 관대함을 보였다.

C : 이제 조금 ㉠ 변형된 실험을 고려해 보자. 위와 같이 갑이 먼저 제안하지만 을은 이 제안을 거부할 수 없으며 이를 갑이 알고 있다. 이때 갑의 제안 금액이 달라지는지를 관찰하였다.

보기

ㄱ. 만약 ㉠에서 갑이 10원만을 제안한다면 B의 주장이 약화된다.

ㄴ. 만약 갑이 을을 이기적인 사람이라고 확신한다면 ㉠에서 10원만을 제안할 것이다.

ㄷ. ㉠의 결과를 통해 B에서 갑의 관대한 행동의 원인이 을의 거부 가능성에 영향을 받는지 알아볼 수 있다.

① ㄱ ② ㄴ ③ ㄱ, ㄷ

④ ㄴ, ㄷ ⑤ ㄱ, ㄴ, ㄷ

23

생명과학

다음 논쟁에 대한 분석으로 옳은 것만을 보기 에서 있는 대로 고른 것은? 제11회 2019 LEET 문34

(가) 저탄수화물 식단은 저지방 식단보다 체중 감량 효과가 뛰어나다. W 연구팀은 과체중이지만 건강한 지원자 51명을 대상으로 실험을 실시했다. 피실험자들은 원하는 만큼 음식을 섭취할 수 있었다. 하지만 그 음식에 포함된 탄수화물은 극도로 제한되었다. 실험 결과, 6개월 뒤 피실험자들의 체중은 약 10% 감소했다. W 연구팀은 후속 연구를 통해서 과체중 환자들을 저지방 식단 그룹과 저탄수화물 식단 그룹으로 나누고 비교했다. 이 연구에 따르면 저지방 식단 그룹의 체중은 6개월 동안 평균 6.7% 감소한 반면, 저탄수화물 식단 그룹의 체중은 평균 12.9% 감소했다.

(나) (가)의 주장은 저탄수화물 다이어트에 대한 오해를 야기한다. 그 주장은 음식 섭취량에 상관없이 탄수화물만 적게 먹으면 살을 뺄 수 있다는 것처럼 들린다. 하지만 이는 잘못이다. W 연구팀의 논문에서도 언급되었듯이 체중이 감소한 것은 근본적으로 피실험자들의 섭취 칼로리가 적었기 때문이다. 즉 저탄수화물 식단이 식욕을 억제함으로써 피실험자들의 음식 섭취량을 줄였다고 볼 수 있다.

(다) L 연구팀은 W 연구팀과 비슷한 방식으로 저탄수화물 식단과 저지방 식단이 피실험자에게 미치는 영향을 12개월 동안 추적했지만, 두 그룹 간 체중 감소량에 큰 차이를 발견하지 못했다. 하지만 첫 6개월 동안의 체중 감소량에는 큰 차이가 있었다. 저탄수화물 식단 그룹은 첫 6개월 동안 체중이 감소한 뒤 그 체중을 유지한 반면 저지방 식단 그룹은 12개월에 걸쳐 체중이 계속 감소했다. 따라서 저탄수화물 식단에 식욕 억제 효과가 있다고 하더라도 그 효과가 나타나는 기간은 제한적일 것이다.

보기

ㄱ. (가), (나), (다)는 모두 저탄수화물 식단이 체중을 감소시키는 효과가 있다는 것에 동의한다.

ㄴ. (다)가 언급한 실험 결과는 W 연구팀의 실험 데이터에 오류가 있었음을 증명한다.

ㄷ. W 연구팀의 실험에서 저탄수화물 식단 그룹과 저지방 식단 그룹에 속한 피실험자들이 섭취한 칼로리가 동일하게 감소했다면, (가)에 대한 (나)의 비판은 약화된다.

① ㄱ ② ㄴ ③ ㄱ, ㄷ

④ ㄴ, ㄷ ⑤ ㄱ, ㄴ, ㄷ

24

이동통신/보조금 상한제와 요금 인하 간 관계

다음 글에 대한 분석으로 옳은 것만을 보기 에서 있는 대로 고른 것은? 제12회 2020 LEET 문30

이동통신 사업자들이 서로 경쟁하는 수단에는 단말기 보조금(이하 보조금이라 한다)과 통신 서비스 요금(이하 요금이라 한다)이 있다. 현재 정부는 이동통신 사업자들이 설정된 상한을 넘겨 보조금을 지급하지 못하도록 보조금상한제를 실시하고 있다. 보조금상한제가 요금 인하에 미치는 영향에 대해 다음과 같은 논쟁이 있다.

甲 : 사업자들은 통신 서비스 가입자를 유치하는 경쟁에서 높은 보조금을 이용한다. 보조금이 높으면 소비자가 더 쉽게 사업자를 전환할 수 있기 때문이다. 그런데 높은 보조금에 끌려 소비자가 통신 사업자를 전환할지 고려하다 보면 요금에 대한 소비자의 반응도 더 민감해질 수 있다. 그 결과 사업자 간 요금 경쟁이 더욱 활발해질 것이다.

乙 : 경쟁이 보조금과 요금 중 어느 하나에 집중되면 다른 하나의 경쟁은 약화된다. 또한 한 영역의 경쟁을 제한하면 경쟁은 다른 쪽으로 옮겨 간다. 보조금 경쟁이 과열될수록 요금 경쟁이 약화될 것이므로, 정부가 법으로써 보조금 수준을 제한하면 요금 경쟁이 활성화되어 요금이 낮아질 것이다.

丙 : 더 많은 가입자를 유치하기 위해 높은 보조금을 지급하는 것이 사업자에게는 전반적인 비용 상승 요인이 된다. 이를 보전하기 위해 요금은 높아질 것이다.

보기

ㄱ. 보조금상한제 시행 후 소비자가 통신 사업자를 전환하는 비율이 증가했다는 사실은 甲의 주장을 강화한다.
ㄴ. 乙의 주장은 정부가 요금 인하를 위해 보조금상한을 낮추는 정책의 근거가 될 수 있다.
ㄷ. 요금 인하 효과의 측면에서 甲은 보조금상한제를 반대하고 丙은 찬성할 것이다.

① ㄱ ② ㄴ ③ ㄱ, ㄷ
④ ㄴ, ㄷ ⑤ ㄱ, ㄴ, ㄷ

25

구간별 누진요금제

〈논쟁〉에 대한 평가로 적절한 것만을 [보기]에서 있는 대로 고른 것은? 제13회 2021 LEET 문28

X국은 월별 가정용 전기 요금으로 다음과 같은 누진 요금제를 적용하고 있다.

구간별 사용량 (kWh)	기본 요금 (원)	단가 (kWh당 요금, 원)
1구간 : 200 이하	900	90
2구간 : 200 초과 400 이하	1,600	180
3구간 : 400 초과	7,300	280

일례로 한 달에 300 kWh의 전력을 소비한 가정은 기본 요금 1,600원에, 단가는 1구간에 90원, 2구간에는 180원이 적용되어 총 37,600원(= 1,600 + 200 × 90 + 100 × 180)의 전기 요금을 부담하게 된다.

최근 X국은 여름철에 사용한 전기에 대해서는 사용량의 각 구간을 '300 이하', '300 초과 450 이하', '450 초과'로 변경하되, 구간별 요금 체계는 이전과 동일하게 하는 '쿨섬머 제도'를 도입하였다.

〈논쟁〉

A : 안정적인 전력 공급을 위해서는 시간당 전력 소비가 가장 클 때의 전력을 발전 설비가 감당할 수 있어야 한다. 쿨섬머 제도 도입으로 전력 공급의 안정성은 낮아질 것이다.

B : 냉방은 선택이 아닌 필수이다. 대부분 가정의 여름철 전기 요금 부담을 낮춰 주기 위해 쿨섬머 제도보다는 1,600원의 기본 요금에 단가를 180원으로 하는 단일 요금제로 변경하는 것이 낫다.

C : 모든 가정보다는 취약 계층 복지에 초점을 맞추는 것이 낫다. 쿨섬머 제도를 취약 계층에 한해 적용하도록 변경할 필요가 있다

보기

ㄱ. X국의 시간당 전력 소비가 여름철에 가장 크게 나타난다는 자료는 A를 약화한다.
ㄴ. 대부분의 가정이 월 400~450 kWh의 전력을 소비한다는 자료는 B를 약화한다.
ㄷ. 취약 계층의 대다수를 차지하는 독거노인들은 월 200 kWh 이하의 전력만 사용한다는 자료는 C를 약화한다.

① ㄱ ② ㄴ ③ ㄱ, ㄷ
④ ㄴ, ㄷ ⑤ ㄱ, ㄴ, ㄷ

26

윤리학 / 행위선택의 기준

다음 논쟁에 대한 분석으로 옳은 것만을 [보기]에서 있는 대로 고른 것은? 제14회 2022 LEET 문 18

갑: 얘야. 내일이 시험인데 왜 공부를 하지 않니?

을: 어머니, 좋은 질문이네요. 저는 공부를 하지 않기로 선택했어요.

갑: 왜 그런 놀라운 선택을 했는지 납득이 되도록 설명해 주지 않으련?

을: 제가 볼 시험은 1등부터 꼴등까지 응시생들의 순위를 매기도록 고안되어 있습니다. 다른 응시생들은 조금이라도 등수가 오르면 기뻐한다는 사실을 저는 발견했어요. 하지만 저는 등수가 오르는 것이 전혀 기쁘지 않습니다. 그리고 저는 더 많은 사람들이 기쁨을 누릴 수 있기를 원합니다. 그러니 제가 공부를 하지 않는 것이 다른 응시생을 기쁘게 만들지 않겠습니까? 제가 공부를 하지 않으면 더 많은 응시생들의 등수가 오르거든요. 따라서 저는 공부를 하지 않는 것이 정당합니다.

갑: 넌 공부를 하지 않을 뿐인데 그게 어떻게 다른 사람들의 기쁨의 원인이 될 수 있다는 말이냐? 내가 보기에 너는 아무것도 안 하면서 남들을 기쁘게 할 수 있다는 놀라운 주장을 하는구나. 다른 사람들이 자신의 등수 때문에 기뻐한다면 그건 그들이 공부를 했기 때문이 아니겠니? 네가 뭘 하지 않는 것과는 상관이 없어.

을: 아니죠, 어머니. 제가 만일 공부를 한다면 제가 공부를 하지 않았을 때보다 더 많은 사람들이 저보다 낮은 점수를 받게 되겠죠. 그 경우 저의 노력으로 인해 사람들이 기쁨을 느낄 기회를 잃게 되지 않겠어요?

보기

ㄱ. 무언가를 원한다고 해서 그것을 획득하는 모든 수단이 정당화되지는 않는다면, 을의 논증은 약화된다.

ㄴ. 을이 공부를 할 경우 공부를 하지 않을 경우에 비해서 을의 점수가 오른다는 것이 참이라면, 을이 공부를 하지 않을 경우 더 많은 응시생들의 등수가 오른다는 을의 전제도 참이다.

ㄷ. 공부를 하지 않는 것이 타인으로 하여금 기쁨을 누리게 하는 원인이 될 수 없다는 갑의 주장이 참이려면, 무언가를 하지 않는 것이 다른 것의 원인이 될 수 없다는 가정이 참이어야 한다.

① ㄱ ② ㄴ ③ ㄱ, ㄷ
④ ㄴ, ㄷ ⑤ ㄱ, ㄴ, ㄷ

Ⅲ. 비판 및 반론하기 문제의 유형별 학습

1 가장 적절한 비판 및 반박 찾기

27
가설의 신뢰도 판단 요소

다음 글에 나타난 입장을 비판하는 논거로 적절하지 않은 것은? 제4회 2012 LEET 문23

> 가설 A는 D_1을 증거로 확보한 후 D_2를 성공적으로 예측했다. 반면 가설 B는 D_1과 D_2 모두를 증거로 확보한 후에 구성했다. B는 D_1과 D_2에 대한 사후 설명을 제시한 것이다. 이제 두 가설 모두 증거 D_1과 D_2를 근거로 하고 있어, 확보된 증거는 동등하다. 이 경우 사람들은 가설 A가 더 좋다는 입장을 취한다. 즉 같은 증거라도 그 증거가 사전에 성공적으로 예측된 경우가 사후에 설명되는 경우보다 가설을 지지하는 힘이 더 크다는 것이다. 다음 과학사의 사례는 이 입장을 뒷받침한다.
>
> 멘델레예프는 60개의 화학원소들을 원자의 무게에 따라 배열할 때 원자가 등의 성질이 주기적으로 반복된다는 점을 알아내 주기율표를 창안하고, 그 표의 빈 칸을 채우는 세 원소의 존재를 예측했다. 당시 학계는 주기율표가 단지 사후 설명을 제시하는 것으로 보고 평가를 보류하고 있다가 그의 예측대로 두 원소가 발견되자 놀라움을 표하며 세 번째 원소가 발견되기도 전에 데비 메달을 수여하였다.

① 예측에 성공한 주체는 과학자이지 가설이 아니며, 예측의 성공이 과학자들에게 끼치는 심리적 효과는 가설을 지지하는 증거의 힘과는 무관한 문제이다.

② 멘델레예프의 예측은 우연의 결과일 수도 있고, 과학사에서 보면 그러한 예측의 우연적 성공마저도 더 좋은 다른 이론에 의해 적절히 설명되는 경우가 많다.

③ 예측에 성공했다는 것 자체가 그 가설의 구성 과정이 과학적으로 신뢰할 만하다는 좋은 증거인 반면, 사후 설명은 가설 구성 과정의 신뢰성에 대한 적절한 증거가 아니다.

④ 증거가 가설을 지지하는 힘은 오직 가설과 증거 사이에 성립하는 논리적 관계에 따라 평가되어야 하며, 가설을 창안한 과학자가 그 증거를 알게 된 시점과는 무관한 문제이다.

⑤ 과학의 실제 현장에서는 방대하고 다양한 증거들을 적절히 설명하는 가설을 찾는 일 자체가 어렵고, 예측에 성공했다는 사실이 가설이 옳다는 결정적 증거가 되지 못하는 경우가 많다.

28
비판논거의 적절성 판단

다음 글에 나타난 견해를 비판하는 논거로 가장 적절한 것은? 제8회 2016 LEET 문23

음모론은 기존에 알려진 사실들을 그 이면에 숨겨진 원인으로 설명하는데, 음모론에 등장하는 가설들은 상식에 비춰볼 때 너무 예외적이어서 많은 경우 터무니없다는 반응을 불러일으킨다. 그렇지만, 어떤 사람들은 음모론 속 가설들이 기존 사실들을 무척 잘 설명한다는 것을 근거로 그 가설이 참이라고 생각하기도 한다. 그럼, 그런 높은 설명력을 가진다는 것이 음모론에 등장하는 가설에 대한 과학적 근거라고 할 수 있는가?

사실, 과학적 추론들 중에도 가설의 뛰어난 설명력을 근거로 가설의 채택 여부를 결정하는 것이 있다. 그런 추론은 흔히 '최선의 설명으로의 추론'이라고 부른다. 이 추론은 기존 증거를 고려하여 가장 그럴듯한 가설, 즉 해당 증거에 대해서 가장 개연적인 설명을 제공하는 가설을 골라낸다. 이와 더불어 그 추론은 가설의 이론적 아름다움, 즉 단순성과 정합성 등을 파악하여 미래 증거에 대해서도 가장 좋은 설명을 제공할 것 같은 가설을 찾아낸다. 이렇듯 최선의 설명으로의 추론은 기존 증거와 미래 증거를 모두 고려하여 가장 그럴듯하면서도 아름다운 가설을 채택하는 과정이다.

이런 점을 생각해볼 때, 음모론 속 가설의 설명력이 그 가설에 대한 과학적 근거를 제공하지 못한다는 것은 분명하다. 왜냐하면 그런 가설들은 예외적인 원인을 이용하여 기존 증거에 대해서는 놀라운 설명을 제공하지만, 그 예외적인 원인의 뛰어난 설명력을 유지하기 위해서 복잡하고 비정합적일 수밖에 없게 되어 미래증거에 대한 올바른 설명을 제공할 수 없기 때문이다.

① 기존 증거를 잘 설명하는 음모론의 가설들은 미래에 대한 예측의 부정확성이 높을 뿐 예측 자체를 못하는 것은 아니다.
② 과학사에 등장했던 이론적으로 아름다운 가설들은 대개 기존 증거들에 대해 충분히 개연적인 설명을 제공하는 가설들이었다.
③ 몇몇 놀라운 과학적 성취는 그 초기에 기존 증거들을 제대로 설명하지 못했지만 그것의 뛰어난 이론적 아름다움 때문에 일부 과학자들에게 채택되기도 했다.
④ 기존 증거들을 잘 설명하지만 복잡한 형태로 제시된 가설들이 후속 연구에 의해서 설명력을 훼손하지 않은 채 이론적으로 단순하고 아름다워지는 경우가 많다.
⑤ 음모론에 등장하는 가설에 대한 사람들의 믿음은 그 가설이 갖추고 있는 과학적 근거보다는 그것을 믿게 되었을 때 얻을 수 있는 정신적 혹은 사회적인 이익에 의해서 결정된다.

29

표준사회과학 모형

다음 주장에 대한 반론이 될 수 있는 것만을 보기 에서 있는 대로 고른 것은? 제11회 2019 LEET 문25

모든 인간은 인류 진화의 결과로 고착된 일체의 생물학적 특성과 자질이 동일한 상태로 태어난다. 그래서 아기들은 어디에서 태어나든 기본적인 특성과 자질 면에서 모두 같다. 하지만 성인들은 행동적·정신적 조직화(패턴화된 행동, 지식 등) 면에서 상당히 다르다는 사실이 일관되게 관찰된다. 성인에게서 발견되는 행동적·정신적 조직화의 내용은 유아에게 결여되어 있으므로, 유아는 성장 과정에서 그것을 외부로부터 획득할 수밖에 없다. 그 외부 원천은 사회문화적 환경이다. 인간 생활의 내용을 복잡하게 조직화하고 풍부하게 형성하는 것은 바로 이 사회문화적 환경인 것이다. 복잡한 사회질서를 만드는 것은 인간 본성이나 진화된 심리처럼 선천적으로 주어진 그 무엇이 아니라 개인의 외부에 있는 사회 세계이다. 결국 인간 본성과 같이 선천적으로 주어진 생물학적 특성과 자질은 인간 생활의 조직화에 아무런 중요한 역할을 못하는 빈 그릇과 같다. 인간 정신은 사회문화적 환경에 따라 거의 무한정하게 늘어나는 신축적인 특성을 지니기 때문이다.

보기

ㄱ. 갓 태어났을 때는 치아가 없지만 성숙하면서 사람마다 다른 형태로 생겨나는 것처럼, 진화된 심리적 기제가 동일 사회문화적 환경에서도 각자 복잡하고 다양한 형태의 행동적·정신적 조직화로 발현된다.
ㄴ. 사회현상의 원인으로서 생물학적 요인과 사회환경적 요인은 서로 배타적이지 않다. 인간의 진화된 심리적 구조를 고려하지 않고 사회현상을 설명하려고 할 때 오류에 빠질 가능성이 늘 존재한다.
ㄷ. 태어나자마자 떨어져 서로 다른 문화권에서 자란 일란성 쌍둥이가 성인이 된 이후에도 매우 유사한 행동적·정신적 특성을 갖는 경우가 많은데, 그 이유는 태어날 때부터 동일한 생물학적 특성과 자질을 공유하기 때문이다.

① ㄱ ② ㄷ ③ ㄱ, ㄴ
④ ㄴ, ㄷ ⑤ ㄱ, ㄴ, ㄷ

2 비판 및 반론 내용의 적절성 판단

30 실험결과 해석에 대한 비판

A는 〈B의 보고〉가 자신의 견해를 입증한다고 주장한다. 이 주장에 대한 비판으로 적절한 것만을 보기 에서 있는 대로 고른 것은? 제2회 2010 LEET 문17

〈A의 견해〉

재료가 같고 크기도 거의 같은 정육면체와 구를 손으로 만져서 구별해내던 선천적 시각 장애인이 시력을 얻게 되었다고 하자. 이 순간 그는 만져보기 전에 바라만 보고도 어느 것이 정육면체이고 구인지 구별할 수 있을까? 아닐 것이다. 만약 모난 면에 대한 촉각 관념과 시각 관념이 질적으로 같은 부류라면, 그는 모난 면을 보자마자 정육면체임을 확실히 알아볼 것이다. 그것은 그가 이미 잘 알고 있던 한 관념을 새로운 통로로 받아들인 것에 불과하기 때문이다. 그러나 매끈함이나 거칠거칠함 같은 촉각 관념과 곡선이나 기다란 변 같은 시각 관념은 전혀 다른 부류의 것이다. 따라서 정육면체와 구의 생김새에 관한 촉각 관념과 시각 관념의 관계는 곧바로 드러나는 것이 아니라 경험을 통해 배워야 하는 것이다. 그런데 13세 가량의 선천적 시각장애인이 백내장 수술 후 새로운 시각 경험에 어떻게 반응했는지에 대한 외과의사 B의 보고에 따른다면 나의 견해는 실제로도 입증된 셈이다.

〈B의 보고〉

수술 후 환자가 최초로 보게 되었을 때 그는 거리 판단을 전혀 하지 못해서 눈에 와 닿는 모든 대상이 피부에 닿는 느낌이었으며, 어떤 대상도 매끄러운 대상만큼 느낌이 좋지는 않다고 생각했다. 그렇지만 그는 대상의 생김새를 전혀 판단할 수 없었고, 좋은 느낌을 주는 대상의 내부에 무엇이 있는지 추측할 수 없었다. 그는 어떤 사물에 대해서도 그 생김새를 알지 못했고, 아무리 형태나 크기가 서로 달라도 한 사물이 또 하나의 사물과 다르다는 것을 눈으로는 알지 못했다.

보기

ㄱ. 〈B의 보고〉는 환자의 시각 장애 정도나 지적 수준 등이 환자의 첫 시각 경험에 영향을 줄 가능성을 충분히 고려하고 있지 않다.
ㄴ. 〈B의 보고〉는 환자가 첫 시각 경험에서 주어진 것들을 촉각 관념으로 해석하고 있으며, 시각 관념은 경험을 통하여 새로 배워야 한다는 것을 보여준다.
ㄷ. 〈B의 보고〉는 환자가 구별하는 것과 환자가 말하는 것을 구분하지 않는데, 환자는 시각 경험을 언어로 표현해내는 데 시간이 필요할 뿐 시각에 주어진 대상들을 구별하지 못한 것은 아닐 수 있다.

① ㄱ ② ㄴ ③ ㄱ, ㄷ
④ ㄴ, ㄷ ⑤ ㄱ, ㄴ, ㄷ

31 비판 근거 추론

을이 갑을 비판하는 근거로 적절한 것만을 보기 에서 있는 대로 고른 것은?

제7회 2015 LEET 문31

X시는 A, B 두 인종으로 이루어져 있으며, A인종의 비율이 더 높다. 갑과 을은 X시 성인들을 대상으로 시민권에 대한 태도를 묻는 설문조사를 실시한 후 그 자료를 분석하여 다음과 같이 주장하였다.(분석에 사용된 X시 설문조사 자료는 대표성이 있으며, 자료의 인종 및 계급 분포는 X시 성인 전체의 인종 및 계급 분포와 동일하다.)

갑 : 설문조사 자료를 분석하면 〈표 1〉을 얻을 수 있는데, 〈표 1〉은 X시의 경우 하층계급이 중간계급보다 시민권에 대해 더 긍정적인 태도를 가진다는 것을 보여준다.

을 : 동일한 자료를 분석하면 〈표 2〉를 얻을 수 있으므로 〈표 1〉만 놓고 갑과 같은 결론을 내려서는 안 된다. 〈표 2〉는 중간계급이 하층계급보다 시민권에 대해 더 긍정적인 태도를 가진다는 것을 보여준다.

〈표 1〉 사회계급에 따른 시민권에 대한 태도

시민권에 대한 태도	긍정적	부정적	계
중간계급	37%	63%	100%
하층계급	45%	55%	100%

〈표 2〉 사회계급과 인종에 따른 시민권에 대한 태도

시민권에 대한 태도		긍정적	부정적	계
중간계급	A인종	70%	30%	100%
	B인종	30%	70%	100%
하층계급	A인종	50%	50%	100%
	B인종	20%	80%	100%

보기

ㄱ. 중간계급 중 A인종이 더 많기 때문에 〈표 1〉은 X시 성인들의 시민권에 대한 태도를 제대로 드러내지 않는다.

ㄴ. 하층계급 중 A인종이 더 많기 때문에 〈표 1〉은 X시 성인들의 시민권에 대한 태도를 제대로 드러내지 않는다.

ㄷ. B인종 중 하층계급이 더 많기 때문에 〈표 1〉은 X시 성인들의 시민권에 대한 태도를 제대로 드러내지 않는다.

① ㄱ ② ㄴ ③ ㄷ
④ ㄱ, ㄴ ⑤ ㄱ, ㄷ

32

신경과학과 규범

다음 논증에 대한 반론이 될 수 있는 것만을 보기 에서 있는 대로 고른 것은? 제7회 2015 LEET 문29

신경학적 불균형이나 외상 때문에 뇌 기능이 잘못될 수 있고, 이것이 폭력 행위나 범죄 행위의 원인이라고 설명할 수도 있다. 이 경우 사람들은 그러한 원인 때문에 특정 행동을 한 사람에게 책임을 지울 수 없게 될지 우려한다. 그런데 이러한 우려는 보통 사람들의 경우에도 마찬가지로 적용된다. 신경 과학은 우리가 어떤 결정을 내리는 것을 의식적으로 자각할 때, 그때는 이미 뇌가 그것이 발생하도록 만든 후라는 사실을 알려준다. 이는 다음의 질문을 제기하도록 만든다. 내 스스로의 의도적인 선택에 의해 자유롭게 행동한다는 것은 환상이며, 우리는 개인적 책임이라는 개념을 포기해야 하는가? 나는 그렇지 않다고 생각한다. 사람과 뇌는 구분될 수 있다. 뇌는 결정되어 있지만, 책임 개념은 뇌에 적용될 수 있는 것이 아니다. 뇌와 달리 사람들은 자유롭고, 따라서 그들의 행위에 책임이 있다.

신경 과학을 통해서 어떤 행동의 원인을 궁극적으로 뇌 기능의 차원에서 설명할 수 있게 될 것이다. 그렇다고 하더라도, 어떤 행동을 한 사람의 책임이 면제되는 것은 아니다. 나는 최신의 신경 과학적 지식과 법적 개념이 갖고 있는 가정들에 기반을 두고서 다음의 원칙을 믿는다. 뇌는 자동적이고 법칙 종속적이며 결정론적 도구인 반면, 사람들은 자유롭게 행동하는 행위자들이다. 교통 상황이 물리적으로 결정된 자동차들이 상호작용을 할 때에 발생하는 것처럼, 책임은 사람들이 상호작용을 할 때에 비로소 발생한다. 책임이란 사회적 차원에서 존재하는 것이지 개인 안에 존재하는 것이 아니다. 만약 당신이 지구에 존재하는 유일한 사람이라면 책임이라는 개념은 존재하지 않을 것이다. 책임이란 당신이 타인의 행동에 대해 그리고 타인이 당신의 행동에 대해 부과하는 개념이다. 사람들이 함께 생활할 때 규칙을 따르도록 만드는 상호작용으로부터 행동의 자유라는 개념이 발생한다.

보기

ㄱ. 우리의 선택이나 그에 따른 행위는 미시적인 차원에 속하는 뇌의 작용에서 비롯된다. 미시적 요소들을 완전히 이해하더라도, 그것으로부터 거시적인 차원에서 어떤 행동이 발생할지 아는 것은 원리적으로 불가능하다.

ㄴ. 나는 나의 육체와 구별되지 않는다. 뇌가 결정론적으로 작동한다면 나의 행동 역시 결정되어 있다고 보아야 한다. 만약 모든 이의 행동이 각기 결정되어 있다면, 물리적 세계 속에서 일어나는 그것들의 상호작용 또한 결정되어 있을 것이므로, 우리 모두는 달리 행동할 여지를 갖지 않는다.

ㄷ. 사람들의 행동에 책임을 부과하는 것은 관행에 불과하며, 그런 사회적 관행은 인간이 자유롭다는 것을 전제하고 있을 뿐, 인간이 실제로 자유롭다는 것을 보여주지는 않는다.

① ㄱ ② ㄷ ③ ㄱ, ㄴ
④ ㄴ, ㄷ ⑤ ㄱ, ㄴ, ㄷ

33

반론의
적절성 판단

㉠에 대한 반론으로 적절한 것만을 [보기]에서 있는 대로 고른 것은? 제9회 2017 LEET 문12

인간은 생각하고, 대화하는 등의 '인지 기능'도 하고, 음식을 소화시키고, 이리저리 움직이는 등의 '신체 기능'도 한다. 이 두 기능 모두 인간의 몸이 하는 기능이다. 인간에게 죽음이란 인간의 몸이 하는 기능이 멈추는 사건이다. 그런데 사람에 따라서는 인지 기능은 멈추었지만 신체 기능은 멈추지 않은 시점을 맞기도 한다. 이 시점의 인간은 죽은 것인가? 인간의 몸이 가진 두 기능 중 죽음의 시점을 정하는 데 결정적인 기능은 무엇인가?

죽음의 시점을 정하는 데 결정적인 요소는 인지 기능이라는 견해를 취해 보자. 이 견해에 따르면 죽음은 인지 기능의 정지이다. 하지만 예를 들어 어젯밤 당신은 아무런 인지 작용도 없는 상태에서 꿈도 꾸지 않는 깊은 잠에 빠져 있었다고 해보자. 죽음이 인지 기능의 정지라면, 당신은 어젯밤에 죽어 있었다고 해야 한다. 하지만 당신은 오늘 여전히 살아 있다. 이런 반례를 피하기 위해서 이 견해를 수정할 필요가 있다. 즉, 죽음은 인지 기능이 일시적으로 정지하는 것이 아니라 영구히 정지하는 것이다. 이 ㉠수정된 견해에 따르면 당신은 어젯밤 죽은 상태에 있지 않았다. 왜냐하면 오늘 당신은 살아 있기 때문이다.

보기

ㄱ. 철수는 어제 새벽 2시부터 3시까지 꿈 없는 잠을 자고 있다가, 3시에 심장마비로 사망했다. 3시부터 철수는 인지 기능과 함께 신체 기능도 멈추게 된 것이다. ㉠에 따르면 철수는 어제 새벽 2시부터 이미 죽어 있었다. 하지만 이때 철수는 분명 살아 있었다고 해야 한다. 그때 철수를 깨웠다면 그는 일어났을 것이기 때문이다.

ㄴ. '부활'은 모순적인 개념이 아니다. 죽었던 철수가 부활했다고 상상해 보자. 부활한 철수는 다시 인지 기능을 갖게 될 것이다. ㉠에 따르면, 철수는 부활 이전에도 죽어 있던 것이 아니라고 해야 한다. 하지만 철수는 부활 이전에 죽어 있었다. 그렇지 않았다면 철수가 '죽음에서 부활했다'고 말할 수조차 없고 '부활'은 모순적인 개념이 되고 만다.

ㄷ. 철수가 주문에 걸려서 인지 기능이 작동하지 않은 상태로 잠을 자게 되었다고 해보자. 그런데 이 주문은 영희가 철수에게 입맞춤을 하면서 풀려 버렸다. ㉠에 따르면, 철수는 주문에 걸려 있던 동안 죽은 것이다. 하지만 잠에 빠져든 후에도 철수는 분명 살아 있다고 해야 한다. 영희의 입맞춤으로 철수는 깨어났기 때문이다.

① ㄱ ② ㄷ ③ ㄱ, ㄴ
④ ㄴ, ㄷ ⑤ ㄱ, ㄴ, ㄷ

CHAPTER 4

법적 추론 및 논증

2023

2022

2021

2020

2019

2018

2017

2016

본 장에서는 2016년 확정 개선안 이후 추리논증 시험에서 그 비중이 대폭 확대된 법률형 문제를 좀 더 체계적으로 학습하도록 한다.

Ⅰ. 법률형 문제 개요

1 사법(司法) 행위와 3단 논법

① 법규(행위법) 발견 : 추론의 근거(논거, 대전제)를 찾는 작업
② 사실 확정(←증거) : 소전제
③ 요건 해석(학설, 판례)
④ 사례의 요건포섭 여부 결정 : 타당성(형식적, 내용적)
⑤ 효과 결정(→판결) : 결론(추론)

| 예 | 살인한 자는 사형에 처한다. (법규, 대전제)
영철은 살인자이다. (사실, 소전제)
따라서 영철은 사형에 처한다. (판결, 결론)

2 법적 추론(규범 이해 및 적용) 문제의 유형 분류

(1) 원리 적용(법규의 해석 및 사례에의 적용)

- 어떤 특정한 사실관계나 개별 사례에 여러 규범적인 규칙이나 일반 원리 중 어떤 것이 적용될 수 있는지 판단하는 문제
- 여러 사례 중 규범적 규칙이나 일반 원리가 적용될 수 있는 사례를 확인하고, 규범적 규칙이나 일반 원리를 해당되는 사례에 적용하여 올바로 추리하는 문제
- 주어진 사례의 규범적 판단이 제시되었을 때 그 판단의 배후에 어떤 규범적 원칙이 적용되었는지 추리하는 문제

(2) 사례의 요건포섭여부 판단

법률 규정은 내용상 요건과 효과로 구성되어 있는데 개별 사례들이 제시된 법률 규정의 요건을 충족시키는지를 판단하는 문제이다.

▎법률규정이 제시문으로 사용된 문제 ▎

- **제시문** : 법규정 (법조문 형식)
- **선택지** : 개별사례
- **문제요구사항** : 개별 사례의 요건 포섭 여부 판단
- **문제해결 POINT** : 법조문에 제시된 요건 꼼꼼히 검토 ⇒ 조문 "끊어 읽기"

▎설명형 문장이 제시문으로 사용된 문제 ▎

- **특징** : 제목이 없고 제시문의 길이가 길다.
- **문제해결 POINT** : 제시문의 개괄적 파악, 〈보기〉의 사례에 해당되는 구성요건의 구체적 검토

(3) 사례 제시형

현실적으로 발생될 수 있는 수준의 복합적인 내용을 담고 있는 사례를 제시하고 이에 적용될 해당 법규를 찾아 결론을 추론하는 문제로 3단 논법을 구체화한 문제유형이라 할 수 있다.

- **제시문** : 사례와 관련된 법규 제시
- **선택지** : 결론(판단) 내용
- **문제요구사항** : 사례(소전제)와 관련 법규(대전제)를 통한 결론 추론 (삼단논법, 연역추리)
- **문제해결 POINT** : 사례와 관련 법규의 종합적 이해 및 해당 요건의 구체적 검토

(4) 진술에 함축된 정보의 파악 및 추론된 정보의 적절성 판단

제시된 문장에 함축된 정보를 상황과 맥락을 고려하여 추론하거나 이렇게 추론된 정보의 적절성을 판단하는 문제이다.

(5) 응용 문제

법률 규정 등 법적 소재를 활용하여 언어추리, 수리추리, 논리게임 등에서 묻는 다양한 추론 능력을 물을 수 있도록 만들어진 문제이다.

3 법적 논증 문제의 유형 분류

앞서 논증 영역에서 자세히 살펴본 바와 같이 논증 영역은 크게 논증의 분석 및 재구성, 논증에 대한 비판 및 반론, 논증의 판단 및 평가로 나누어지고, 이들은 각각 4개의 세부 범주들로 또 다시 나누어져서 총 12개의 세부 범주로 구성되어 있다. 그러나 여기서는 현재까지 출제된 법적 논증 문제들을 중심으로 다음과 같이 6개의 문제 유형으로 재분류하였다.

(1) 주장 및 근거 찾기

논증을 구성하는 핵심요소인 주장과 근거, 논지와 논거, 결론과 전제를 묻는 문제로 논증에 대한 이해의 정도를 평가하는 문제이다.

(2) 암묵적 가정 및 생략된 전제의 추론

논증이 기반하고 있는 암묵적 가정을 추론하거나 결론을 도출하는 데에 꼭 필요하나 생략되어 있는 기준 및 전제를 추론하는 문제이다. 비교적 까다로운 문제 유형에 속한다.

(3) 논증 구조 분석 및 재구성 종합

제시된 논증에 대한 이해를 종합적으로 묻는 문제이다.

(4) 논쟁 분석 및 종합적인 이해

논쟁에 대한 쟁점을 파악하는 등 종합적인 이해를 묻는 문제이다.

(5) 갈등 기반의 파악 및 그 해소 방안 찾기

논쟁의 갈등 기반을 파악하고 이를 해소하는 방안을 모색하는 문제이다.

(6) 개별 논거 및 사례의 논지 강화, 약화, 중립 판단

논증의 판단 및 평가의 핵심을 이루는 문제유형으로 개별 논거 및 사례가 논지를 강화하는지, 약화하는지 또는 무관한지를 판단하는 문제이다.

Ⅱ. 규범 이해 및 적용(법적추론) 문제의 유형별 학습

1 원리 적용 (법규의 해석 및 사례에의 적용)

01
증명책임의 주체

〈원칙〉을 적용한 것으로 옳은 것을 보기 에서 고른 것은? 제6회 2014 LEET 문3 [원리 적용 예시문항]

〈원칙〉
자신의 권리를 주장하는 자는 그 권리의 발생에 필요한 사실을 증명할 책임이 있다. 권리가 발생하였으나 사후에 소멸하였다고 주장하는 자는 권리의 소멸에 관한 사실을 증명할 책임이 있다. 분쟁 당사자 사이에 이러한 권리 발생의 주장이나 그 사후 소멸에 관한 주장에 관한 다툼이 없으면 권리의 발생이나 그 소멸을 주장하는 자는 그 주장이 진실하다는 것을 증명할 필요가 없다.

보기

ㄱ. 갑이 을에게 "당신이 빌려 간 100만원을 돌려 달라."라고 주장하였다. 을은 "돈이 생기면 갚겠다."라고 주장하였다. 이 경우에 갑이 을에게 100만원을 빌려 주었다는 사실을 증명할 책임이 갑에게 없다.
ㄴ. 갑이 을에게 "당신이 빌려 간 100만원을 돌려 달라."라고 주장하였다. 을은 "빌렸지만 그 후에 갚았다."라고 주장하였다. 이 경우에 갑으로부터 빌린 돈을 을이 갚았다는 사실을 증명할 책임이 을에게 있다.
ㄷ. 갑이 을에게 "당신이 빌려 간 100만원을 돌려 달라."라고 주장하였다. 을은 "당신으로부터 100만원을 빌린 적이 없다."라고 주장하였다. 이 경우에 갑이 을에게 100만원을 빌려 주었다는 사실을 증명할 책임이 갑에게 없다.
ㄹ. 갑이 을에게 "당신이 빌려 간 100만원을 돌려 달라."라고 주장하였다. 을은 "100만원을 받기는 하였지만 그것은 당신이 빌려 준 게 아니라 그냥 준 것이다."라고 주장하였다. 이 경우에 갑이 을에게 100만원을 빌려 주었다는 사실을 증명할 책임이 갑에게 없다.

① ㄱ, ㄴ ② ㄱ, ㄷ ③ ㄱ, ㄹ
④ ㄴ, ㄹ ⑤ ㄷ, ㄹ

02

변호사의
비밀유지 의무

조직폭력단의 일원으로 알려진 갑이 소년 K를 차에 태우고 간 것이 목격되었고 이후 K가 실종되었다. K를 납치한 혐의를 받고 있는 갑은 친구 을을 변호사로 선임하였다. 〈규정〉에 근거한 판단으로 옳은 것만을 보기 에서 있는 대로 고른 것은?

제3회 2011 LEET 문7 [규범 이해 및 적용 예시문항]

〈규정〉

제3조【변호사 비밀유지의무】

변호사 또는 변호사이었던 자(이하 '변호사')는 의뢰인이 법적 자문을 구하기 위해 변호사에게 알려준 비밀을 누설하여서는 아니 된다. 다만, 타인의 생명이나 신체에 대한 중대하고 임박한 위해를 방지하기 위한 경우에는 그러하지 아니하다.

제4조【비밀유지의무의 대상】

비밀유지 대상은 변호사와 의뢰인 간 직무상 나눈 비밀 대화 및 문서를 포함한다.

제5조【비밀유지의 기간】

비밀유지의무는 의뢰인이 포기하지 않는 한 '변호사 - 의뢰인 관계'가 종료된 후에도 지속된다.

보기

ㄱ. 갑이 납치사실을 인정하고 비밀을 지켜 달라고 부탁하면서 K의 소재를 알려주었다면, 을은 이 사실을 경찰에 알려주어서는 안 된다.

ㄴ. 갑의 소송 진행 중, 갑의 사무실을 청소하던 직원이 갑 몰래 을에게만 갑이 살해한 K의 소재를 알려주었다면, 을은 이 사실을 경찰에 알려줄 수 있다.

ㄷ. 갑의 소송 진행 중, 갑과 을이 친구들과 함께 한 술자리에서 자신이 K를 납치했다고 갑이 공개적으로 실토하여 을이 K의 소재를 알게 되었다면, 을은 이 사실을 경찰에 알려주어서는 안 된다.

ㄹ. 갑으로부터 K를 잔혹하게 살해하였다는 것을 듣게 된 을이 변호사의 양심상 더 이상 갑의 변호사가 될 수 없어 사임하였더라도, 을은 K의 소재를 경찰에 알려주어서는 안 된다.

① ㄱ, ㄴ ② ㄴ, ㄹ ③ ㄷ, ㄹ
④ ㄱ, ㄴ, ㄷ ⑤ ㄱ, ㄷ, ㄹ

〈규정〉으로부터 추론한 것으로 옳은 것만을 보기 에서 있는 대로 고른 것은?

제7회 2015 LEET 문6

〈규정〉

(가) A법은 상시 사용하는 근로자 수가 5명 이상인 모든 사업장에 적용한다. 다만, 사용자가 그와 동거하는 친족만을 사용하는 사업장에 대하여는 적용하지 아니한다.

(나) (가)에서의 '상시 사용하는 근로자 수'는, 해당 사업장에서 법 적용 사유 발생일 전 1개월 동안 사용한 근로자의 '연인원'을 같은 기간 중의 '가동일수'로 나누어 산정한다. 여기서 '연인원'이라 함은 특정 업무를 위해 일정한 기간 동안 동원된 총 인원수를 말하는데, 예를 들면 열흘 동안 매일 다섯 사람이 근로하여 완성한 일의 연인원은 50명이다. 그리고 '가동일수'는 실제 사업장이 운영된 일수를 말한다.

(다) 위 (나)에 따라 해당 사업장에서 상시 사용하는 근로자 수를 산정한 결과 법 적용 사업장에 해당하는 경우에도, 가동일수의 일별로 근로자 수를 파악하였을 때 법 적용 기준에 미달한 일수가 가동일수의 2분의 1 이상인 경우, A법이 적용되지 않는다.

(라) 연인원의 산정 시, 사용자에게 고용되어 있지 않은 파견 근로자는 제외되지만 해당 사업장의 사용자에 고용된 단시간 근로자(하루 중 일부 시간만 근무하는 근로자)는 포함된다.

보기

ㄱ. 법 적용 사유 발생일 전 1개월 동안, 가동일수가 20일이며, 처음 10일은 6명, 나중 10일은 4명이 사용자에게 고용되어 근무하였다면 당해 사업장에 A법은 적용된다.

ㄴ. 법 적용 사유 발생일 전 1개월 동안, 사용자에게 고용된 4명의 근로자가 오전 중 3시간을 매일 근무하고, 사용자에게 고용된 또 다른 4명의 근로자가 오후 중 3시간을 매일 근무한 사업장에 A법은 적용된다.

ㄷ. 법 적용 사유 발생일 전 1개월 동안, 동거하는 친족 3명과 단시간 근로자 2명이 당해 사업장에서 사용자에게 고용되어 고정적으로 매일 근무하였고 이에 더하여 사용자에게 고용되어 있지 않은 파견근로자 2명이 함께 매일 근무하였다면 당해 사업장에 A법은 적용되지 않는다.

① ㄱ
② ㄴ
③ ㄱ, ㄷ
④ ㄴ, ㄷ
⑤ ㄱ, ㄴ, ㄷ

04

판단규정의 사례에의 적용

다음 글로부터 추론한 것으로 옳지 않은 것은?

제10회 2018 LEET 문6

X국은 중소기업을 보호하기 위하여 2010년부터 중소기업 판단 규정을 적용하고 있다. 이 규정에 의하면, 1년간 매출액이 1,000억 원 이하이면 중소기업, 1,000억 원 초과이면 대기업에 해당한다. 그런데 중소기업의 매출액이 증가하여 대기업의 기준에 해당하게 되더라도 바로 그 해와 그 다음 해부터 3년간은 계속하여 중소기업으로 인정한다(이를 '중소기업보호기간'이라고 한다). 다만, 다음의 경우에는 중소기업보호기간을 인정하지 않는다.

- ○ 중소기업(중소기업보호기간 중인 기업 포함)이 아닌 기업과 합병한 경우
- ○ 중소기업보호기간을 적용받았던 기업이 매출액 감소로 원래 의미의 중소기업이 되었다가 매출액 증가로 다시 중소기업에 해당하지 않게 된 경우

기업별 매출액은 다음과 같다.

(단위 : 억 원)

기업 \ 연도	2010	2011	2012	2013	2014	2015	2016
A	900	900	900	900	900	900	2,000
B	900	900	900	900	900	2,000	3,000
C	900	900	900	900	900	900	3,000
D	900	2,000	2,000	2,000	2,000	900	2,000
E	900	900	900	2,000	2,000	2,000	2,000
갑	900	900	900	900	900	900	
을	2,000	2,000	2,000	2,000	2,000	2,000	
병	900	900	2,000	2,000	2,000	2,000	

① 2015년 A가 갑을 합병한 경우, 2016년 기준 A는 중소기업이다.
② 2015년 B가 을을 합병한 경우, 2016년 기준 B는 대기업이다.
③ 2015년 C가 병을 합병한 경우, 2016년 기준 C는 중소기업이다.
④ 2015년 D가 어떤 중소기업을 합병한 경우, 2016년 기준 D는 중소기업이다.
⑤ 2015년 E가 어떤 중소기업을 합병한 경우, 2016년 기준 E는 중소기업이다.

다음으로부터 추론한 것으로 옳은 것만을 보기 에서 있는 대로 고른 것은? 제11회 2019 LEET 문14

X국의 보험약관법에는 다음과 같이 보험사의 손해배상책임을 면제하는 약관조항을 금지하는 규정이 있다. (1) 보험사의 고의 또는 중대한 과실로 인한 손해배상책임을 면제하는 약관조항은 금지된다. (2) 보험사나 보험계약자의 잘못이 아닌 제3자의 잘못으로 보험계약자에게 발생한 손해에 대한 보험사의 책임을 타당한 이유 없이 면제하는 약관조항은 금지된다. 이러한 손해를 제3자 대신 보험사가 배상하는 것이 보험계약의 핵심이기 때문이다. 이들 금지규정에 위반되는 약관은 무효이다.

위 규정 (1)과 관련하여, ㉠ 보험사의 고의, 중대한 과실, 경미한 과실 여하에 대한 아무런 언급이 없이 보험사의 모든 책임을 면제하는 내용의 약관조항을 생각해 보자. 이 조항은 경우에 따라 무효가 될 수도 있고 유효가 될 수도 있다. 이러한 약관조항 전체를 무효로 보게 되면 이를 다시 만들어야 하므로, 무효인 경우를 제거하고 유효가 될 수 있는 경우에만 약관이 적용되도록 함으로써 그 약관조항을 유지할 수 있다. 이를 약관의 효력 유지적 축소 해석이라고 한다.

이런 축소 해석의 방법을 위 규정 (2)와 관련되는 약관조항에 적용해 보자. 예를 들어 ㉡ "무면허운전은 누가 운전을 하더라도 보험사는 아무런 책임이 없습니다."라는 자동차보험 약관조항은 무효가 될 수 있다. 무면허인 차량 절도범이 사고를 냈다면 차량 주인인 ㉢ 보험계약자의 지배와 관리가 불가능하였으므로, 보험사의 책임을 면제하는 것은 타당한 이유가 없기 때문이다. 그러나 차량 주인의 자녀가 운전면허 없이 운전하다 사고를 냈다면 보험계약자의 지배와 관리가 가능하였으므로 보험사의 책임을 면제하는 것이 약관의 효력을 유지하는 축소 해석이다.

보기

ㄱ. ㉠에 대해 효력을 유지하면서 축소 해석을 하면, 보험사의 경미한 과실로 인한 손해배상책임은 면제될 것이다.
ㄴ. ㉢의 경우에 ㉡이 보험사의 책임을 면제한다면, ㉡은 보험약관법에 위반될 것이다.
ㄷ. 약관조항 전체를 무효로 하는 경우에 비하여 약관조항의 효력을 유지하는 방향으로 축소 해석을 하면, 보험사로 하여금 규정 (1), (2)에 부합하는 약관조항을 만들게 하는 유인이 약해질 것이다.

① ㄴ　② ㄷ　③ ㄱ, ㄴ
④ ㄱ, ㄷ　⑤ ㄱ, ㄴ, ㄷ

06

금지 규칙/
개념 이해 및
사례에의 적용

다음으로부터 추론한 것으로 옳은 것만을 보기 에서 있는 대로 고른 것은? 제12회 2020 LEET 문13

규칙을 제정할 때는 항상 그 규칙을 정당화하는 목적이 있어야 한다. 그런데 규칙의 적용이 그 목적의 관점에서 정당화되지 않는 경우들이 존재한다. 규칙이 그 목적의 관점에서 볼 때 어떤 사례를 포함하지 않아도 되는데도 포함하는 경우 이 사례를 '과다포함' 한다고 하고, 어떤 사례를 포함해야 하는데도 포함하지 않는 경우 이 사례를 '과소포함' 한다고 한다. 예를 들어 '시속 80km 초과 금지'라는 규칙이 있다고 하면, 그 목적은 '운전의 안전성 확보'가 된다. 하지만 운전자들이 시속 80km 초과의 속도로 운전하지 않아야 안전하다는 것이 대부분의 경우 사실이라 하더라도, 시속 80km 초과로 달려도 안전한 경우가 있다. 이때 이 규칙은 시속 80km 초과로 달려도 안전한 사례를 '과다포함'한다고 한다. 반면 '시속 80km 초과 금지'라는 규칙은 안개가 심한 날 위험한데도 시속 80km로 달리는 차량을 금지하지 않게 되어 그 목적을 달성하지 못할 수 있다. 이 경우 규칙이 해당 사례를 '과소포함'한다고 한다.

〈사례〉

X동물원에서는 동물원 내 차량 진입 금지 규칙의 도입을 검토하고 있다. 이 규칙의 목적은 ㉠동물원 이용자의 안전 확보, ㉡차량으로 인한 동물원 내의 불필요한 소음 방지의 두 가지이다. 도입될 규칙의 후보로 다음의 세 가지가 제시되었다.

규칙1 : 동물원 내에는 어떠한 경우에도 차량이 진입할 수 없다.
규칙2 : 동물원 내에는 동물원에 의해 사전 허가를 받은 차량 외에 다른 차량은 진입할 수 없다.
규칙3 : 동물원 내에는 긴급사태로 인해 소방차, 구급차가 진입하는 경우 외에 다른 차량은 진입할 수 없다.

보기

ㄱ. 목적 ㉠의 관점에서 본다면, 규칙1은 '동물원 내 무단 진입한 차량이 질주하여 이용자의 안전을 위협하자 이를 막기 위해 경찰차가 사전 허가 없이 진입하는 경우'를 '과다포함'한다.
ㄴ. 목적 ㉡의 관점에서 본다면, 규칙2는 '불필요한 소음을 발생시키는 핫도그 판매 차량이 사전 허가를 받아 동물원에 진입하는 경우'를 '과소포함'한다.
ㄷ. 목적 ㉠, ㉡ 모두의 관점에서 본다면, 규칙3은 '불필요한 소음을 발생시키지 않는 구급차가 동물원 이용자를 구조하기 위해 동물원 내로 진입하는 경우'를 '과다포함'하지도 않고 '과소포함'하지도 않는다.

① ㄱ ② ㄴ ③ ㄱ, ㄷ
④ ㄴ, ㄷ ⑤ ㄱ, ㄴ, ㄷ

07

행복극대화기준 / 원리이해 및 사례에의 적용

다음으로부터 추론한 것으로 옳은 것만을 보기 에서 있는 대로 고른 것은? 제12회 2020 LEET 문14

〈이론〉

각 사람의 행복을 극대화하는 행동이 올바른 행동이다. 이를 판단하기 위해서 다음의 네 가지 원리가 있다. 단, X와 Y는 가능한 상황을, p와 q는 사람을 나타낸다.

원리1 : p가 상황 X에서 누리는 행복보다 더 많은 행복을 누리게 될 다른 가능한 상황이 없다면, p는 X에서 나쁘게 대우받는 것은 아니다.

원리2 : p가 X에서 존재하고 X에서보다 더 많은 행복을 누리게 되는 가능한 상황 Y가 존재하는 경우, Y에서 존재하는 사람 중에 Y보다 X에서 더 많은 행복을 누리게 되는 q가 존재하지 않는다면 p는 X에서 나쁘게 대우받는 것이고, 그러한 q가 존재한다면 p는 X에서 나쁘게 대우받는 것이 아니다.

원리3 : p가 X에서 존재하지 않는다면, p가 존재하여 더 많은 행복을 누리게 될 가능한 상황이 있더라도 p가 X에서 나쁘게 대우받는 것은 아니다.

원리4 : 원리1~3에 따라 X에서 누구도 나쁘게 대우받지 않는 경우에만 X는 도덕적으로 허용될 수 있다.

〈사례〉

남편인 甲과 아내인 乙에게 자녀 丙이 있다. 이 부부가 둘째 아이를 낳으면 甲의 행복도는 그대로인 반면 乙은 건강이 나빠져 행복도가 떨어지지만, 丙의 행복도는 알려져 있지 않다. A는 이 부부가 둘째 아이를 낳지 않는 상황이고, B는 이 부부가 둘째 아이 丁을 낳는 상황이다. 아래 표는 각각의 상황에서 甲, 乙, 丙, 丁의 행복도를 나타낸다. 단, 가능한 상황은 A와 B뿐이며, 甲, 乙, 丙, 丁 외에 다른 사람은 존재하지 않고, 상황 A에서 丁은 존재하지 않으므로 행복도는 0이라고 가정한다.

사람	A	B
甲	5	5
乙	5	3
丙	5	α
丁	0	5

보기

ㄱ. A에서 甲~丁 중 누군가 나쁘게 대우받는 것이 가능하다.
ㄴ. B에서 甲~丁 중 한 사람만 나쁘게 대우받고 있다면 α는 5보다 작다.
ㄷ. A, B가 모두 도덕적으로 허용 가능하다면 α는 5보다 크다.

① ㄱ ② ㄷ ③ ㄱ, ㄴ
④ ㄴ, ㄷ ⑤ ㄱ, ㄴ, ㄷ

2 법률 요건에 포섭되는 사례 찾기

08
선의의 제3자
보호 요건

다음의 '병'에 해당되는 C를 언급한 것만을 보기 에서 있는 대로 고른 것은? 제1회 2009 LEET 문34

> 우리 법에서는 거래할 때에는 진정한 의사를 가지고 행하여야 하고, 서로 짜고 허위로 거래한 경우 그 거래를 원칙적으로 무효로 하고 있으며, 이 무효가 된 거래를 몰랐던 제3자에게 피해가 가지 않도록 하고 있다. 구체적인 설명은 아래와 같다.
>
> ○ 갑과 을이 서로 짜고 실제로 거래할 생각이 전혀 없음에도 불구하고 가짜로 거래가 있었던 것처럼 한 경우에는 그 거래는 원칙적으로 무효이다.
> ○ 제3자인 병이 이러한 허위 거래가 있었다는 사실 자체를 몰랐고 갑과 을의 허위 거래를 통하여 형성된 것을 토대로 다른 거래를 한 경우, 누구도 병에게 갑과 을의 거래가 무효라고 주장할 수 없다.
> ○ 이렇게 병을 보호하는 이유는 병이 이 거래를 기초로 해서 새로운 이해관계를 가지게 되었기 때문이다.
> ○ 병과 같이 보호를 받기 위해서는 새로운 거래를 했느냐 하는 형식적 판단이 아니라, 서로 짜고 가짜로 한 거래를 기초로 해서 새로운 이해관계가 생겼는지 여부를 실질적으로 판단해야 한다.

보기

ㄱ. A는 B에게 자신의 아파트를 허위로 양도하였고, C는 B가 진짜 소유자인 줄 알고 B와 아파트에 관한 매매 계약을 체결하여 아파트를 취득하게 된 경우의 C.
ㄴ. A는 B로부터 허위로 돈을 빌린 것처럼 하여 이 사실을 모르는 C에게 보증인이 될 것을 요청했다. C는 A의 보증인으로서 B에게 돈을 갚았고, 그 돈을 A에게 달라고 한 경우의 C.
ㄷ. A는 B에게 자신의 토지를 허위로 양도하였다. B가 이 사실을 모르는 D에게 이 토지를 양도하였다. 소유권을 상실한 A는 B에게 손해 배상을 청구하였는데, B에 대한 손해 배상 청구권을 양도받은 C.

① ㄱ ② ㄷ ③ ㄱ, ㄴ
④ ㄴ, ㄷ ⑤ ㄱ, ㄴ, ㄷ

09
재판채택진술

원님 갑이 재판에서 채택할 진술을 〈사례〉에서 있는 대로 고른 것은? 제11회 2019 LEET 문7

원님 갑은 고을에서 일어나는 범죄에 대한 모든 재판을 담당하였다. 재판에서 증거로 받아들이기 어려운 진술들이 많이 제출되어 재판이 지연되자, 갑은 일정한 요건을 갖춘 증거들만 제출할 수 있도록 제한하였다. 그리하여 갑은 용의자의 평소 행실에 관한 진술은 재판에서 채택하지 않기로 하였다.

그러나 갑은 증인의 평소 언행의 진실성에 대한 진술은 들을 필요가 있다고 생각하였고, 이러한 진술의 채택 요건을 아래와 같이 제한하여 예외적으로 받아들였다.

첫째, 증인의 평소 언행의 진실성에 대해서 진술하는 것은 평소 고을에서의 평판에만 한정하고, 과거에 특정한 행위를 한 적이 있다는 진술은 채택하지 않는다.

둘째, 증인이 예전에 재판에서 허위 진술을 하여 처벌을 받은 적이 있다는 것은 중요하기 때문에 이에 대한 진술은 채택하기로 한다.

셋째, 증인의 평소 언행의 진실성을 모든 사건에서 다 확인할 필요는 없기 때문에 '증인이 진실하다'는 진술은 다른 사람이 '증인이 진실하지 못하다'고 진술하거나 '증인이 예전에 재판에서 허위 진술을 하여 처벌을 받은 적이 있다'고 진술을 한 때에 비로소 채택한다.

〈사례〉

현재 갑이 담당하고 있는 재판에서 갑돌이는 〈혐의 1〉 갑순이 집 앞에서 담배를 피우다 버려 갑순이 집의 외양간을 태웠고, 〈혐의 2〉 그 사실이 소문나면 주인마님에게 혼날까 봐 무서워 불이 나던 날 밤 '을돌이가 갑순이 집 앞에서 담배를 피우는 것을 보았다'는 거짓 소문을 냈다는 두 가지 혐의를 받고 있다.

〈혐의 1〉과 관련하여 갑이 갑돌이에게 그날의 행적에 대하여 묻자, 갑돌이는 ㉠ "저는 주변에서 매우 조심성 있는 사람이라는 평을 듣습니다."라고 진술하였다. 다음으로 〈혐의 2〉와 관련하여 갑돌이의 친구 마당쇠가 증인으로 나와 "갑돌이는 거짓말을 안 하는 진실한 놈이라는 평판이 자자합니다."라고 진술하였다. 그러자 대장장이가 증인으로 나와 ㉡ "예전에 마당쇠가 을순이에게 거짓말을 해서 을순이 아버지에게 크게 혼난 일이 있었지요."라고 진술하였다. 갑이 을돌이를 증인으로 불러 그날의 행적에 대하여 진술하게 하자 을돌이는 "그날 저는 집에 있었습니다."라고 진술하였다. 이에 다음 증인 병돌이는 ㉢ "예전에 을돌이가 아랫동네 살인 사건 재판에서 거짓말을 하여 곤장 다섯 대를 맞은 적이 있습니다."라고 진술하였다. 이에 다른 증인 방물장수는 ㉣ "을돌이가 매우 진실하다는 소문이 윗마을까지 나 있습니다."라고 진술하였다.

① ㉠, ㉡　　② ㉠, ㉣　　③ ㉢, ㉣
④ ㉠, ㉡, ㉢　　⑤ ㉡, ㉢, ㉣

10

사이버몰판매 / 규정이해 및 사례에의 적용

다음으로부터 추론한 것으로 옳은 것만을 〈보기〉에서 있는 대로 고른 것은?

제12회 2020 LEET 문10

인터넷이나 모바일 등에서 거래를 중개하는 사업 모델 중 포털사이트나 가격비교사이트는 판매 정보를 제공하고 판매자의 사이트로 연결하는 통로의 역할만 한다. 이에 비해 오픈마켓 형태의 모델은 사이버몰을 열어 놓고 다수의 판매자가 그 사이버공간에서 물건을 판매하도록 한다. 후자의 모델은 중개자가 거래 공간을 제공할 뿐만 아니라 계약 체결이나 대금 결제의 일부에 참여하기도 하여 소비자가 중개자를 거래 당사자로 오인할 가능성이 크다. 이러한 판매 중개와 관련하여 X국의 법률은 다음과 같이 규정하고 있다.

(1) '사이버몰판매'란 판매자가 소비자와 직접 대면하지 않고 사이버몰(컴퓨터, 모바일을 이용하여 재화를 거래할 수 있도록 설정된 가상의 영업장을 말한다)을 이용하고 계좌이체 등을 이용하는 방법으로 소비자의 청약을 받아 재화를 판매하는 것이다.
(2) '사이버몰판매중개'란 사이버몰의 이용을 허락하거나 중개자 자신의 명의로 사이버몰판매를 위한 광고수단을 제공하거나 청약의 접수 등 사이버몰판매의 일부를 수행하는 방법으로 거래 당사자 간의 사이버몰판매를 알선하는 행위이다.
(3) 사이버몰판매중개자는 사이버몰 웹페이지의 첫 화면에 자신이 사이버몰판매의 당사자가 아니라는 사실을 고지하면 판매자가 판매하는 상품에 관한 손해배상책임을 지지 않는다. 다만, 사이버몰판매중개자가 청약의 접수를 받거나 상품의 대금을 지급받는 경우 사이버몰판매자가 거래상 의무를 이행하지 않을 때에는 이를 대신하여 이행해야 한다.

〈보기〉

ㄱ. P는 인터넷에서 주문을 받아 배달하는 전문 업체로서, 유명 식당에 P의 직원이 직접 가서 주문자 대신 특정 메뉴를 주문하고 결제하여 주문자가 원하는 곳으로 배달까지 해 주는 서비스를 제공한다. 이 경우 P는 사이버몰판매중개자가 아니다.
ㄴ. Q는 모바일 어플리케이션을 이용하여 원룸과 오피스텔의 임대차를 전문적으로 중개하는 사업자이다. 이 경우 Q는 사이버몰판매중개자이다.
ㄷ. R는 인터넷에서 테마파크의 할인쿠폰을 판매하는 업체이다. R는 인터넷 쇼핑몰 웹페이지에 자신이 사이버몰판매의 당사자가 아니라고 고지한 경우 상품에 관한 손해배상책임에서 면제된다.

① ㄱ ② ㄷ ③ ㄱ, ㄴ
④ ㄴ, ㄷ ⑤ ㄱ, ㄴ, ㄷ

11

요건 포섭여부 판단

〈규정〉에 따라 X국 감독당국에 신고의무가 있는 경우만을 보기 에서 있는 대로 고른 것은?

제13회 2021 LEET 문7

X국은 X국 회사가 외국에서 증권을 발행하는 경우뿐만 아니라 외국 회사가 외국에서 증권을 발행하는 경우에도 다음 〈규정〉에 따라 X국 감독당국에 대한 신고의무를 부과하고 있다.

〈규정〉

제1조 X국 회사가 외국에서 증권을 발행하는 경우 X국 감독당국에 신고하여야 한다. 다만, 그 증권이 X국 거주자가 발행일부터 2년 이내에 그 증권을 취득하는 것을 허용하지 않는 때에는 그러하지 아니하다.

제2조 외국에서 증권을 발행하는 외국 회사가 X국 주식시장에 상장되어 있거나 X국 거주자의 주식보유비율이 20% 이상인 경우 제1조를 준용한다.

제3조 제2조의 외국 회사가 외국에서 외국 통화로 표시한 증권을 발행하는 경우 그 증권이 X국 거주자가 발행일부터 1년 이내에 그 증권을 취득하는 것을 허용하지 않는 때에는 제1조의 신고의무가 없다.

보기

ㄱ. X국 주식시장에 상장된 Y국 회사(X국 거주자의 주식보유비율 10%)가 '발행일로부터 2년이 경과하지 않으면 X국 거주자가 취득할 수 없다'는 조건이 포함된 증권(X국 통화로 표시)을 Y국에서 발행하는 경우

ㄴ. Y국 주식시장에 상장된 Z국 회사(X국 거주자의 주식보유비율 15%)가 '발행일로부터 1년이 경과하면 X국 거주자가 취득할 수 있다'는 조건이 포함된 증권(X국 통화로 표시)을 Y국에서 발행하는 경우

ㄷ. Y국 주식시장에 상장된 Z국 회사(X국 거주자의 주식보유비율 20%)가 '발행일로부터 6개월이 경과하면 X국 거주자가 취득할 수 있다'는 조건이 포함된 증권(Z국 통화로 표시)을 Y국에서 발행하는 경우

① ㄱ ② ㄷ ③ ㄱ, ㄴ
④ ㄴ, ㄷ ⑤ ㄱ, ㄴ, ㄷ

3 사례형 문제

12
국제형사재판소
관할권 행사

다음 〈규정〉과 〈사실관계〉를 근거로 판단할 때 국제형사재판소의 관할권 행사가 가능한 경우를 보기 에서 고른 것은?

제2회 2010 LEET 문4

〈규정〉

제12조 【관할권 행사의 전제조건】

제13조 (가)와 (나)의 경우, 집단살해죄 혐의 행위가 발생한 영역국이나 그 범죄혐의자의 국적국 중, 어떤 국가가 이 규정의 회원국이거나 국제형사재판소의 관할권을 수락한 경우에만 국제형사재판소는 관할권을 행사할 수 있다.

제13조 【관할권의 행사】

국제형사재판소는 다음 어느 하나에 해당하는 경우, 집단살해죄에 대하여 관할권을 행사할 수 있다.

(가) 회원국이 집단살해죄 혐의사건을 국제형사재판소의 검사에게 회부한 경우
(나) 국제형사재판소의 검사가 집단살해죄 혐의사건에 대하여 수집한 정보를 근거로 독자적으로 수사를 개시한 경우
(다) 국제연합 안전보장이사회가 집단살해죄 혐의사건을 국제형사재판소의 검사에게 회부한 경우

〈사실관계〉

국제형사재판소의 검사는 A국의 대통령 갑이 집단살해죄의 혐의가 있다는 정보를 수집하였다. 대통령 갑의 집단살해의 대상은 A국에 거주하고 있는 B국 국적의 사람들이고, 그 행위가 발생한 영역국은 A국이었다. A국은 위 규정의 회원국이 아니었으나 B국과 C국은 회원국이었다.

보기

ㄱ. A국이 국제형사재판소의 관할권을 수락한 후 C국이 이 사건을 국제형사재판소의 검사에게 회부하였다.
ㄴ. B국이 이 사건을 국제형사재판소의 검사에게 회부하였다.
ㄷ. 국제형사재판소의 검사가 이 사건에 대하여 수집한 정보를 근거로 독자적으로 수사를 개시하였다.
ㄹ. 국제연합 안전보장이사회가 이 사건을 국제형사재판소의 검사에게 회부하였다.

① ㄱ, ㄷ ② ㄱ, ㄹ ③ ㄴ, ㄷ
④ ㄴ, ㄹ ⑤ ㄷ, ㄹ

13

규정과 판례를 통한 형벌의 추론

옛날 어떤 나라에 살던 노비 '흉'은 동료 셋과 함께 양민인 주인의 숙부를 구타하여 손가락 3개를 부러뜨리고 도망하였다가 동료 한 명을 붙잡아 자수하였다. 당시의 〈형벌 규정〉과 이를 적용한 〈처벌 사례〉를 근거로 판단할 때, '흉'이 받았을 처벌은?

제2회 2010 LEET 문22 [규범 이해 및 적용 예시문항]

〈형벌 규정〉

○ 장형에는 60대, 70대, 80대, 90대, 100대의 다섯 등급이 있다. 그 위로는 도형에 처해지는데, 도형에는 1년, 1년 반, 2년, 2년 반, 3년의 다섯 등급이 있다.

○ 양민이 양민을 물건으로 구타하면 장형 60대에 처한다. …… 물건으로 상해하면 장형 80대에 처한다. …… 치아나 손가락을 1개 부러뜨리면 도형 1년에 처한다. 치아나 손가락을 2개 이상 부러뜨리면 도형 1년 반에 처한다. 칼날로 상해하거나 늑골을 부러뜨리면 도형 2년에 처한다. 팔이나 다리를 부러뜨리거나 한쪽 눈을 실명케 하면 도형 3년에 처한다.

○ 여럿이 함께 사람을 구타하여 상해하였다면 1등급씩 감한다. 범인이 자수를 하면 2등급을 감하고, 같이 범행을 저지른 범인을 붙잡아 자수할 경우 다시 1등급을 감하고, 반수 이상을 붙잡아 자수할 경우 다시 1등급을 감한다.

○ 가해자와 피해자 신분이 양민, 상급 천민인 부곡, 하급 천민인 노비로 서로 다른 경우, 신분의 고하에 따라 1등급을 차등적으로 가감하고, 가해자나 피해자에 주인의 친족이 포함된 경우 다시 1등급을 차등적으로 가감한다.

〈처벌 사례〉

○ 양민 갑의 노비 을은 양민 병과 싸우다 병의 치아를 하나 부러뜨려 도형 2년에 처해졌고, 병의 부곡 정은 갑과 싸우다 갑의 치아를 2개 부러뜨려 도형 2년에 처해졌다.

○ 갑의 노비 을은 갑의 숙부 무와 싸우다 무를 벽돌로 쳐서 상해를 입혀 도형 1년에 처해졌고, 무는 을의 늑골을 부러뜨려 장형 100대에 처해졌다.

① 도형 2년 반　　② 도형 2년　　③ 도형 1년 반
④ 도형 1년　　⑤ 장형 100대

14

규정에 따른
사례의 형벌
추론

〈규정〉에 따라 〈사례〉의 병이 받을 형벌은?

제13회 2021 LEET 문8

〈규정〉

(1) 형벌 중 중형에는 다음 여섯 등급이 있다.

1등급	사형
2등급	노역 5년 후 3천 리 밖으로 유배
3등급	3천 리 밖으로 유배
4등급	2천 리 밖으로 유배
5등급	노역 3년 6개월
6등급	노역 3년

(2) 사람을 때려 재물을 빼앗은 자는 3천 리 밖으로 유배한다.
(3) 다른 사람의 범죄를 도운 자는 범죄를 저지른 자보다 한 등급을 감경하여 처벌한다.
(4) 자신을 체포하려는 포졸을 때려 상해를 입힌 자의 형벌은 네 등급을 가중한다.
(5) 탈옥한 자의 형벌은 세 등급을 가중한다.
(6) 자수한 자의 형벌은 세 등급을 감경한다.
(7) 1~3등급에서 형을 감경하는 경우 3등급, 4등급은 하나의 등급으로 취급한다. 가령 2등급에서 두 등급을 감경하면 5등급이다.
(8) 3~6등급에서 형을 가중하는 경우 2등급이 상한이다.
(9) (3)~(6)의 형벌 가중·감경 사유 중 두 개 이상에 해당하면, 해당 사유 모두를 (3), (4), (5), (6)의 순서대로 적용한다.

〈사례〉

갑이 을을 때려 재물을 빼앗는 동안 병은 갑을 위하여 망을 보아주었다. 도망쳐 숨어 지내던 병은 포졸 정의 눈에 띄어 체포될 위기에 처하자 그를 때려 상해를 입히고 달아났다. 이후 병은 관아에 자수하고 갇혀 있던 중 탈옥하였다.

① 노역 5년 후 3천 리 밖으로 유배
② 3천 리 밖으로 유배
③ 2천 리 밖으로 유배
④ 노역 3년 6개월
⑤ 노역 3년

15
군무원의
이중배상
금지

X국 Z법률의 〈규정〉과 〈사실관계〉로부터 추론한 것으로 옳은 것을 보기 에서 고른 것은?

제6회 2014 LEET 문4

〈규정〉

군인·경찰관 기타 공무원의 직무상 불법행위로 손해를 받은 사람은 국가에 손해배상을 청구할 수 있다. 다만 군인·경찰관이 전투·훈련과 관련된 직무집행과 관련하여 받은 손해에 대하여 다른 법률에 따라 보상금을 지급 받을 수 있는 경우에는 국가에 대해 손해배상을 청구할 수 없다.

〈사실관계〉

회사원 A는 동료인 B를 태우고 자기 아버지 C 소유의 승용차를 운전하던 중, 육군 하사인 D가 운전하던 오토바이와 충돌하였다. 당시 그 오토바이 뒷좌석에는 육군 중사인 E가 타고 있었고 D와 E는 직무를 집행하던 중이었다. 위 교통사고는 D가 운전 중 졸음을 이기지 못하고 전방을 제대로 주시하지 못하여 발생한 것이었다. 이 사고로 인하여 B와 E는 각각 약 8주간의 치료를 필요로 하는 우슬관절내측부인대파열 및 전방십자인대파열 등의 상해를 입었다.

보기

ㄱ. D의 직무상 불법행위가 인정되고 A도 상해를 입었다면 A는 국가에 대해 손해배상을 청구할 수 있을 것이다.
ㄴ. D의 직무상 불법행위가 인정되더라도 사고 당시 D의 직무집행행위가 전투·훈련과 무관한 것이라면 B는 국가에 대해 손해배상을 청구할 수 없을 것이다.
ㄷ. D의 직무상 불법행위가 인정되고 그로 인해 C의 자동차가 파손되었더라도 C는 그 피해의 배상을 국가에 청구할 수 없을 것이다.
ㄹ. D의 직무상 불법행위가 인정되고 사고 당시 D와 E의 직무가 전투·훈련과 무관한 것이라면 E는 국가에 대해 손해배상을 청구할 수 있을 것이다.

① ㄱ, ㄴ　② ㄱ, ㄹ　③ ㄴ, ㄷ
④ ㄴ, ㄹ　⑤ ㄷ, ㄹ

16

소유권 취득 특례

Y의 소유권자에 대하여 A와 B의 판단이 일치하지 않는 경우는?

제7회 2015 LEET 문8 [규범 이해 및 적용 예시문항]

〈사건 개요〉

갑은 을 소유의 소 X를 훔쳐 병에게 팔았다. 갑은 이러한 사실을 병에게 말하지 않았기 때문에 병은 매수할 당시 X가 도둑맞은 소임을 알지 못했다. X는 병의 농장에서 송아지 Y를 출산하였다. 그 후 을은 병의 농장에서 X를 찾게 되었고, 병에게 X와 Y를 모두 자기에게 반환하라고 요구하고 있다.

〈법률〉

원래의 소유권자는 도둑맞은 물건(도품)을 매수한 사람에게 자신의 소유물을 반환하라고 요구할 수 있다. 그러나 매수자가 그 물건을 매수하였을 당시에 도품인 것을 알지 못한 상태에서 2년 동안 보유하였을 때에는 도품에 대한 소유권을 갖게 된다.

〈논쟁〉

A : Y는 X의 일부로 보아 판단해야 해. 〈법률〉에 따라 아직 일정한 기간이 지나지 않았기 때문에 병이 X를 소유할 수 없다고 판단된다면 그 경우에 Y도 을의 것이어야 해. 이 경우 X가 Y를 을의 농장에서 수태하였든 병의 농장에서 수태하였든 그것은 고려할 필요가 없어. 또한 〈법률〉이 정한 기간이 지나 병이 X의 소유권을 갖게 되면 병은 Y도 소유하게 돼.

B : 항상 Y를 X의 일부로 판단할 수는 없어. 물론 병이 X를 소유할 수 있을 정도로 〈법률〉이 정한 기간이 지났다면 Y도 병의 소유가 된다는 점은 당연해. 하지만 그러한 기간이 지나지 않은 경우에도 병이 X를 매수한 다음에 Y가 수태되었고, Y가 태어날 때까지 X가 도품인 줄 병이 몰랐다면, 병은 Y를 가질 자격이 있어. 이 경우만은 X와 Y의 소유를 별개로 생각해야 해.

① X가 Y를 수태한 것이 도난되기 전이었고, Y의 출산 이후 X가 도품임을 병이 알았는데 그 시점이 매수 이후 2년이 지나기 전인 경우

② X가 Y를 수태한 것이 도난되기 전이었고, Y의 출산 이후 X가 도품임을 병이 알았는데 그 시점이 매수 이후 2년이 지난 뒤인 경우

③ X가 Y를 수태한 것이 매수 이후이었고, Y의 출산 이후 X가 도품임을 병이 알았는데 그 시점이 매수 이후 2년이 지나기 전인 경우

④ X가 Y를 수태한 것이 매수 이후이었고, Y의 출산 이후 X가 도품임을 병이 알았는데 그 시점이 매수 이후 2년이 지난 뒤인 경우

⑤ X가 Y를 수태한 것이 매수 이후이었고, Y의 출산 이전에 X가 도품임을 병이 알았는데 그 시점이 매수 이후 2년이 지나기 전인 경우

17
정당의 합당
절차 및 요건

〈규정〉에 따라 〈사례〉를 판단한 것으로 옳은 것만을 [보기]에서 있는 대로 고른 것은? (단, 기간을 계산할 때 초일(初日)은 산입하지 않고, 공휴일 여부는 무시한다.) 제10회 2018 LEET 문2

〈규정〉

제1조(합당) ① 정당이 새로운 당명으로 합당(이하 '신설합당'이라 한다)할 때에는 합당을 하는 정당들의 대의기관의 합동회의의 결의로써 합당할 수 있다.

② 정당의 합당은 제2조 제1항의 규정에 의하여 선거관리위원회에 등록함으로써 성립한다.

③ 본조 제1항 및 제2항의 규정에 의하여 정당의 합당이 성립한 경우에는 그 소속 시·도당도 합당한 것으로 본다. 다만, 신설합당의 경우 합당등록신청일로부터 3개월 이내에 시·도당개편대회를 거쳐 변경등록신청을 해야 한다.

④ 신설합당된 정당이 제3항 단서의 규정에 의한 기간 이내에 변경등록신청을 하지 아니한 경우에는 그 기간만료일의 다음날에 당해 시·도당은 소멸된다.

제2조(합당된 경우의 등록신청) ① 신설합당의 경우 정당의 대표자는 제1조 제1항의 규정에 의한 합동회의의 결의가 있은 날로부터 14일 이내에 선거관리위원회에 합당등록신청을 해야 한다.

② 제1항의 경우에 시·도당의 소재지와 명칭, 대표자의 성명 및 주소는 합당등록신청일로부터 120일 이내에 보완해야 한다.

③ 제2항의 경우에 그 기간 이내에 보완이 없는 때에는 선거관리위원회는 시·도당의 등록을 취소할 수 있다.

〈사례〉

A당과 B당은 국회의원 선거를 앞두고 2017년 5월 1일 대의기관 합동회의에서 합당 결의를 하고 C당으로 당명을 변경하였다.

보기

ㄱ. C당으로의 합당이 성립하려면 그 대표자에 의한 합당등록신청 외에 그 소속 시·도당의 합당이 전제되어야 한다.

ㄴ. C당 소속 시·도당이 개편대회를 통해 변경등록신청을 하지 않은 경우 당해 시·도당이 소멸되는 시점은 2017년 8월 16일이다.

ㄷ. C당의 대표자가 2017년 5월 10일 합당등록신청을 한 경우 늦어도 2017년 9월 7일까지 그 소속 시·도당의 대표자의 성명을 보완하지 않으면 당해 시·도당의 등록이 취소될 수 있다.

① ㄴ ② ㄷ ③ ㄱ, ㄴ
④ ㄱ, ㄷ ⑤ ㄱ, ㄴ, ㄷ

18

특별이해관계 주주의 의결권 제한

〈규정〉에 따라 〈사례〉를 판단한 것으로 옳은 것만을 보기 에서 있는 대로 고른 것은?

제10회 2018 LEET 문4

〈규정〉

(1) 주주가 소유하는 주식 1주 당 의결권 1개가 인정된다. 다만, 어떤 안건에 특별한 이해관계가 있는 주주는 주주총회에서 그 안건에 의결권을 행사하지 못한다.

(2) 이사는 주주총회의 특별결의로 해임될 수 있다.

(3) 주주총회의 특별결의는 출석 주주의 소유 주식 수가 회사발행주식 총수의 3분의 1 이상이고, 출석 주주 중에서 의결권을 행사할 수 있는 주주의 의결권 수의 3분의 2 이상 찬성이라는 두 가지 요건을 모두 충족하는 결의를 말한다.

〈사례〉

X 주식회사의 발행주식 총수는 1,000주인데 모두 의결권이 있는 주식이다. 갑은 발행주식 총수의 34%, 을은 26%, 병은 40%를 갖고 있다. 병은 이 회사의 이사이다. 한편, 병의 이사해임 안건이 주주총회에 상정되었다. 병이 자신의 해임 안건에 대하여 특별한 이해관계가 있는 주주인지 여부가 다투어지고 있다.

보기

ㄱ. 병이 해임 안건에 특별한 이해관계가 있다면, 갑, 을, 병이 모두 출석한 경우 갑과 을이 모두 해임에 찬성해야만 병의 해임 안건이 가결된다.

ㄴ. 병이 해임 안건에 특별한 이해관계가 없다면, 갑과 을은 불참하고 병만 출석한 경우 해임에 대한 가부의 결의를 할 수 없다.

ㄷ. 병이 해임 안건에 특별한 이해관계가 있다면, 을은 불참하고 갑과 병은 참석한 경우 갑의 찬성만으로 병의 해임을 가결할 수 없다.

① ㄱ ② ㄴ ③ ㄱ, ㄷ
④ ㄴ, ㄷ ⑤ ㄱ, ㄴ, ㄷ

19

특허보상규정

〈규정〉을 근거로 〈사실관계〉에 대하여 옳은 판단을 하는 변호사는? 제11회 2019 LEET 문8

〈규정〉

종업원은 직무와 관련하여 한 발명에 대하여 기여도에 따라 다음과 같이 보상을 받을 권리를 가진다.

(1) 회사가 직무발명에 대한 특허출원을 할 경우 출원보상을 한다. 보상금은 그 중요도에 따라 건당 10만 원에서 30만 원을 지급하며, 나머지는 회사 내에 설치된 직무발명심의위원회의 결정 심사 후에 지급한다.

(2) 회사 명의로 등록된 특허권을 매도 또는 임대하였을 때 처분보상을 한다. 특허권을 타인에게 유상으로 임대한 경우에는 특허임대수익의 5 ~ 10%에 해당하는 금액을 발명자에게 보상금으로 지급한다.

(3) 단, 특허임대수익의 산정은 수령하였거나 수령할 총 임대료에서 개발비용, 영업비용을 제외한다.

〈사실관계〉

X는 Y사에 직무발명에 대한 정당한 보상금의 지급을 요청하는 소송을 하기 위해 법무법인에 찾아갔다. X는 Y사에서 2007년부터 4년 4개월 동안 연구원으로 근무하였다. X는 Y사의 다른 연구원들과 함께 A사가 독점하고 있는 의약품과 동등하면서도 제조원가 대비 38%로 생산 가능한 방법을 48억 원의 비용을 들여 발명하였다. 해당 발명에 관여한 연구원들은 Y사에게 직무발명에 관한 특허 받을 권리를 이전하였고, Y사는 자사명의로 특허출원을 하였다. 이와 관련된 특허발명에서 X의 기여도는 1/3로 인정받았고 출원보상은 상여금 명목으로 5천만 원을 지급받았다.

한편 Y사는 2010년도에 A사와 특허권 임대계약을 체결하기 위해 42억 원의 비용을 소요하였다. 그 계약에 의해 A사로부터 초회 대금 45억 원, 중간 정산대금 23억 원을 지급받음과 동시에 40개월 간의 임대료로 요율 3~5%에 의해 산정된 금액 24억 원을 수령하였다. 계약기간인 2030년까지 추가적으로 수령할 Y사의 임대료는 약 28억 원으로 추정된다.

① 갑 : 특허임대수익의 5 ~ 10%에 해당하는 금액이 이미 지급받은 출원보상금 5천만 원을 넘지는 않을 것 같습니다.

② 을 : 회사가 타인에게 특허권을 유상으로 임대했기 때문에 임대료 수익을 받을 수 있겠군요. 최대 1억 원은 청구 가능할 것 같아요.

③ 병 : Y사가 해당 특허로 수령할 총 임대료는 120억 원이군요. 따라서 당신은 최대 4억 원의 보상금을 받을 수 있습니다.

④ 정 : 본 특허로 얻을 Y사의 임대료 수익은 임대료 명목으로 지급 받은 52억 원입니다. 따라서 최소 2억 6천만 원의 보상금을 청구할 수 있어요.

⑤ 무 : 임대료 수익은 실제 발생한 금액만 가지고 산정하여야 합니다. 미래의 시장 상황까지는 고려할 수 없어요. 따라서 92억 원을 특허 임대수익으로 봐야 해요.

20

공직선거법 / 지방의회

다음으로부터 〈사례〉를 판단한 것으로 옳은 것은?

제11회 2019 LEET 문9

지방자치단체의 구역변경이나 설치·폐지·분할 또는 합병이 있는 때에는 다음과 같이 당해 지방의회의 의원정수를 조정하고 의원의 소속을 정한다.

첫째, 지방자치단체의 구역변경으로 선거구에 해당하는 구역의 전부가 다른 지방자치단체에 편입된 때에는 그 편입된 선거구에서 선출된 의원은 종전의 지방의회의원의 자격을 상실하고 새로운 지방의회의원의 자격을 취득하되, 그 임기는 종전의 지방의회의원의 잔임기간으로 하며, 해당 의회의 의원정수는 재직하고 있는 의원수로 한다.

둘째, 선거구에 해당하는 구역의 일부가 다른 지방자치단체에 편입된 때에는 그 편입된 구역이 속해 있던 선거구에서 선출되었던 의원은 자신이 속할 지방의회를 선택한다. 그 선택한 지방의회가 종전의 지방의회가 아닌 때에는 종전의 지방의회의원의 자격을 상실하고 새로운 지방의회의원의 자격을 취득하되, 그 임기는 종전의 지방의회의원의 잔임기간으로 하며, 해당되는 의회 각각의 의원정수는 재직하고 있는 의원수로 한다.

셋째, 두 개 이상의 지방자치단체가 합병하여 새로운 지방자치단체가 설치된 때에는 종전의 지방의회의원은 새로운 지방자치단체의 지방의회의원으로 되어 잔임기간 재임하며, 그 잔임기간의 합병된 의회의 의원정수는 재직하고 있는 의원수로 한다.

넷째, 하나의 지방자치단체가 분할되어 두 개 이상의 지방자치단체가 설치된 때에는 종전의 지방의회의원은 후보자등록 당시의 선거구를 관할하게 되는 지방자치단체의 지방의회의원으로 되어 잔임기간 재임하며, 그 잔임기간의 분할된 의회의 의원정수는 재직하고 있는 의원수로 한다. 이 경우 비례대표의원은 자신이 속할 지방의회를 선택한다.

〈사례〉
- 지방자치단체인 A구 의회의 선거구는 a1, a2, a3, a4로 구성되어 있다. 각 선거구에서 2명의 지역구의원이 선출되며, 비례대표의원은 2명으로 의원 정수는 10명이다.
- 지방자치단체인 B구 의회의 선거구는 b1, b2, b3으로 구성되어 있다. 각 선거구에서 2명의 지역구의원이 선출되며, 비례대표의원은 2명으로 의원 정수는 8명이다.

① A구와 B구가 합병된다면, 합병된 지방의회의 잔임기간 의원정수는 16명이다.
② A구 선거구 a1이 B구로 편입된다면, a1에서 선출된 A구 의회의원은 A구 의회 소속을 유지한다.
③ A구 선거구 a2의 일부 구역이 B구로 편입된다면, a2에서 선출된 A구 의회의원은 B구 의회로 소속이 변경된다.
④ B구가 2개의 지방자치단체 B1(b1)구와 B2(b2+b3)구로 분할된다면, B1구 지방의회의 잔임기간 최대 의원정수는 4명이다.
⑤ 지방자치단체의 구역변경·합병·분할 중, 지방의회의원의 잔임기간이 경과한 후 해당 지방의회 의원정수가 조정될 가능성이 있는 것은 구역변경과 분할이다.

21

규정에 따른 사례의 주차대수추론

〈규정〉에 따라 〈사례〉의 갑이 추가로 갖추어야 할 최소 주차대수는? 제13회 2021 LEET 문10

〈규정〉

제1조 주차수요를 유발하는 건축물 등('시설물')을 건축하거나 설치하려는 자는 〈표〉의 용도별 설치기준에 따라 부설주차장을 설치하여야 한다.

제2조 ① 부설주차장에 설치된 기계식주차장치가 노후·고장 등의 이유로 작동이 불가능하거나 안전상 철거가 불가피한 경우 이를 철거할 수 있다.

② 시설물의 소유자는 제1항에 따라 기계식주차장치를 철거함으로써 제1조에 따른 부설주차장의 설치기준에 미달하게 되는 경우에는 부설주차장을 추가로 설치하여야 한다.

③ 구청장은 제1항에 따라 기계식주차장치를 철거하는 경우 〈표〉의 부설주차장 설치기준을 2분의 1로 완화하여야 한다.

④ 제3항에 의해 완화된 설치기준에 따라 부설주차장을 설치한 이후 해당 시설물이 증축되거나 부설주차장 설치기준이 강화되는 용도로 변경될 때에는 그 증축 또는 용도변경하는 부분에 대해서만 〈표〉의 부설주차장 설치기준을 적용한다.

제3조 시설물의 용도를 변경하는 경우 용도변경 시점의 부설주차장 설치기준에 따라 변경 후 용도의 최소 주차대수를 갖추도록 부설주차장을 설치하여야 한다.

〈표〉

시설물의 용도	설치기준(최소 주차대수)
위락시설	시설면적 100 ㎡당 1대
판매시설	시설면적 150 ㎡당 1대

〈사례〉

갑은 판매시설로 사용되는 시설면적 6,000 ㎡의 시설물의 소유자이다. 40대를 수용하는 기존 기계식주차장치가 고장으로 작동이 불가능하자 갑은 이 기계식주차장치를 전부 철거하고, 구청장으로부터 부설주차장 주차기준을 2분의 1로 완화 적용받아 20대를 수용하는 부설주차장을 설치하였다. 갑은 이 시설물의 시설면적 중 3,000 ㎡를 위락시설로 용도변경하려 한다.

① 0대 ② 5대 ③ 10대
④ 15대 ⑤ 20대

22

미술품 저작권/ 규정에 따른 사례 판단

〈규정〉을 〈사례〉에 적용한 것으로 옳지 않은 것은?

제13회 2021 LEET 문12

X국은 〈규정〉과 같이 미술품에 대한 저작자의 권리를 인정한다.

〈규정〉

제1조 '미술상'은 저작권협회 회원으로서 미술품을 영업으로 매도·매수·중개하는 자이다.

제2조 미술저작물의 원본이 최초로 매도된 후에 계속해서 거래되고, 각 후속거래에서 미술상이 매도·매수·중개한 경우, 저작자는 매도인을 상대로 ㉠ 거래가액의 일정 비율의 금액을 청구할 수 있다. 거래가액이 40만 원 미만이면 그러하지 아니하다.

제3조 제2조에 의하여 청구할 수 있는 금액은 다음과 같이 거래가액을 기준으로 산정한다.

(1) 5천만 원 이하: 거래가액의 1%

(2) 5천만 원 초과 2억 원 이하: 거래가액의 2%

(3) 2억 원 초과: 거래가액의 3%. 단, 상한은 1천만 원으로 한다.

제4조 저작자는 미술상에게 최근 3년간 미술상이 관여한 자기 저작물의 거래 여부에 관한 정보를 요구할 수 있고, 미술상은 이에 응하여야 한다.

제5조 저작자는 제2조의 권리를 행사하기 위해, 거래에 관여한 미술상에게 매도인의 이름, 주소, 거래가액에 관한 정보를 요구할 수 있고, 미술상은 이에 응하여야 한다.

〈사례〉

화가 갑은 자신이 그린 그림 A를 40만 원에 미술상 을에게 판매하였다. 한 달 후 을은 친구 병에게 A를 20만 원에 판매하였다. 5년이 지나 병은 을의 중개로 미술상 정에게 A를 2억 원에 판매하였다. 그로부터 1년 후 사업가 무가 정에게서 A를 3억 원에 구입하였고, 다시 3년이 지나 무는 기에게 A를 선물하였다.

① 갑이 청구할 수 있는 ㉠은 총 1천3백만 원이다.
② 을은 갑에게 ㉠으로 4천 원을 지급할 의무가 없다.
③ 병은 갑에게 ㉠을 지급할 의무가 있다.
④ 갑은 을을 상대로 병의 이름과 주소, 병이 정에게 매도한 금액에 관한 정보의 제공을 요구할 수 있다.
⑤ 갑이 정에게 A의 거래 여부에 관한 정보를 요구할 경우, 기가 현재 A를 보유하고 있다는 사실을 알고 있는 정은 그 정보를 제공할 의무가 있다.

23

규정에 따른
사실관계 판단

[규정]에 따라 〈사실관계〉를 판단할 때 갑의 운전면허는 최종적으로 언제까지 정지되는가?

제14회 2022 LEET 문4

[규정]

제1조(정의) ① '벌점'은 교통법규위반에 대하여 그 위반의 경중에 따라 위반행위자에게 배점되는 점수를 말한다.

② '처분벌점'은 교통법규위반시 배점된 벌점을 누적하여 합산한 점수에서 기간경과로 소멸한 벌점 점수와 운전면허정지처분으로 집행된 벌점을 뺀 점수를 말한다.

제2조(벌점의 배점 등) ① 속도위반을 제외한 교통법규위반에 대하여 배점되는 벌점은 아래 표와 같다.

사유	벌 점	사유	벌 점
신호위반	15점	정지선위반	18점
앞지르기금지위반	20점	갓길통행	25점

② 속도위반에 대하여 배점되는 벌점은 아래 표와 같다.

초과된 속도	20km/h 초과 40km/h 이하	40km/h 초과
벌 점	15점	40점

③ 벌점은 해당 교통법규위반일로부터 3년이 지나면 소멸하고, 30점 미만인 처분벌점은 최종 교통법규위반일로부터 교통법규위반 없이 1년이 지나면 소멸한다.

제3조(운전면허정지처분 등) ① 처분벌점이 40점 이상이 되면 운전면허정지처분을 하되, 최종 교통법규위반일 다음날부터 운전면허가 정지되며 처분벌점 1점을 정지일수 1일로 계산하여 집행한다.

② 운전면허 정지 중에 범한 교통법규위반행위에 대해서는 벌점을 2배로 배점한다.

③ 운전면허 정지 중에 새로운 운전면허정지처분을 추가로 받는 경우, 추가된 운전면허정지처분은 집행 중인 운전면허정지처분의 기간이 종료한 다음날부터 집행한다.

〈사실관계〉

갑은 그 이전까지는 교통법규위반 전력이 없었는데, 2017. 5. 1.에 신호위반을 하고, 2020. 7. 1.에 정지선위반을 하고, 2021. 3. 1.에 갓길통행을 하고, 2021. 4. 1.에 규정속도를 45km/h 초과하여 속도위반을 하였다. 갑은 위 모든 교통법규위반행위들에 대해 위반일자에 [규정]에 따른 벌점 또는 운전면허정지처분을 받았다.

① 2021. 5. 23　② 2021. 6. 7　③ 2021. 6. 14
④ 2021. 7. 2　⑤ 2021. 7. 17

24

처벌방법 / 규정에 따른 사례 판단

X국, Y국 법원이 자국 규정에 따라 재판할 때 〈사례〉의 갑, 을, 병에게 선고되는 형 중 최저 형량과 최고 형량을 옳게 짝지은 것은?

제14회 2022 LEET 문 11

[X국 규정]

제1조 ① 강간한 사람은 징역 7년형에 처한다.

② 전항은 X국 영역 내에서 죄를 범한 내국인과 외국인에게 적용한다.

제2조 ① 해상에서 강도한 사람은 징역 8년형에 처한다.

② 전항은 X국 영역 내에서 죄를 범한 내국인과 외국인 및 X국 영역 외에서 죄를 범한 내국인에게 적용한다.

제3조 X국의 국적만 가진 사람을 내국인으로 본다.

제4조 처벌대상이 되는 동종 또는 이종의 범죄가 수회 범해진 경우, 개별 범죄에서 정한 형을 전부 합산하여 하나의 형을 선고한다. 이때 한 행위자가 동종의 범죄를 범한 경우, 1회의 범죄를 1개의 범죄로 본다.

[Y국 규정]

제1조 ① 강간한 사람은 징역 6년형에 처한다.

② 전항은 Y국 영역 내에서 죄를 범한 내국인과 외국인 및 Y국 영역 외에서 죄를 범한 내국인에게 적용한다.

제2조 ① 해상에서 강도한 사람은 징역 9년형에 처한다.

② 전항은 Y국 영역 내·외에서 죄를 범한 내국인과 외국인에게 적용한다.

제3조 Y국의 국적을 가진 사람을 내국인으로 본다.

제4조 ① 처벌대상이 되는 동종 또는 이종의 범죄가 2회 범해진 경우에는 개별 범죄에서 정한 형 중 중한 형을 선택하여 그 형에 그 2분의 1을 더한 형만 선고하고, 3회 이상 범해진 경우에는 개별 범죄에서 정한 형 중 가장 중한 형을 선택하여 그 형에 그 3분의 2를 더한 형만 선고한다.

② 전항에서 한 행위자가 동종의 범죄를 범한 경우, 1회의 범죄를 1개의 범죄로 본다.

〈사례〉

- X국 국적의 갑이 X국에서 1회 강간을 하고 1회 해상강도를 한 후 Y국에서 다시 1회 해상강도를 하였다. 갑은 Y국에서 재판을 받는다.
- Y국 국적의 을이 Y국에서 2회 강간을 하고 X국에 가서 1회 강간을 하였다. 본국으로 강제송환된 을은 Y국에서 재판을 받는다.
- X국과 Y국의 국적을 모두 가진 병이 Y국에서 1회 해상강도를 한 후 X국에서 2회 강간을 하였다. 병은 X국에서 재판을 받는다.

① 10년 — 13년 6개월 ② 10년 — 14년 ③ 10년 — 15년

④ 12년 — 13년 6개월 ⑤ 12년 — 14년

25

지분보유제한 / 규정에 따른 사례판단

[규정]에 따라 〈사례〉를 판단한 것으로 옳지 않은 것은? 제14회 2022 LEET 문 14

X국에서 유행성 독감이 급격히 확산하자 마스크 품귀 현상이 발생하였고 마스크 판매가격이 급등하였다. 이에 마스크 생산회사를 인수하여 마스크 공급을 독점하려는 동태가 감지되자 X국 정부는 [규정]을 제정하였다.

[규정]

제1조(지분 보유 제한) 자연인 또는 법인(회사를 포함한다)은 단독으로 또는 제2조에 규정된 '사실상 동일인'과 합하여 마스크 생산회사 지분을 50%까지만 보유할 수 있다.

제2조(사실상 동일인) '사실상 동일인'이란 다음 각호 중 어느 하나에 해당하는 자를 말한다.

1. 해당 자연인의 부모, 배우자, 자녀
2. 해당 자연인이 50% 이상 지분을 보유하고 있는 법인
3. 해당 자연인이 제1호에 규정된 자와 합하여 50% 이상 지분을 보유하고 있는 법인

〈사례〉

X국에서 마스크를 생산하는 P회사 지분은 갑이 15%, 마스크 생산과 무관한 Q회사가 20%를 보유하고 있고, 나머지는 제3자들이 나누어 보유하고 있다. Q회사 지분은 을, 병, 정이 각각 10%, 40%, 50%를 보유하고 있다. 병은 을의 남편이다.

① 병은 제3자들로부터 P회사 지분 30%를 취득할 수 있다.
② 을이 갑의 딸인 경우, 갑은 제3자들로부터 P회사 지분 35%를 취득할 수 있다.
③ 정이 갑의 딸인 경우, 정은 제3자들로부터 P회사 지분 15%를 취득할 수 있다.
④ 정이 병으로부터 Q회사 지분 10%를 취득하는 경우, 병은 제3자들로부터 P회사 지분 50%를 취득할 수 있다.
⑤ 갑이 정으로부터 Q회사 지분 50%를 취득하는 경우, 갑은 제3자들로부터 P회사 지분 35%를 취득할 수 있다.

4 진술에 함축된 정보의 파악 및 추론된 정보의 적절성 판단

26
외국인에 대한 대우

견해 (가), (나)와 〈전제〉에 기초한 판단으로 옳은 것만을 [보기]에서 있는 대로 고른 것은?

제3회 2011 LEET 문6

(가) 외국인은 내국인과 동일한 대우를 받으며, 외국인에 대한 대우는 이것으로 충분하다. 일단 자발적으로 입국한 외국인은 현지의 조건에 자신을 맡겨야 하며, 그가 외국인이란 이유로 부당한 차별을 받지 않는 한, 외국인의 국적 국가는 이 문제에 개입할 수 없다.

(나) 외국인과 내국인의 동일한 대우는 외국인에 대한 대우의 적정성을 보장하는 주요 기준은 되지만 절대적 기준은 될 수 없으며, 외국인에 대한 대우 수준은 국제사회가 합의한 최소한의 수준에 합치되게 결정되어야 한다.

〈전제〉
- (가)와 (나)는 사적 영역에서의 논의이고 공적 영역에서의 외국인에 대한 대우는 배제한다. 또한 내란 또는 전쟁 등 국가위기 상황이 아닌 평시를 기준으로 한다.
- 자국민에 대해서는 선진국이 개발도상국보다 더 높은 수준으로 대우한다.
- 외국인에 대한 대우 수준은 (가)보다 (나)를 따를 때 더 낮아지지는 않는다.

보기

ㄱ. (가)는 개발도상국이 선진국의 과도한 요구로부터 스스로를 방어하기 위한 하나의 논거로 활용될 수 있다.
ㄴ. (나)는 결과적으로 개발도상국이 선진국에 있는 자국민에 대한 특별대우를 선진국에 요구하는 것으로 인식될 수 있다.
ㄷ. '외국인을 부당하게 대우하는 자는 그 외국인의 국적 국가를 간접적으로 침해하는 것'이라는 주장은 (가)와 (나) 모두에 적용 가능한 배경 진술이 될 수 있다.
ㄹ. 만약 (가)를 지지하는 어떤 국가가 다른 상황이나 조건의 변화 없이 (나)를 따르는 것으로 정책을 변경하였다면 자국민에 대한 역차별 문제가 나타날 수 있다.

① ㄱ, ㄴ　② ㄱ, ㄹ　③ ㄴ, ㄷ
④ ㄱ, ㄷ, ㄹ　⑤ ㄴ, ㄷ, ㄹ

27

추론된
사실에 대한
종합적 판단

〈사실 관계〉에 대한 〈추리 내용〉을 평가한 것으로 적절하지 않은 것은? 제4회 2012 LEET 문3 [사실관계 추리]

〈사실 관계〉

병마영 밖에 사는 김 소사는 콩죽을 팔아 겨우 살아갔다. 어느 날 장에 가면서 열 살 난 아들에게 집을 보라 하였는데, 돌아와 보니 아들이 죽어 있었다. 목에 죔을 당한 자국이 있고, 아이 곁에 목을 조를 때 쓰인 줄이 끌러져 놓여 있었다. 세간을 점검해 보니 잃어버린 것이 호미 등 사소한 물건 몇 가지뿐이었다. ㉠이 일이 있기 전에 이웃 사는 백 소사가 이잣돈 두 꾸러미를 김 소사에게 꾸어 주었는데, 김 소사는 본전만 갚고 이자는 갚지 않았다. ㉡아이가 죽기 전날 백 소사가 김 소사의 집을 샅샅이 뒤져 집 안에 얼마 남지 않은 쌀을 모두 찾아내 가져 간 일이 있었으니, 혐의를 받을 자는 이 한 사람뿐이었다.

이에 김 소사는 백 소사를 고소하면서 "㉢백 소사의 딸이 코에 병을 얻어 보기에도 더럽다. 죽은 아이가 살았을 때 그 딸을 보고 비웃은 일이 있다. 이 사실도 원한을 맺을 꼬투리이다."라고 하였다.

〈추리 내용〉

백 소사가 진범이라면 원한이나 재물과 같은 범행 동기가 있었을 것이다. (A) 백 소사가 ㉠ 때문에 분함을 가지게 되었을 수는 있다. 그러나 그런 정도의 분함이라면 ㉡에 의해 해소되었을 것이다. (B) 재물을 동기로 볼 경우, 백 소사가 ㉡과 같은 행동을 한 일이 있으므로 백 소사가 김 소사 집에 재차 침입하여 호미 등을 가져가지는 않았을 것이다. (C) ㉢이 사실이라 해도 아이를 죽일 원한이 되지 못할 것이다. (D) 줄로 아이를 목 졸라 죽이려 한 범인이 그 줄을 끌러 아이 옆에 놓았다면, 그것은 범인이 재물을 목적으로 침입하여 줄로 아이의 목을 감아 죄어 놓고 재물을 뒤지다가 특별히 값나가는 물건이 없자 일이 맹랑하게 되었음을 깨닫고 뒤늦게 아이가 불쌍해져 죽지 않기를 바라고 목에 감긴 줄을 끌러 놓았기 때문일 것이다. (E) 범인은 아이가 살아날 경우 자신이 범인으로 지목되지 않게 할 대응책도 가진 자일 것이다.

- 정약용, 『흠흠신서』 -

① (A)가 타당한지 확인하려면 김 소사와 백 소사 사이의 평소 인간관계나 금전 거래 관계를 조사해 볼 필요가 있을 것이다.

② (B)는 "누구든 가져갈 것이 없음을 알고 있는 집에 도둑질하러 들어가지는 않을 것이다."라는 취지의 암묵적인 전제에 의존하고 있다.

③ (C)의 숨은 전제를 "비웃음을 당하였다고 살인까지 하지는 않을 것이다."로 볼 경우, 이것은 백 소사가 관대한 사람이었다는 평판에 의해 반박될 수 있다.

④ 김 소사가 남몰래 집 안에 귀중품을 감추어 두고 있었다는 사실이 사건 후에 새로 밝혀졌다 해도 범인이 그 사실을 알지 못하였다면 (D)는 약화되지 않는다.

⑤ (E)로부터 백 소사가 범인이 아님을 단정할 수 없지만, 죽은 아이가 모르는 사람이 범인일 가능성이 있다고 추리할 수 있다.

28

제척기간의
예외 적용

다음 대화로부터 추론한 것으로 적절하지 않은 것은? 제5회 2013 LEET 문4 [함축 및 귀결 예시문항]

> 갑 : 아무리 권리자라고 하더라도 몇 십 년의 시간이 흐른 후에야 비로소 권리를 행사하는 것까지 허용할 수는 없어.
>
> 을 : 하지만 어쩔 수 없이 권리를 행사하지 못한 사람들도 있는데, 이러한 경우에도 오랜 시간이 지났다는 이유만으로 권리를 행사할 수 없게 하는 것은 부당하지 않아?
>
> 갑 : 물론 권리를 행사하는 것이 법률상 불가능했던 사람들에게까지 권리행사를 못하도록 하여서는 안 되겠지. 하지만 권리행사가 법률상 가능했던 사람들에게는 오랜 시간 동안 권리를 행사하지 않았고, 그동안 이러한 상황을 토대로 많은 사람들이 관련되어 우리의 사회생활이 형성되어 왔다는 점을 고려하면, 그 권리행사를 제한할 수 있다고 봐.
>
> 을 : 권리를 행사하는 것이 법률상 가능했던 경우라도 마찬가지야. 권리가 존재한다는 것 자체를 알지 못했다거나, 권리가 존재한다는 것을 알았더라도 그것을 행사하는 것이 사실상 불가능한 상태에 놓여 있었던 사람들의 권리는 보호할 필요가 있다고.

① 갑의 주장에 따르면, 인접 지역에 고층빌딩이 건축됨으로써 일조권을 침해당하게 된 사람은 아무런 권리주장 없이 일정 기간이 지나면 고층빌딩 소유자를 상대로 손해배상청구권을 행사할 수 없을 것이다.

② 을의 주장에 따르면, 불법구금상태에서 고문을 당한 후 정치·사회적 상황상 수십 년간 국가를 상대로 손해배상을 청구하지 않던 사람이 과거사정리위원회의 진실규명결정을 받은 후에 비로소 손해배상을 청구하는 경우 이를 인정할 수 있을 것이다.

③ 을의 주장에 따르면, 교통사고로 인해 혼수상태에 빠진 사람은, 스스로 손해배상청구권을 행사할 수 없고 법정대리인도 없었던 경우 자신을 대신하여 손해배상청구권을 행사해 줄 법정대리인을 선임해 달라고 청구할 수도 없으므로, 실제로 법정대리인이 선임되기까지 오랜 시간이 지났더라도 그 권리를 행사할 수 있도록 해야 할 것이다.

④ 갑의 주장에 따르더라도, 국가에 의해 자신의 재산권이 침해당하였으나 오랜 시간 동안 보상에 관한 법규정이 없어 보상을 받지 못한 사람은 이러한 법규정의 흠결이 재산권을 보장하고 있는 헌법에 합치되지 않는다는 헌법재판소의 결정이 있은 이후에는 보상청구권을 행사할 수 있을 것이다.

⑤ 을의 주장에 따르더라도, AIDS가 발병한 후 자신의 병이 20년 전 투여받은 HIV 감염 혈액제제 때문이라는 것을 알게 된 사람은 위 혈액제제를 투여한 의사 또는 위 혈액제제를 제조·공급한 자를 상대로 손해배상청구권을 행사할 수 없을 것이다.

29

상황에 따른
유불리 판단

다음에서 추론한 것으로 옳은 것만을 보기 에서 있는 대로 고른 것은?

제8회 2016 LEET 문6

혼인 중 일정 금액을 납입하여 장래 퇴직한 후에 받을 것으로 기대되는 연금의 경우, 이혼 상대방이 연금 수령자에게 재산분할을 청구할 수 있는지, 청구할 수 있다면 어떻게 분할할지에 대해 의견이 대립되고 있다.

A : 이혼 전 퇴직하여 이미 받은 연금만이 분할 대상이 된다. 이혼 후 받게 될 연금은 장래 발생 여부가 불확실하기 때문에 재산분할의 대상이 될 수 없다.

B : 이혼일에는 퇴직 후 받게 될 연금총액을 현재 가치로 산정한 후 그 금액에 대해서만 이혼 상대방의 연금형성 기여율만큼 미리 지급하고, 연금 수령자는 퇴직 시에 연금총액을 지급받도록 해야 한다.

C : 이혼일에는 이혼 상대방의 연금형성 기여율만을 정하여 둔 후, 퇴직일에는 실제 받게 될 연금총액 중 이혼일에 정했던 기여율만큼 이혼 상대방에게 지급해야 한다.

D : 이혼일에는 연금 수령자가 그날에 사퇴한다면 받게 될 연금액 중 이혼 상대방의 연금형성 기여율에 해당하는 금액만을 결정한 후, 실제 퇴직 시에는 그 금액에 물가상승률을 반영하여 이혼 상대방에게 지급해야 한다.

보기

ㄱ. 이혼 상대방이 연금형성에 기여했음에도 불구하고 연금분할여부가 이혼절차의 종결시점에 따라 결정되는 것은 불합리하다면, A는 약화된다.

ㄴ. 만약 이혼 후 회사의 퇴직연한이 65세에서 60세로 바뀌었기 때문에 연금 수령자가 연금 전액을 수령하기 위한 최소한의 근속연수를 채우지 못하는 경우가 발생한다면, 연금 수령자에게는 B보다 D가 더 유리하다.

ㄷ. 만약 이혼 후 연금 자산운용의 수익률 증가로 인하여 연금수령자가 이혼 시 예상했던 것보다 더 많은 연금을 받게 된다면, 이혼 상대방에게는 C보다 B가 더 유리하다.

① ㄱ ② ㄴ ③ ㄱ, ㄴ
④ ㄱ, ㄷ ⑤ ㄴ, ㄷ

5 응용 문제

30

각국 저작권법의 공통점과 차이점 추론

다음에 나타난 축하곡, 강의 내용, 강연 내용의 보호에 관한 A국과 B국의 저작권법의 차이점을 지적한 것으로 가장 적절한 것은? (단, 판단은 연주와 강의와 강연이 완료된 시점을 기준으로 한다.)

제2회 2010 LEET 문7 [규범 이해 및 적용 예시문항]

> ○ 작곡가 겸 가수 갑은 을의 콘서트에 초대 가수로 초청되었다. 콘서트에서 을은 갑에게 콘서트를 축하하는 곡을 즉석에서 작곡해 달라고 요청하였고, 갑은 머릿속에 떠오른 리듬을 기타로 연주하였다. 을의 콘서트에서는 녹음이나 녹화가 금지되었다. 갑이 연주한 축하곡은 A국에서는 보호되지만 B국에서는 보호되지 않는다.
>
> ○ 교수 갑은 자신이 작성한 강의노트를 수업 시간에 첨삭 없이 읽어 내려가는 방법으로 강의하였다. 갑은 강의노트 내용이 공개되는 것을 꺼려 수업 중 녹음이나 녹화를 금지하였다. 갑의 강의 내용은 A국과 B국 모두에서 보호된다.
>
> ○ 사회적 쟁점에 대한 시민토론회가 개최되었다. 주제의 민감성 때문에 녹음이나 녹화는 금지되었다. 저명한 학자 갑은 초청을 받지는 않았지만 앞으로 연구하고 싶은 주제여서 토론회에 참석하였다. 갑이 온 것을 안 사회자는 강연을 부탁하였고 갑은 생각난 것을 즉석에서 강연하였다. 갑의 강연내용은 A국에서는 보호되지만 B국에서는 보호되지 않는다.

① A국에서는 노동력이 투여되면 보호되지만 B국에서는 전문성이 있어야 보호된다.
② A국에서는 등록, 허가가 없어도 보호되지만 B국에서는 등록, 허가가 있어야 보호된다.
③ A국에서는 예술성이나 학술성이 없어도 보호되지만 B국에서는 예술성이나 학술성이 있어야 보호된다.
④ A국에서는 남의 것을 베끼지 않는 정도의 창작성이 있으면 보호되지만 B국에서는 독창성이 있어야 보호된다.
⑤ A국에서는 사상이나 감정을 표현한 것이면 보호되지만 B국에서는 사상이나 감정이 유형의 표현 매체에 고정되어야 보호된다.

31

피고인
인정 요소와
해당 국가
연결하기

다음으로부터 추론한 것으로 옳지 않은 것은? 제5회 2013 LEET 문7

형사소송절차에서 특정인을 피고인으로 인식한 검사의 의사 이외에 그 특정인이 제3자의 이름을 도용해 공소장에 기재토록 하거나 특정인을 대신해 제3자가 법정에 위장 출석하는 경우 등 피고인을 정할 요소가 복수로 발생하는 경우가 있다. 이런 경우 A, B, C국은 다음 원칙에 의해 한 명만을 피고인으로 인정한다.

〈A, B, C국 법원의 피고인 인정 절차의 원칙〉

(가) A, B, C 각국은 세 가지의 피고인 인정 요소(특정인을 피고인으로 인식한 검사의 의사, 공소장에 기재된 이름, 실제 소송에서 법정에 출석한 자) 중 두 가지 요소만을 고려하며, 두 가지 요소 중 우선순위가 높은 요소 한 가지만을 사용하여 피고인으로 인정한다.

(나) A, B, C 각국은 우선순위가 높은 요소에 해당하는 자가 복수이거나 없을 경우, 차순위 요소에 해당하는 자를 피고인으로 인정한다.

(다) A, B, C 각국이 고려하지 않는 한 가지 요소는 세 나라가 모두 다르다.

〈A, B, C국 법원의 처리 결과〉

(1) 검사가 갑을 피고인으로 인식하였으나 공소장에는 을의 이름이 기재되어 있고 법정에는 병만 출석한 경우, A국에서는 병을 피고인으로 인정하였다.

(2) 검사가 갑을 피고인으로 인식하였으나 공소장에는 을의 이름이 기재되어 있고 법정에는 아무도 출석하지 않은 경우, A국과 B국에서는 을을 피고인으로 인정하였다.

(3) 검사가 갑을 피고인으로 인식하고 공소장에도 갑의 이름이 기재되었으나 법정에는 을만 출석한 경우, C국에서는 갑을 피고인으로 인정하였다.

① B국에서는 '법정에 출석한 자'를 피고인 인정 요소로 삼지 않을 것이다.

② 검사가 피고인으로 인식한 갑과 공소장에 기재된 을이 모두 법정에 출석한 경우, A국에서는 을을 피고인으로 인정할 것이다.

③ 검사가 피고인으로 인식한 갑과 공소장에 기재된 을이 모두 법정에 출석하지 않고 대신 병이 출석한 경우, C국에서는 갑을 피고인으로 인정할 것이다.

④ 검사가 피고인으로 인식한 갑과 공소장에 기재된 을이 모두 법정에 출석한 경우, C국에서는 을을 피고인으로 인정할 것이다.

⑤ 검사가 갑을 피고인으로 인식하였으나 공소장에는 을의 이름이 기재되었고 법정에는 을만 출석한 경우, A국에서는 을을 피고인으로 인정할 것이다.

Ⅲ. 법적 논증 문제의 유형별 학습

1 주장 및 근거 찾기

32

추론된 내용의 근거나 이유 찾기

다음 글에서 그 근거나 이유를 찾기 어려운 것은? 제3회 2011 LEET 문8

○ 직장은, 근로자는 물론 그 가족에 있어 생계유지의 수단이라는 전통적 의미 이외에도, 근로자가 자신의 인격을 실현하는 장이라는 현대적 의미도 갖는다.

○ 근로계약은 단순히 노동력의 제공과 임금의 지급만을 내용으로 하는 것처럼 보이지만, 실은 인간 대 인간으로서 하나의 인적 공동체를 형성시킨다. 그러므로 근로계약 관계의 형성과 지속에 있어 업무능력보다는 상호 인간적 신뢰가 더 중요하다. 또한 그 공동체는 고유한 질서를 가진 또 다른 작은 사회에 다름 아니다.

○ 노동법은 해고를 엄격히 제한함으로써 근로자의 고용안정을 도모한다. 해고의 정당한 사유는 크게 세 가지 유형이 있다. 첫째, 근로자가 근로계약상의 의무를 심대하게 위반하는 경우이다. 둘째, 근로자가 업무수행의 적격성을 상실한 경우이다. 적격성을 상실하였다는 것은, 근로자가 업무를 수행하고 싶어도 상당 기간 수행할 수 없게 되었다는 것을 말한다. 셋째, 회사의 경영 사정이 매우 좋지 않게 되어 이를 이유로 해고를 하는 경우이다. 이를 흔히 정리해고라고 하는데, 정리해고는 근로자가 아니라 사용자에게 해고 사유가 존재한다는 점에서 앞의 두 해고 유형과 구별된다.

① 정리해고의 경우, 해고 사유가 발생하면 이후 일정한 기준을 통해 해고 대상자를 선정하는 과정이 필요하다.

② 요즘은 정년퇴임하여 연금도 넉넉히 받는 노인들이 동네 아파트 경비원으로 일을 계속하는 경우가 많아지고 있다.

③ 흡연 행위는 비록 형법에서 금지된 행위는 아니지만, 회사는 사내 규칙을 통해 근로자의 사내 흡연 행위를 징계사유로 삼을 수 있다.

④ 근로자인 택시 운전자가 원인 불명으로 눈이 보이지 않게 되었더라도 해고하기 전에 그것이 일시적인 증상인지 여부가 검토되어야 한다.

⑤ 신입사원 채용 면접에서 사용자가 구직자에게 취미가 무엇인지 물어보았지만 이에 대해 구직자가 사생활이라며 대답을 거부하였다면, 사용자는 이러한 사실을 이유로 면접 점수를 낮게 주는 등 불이익을 주어서는 안 된다.

2 암묵적 가정 및 생략된 전제의 추론

33
생략된
전제 추론

〈C국 법원의 판단〉의 근거로 가장 적절한 것은? 제5회 2013 LEET 문5

〈사안〉

A국의 국민 X는 배우자 Y와 B국에 주소를 두고 생활하던 중 사망하였다. X의 상속재산으로는 C국 소재 부동산이 있었다. Z는 자신도 X의 상속인임을 주장하면서 C국 법원에 Y를 상대로 상속인 지위의 확인을 구하는 취지의 소를 제기하였다.

A, B, C국 모두에서 고려되어야 할 법률은 〈당해 재판에 적용할 법률〉과 상속법이며, 〈당해 재판에 적용할 법률〉은 상속법에 우선하여 적용된다.

각국의 〈당해 재판에 적용할 법률〉 규정

○ A국: 상속에 관하여는 사망자의 최후 주소지의 법률에 따른다.
○ B국: 상속에 관하여는 상속재산 소재지의 법률에 따른다.
○ C국: 상속에 관하여는 사망자의 본국의 법률에 따른다.

〈C국 법원의 판단〉

이 사건 재판에 A국의 상속법이 적용되어야 한다.

① C국의 〈당해 재판에 적용할 법률〉이 다른 나라의 〈당해 재판에 적용할 법률〉에 따르도록 하는 경우 그 다른 나라는 자국의 법률을 따라야 한다.
② C국은 자국의 〈당해 재판에 적용할 법률〉은 물론 A국, B국의 〈당해 재판에 적용할 법률〉에 따라 적용할 법률을 결정해야 한다.
③ C국의 〈당해 재판에 적용할 법률〉에서 언급되고 있는 법률에는 다른 나라의 〈당해 재판에 적용할 법률〉 자체는 포함되지 않는다고 해석해야 한다.
④ C국의 〈당해 재판에 적용할 법률〉이 다른 나라의 〈당해 재판에 적용할 법률〉에 따르도록 하는 경우 재판을 하는 C국 법원은 그 다른 나라의 〈당해 재판에 적용할 법률〉을 따라야 한다.
⑤ C국의 〈당해 재판에 적용할 법률〉에 따른 결과가 다시 C국의 법률을 적용하도록 명하는 경우 C국의 〈당해 재판에 적용할 법률〉은 적용하지 않는 것이 타당하다.

3 논증 분석 및 평가

34
법률의 위헌여부판단 / 헌법재판소판례

A 조항은 자동차 운전자에게 좌석안전띠를 매도록 하고 위반 시 범칙금을 부과하도록 규정하고 있다. 다음은 A 조항의 위헌 여부에 관한 갑의 판단 내용이다. 관련 헌법조항은 〈규정〉과 같다. 갑의 판단에 관한 진술로 옳지 않은 것은?

제3회 2011 LEET 문2

1. 국민의 자유와 권리는 헌법 제37조 제2항에 따라 제한할 수 있다.
2. (a) 헌법 제10조의 행복추구권에서 나오는 일반적 행동자유권은 모든 행위를 할 자유와 행위를 하지 않을 자유로서 가치 있는 행동만 보호하는 것은 아닌 것으로, 그 보호영역에는 개인의 생활방식과 취미에 관한 사항도 포함된다.
   (b) 좌석안전띠를 매지 않을 자유는 일반적 행동자유권의 보호영역에 속한다.
3. 좌석안전띠를 매지 않을 자유는 공공복리를 위하여 필요한 경우에 제한할 수 있다.
4. 운전자는 약간의 답답함이라는 경미한 부담을 지는 데 비해, 좌석안전띠 착용으로 인하여 달성되는 공익은 운전자뿐 아니라 동승자의 생명과 신체의 보호, 교통사고로 인한 사회적 비용 감소 등 사회공동체 전체의 이익이므로 국가의 개입이 정당화된다.
5. 좌석안전띠 착용 의무 위반에 대한 제재방법으로 형벌인 벌금보다는 정도가 약한 범칙금을 선택한 입법자의 판단이 잘못된 것이라고 보기 어렵다.
6. A 조항은 헌법에 위반되지 않는다.

〈규정〉

- 헌법 제10조 "모든 국민은 인간으로서의 존엄과 가치를 가지며, 행복을 추구할 권리를 가진다." (후략)
- 헌법 제37조 제2항 "국민의 모든 자유와 권리는 국가안전보장, 질서유지 또는 공공복리를 위하여 필요한 경우에 한하여 법률로써 제한할 수 있다." (후략)

① 2(a)가 규범의 적용범위에 관한 일반적 명제의 설정이라면, 2(b)는 여기에 구체적 행동유형을 포섭시키고 있다.

② 결론에 이르는 판단의 순서상 2는 1에 앞설 수 없으나, 5는 4에 앞설 수 있다.

③ 좌석안전띠를 매지 않을 자유는 일반적 행동자유권의 보호영역에 속하지 않는다고 판단하였다면, 갑은 3과 4의 판단을 생략할 수 있다.

④ 갑은 A 조항에 의한 규제가 헌법 제37조 제2항에서 말하는 '법률로써' 하는 제한에 해당한다는 판단을 하였을 것이다.

⑤ 갑이 5와 달리, 범칙금이 과중한 처벌이어서 입법의 한계를 벗어난 것이라고 판단한다면 6이 달라진다.

35

배아의 법적 지위 관련 견해 및 헌법재판소판례

A국의 생명윤리법 규정 및 관련 논의에 대한 설명으로 옳지 않은 것은? 제4회 2012 LEET 문8

인간 배아의 법적 지위와 관련하여, 제1견해는 인간의 생명은 수정된 때부터 시작되므로 배아를 완전한 인간으로 인정해야 한다고 본다. 제2견해는 배아는 단순한 세포덩어리로서 인간성을 인정할 수 없으며, 물질로서 소유자의 이용과 처분에 따르게 된다고 본다. 제3견해는 배아는 성장하면서 점차 도덕적 지위를 얻게 되며, 배아를 인간과 완전히 동등한 존재 내지 생명권의 주체로서 인격을 지니는 존재라고 볼 수 없다고 본다. 이처럼 배아의 법적 지위에 대해 다양한 견해가 존재하고 있는 상황에서, A국의 생명윤리법 규정은 "임신 목적으로 생성된 배아의 보존기간은 5년으로 하고, 보존기간이 경과한 잔여 배아는 폐기하여야 한다. 다만 잔여 배아는 발생학적으로 원시선이 나타나기 전까지에 한하여 체외에서 동의권자의 동의를 전제로 연구 목적으로 이용할 수 있다."라고 규정하고 있다. 위 규정이 정자 및 난자 제공자인 배아생성자의 권리를 침해하여 헌법을 위반하는지의 여부에 대해, A국의 헌법재판소는 다음과 같은 취지로 결정하였다.

배아에 대한 배아생성자의 결정권은 명문으로 규정되어 있지는 않지만 헌법으로부터 도출되는 권리이다. 다만 출생 전 형성 중에 있는 생명인 배아의 법적 보호를 위하여, 공공복리 및 사회윤리라는 측면에서 배아생성자의 권리는 그 본질적 내용을 침해하지 않는 범위에서 법률로 제한하는 것이 가능하다. 배아에 대한 부적절한 이용가능성을 방지하여야 할 공익적 필요성의 정도가 배아생성자의 자기결정권이 제한됨으로 인한 불이익의 정도에 비해 작다고 볼 수 없으므로, 생명윤리법 규정이 헌법에 위반된다고 볼 수 없다.

① A국의 헌법재판소는 배아에 대한 배아생성자의 권리와 배아가 부적절한 연구 목적으로 부당하게 사용되는 것을 방지해야 할 공익을 서로 비교하고 있다.

② A국의 생명윤리법에 따르면, 발생학적으로 원시선이 나타나기 전까지의 잔여 배아는 연구자가 임의로 처분할 수 있는 연구의 대상이 아니다.

③ A국의 헌법재판소는 배아생성자의 권리보다 배아의 권리가 보호할 만한 가치가 크다는 것을 전제로 판단하고 있다.

④ 착상 전 배아에 손상을 주는 연구는 제1견해에 따르면 원칙적으로 금지된다.

⑤ A국의 헌법재판소 결정은 제3견해와 부합한다.

36

법률상책임 / 강화약화판단

다음 글에 대한 평가로 옳은 것만을 보기 에서 있는 대로 고른 것은?

제14회 2022 LEET 문1

머지않은 미래에 신경과학이 모든 행동의 원인을 뇌 안에서 찾아내게 된다면 법적 책임을 묻고 처벌하는 관행이 근본적으로 달라질 것이라고 생각하는 사람들이 있다. 어떤 사람의 범죄 행동이 두뇌에 있는 원인에 의해 결정된 것이어서 자유의지에서 비롯된 것이 아니라면, 그 사람에게 죄를 묻고 처벌할 수 없다는 것이 이들의 생각이다. 그러나 이는 법에 대한 오해에서 비롯된 착각이다. 법은 사람들이 일반적으로 합리적 선택을 할 수 있는 능력을 가지고 있다고 가정한다. 법률상 책임이 면제되려면 '피고인에게 합리적 행위 능력이 결여되어 있다는 사실'이 입증되어야 한다는 점에 대해서는 일반적으로 동의한다. 여기서 말하는 합리적 행위 능력 이란 자신의 믿음에 입각해서 자신의 욕구를 달성하는 행동을 수행할 수 있는 능력을 의미한다. 범행을 저지른 사람이 범행 당시에 합리적이었는지 아닌지를 결정하는 데 신경과학 이 도움을 줄 수는 있다. 그러나 사람들이 이러한 최소한의 합리성 기준을 일반적으로 충족하지 못한다는 것을 신경과학이 보여 주지 않는 한, 그것은 책임에 관한 법의 접근 방식의 근본적인 변화를 정당화하지 못한다. 법은 형이상학적 의미의 자유의지를 사람들이 갖고 있는지 그렇지 않은지에 대해서는 관심을 두지 않는다. 법이 관심을 두는 것은 오직 사람들이 최소한의 합리성 기준을 충족하는가이다.

보기

ㄱ. 인간의 믿음이나 욕구 같은 것이 행동을 발생시키는 데 아무런 역할을 하지 못한다는 것을 신경과학이 밝혀낸다면 , 이 글의 논지는 약화된다.

ㄴ. 인간이 가진 합리적 행위 능력 자체가 특정 방식으로 진화한 두뇌의 생물학적 특성에서 기인한다는 것을 신경과학이 밝혀낸다면 , 이 글의 논지는 약화된다.

ㄷ. 범죄를 저지른 사람들 중 상당수가 범죄 유발의 신경적 기제를 공통적으로 지니고 있다는 것을 신경과학이 밝혀낸다면, 이 글의 논지는 강화된다.

① ㄱ　② ㄷ　③ ㄱ, ㄴ

④ ㄴ, ㄷ　⑤ ㄱ, ㄴ, ㄷ

4-1 논쟁 분석 및 종합적 평가

37
행정소송에서의 확인소송 / 보충성의 원칙

을의 입장에 대한 분석으로 옳은 것만을 보기 에서 있는 대로 고른 것은? 제6회 2014 LEET 문5

갑 : 민사소송에서의 확인소송은 원고의 법적 지위가 불안하거나 위험할 때 확인판결을 받는 것이 그러한 불안이나 위험을 제거하기 위하여 실효적인 경우에만 인정되고, 다른 소송방법에 의하여 효과적인 권리구제가 가능한 경우에는 인정되지 않는다는 보충성의 원칙이 요구된다. 예컨대, 특정한 의무의 이행을 직접적으로 청구하는 소송을 할 수 있는데도 불구하고 그러한 방법에 의하지 않고, 단지 확인만을 구하는 소송을 하는 것은 분쟁의 종국적인 해결방법이 아니어서 소송을 할 이익이 없다. 행정소송에서의 무효확인소송도 확인소송의 성질을 가지므로, 민사소송에서처럼 보충성의 원칙이 요구된다.

을 : 행정소송은 행정청의 위법한 처분 등을 취소하거나 그 효력 유무 등을 확인함으로써 국민의 권리 또는 이익의 침해를 구제하는 것을 목적으로 하므로, 대등한 주체 사이의 사법상(私法上) 생활관계에 관한 분쟁을 심판대상으로 하는 민사소송과는 목적, 취지 및 기능 등을 달리한다. 또한 행정소송법은 무효확인소송의 판결의 효력에 있어서 그 자체만으로도 권리구제의 실효성을 담보할 수 있는 여러 특수한 효력을 추가적으로 인정하고 있기 때문에 권리구제방법으로서 효과적인 다른 소송수단이 있다 하더라도 무효확인소송을 제기할 수 있다.

보기

ㄱ. 을은 민사소송에서의 확인소송은 보충성의 원칙이 요구되지 않는다는 것을 전제하고 있다.

ㄴ. 을은 행정소송에서의 무효확인소송의 성질이 확인소송임을 부인하고 있다.

ㄷ. 을은 확인소송의 보충성의 원칙을 민사소송에만 한정하고자 한다.

① ㄱ ② ㄴ ③ ㄷ

④ ㄴ, ㄷ ⑤ ㄱ, ㄴ, ㄷ

38

헌법규정에
대한 해석

다음 견해들에 대한 평가로 옳지 않은 것은?

제8회 2016 LEET 문2

X국 헌법 제34조는 "모든 국민은 인간다운 생활을 할 권리를 가진다."라고 정하고 있는데, 이 조항의 해석으로 여러 견해가 제시되고 있다.

A : 법적 권리는 그 내용이 구체적이고 의미가 명확해야 한다. 그런데 '인간다운 생활'이라는 말은 매우 추상적이고, 사람마다 그 의미를 다르게 해석할 수 있는 여지를 광범위하게 제공한다. 따라서 위 조항은 국민에게 법적 권리를 부여하는 것이 아니라 모든 국민이 인간다운 생활을 할 수 있도록 노력하라고 하는 법률 제정의 방침을 제시하고 있을 뿐이며, 그것을 재판의 기준으로 삼을 수는 없다.

B : 위 조항은 국민에게 법적 권리를 부여하고 있다. 하지만 그 자체로는 아직 추상적인 권리에 불과하기 때문에 그에 근거하여 국가기관을 상대로 구체적인 요구를 할 수는 없고, 입법부가 그 권리의 내용을 법률로 구체화한 다음에라야 비로소 국민은 국가기관에 주장하여 실현할 수 있는 구체적인 법적 권리를 가지게 된다.

C : 위 조항은 국민에게 법적 권리를 부여하지만, 그 권리의 구체적인 내용은 잠정적이다. 그 권리의 확정적인 내용은 국민이나 국가기관이 구체적인 사태에서 다른 권리나 의무와 충돌하지는 않는지, 충돌할 경우 어느 것이 우선하는지, 그 권리를 실현하는 데 재정상황 등 사실적인 장애는 없는지 등 여러 요소를 고려하여 판단한다. 국민은 이렇게 확정된 권리를 국가기관에 주장하여 실현할 수 있다.

D : 위 조항에 규정된 '인간다운 생활'의 수준은 최소한의 물질적인 생존 조건에서부터 문화생활에 이르기까지 여러 층위로 나누어 생각할 수 있다. 위 조항은 그중에서 적어도 최소한의 물질적인 생존 조건이 충족되는 상태에 대하여는 어떤 경우에도 구체적인 법적 권리를 인정하는 것이며, 사회의 여건에 따라서는 이를 넘어서는 상태에 대한 구체적인 법적 권리도 바로 인정할 수 있다.

① A에 대하여는, 헌법 제34조의 문언에 반하는 해석을 하고 있다는 비판을 할 수 있다.
② B에 의하면, 국가가 그 권리의 구체적인 내용을 법률로 정하지 않을 경우 국민은 자신의 권리를 실현할 수 없다.
③ C에 대하여는, 헌법 제34조의 구체적인 내용을 사람마다 달리 이해할 수 있어서 권리의 내용이 불안정하게 된다고 비판할 수 있다.
④ D가 인정하는 구체적인 법적 권리가 실현될 수 있을지는 사회여건에 따라 다를 수 있다.
⑤ A, B, C는 국가의 다른 조치가 없다면 헌법 제34조를 근거로 법원에 구체적인 권리 주장을 할 수 없다는 점에 견해를 같이한다.

39

무죄추정원칙 / 견해 이해 및 사례에의 적용

다음으로부터 추론한 것으로 옳은 것만을 보기 에서 있는 대로 고른 것은? 제12회 2020 LEET 문6

P회사에 근무하던 甲은 상습절도를 한 혐의로 수사를 받게 되었다. 甲은 혐의를 완강하게 부인하였고 명확한 증거는 없었다. 불구속수사가 원칙임에도 불구하고 검사는 甲의 혐의를 인정하고 구속기소하였다. 그러자 P회사는 이를 이유로 甲을 해고하였다. 이에 P회사의 직원들은 甲의 구속기소와 해고를 둘러싸고 논쟁을 하게 되었다.

乙 : 평소에 甲의 행동이 수상하다고 생각했어. 우리 급여 수준에 비해 씀씀이가 지나치게 컸어. 우리 물건이 없어질 수도 있었는데 회사의 적절한 대응이었다고 생각해.

丙 : 법에는 "누구든지 유죄의 판결이 확정될 때까지는 무죄로 추정된다"는 원칙이 있다고 들었어. 甲이 절도를 했다는 명확한 증거가 없는 상태에서 구속기소까지 한 것은 무죄추정의 원칙에 위배돼.

丁 : 무죄추정의 원칙은 재판 과정에서 검사가 피고인의 유죄를 증명하지 못하는 한 피고인을 처벌할 수 없다는 의미일 뿐이고 다른 의미는 없어. 그러니까 수사 과정에서 유죄가 의심되면 구속기소해도 무방해.

乙 : 무죄추정의 원칙은 수사 절차에서 재판 절차에 이르기까지 형사 절차의 전 과정에서 구속 등 어떠한 형사 절차상 불이익도 입지 않아야 한다는 것만을 말해. 회사에서 직원을 해고하는 것은 무죄추정의 원칙과 상관없어.

丙 : 무죄추정의 원칙은 이를 실현하는 구체적인 규정이 있을 때 오직 그 경우에만 인정되는 거야. 형사 절차와 관련해서는 무죄추정에 관한 구체적인 규정이 있지만, 회사의 해고와 관련해서는 규정이 없어.

보기

ㄱ. 丙은 甲의 해고가 무죄추정의 원칙에 위배되는지 여부에 대하여 乙과 결론을 같이한다.

ㄴ. 丁은 수사기관이 수사를 행하면서 알게 된 피의 사실을 재판 전에 공개하여 마치 유죄인 것처럼 여론을 형성하는 것이 무죄추정의 원칙에 위배되지 않는다고 주장할 것이다.

ㄷ. 상습절도의 재판에서 절도하지 않았음을 스스로 증명하지 못하는 피고인은 처벌을 받도록 하는 특별법이 무죄추정의 원칙에 위배된다는 주장에 대해 乙과 丁은 입장을 달리한다.

① ㄱ　　② ㄷ　　③ ㄱ, ㄴ
④ ㄴ, ㄷ　　⑤ ㄱ, ㄴ, ㄷ

40 전제여부판단

〈논쟁〉에 대한 분석으로 옳은 것만을 보기 에서 있는 대로 고른 것은? 제13회 2021 LEET 문2

〈논쟁〉

X국의 「형법」은 음란물의 제작·배포를 금지하는 한편, 「저작권법」은 문화 및 관련 산업의 향상과 발전을 위해 인간의 사상 또는 감정을 표현하는 창작물을 저작물로 보호하고 있다. 음란물을 「저작권법」상 저작물로 보호해야 하는지를 두고 논쟁이 있다.

갑: 「저작권법」은 저작물의 요건으로 창의성만 제시할 뿐 도덕성까지 요구하지는 않는다. 창작의 장려와 문화의 다양성을 위해서는 저작물로 인정함에 있어 가치중립적일 필요가 있다.

을: 「형법」에서는 음란물 제작·배포를 금지하면서, 그 결과물인 음란물은 저작물로 보호하는 것은 법이 '불법을 저지른 더러운 손'에 권리를 부여하고, 불법행위의 결과물에 재산적 가치를 인정하여 보호할 가치가 없는 재산권의 실현을 돕는 꼴이 된다. 이는 법의 통일성 및 형평의 원칙에 반한다.

병: 아동포르노나 실제 강간을 촬영한 동영상 등 사회적 해악성이 명백히 확인되는 음란물은 저작물로 인정하지 않고, 그 외의 음란물에 대해서는 저작물로 인정함으로써 음란물 규제로 인한 표현의 자유와 재산권의 침해를 최소화할 필요가 있다.

보기

ㄱ. 갑은 음란한 표현물에 대해서는 창의성을 인정할 수 없다는 것을 전제로 한다.

ㄴ. 을은 법적으로 금지된 장소에 그려진 벽화나 국가보안법에 위반하여 대중을 선동하는 작품을 저작권법의 보호대상으로 보지 않는다.

ㄷ. 병은 같은 시대, 같은 지역에서도 배포의 목적, 방법, 대상에 따라 음란성에 대한 법적 평가가 달라질 수 있다는 것을 전제로 한다.

① ㄱ ② ㄴ ③ ㄱ, ㄷ

④ ㄴ, ㄷ ⑤ ㄱ, ㄴ, ㄷ

41

국가배상 / 원리와 사실 구분

다음 논쟁에 대한 분석으로 옳은 것만을 [보기]에서 있는 대로 고른 것은? 제14회 2022 LEET 문 5

80년 전 K섬이 국가에 의해 무단으로 점유되어 원주민 A가 K섬에서 강제로 쫓겨나 타지에서 어렵게 살게 되었다. A가 살아있다면 국가가 저지른 잘못에 대해서 A에게 배상이 이루어져야 하겠지만 A는 이미 사망하였다. A의 현재 살아 있는 자녀 B에게 배상이 이루어져야 할지에 대해서 다음과 같은 논쟁이 벌어졌다.

갑: 배상은 어떤 잘못에 의해서 영향받은 사람에게 이루어져야 하는데, ㉠ 잘못된 것 X에 대해 사람 S에게 배상을 한다는 것은, X가 일어나지 않았더라면 S가 누렸을 만한 삶의 수준이 되도록 S에게 혜택을 제공하는 것이다. 피해자의 삶의 수준을 악화시킨 경우 그리고 그런 경우에만 배상이 이루어져야 한다. 따라서 80년 전 K섬의 무단 점유가 없었더라면 B가 누렸을 삶의 수준이 되도록 B에게 혜택을 제공하는 배상이 이루어져야 한다.

을: 갑의 주장에는 심각한 문제가 있다. K섬의 무단 점유가 없었더라면 B의 아버지는 B의 어머니가 아니라 다른 여인을 만나 다른 아이가 태어났을 것이고 B는 아예 존재하지 않았을 것이다. 따라서 그 섬의 무단 점유가 없었더라면 B가 더 높은 수준의 삶을 누렸을 것이라고 말하는 것은 옳지 않으며, 그런 상황에서 B가 누렸을 삶의 수준이 어느 정도인지의 질문에 대해 애초에 어떤 답도 없다.

병: B의 배상 원인이 되는 잘못은 80년 전 발생한 K섬의 무단 점유가 아니라, B가 태어난 후 어느 시점에서 K섬의 무단 점유에 대해 A에게 배상이 이루어지지 않았다는 사실이다. 만약 그런 사실이 없었더라면, 다시 말해 B가 태어난 후 K섬의 무단 점유에 대해 A에게 배상이 이루어졌더라면, A는 B에게 더 나은 교육 기회와 자원을 제공하였을 것이고 B는 더 나은 삶을 살았을 것이다. 그러나 과거에 그런 배상이 이루어지지 않았기 때문에 B에게 배상이 이루어져야 하는 것이다.

보기

ㄱ. 갑이 "80년 전 K섬의 무단 점유가 없었더라면, A는 그가 실제로 누렸던 것보다 훨씬 더 높은 수준의 삶을 누렸겠지만 B는 오히려 더 낮은 수준의 삶을 누렸을 것이다."라는 것을 받아들이게 된다면, 갑은 B에게 배상이 이루어져야 한다는 주장에 동의하지 않을 것이다.

ㄴ. 을이 ㉠의 원리를 받아들인다면, 그는 80년 전 K섬의 무단 점유에 대해 B에게 배상이 이루어져야 한다는 주장에 동의할 것이다.

ㄷ. 병은 ㉠의 원리에 동의하지 않지만, B에게 배상이 이루어져야한다는 것에 대해서는 갑과 의견을 같이한다.

① ㄱ ② ㄴ ③ ㄱ, ㄷ
④ ㄴ, ㄷ ⑤ ㄱ, ㄴ, ㄷ

42

디지털 성범죄 처벌법 / 입법안 비교분석

입법안 〈1안〉, 〈2안〉, 〈3안〉에 대한 분석으로 옳지 않은 것은?

제14회 2022 LEET 문10

〈1안〉

① 성적 의도로 다른 사람의 신체를 그 의사에 반하여 촬영한 자는 4년 이하의 징역에 처한다.

② 제1항에 따른 촬영물 또는 그 복제물을 유포한 자는 6년 이하의 징역에 처한다.

③ 영리를 목적으로 제1항의 촬영물 또는 그 복제물을 정보통신망을 이용하여 유포한 자는 10년 이하의 징역에 처한다.

〈2안〉

① 성적 의도로 다른 사람의 신체를 그 의사에 반하여 촬영하거나 그 촬영물 또는 그 복제물을 유포한 자는 5년 이하의 징역에 처한다.

② 제1항의 촬영이 촬영 당시에는 촬영대상자의 의사에 반하지 아니한 경우에도 촬영 후에 그 의사에 반하여 촬영물 또는 그 복제물을 유포한 자는 3년 이하의 징역에 처한다.

③ 영리를 목적으로 제1항 또는 제2항의 촬영물 또는 그 복제물을 정보통신망을 이용하여 유포한 자는 7년 이하의 징역에 처한다.

〈3안〉

① 성적 의도로 사람의 신체를 촬영대상자의 의사에 반하여 촬영한 자는 5년 이하의 징역에 처한다.

② 제1항에 따른 촬영물 또는 그 복제물을 유포한 자는 7년 이하의 징역에 처한다. 제1항의 촬영이 촬영 당시에는 촬영대상자의 의사에 반하지 아니한 경우에도 그 촬영물 또는 그 복제물을 촬영대상자의 의사에 반하여 유포한 자는 7년 이하의 징역에 처한다.

③ 영리를 목적으로 정보통신망을 이용하여 제2항의 죄를 범한 자는 8년 이하의 징역에 처한다.

④ 제1항 또는 제2항의 촬영물 또는 그 복제물을 소지·구입·저장 또는 시청한 자는 1년 이하의 징역에 처한다.

※유포 : 1인 이상의 타인에게 반포·판매·임대·제공하거나 타인이 볼 수 있는 방법으로 전시·상영하는 행위를 포함하여 촬영물이나 그 복제물을 퍼뜨리는 행위

① 〈1안〉과 〈3안〉은 성적 의도로 타인의 신체를 그의 의사에 반하여 촬영하는 행위보다 그 촬영물을 유포하는 행위가 더 중한 범죄인 것으로 보고 있다.

② 성적 의도로 타인의 신체를 그의 의사에 반하여 촬영한 동영상을 인터넷에서 다운로드 받아 개인 PC에 저장하는 행위는 〈3안〉에서만 처벌대상이다.

③ 성적 의도로 촬영대상자의 허락을 받아 촬영한 나체사진을 그의 의사에 반하여 다른 사람에게 이메일로 전송하는 행위는 〈2안〉과 〈3안〉에서만 처벌대상이다.

④ 〈3안〉에 의하면 촬영자가 성적 의도로 촬영자 자신의 나체를 촬영하여 SNS로 보내온 사진을 그 촬영자의 의사에 반하여 다른 사람들에게 SNS로 보낸 행위도 처벌대상이다.

⑤ 타인의 의사에 반하여 그의 신체를 성적 의도로 촬영한 사진을 한적한 도로변 가판대에서 유상 판매하는 행위에 대해 가장 중한 처벌을 규정한 입법안은 〈1안〉이다.

4-2 논쟁 분석 및 강화 약화 판단

43

특별검사제 도입 논쟁

다음 글에 비추어 바르게 판단한 것만을 보기 에서 있는 대로 고른 것은?

제5회 2013 LEET 문2

P국에서는 권력형 비리에 대한 검찰수사의 정치적 중립성에 관한 국민들의 불신이 팽배해짐에 따라, 검찰과는 별도로 정치적으로 민감한 사건, 권력형 범죄·비리사건에 대해 위법 혐의가 드러났을 때, 기소하기까지 독자적인 수사를 할 수 있는 독립 수사기구를 두는 제도로서 특별검사제도(특검)를 도입하여 대처하기 위한 논의가 진행되고 있다. P국에서 고려되고 있는 특검에는 특별검사의 임명방식과 특검의 대상 등을 미리 법정해 놓고 이에 해당하면 자동적으로 특검이 작동하는 상설특검과 사안별로 법률을 제정해야 하는 사안별 개별특검이 있다.

A : 특검을 도입해야 한다. 상설특검을 도입하면 정치적 의혹이 있는 사건이 있을 때 사안별로 특검법을 제정하지 않고 간편한 절차에 의해 신속하게 특검이 작동될 수 있다. 이에 반해 개별특검은 매번 특별한 법안을 만들어 실시해야 하므로 더 많은 비용과 시간이 소요된다. 상설특검이 도입되면 사안의 규모가 작아도 특검이 작동될 수 있다.

B : 특검의 필요성은 인정하지만, 특검은 검찰에 대해 정치적 중립성을 기대하기 어려운 경우에 한정하여 사안별로 실시하여야 한다. 따라서 특검의 본질상 이를 상설화하는 것은 제도의 취지에 어긋난다. 구성절차나 운영에서 상설특검이 개별특검에 비해 상대적으로 비용이 적게 들고 신속하게 이루어질 수 있음은 인정한다. 하지만 정치인이 연루된 작은 사건에 대하여 검찰이 수사를 개시하는 경우 특정 정파가 수사의 불공정성을 주장하며 검찰을 압박하기 위하여 수시로 상설특검을 사용하게 되면 중립적이어야 할 특검이 정치적으로 변질될 우려가 있다.

보기

ㄱ. 특별검사의 권한남용에 대한 적절한 통제수단이 없다면 A와 B는 모두 약화된다.
ㄴ. 특검이 쉽게 작동되는 경우 오히려 정치적 투쟁의 도구로 남용될 가능성이 있다면 A는 강화되고 B는 약화된다.
ㄷ. 기존의 검찰이 권력형 범죄·비리를 제대로 수사하지 못하여 발생하는 사회적 비용이 개별특검에 소요되는 비용보다 크다면 A는 약화되고 B는 강화된다.

① ㄱ　② ㄴ　③ ㄱ, ㄷ　④ ㄴ, ㄷ　⑤ ㄱ, ㄴ, ㄷ

44

사형제도 찬반 논쟁

다음 논쟁에 대한 평가로 적절하지 않은 것은?

제5회 2013 LEET 문19

갑 : 법은 사회계약의 산물이다. 그런데 누가 자신의 생명을 빼앗을 수 있는 법에 동의하겠는가? 그 누구도 사형 받기를 의도하지 않는다. 사회계약은 각자가 자유의 최소한을 양도하여 법적 강제력을 형성하는 것인데, 사형은 자유의 최대한을 내놓으라고 강제하는 것이다. 그런 이유로 사회계약에 사형을 포함하는 것은 모순이다. 따라서 사형은 법에 의해 정당화될 수 없다.

을 : 사형 받기를 의도했기 때문이 아니라 의도적으로 사형 당할 만한 행위를 실행했기 때문에 사형을 당하는 것이다. 법을 규정하는 공동입법자로서의 나는 그 법에 따라 처벌받는 나와 구별되어야 한다. 그래서 범죄자로서의 개별적 나는 비록 처벌받기를 원치 않는다 하더라도 공동입법자로서의 나, 즉 보편적 인간성으로서의 나는 처벌을 명해야 한다. 처벌은 범죄자가 갖고 있는 보편적 인간성에 대한 존중이기 때문이다.

병 : 사형을 통해 죽는 것은 범죄자 개인뿐만 아니라 범죄자 안에서 처벌을 명하는 범죄자의 보편적 인간성이기도 하다. 보편적 인간성을 존중하는 일이 동시에 그것을 죽이는 것이라면 이는 모순이다. 범죄자의 보편적 인간성은 희생되어서는 안 되고 오히려 도덕적 자기반성을 위해 유지되어야 한다.

① "사회계약에 참여하는 사람들은 자신이 사형당할 만한 죄를 저지를 가능성을 염두에 두지 않는다."라는 주장은 갑의 논지를 강화한다.

② "살인범이 살인을 통해 자신의 인격도 침해되었다는 것을 깨닫는다면 그는 명예롭게 사형을 택할 것이다."라는 주장은 갑의 논지를 약화한다.

③ "살인을 함으로써 보편적 인간성을 희생시킨 범죄자는 자신의 보편적 인간성도 이미 죽인 것이다."라는 주장은 병의 논지를 약화한다.

④ "신체의 소멸을 통해서 보편적 인간성을 회복할 수 있다."라는 주장은 을의 논지를 강화하고 병의 논지를 약화한다.

⑤ "개별적 인간들에 공통적으로 귀속되는 것으로 여겨지는 보편적 인간성이란 허구일 뿐이다."라는 주장은 을과 병의 논지를 모두 약화한다.

45
민사소송의
당사자 자격

A, B 주장에 대한 분석으로 옳은 것만을 보기 에서 있는 대로 고른 것은? 제8회 2016 LEET 문3

P국의 민사소송에서 당사자란 자기의 이름으로 국가의 권리보호를 요구하는 자와 그 상대방을 말한다. 당사자가 적법하게 소송을 수행할 수 있으려면 당사자능력, 당사자적격, 소송능력 등의 당사자자격을 갖추어야 한다. 당사자능력은 소송의 주체가 될 수 있는 일반적인 능력을 말한다. 대표적으로 살아있는 사람이라면 누구나 민사소송의 주체가 될 수 있다. 당사자적격이란 특정한 소송사건에서 정당한 당사자로서 소송을 수행하고 판결을 받기에 적합한 자격이다. 이는 무의미한 소송을 막고 남의 권리에 대하여 아무나 나서서 소송하는 것을 막는 장치이기도 하다. 소송능력이란 당사자로서 유효하게 소송상의 행위를 하거나 받기 위해 갖추어야 할 능력을 말한다.

A : 인간이 아닌 자연물인 올빼미는 적법하게 소송을 수행할 수 없다. 왜냐하면 소송의 주체가 될 수 있는 당사자능력을 현행법은 사람이나 일정한 단체에만 인정하고 있기 때문이다. 그리고 어떤 존재에게 당사자능력을 인정할지는 소송사건의 성질이나 내용과는 관계없이 일반적으로 정해져야 법과 재판의 안정성을 확보할 수 있다. 따라서 법에서 명시적으로 인정하는 자 이외에는 당사자능력을 추가로 인정할 수 없다.

B : 적법하게 소송을 수행할 수 있는 자격을 누군가에게 인정할 지 여부는 그에게 법으로 보호할 이익이 있는지에 따라서 판단해야 한다. 만약 어떤 사람이 살고 있는 곳의 환경이 대규모 공사로 심각하게 훼손될 위험에 처하였다면, 우리는 그 사람에게 이익침해가 있다고 보아 법으로 보호받을 수 있는 자격과 기회를 인정하여야 한다. 민사소송의 당사자가 갖추어야 할 여러 가지 자격이란 이를 구체화한 것일 뿐이다. 그렇다면 자기가 살고 있는 숲이 파괴될 위험에 처한 올빼미에게 법으로 보호받을 자격과 기회를 부정할 이유는 없다. 다만 원활한 소송 진행을 위하여 시민단체가 올빼미를 대리하여 소송을 수행할 수 있을 것이다.

보기

ㄱ. A, B는 모두, 소송에서 당사자능력을 인정받기 위해서는 침해되는 이익이 있어야 한다는 점을 전제하고 있다.
ㄴ. A에 따르면, 올빼미가 현실적으로 이익을 침해당하더라도 법 개정이 없이는 소송을 수행할 수 없다.
ㄷ. 법규정의 명문에 반하는 해석이 허용된다면 B는 강화된다.

① ㄱ ② ㄴ ③ ㄱ, ㄷ
④ ㄴ, ㄷ ⑤ ㄱ, ㄴ, ㄷ

46

마약류 처벌 논쟁

다음 논쟁에 대한 평가로 적절한 것만을 보기 에서 있는 대로 고른 것은? 제11회 2019 LEET 문2

A국은 마약류(마약 · 향정신성의약품 및 대마를 통칭함)로 인한 사회적 폐해를 방지하기 위하여 마약류의 제조 및 판매에 관한 '유통범죄'뿐 아니라 마약류의 단순 '사용범죄'까지도 형벌을 부과하는 정책을 시행하고 있다.

갑과 을은 이러한 자국의 마약류 정책에 대하여 다음과 같은 논쟁을 벌였다.

갑1 : B국을 여행했는데 B국은 대마초 흡연이 합법이라 깜짝 놀랐어. 대마초의 성분은 중추신경에 영향을 주어 기분을 좋게 하고, 일단 이를 접한 사람은 끊을 수 없게 만드는 중독성이 있잖아. 이러한 폐해를 야기하는 대마초 흡연은 처벌하는 것이 맞아.

을1 : 어떤 개인이 자신에게만 피해를 주는 행위를 했다는 이유로 처벌을 받아야 한다는 것이 이해가 되지 않아. 인간은 타인에게 피해를 주지 않는 한 자신의 생명과 신체, 건강에 대해서 스스로 결정할 자기 결정권을 가지고 있는데 그 권리 행사를 처벌하는 것은 최후의 수단이 되어야 할 형벌의 역할에 맞지 않아.

갑2 : 그건 아니지. 마약을 사용하는 것은 스스로를 해치는 행위이기도 하지만, 마약을 사용한 상태에서는 살인, 강간 등의 다른 범죄를 저지를 가능성이 높아져. 타인에게 위해를 가할 위험성을 방지하기 위한 형벌은 필요해.

을2 : 그 위험성을 인정하더라도 그런 행위는 타인을 위해할 목적으로 일어난 것이 아니라 중독 상태에서 발생하는 것이잖아. 중독은 치료와 예방의 대상이지 처벌의 대상이어서는 안 된다고 생각해.

갑3 : 중독은 사회 전체의 건전한 근로 의식을 저해하기 때문에 공공복리를 위해서라도 형벌로 예방할 필요가 있어.

보기

ㄱ. 전쟁 중 병역 기피 목적으로 자신의 신체를 손상한 사람을 병역법 위반으로 형사처벌하는 A국 정책이 타당성을 인정받는다면 을1의 주장은 약화된다.

ㄴ. 자해행위에 대한 형사처벌은 그 행위가 타인에게 직접 위해를 가하는 경우에만 정당화될 수 있고 위해의 가능성만으로 정당화되어서는 안 된다는 견해가 타당성을 인정받는다면 갑2의 주장은 약화된다.

ㄷ. 인터넷 중독과 관련하여 예방교육과 홍보활동을 강조하며 형벌을 가하지 않는 A국 정책이 타당성을 인정받는다면 을2의 주장은 약화된다.

① ㄴ ② ㄷ ③ ㄱ, ㄴ
④ ㄱ, ㄷ ⑤ ㄱ, ㄴ, ㄷ

47 논쟁 이해 및 종합적 판단

〈논쟁〉에 대한 분석으로 옳은 것만을 보기 에서 있는 대로 고른 것은? 제11회 2019 LEET 문3

〈X법〉

제1조(형벌) 형벌은 경중(輕重)에 따라 태형, 장형, 유배형, 교형, 참형의 5등급으로 한다.

제2조(속죄금) 70세 이상이거나 15세 이하인 자가 유배형 이하에 해당하는 죄를 지으면 속죄금만을 징수한다.

제3조(감경) 형벌에 대한 감경의 횟수는 제한하지 않는다.

제4조(밀매) 외국에 금지 물품을 몰래 판매한 자는 장형에 처하고, 금지 물품이 금, 은, 기타 보석 및 무기 등인 경우에는 교형에 처한다.

〈논쟁〉

신하 A : 중국 사신과 동행하던 71세 장사신이 은 10냥을 소지하고 있다가 압록강을 건너기 직전에 적발되었습니다. 최근 중국에 은을 팔면 몇 배의 시세 차익을 얻을 수 있기 때문에 이러한 행위가 만연하고 있습니다. 몰래 소지한 것은 몰래 판매한 것과 다르지 않습니다. ㉠ 장사신을 교형으로 처벌해야 합니다.

신하 B : 은 10냥을 몰래 소지하고 강을 건너는 것은 판매를 위해 준비하는 것일 뿐입니다. 역적을 처벌하는 모반죄(謀叛罪)는 모반을 준비하는 자에 대해서 형벌을 감경하여 처벌하는 규정을 두고 있기 때문에 모반의 준비행위를 처벌할 수 있지만, 밀매죄는 이러한 규정을 두고 있지 않습니다. 법이 이와 같다면 장사신을 교형에 처할 수는 없습니다. 다만 사안에 대한 규정이 없더라도, ㉡ 사안에 들어맞는 유사한 사례를 다룬 판결이 있다면 그 판결을 유추해서 적용해야 할 것입니다.

신하 C : 이전 판결을 유추해서 적용하는 것은 유사한지 여부를 판단해야 하는 문제가 발생하니, 차라리 '금지물품을 몰래 소지하고 외국으로 가다가 국경을 넘기 전에 적발된 자는 밀매죄의 형에서 1단계 감경한다'는 규정을 신설하여 처벌하는 것이 옳습니다.

국 왕 : 신하 C가 말한 대로 규정을 추가로 신설하여 이를 장사신에게 적용하라.

보기

ㄱ. '범죄를 준비한 자를 처벌하기 위해서는 법에 정한 바가 있어야 한다'는 논거에 의하면, ㉠은 약화된다.

ㄴ. 모반을 도운 자를 모반을 행한 자와 같이 모반죄로 처벌한 판결은 ㉡에 해당된다.

ㄷ. 국왕의 명령에 의하면, 장사신은 유배형에 처해진다.

① ㄱ ② ㄴ ③ ㄱ, ㄷ
④ ㄴ, ㄷ ⑤ ㄱ, ㄴ, ㄷ

5 갈등 기반의 파악 및 그 해소 방안 찾기

48

헌법재판기관의 민주적 정당성

다음 글에 비추어 판단한 것으로 옳지 않은 것은? 제5회 2013 LEET 문1

〈상황〉

민주주의를 채택하고 있는 A국은 다수결 원칙에 따른 직접 선거로 입법부, 행정부(대통령), 사법부를 구성한다. 문서화된 헌법을 보유하고 있으며 입법부에 대한 견제의 일환으로 사법부 외에 별도의 헌법재판기관을 두어 법률이 헌법에 합치하는 지를 심사하도록 하고 있다. 헌법재판기관의 구성원은 국민에 의하여 직접 선출되지 않으며 대통령의 결정에 따라 임명되는 데 종신직위를 보장받는다. 최근 A국에서는 선거를 통하여 입법부와 행정부에 있어 정권교체가 이루어졌고 이후 새로운 입법부가 다수의 개혁 법안을 통과시켰다. 하지만 구(舊)정권에 의하여 임명된 헌법재판기관의 구성원들은 이러한 법률들이 위헌이라는 결정들을 내렸다. 이에 다음과 같은 비판이 헌법재판기관에 제기되었다.

〈비판〉

(가) A국의 헌법재판기관의 구성은 민주주의 체제에 부합하지 않는다. 헌법재판기관이 민주적 정당성을 갖추려면 그 구성에 있어 국민의 의사가 반영되어야 한다. 정기적인 선거를 통하여 국민이 직접 헌법재판기관을 구성하고 그 구성원에 정치적 책임을 추궁할 수 있어야 헌법재판기관은 민주적 정당성을 갖출 수 있다.

(나) A국의 헌법재판기관은 구성뿐만 아니라 활동도 민주주의체제에 부합하지 않는다. 헌법재판기관의 심사대상은 국민이 직접 선출한 입법부의 결정인 법률이다. 국민들이 선출한 대표들의 결정이기 때문에 법률은 당연히 국민 의사의 반영이다. 이에 대하여 위헌 결정을 내리는 경우 헌법재판기관은 입법부에 반영된 국민의 의사에 반대하게 되어 민주적 정당성을 갖추지 못한다.

① 헌법재판기관 구성원의 선출 방식을 직선제로 변경하는 것으로 (가)는 해소된다.

② 헌법재판기관이 법률들에 대하여 합헌 결정을 내렸더라도 (가)는 해소되지 않는다.

③ (나)에 따라 헌법재판 제도 자체가 입법부에 대한 견제 수단으로 적절하지 않다고 주장할 수 있다.

④ (나)에서는 헌법재판기관 구성과 관련된 대통령의 결정이 국민의사의 반영이라고 이해하지 않는다.

⑤ (가), (나) 모두 '국민의 의사'라는 용어를 다수결로 정해진 국민의 의사라는 의미로 사용하고 있다.

다음으로부터 추론한 것으로 옳은 것만을 보기 에서 있는 대로 고른 것은? 제10회 2018 LEET 문10

계약 위반을 두고 갑과 을이 다투는 소송에서 판사가 판결을 내리는 상황을 생각해 보자. 둘 사이의 계약에서 계약 위반이 발생하는 조건은, 첫째, 계약이 특정한 행위 X를 금지하고, 둘째, 계약당사자가 그 금지된 행위를 하는 것이다. 갑은 을이 계약을 위반했다고 주장하는 반면, 을은 위반하지 않았다고 주장한다. 을이 계약을 위반했는지를 따지는 쟁점은 다음 두 쟁점에 달려 있다. 하나는 이 계약이 을로 하여금 행위 X를 하지 못하도록 금지하는지 여부이고, 다른 하나는 을이 실제로 행위 X를 했는지 여부이다.

세 명의 판사가 내린 판단은 각각 달랐다. 판사1은 이 계약이 행위 X를 금지하고 을이 행위 X를 했다고 본다. 판사2는 이 계약이 행위 X를 금지하는 것은 맞지만 을이 행위 X를 한 것은 아니라고 본다. 판사3은 을이 행위 X를 한 것은 맞지만 이 계약이 행위 X를 금지하는 것은 아니라고 본다. 이 경우 우리는 어떤 결론을 내리는 것이 옳을까?

각 쟁점에 대해서 다수의 판사들이 내리는 판단을 따른다는 원칙을 받아들이기로 하자. 만약 각 쟁점에 대해서 서로 다른 판단을 내리는 판사의 수가 같다면, 가장 경력이 오래된 판사의 판단에 따르기로 한다. 세 명의 판사 중 가장 경력이 오래된 판사는 판사1이다. 그렇다면 우리는 이 계약이 행위 X를 금지하고 있다고 받아들여야 하고 을이 행위 X를 한 것도 받아들여야 한다. 그럼에도 불구하고 을이 계약 위반을 한 것은 아니라고 판단해야 하는 ㉠곤란한 상황에 도달한다. 왜냐하면 이 다툼에서 을이 계약을 위반했다고 판단하는 판사는 한 명뿐이기 때문이다.

보기

ㄱ. 을은 자신이 행위 X를 하지 않았다고 주장하였을 것이다.

ㄴ. 만약 다른 조건은 동일한데 판사3이 '이 계약은 행위 X를 금지하는 것도 아니고 을이 행위 X를 한 것도 아니다'라고 판단했더라면, ㉠은 발생하지 않았을 것이다.

ㄷ. 만약 다른 조건은 동일한데 판사 한 명을 추가하여 네 명이 판단하도록 했다면, ㉠은 발생하지 않았을 것이다.

① ㄱ ② ㄴ ③ ㄱ, ㄷ
④ ㄴ, ㄷ ⑤ ㄱ, ㄴ, ㄷ

LEET 추리논증 고득점을 위한 학습전략

고득점을 가로막는 주요 원인 TOP 5	원인별 해결 방안
기본적인 독해 속도가 **느리다**	평소 문제를 풀 때마다 **스톱워치**를 이용, **시간에 대한 인식**을 갖고 학습하라
어렵지 않게 풀었는데 **실수가 많다**	반복해서 틀리는 유형의 문제들을 중심으로 **오답노트**를 만들어라
정답을 봐도 **이해가 되지 않는** 문제가 많다	기출문제 심층 분석을 통해 **정오답 판단 기준**을 **발견**하고 **정리**하라
특정 패턴(수리추리/논리퀴즈 등)에 취약하다	쉬운 문제, **자주 출제되는 문제 중심**으로 초점을 맞춰 차근차근 학습하라
배경지식 부족으로 지문독해가 어렵다	기출문제나 쉬운 개념서를 이용, **영역별**로 **중요개념**들을 **정리**해 나가라

시간 부족
특정 유형 반복해서 틀림
지문 독해에 어려움

정오답 구성의 논리와 판단기준 점검
반복되어 출제되는 기출패턴 분석
취약분야 배경지식 학습을 통한 이해력 제고

Legal
Education
Eligibility
Test

LEET 추리논증

현강·인강 수강생 수

11년 연속

압도적 1위

2023 LEET에서도 압도적인 결과로 입증한

조성우
추리논증
기본 개정10판

논증영역
정답 및 해설

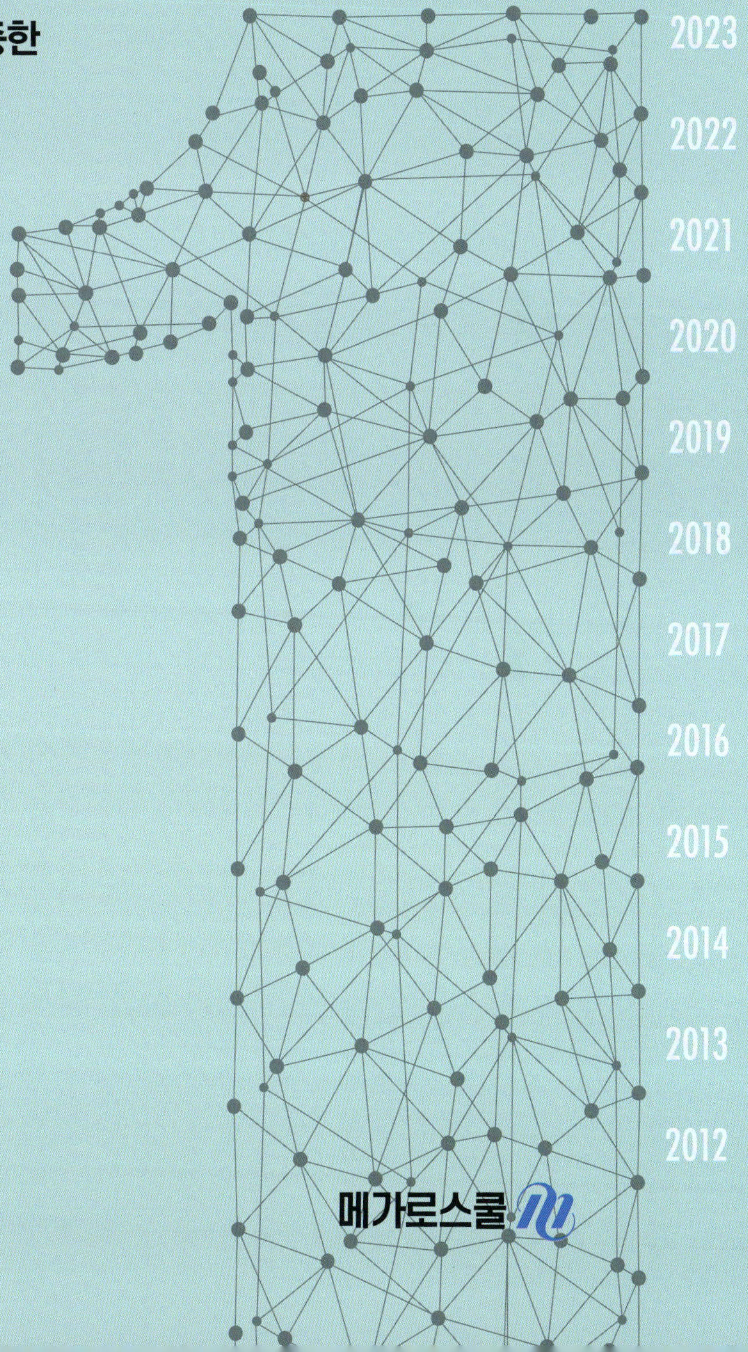

전국 수석 배출 !
성적향상 우수자 최다 배출 !
합격 선배들이 가장 많이 추천하는 강의 !

메가로스쿨

수강생들이 말하는 조성우 추리논증 기본강의

"유형별 학습으로 기본기를 다지기에 좋은 강의입니다"

유형별 개념 및 학습법 설명과 기출문제 풀이를 통해 리트 공부의 방향을 잡을 수 있어 좋았습니다. 여러 유형들 중 어느 부분이 취약한지 파악할 수 있었고 기출문제를 풀며 이해가 되지 않았던 부분들에 대한 내용을 강의를 통해 확인할 수 있었습니다. 특히 논리학 부분과 강화, 약화, 중립 부분에서의 교수님의 체계적인 설명이 큰 도움이 되었습니다.

"추리논증을 체계적으로 정리할 수 있게 도와주는 최고 강의"

처음 기출문제를 풀었을 때는 막연하고 어렵기만 했었는데, 선생님 강의를 듣고, 추리논증에 어떤 문제들이 나오는지 유형별로 꼼꼼하게 접근하고, 정리하는 연습을 했더니, 점점 추리논증이 어떤 시험인지 명확해지면서 정리가 잘 됨을 깨달았습니다. 게다가 선생님이 수업을 항상 꼼꼼하고 체계적으로 해주셔서, 그 태도를 배우려고 하다 보니 추리논증이라는 객관적 판단을 요구하는 시험에 더 잘 적응하게 되는 것 같습니다.

"원리와 응용력이 동시에 함양되는 수업입니다"

선생님 강의로부터 제가 얻을 수 있었던 가장 유익했던 점은 '헤매는 시간의 최소화'라는 것입니다. 기초 원리를 익히기 위해 투자해야 하는 시간, 배운 원리를 문제풀이에 적용하는 과정에서 발생하는 오류를 찾아내는 시간, 어디서부터 다시 시작해야 제대로 된 것인지 알게 되는 시간, 수험생들이 겪어야 할 그 모든 시행착오를 미리 알려주셔서 짧은 수험기간 동안 낭비될 수 있는 노력과 시간들을 지켜주셨습니다. 자만하거나 (너무 쉽게 풀릴 때), 의기소침해질 때(뭐가 뭔지 하나도 모르겠을 때), 교재 페이지 하나하나 놓여있는 선생님의 말씀들은 문제가 뭔지 해결책이 뭔지 넌지시 알려주는 역할을 하십니다. 선생님의 강의도 교재도 정말 좋아서 흔들림 없이 수험기간을 준비할 수 있으리라고 기분좋은 믿음을 가져봅니다.

· 책에서 발견되는 오류 및 개선사항을 적극 알려주십시오.
책을 보시면서 오류라고 생각되는 것이나 개선사항은 jsw97@hanmail.net 으로 메일 주시거나 학원 홈페이지 **'오류문의 및 신고' 게시판**에 올려주시기 바랍니다.

· 수정된 정오사항은 학원 홈페이지 '오류문의 및 신고' 게시판에 올려놓겠습니다.

조성우 추리논증

논증영역

정답 및 해설

메가로스쿨

chapter 1 **논증 분석 및 재구성** 정답 및 해설 ▶▶▶ 3~10쪽

01 ②	02 ④	03 ⑤	04 ⑤	05 ③	06 ⑤	07 ①	08 ②	09 ②	10 ④
11 ④	12 ④	13 ⑤	14 ①	15 ⑤	16 ④	17 ⑤	18 ③	19 ④	20 ⑤
21 ④	22 ③	23 ①	24 ⑤	25 ⑤	26 ⑤	27 ③			

chapter 2 **논증에 대한 평가 및 문제해결** 정답 및 해설 ▶▶▶ 11~26쪽

01 ⑤	02 ④	03 ⑤	04 ④	05 ④	06 ⑤	07 ⑤	08 ①	09 ③	10 ④
11 ②	12 ③	13 ②	14 ④	15 ③	16 ①	17 ①	18 ②	19 ①	20 ⑤
21 ①	22 ⑤	23 ③	24 ③	25 ①	26 ③	27 ①	28 ①	29 ②	30 ③
31 ③	32 ②	33 ③	34 ③	35 ③	36 ⑤	37 ④	38 ③	39 ②	40 ②
41 ②	42 ②	43 ⑤	44 ⑤						

chapter 3 **논쟁 및 반론** 정답 및 해설 ▶▶▶ 26~38쪽

01 ⑤	02 ④	03 ④	04 ②	05 ④	06 ⑤	07 ②	08 ④	09 ④	10 ⑤
11 ⑤	12 ①	13 ④	14 ③	15 ⑤	16 ③	17 ②	18 ①	19 ④	20 ③
21 ③	22 ③	23 ③	24 ④	25 ④	26 ①	27 ③	28 ④	29 ⑤	30 ③
31 ②	32 ④	33 ③							

chapter 4 **법적 추론 및 논증** 정답 및 해설 ▶▶▶ 38~54쪽

01 ①	02 ②	03 ②	04 ④	05 ⑤	06 ⑤	07 ②	08 ③	09 ③	10 ①
11 ②	12 ②	13 ④	14 ④	15 ②	16 ③	17 ②	18 ①	19 ②	20 ④
21 ⑤	22 ⑤	23 ④	24 ②	25 ⑤	26 ④	27 ③	28 ⑤	29 ③	30 ⑤
31 ④	32 ⑤	33 ③	34 ②	35 ③	36 ①	37 ③	38 ⑤	39 ③	40 ②
41 ①	42 ⑤	43 ①	44 ①	45 ④	46 ①	47 ①	48 ①	49 ②	

chapter 1 논증 분석 및 재구성

01 유비논증 정답 ②

① (○) 제시문 맨 하단부의 해적의 대답을 통해 정의가 없는 왕국과 강도떼의 차이를 명칭과 규모의 관점에서 설명하고 있음을 명확히 알 수 있다.

② (×) 제시문 내 「그런 집단은 야욕을 억제해서가 아니라 야욕을 부리고서도 아무런 처벌을 받지 않는다는 사실만으로도 당당하게 왕국이라는 명칭과 실체를 얻는 것이다.」는 내용을 통해 정의가 없는 왕국과 강도떼가 야욕 측면에서는 동일하나 처벌 측면에서는 차이가 있다고 설명하고 있다. 즉, 처벌의 주체가 있을 수 있는가 없는가 사이에만 차이가 있는 뿐 그 밖에 무슨 차이가 있는가 하는 것이다.

③ (○) 제시문 내 「강도떼도 나름대로는 작은 왕국이 아닌가? 강도떼도 사람들로 구성되어 있다. 그 집단도 두목 한 사람의 지배를 받고, 공동체의 규약에 의해 조직되며, 약탈물을 일정한 원칙에 따라 분배한다.」는 내용을 통해 정의가 없는 왕국과 강도떼의 공통점을 지배 체제와 공동체의 조직 원리에서 찾고 있음을 알 수 있다.

④ (○) 제시문에서 강도떼와 정의가 없는 왕국의 차이는 단지 규모에 따른 차이만 있을 뿐 다르지 않다는 내용을 통해 '강도떼가 발전하여 정의가 없는 왕국이 될 가능성을 제시하여 둘의 차이를 좁히는 전략을 쓰고 있다'고 말할 수 있다.

⑤ (○) 정의가 없는 왕국과 강도떼의 하나의 사례로 알렉산드로스 대왕과 해적의 예를 들고 있다. 따라서 이를 통해 유비(類比)의 설득력을 높이는 전략을 쓰고 있다고 할 수 있다.

02 근거 추론 문제 정답 ④

법의학자는 환자가 살아있을 때에 화재가 발생했다고 결론 내렸다는 점에 착안하여 보기를 검토한다.

ㄱ. (×) 불에 탄 시체가 굽어있는 것은, 환자가 살아있을 때에 화재가 발생했다는 점을 뒷받침하지 못한다. 환자가 화재가 아닌 원인으로 사망한 후에 불이 났어도 시체가 굽어있을 수 있기 때문이다.

ㄴ. (○) 얼굴에 빨간 발적이나 종창이 일어난 화상이 있다는 것은 생체(生體)의 피부에 고열이 작용하여 발생하는 1도 화상을 의미하는 것으로 화재의 기전에 의해 사망하였다는 판단의 근거로 적절하다.

ㄷ. (○) 혈액 내에 일산화탄소와 결합한 헤모글로빈 농도가 높다는 것은 피해자의 호흡에 의해 일산화탄소가 혈류로 들어갔음을 의미하는 것으로 살아있을 때 화재가 발행하여 화재의 기전에 의해 사망하였다는 판단의 근거가 된다.

03 암묵적 전제 정답 ⑤

문제에서 요구하고 있는 것은 갑의 추론이 설득력을 갖기 위해 전제되어야 할 조건들을 고르라는 것이다. 갑의 추론이 갖는 문제점으로 제시된 것은 암수 범죄의 문제를 고려하지 않고 있다는 것이다. 따라서 이에 대한 해결이 문제에서 요구하고 있는 전제조건이 될 수 있다.

ㄱ. (×) 갑의 추론이 설득력을 갖기 위해 "암수 범죄의 전년 대비 증가율은 매년 일정하다."라는 내용이 반드시 전제되어야 하는 것은 아니다. 암수 범죄의 전년 대비 증가율이 매년 일정하지 않다고 하여도 전체 범죄 중 암수 범죄가 차지하는 비중이 동일하게 유지된다면 갑의 추론은 설득력을 얻을 수 있기 때문이다.

ㄴ. (○) "발생한 범죄 사건 중 신고된 사건의 비율은 범죄 유형별로 매년 일정하다."라는 것은 '발생한 범죄 사건 중 암수 범죄 사건의 비율 또한 범죄 유형별로 매년 일정하다'라는 것을 의미한다. 만일 신고된 사건의 비율이나 암수 범죄 사건의 비율이 달라진다면 갑의 추론의 문제점으로 제시한 암수 범죄의 문제를 해결하지 못하게 된다. 따라서 갑의 추론이 설득력을 갖기 위해 필요한 전제이다.

ㄷ. (○) "형사 사법 기관이 신고를 받거나 인지한 사건들을 범죄 통계에 반영하는 기준과 방식에 일관성이 있다."는 암수 범죄의 발생에 영향을 주는 요인이 고정적이라는 것으로 암수 범죄의 비율은 매년 일정하게 유지된다는 추론을 가능하게 한다. 따라서 갑의 추론이 설득력을 갖기 위해 필요한 전제이다.

04 암묵적 전제 추론 정답 ⑤

① (○) 제시문 첫 번째 문단의 '나아가 동물은 여러 대안을 고려할 능력이나 식사의 윤리성을 반성할 능력이 없다. 그

러므로 동물에게 그들이 하는 일에 대한 책임을 지우거나, 그들이 다른 동물을 죽인다고 해서 죽임을 당해도 괜찮다고 판정하는 것은 타당하지 않다.'는 진술을 통해 저자는 '반성 능력이 없는 존재에게는 책임을 물을 수 없다.'를 암묵적으로 전제하고 있음을 추론할 수 있다.

② (○) 제시문 첫 번째 문단의 '먹기 위해 다른 동물을 죽이지 않으면 살아남을 수 없는 많은 동물들과 달리, 사람은 생존을 위해 반드시 고기를 먹을 필요가 없다. 그러므로 동물에게 그들이 하는 일에 대한 책임을 지우는 것은 타당하지 않다'는 진술을 통해 저자는 '자신의 생존에 위협이 되는 행위는 의무로 부과할 수 없다.'는 것을 암묵적으로 전제하고 있음을 추론할 수 있다. 암묵적으로 전제하기 때문에 위와 같은 논리를 전개할 수 있는 것이며, 만약 그렇지 않다면 위와 같은 논리를 전개할 수 없기 때문이다.

③ (○) 제시문 첫 번째 문단의 '먹기 위해 다른 동물을 죽이지 않으면 살아남을 수 없는 많은 동물들과 달리, 사람은 생존을 위해 반드시 고기를 먹을 필요가 없다. 나아가 동물은 여러 대안을 고려할 능력이나 식사의 윤리성을 반성할 능력이 없다. … 반면에 인간은 자신들의 식사습관을 정당화하는 일이 가능한지를 고려하지 않으면 안 된다.'는 진술을 통해 저자는 '어떤 행위의 대안을 고려할 수 있는 존재는 윤리적 대안이 있는데도 그 행위를 하는 경우라면 그것을 정당화해야 한다.'는 것을 암묵적으로 전제하고 있음을 추론할 수 있다.

④ (○) 제시문 두 번째 문단의 '첫째로, 인간이 동물을 먹는 것이 자연적인 진화 과정의 한 부분이라는 주장은 더 이상 설득력이 없다. … 오늘날처럼 공장식 농장에서 가축을 대규모로 길러내는 것에 대해서는 참일 수 없다.'는 진술을 통해 저자는 '공장식 농장의 대규모 사육은 자연스러운 진화의 과정이 아니다.'는 것을 암묵적으로 전제하고 있음을 추론할 수 있다.

⑤ (×) 제시문 마지막 부분의 '그러나 이로부터 어떤 일을 하는 자연적인 방식이 개선될 수 없음이 따라 나오지는 않는다.'라는 내용 즉 '자연법칙이 있다(또는 안다)는 것이 어떤 일을 하는 자연적인 방식이 개선될 수 없음'을 필연적으로 결정짓는 것이 아니라는 내용으로부터 '자연법칙과 자연적인 방식'은 필연적 관계를 갖는 것이 아니라는 것을 추론할 수 있다. 따라서 저자는 '자연적인 방식이 개선되면 기존의 자연법칙은 더 이상 유효하지 않다.'는 것을 암묵적으로 전제하고 있는 것은 아니다. 다시 말해 '자연적인 방식이 개선되더라도 기존의 자연법칙은 유효할 수 있다.'

05 암묵적 근거 추론 — 정답 ③

ㄱ. (○) 농부의 4번째 진술을 보면 다음과 같은 타당한 추론을 하고 있다.

> 큰 도시들에는 꼭 낙타들이 있다.
> B는 큰 도시이다.
> ───────────
> B에는 낙타가 있다.

ㄴ. (×) 둘의 대화만으로, 큰 도시에 낙타가 있고 B가 큰 도시라는 농부의 말이 참인지 거짓인지 여부는 확인할 수 없다.

ㄷ. (○) 교수의 추론은 다음과 같은 형식이다.

> 독일에 낙타가 없다. (가정)
> B는 독일에 있는 도시이다. (사실)
> ───────────
> B에는 낙타가 있다.

농부의 추론(ㄱ해설 참조)과 비교하면 교수의 추론은 가정적 전제를 포함하지만 농부의 추론은 '큰 도시들에는 꼭 낙타들이 있다'라던가 'B는 큰 도시이다'와 같이 적어도 농부가 참이라고 믿는 전제들로 이뤄진다. 타당한 추론을 할 수 있는 농부가 마찬가지로 타당한 교수의 추론을 받아들이지 않은 점을 보면, 자신과 달리 교수의 추론이 가정적 전제에서 시작한다는 점을 문제 삼았음을 알 수 있다.

06 기업의 재고 운영 전략 — 정답 ⑤

ㄱ. (○) 생산비용이 생산량에 의해 크게 영향을 받지 않을 때 (나)와 같이 수요량에 따라 생산량을 변동시키는 전략을 택할 수 있다.

ㄴ. (○) 생산량에 따라 생산비용이 상승한다하더라도 수요량을 충족시키지 못할 때 고객을 잃어버리게 되고 다시 고객을 만들기가 어려워진다면 (나)전략을 택할 가능성이 높다.

ㄷ. (○) 재고 유지비용이 많이 들어간다면 수요량을 고려하며 재고운영을 하게 될 것이므로 (나)전략을 선택할 가능성이 높아진다.

07 생략된 전제의 추론 정답 ①

1. 제시문 분석

- 전제 1 : ~변호사 → 아나운서 ⇔ ~아나운서 → 변호사
- 전제 2 : 아나운서 → 붉은 넥타이
  ⇔ ~붉은 넥타이 → ~아나운서
- 전제 3 : X는 푸른색 넥타이 착용

☞ 소결론 1 : X는 변호사이다. (∵ 전제 3 + 전제2 + 전제1)

- 전제 4 : 변호사 → 미국인 ∨ 영국인
- 전제 5 : 영국인 ∧ ~ 한국 경험 → ~ 김치
  ⇔ 김치 → ~ 영국인 ∨ 한국경험
- 전제 6 : 한국 경험 → 붉은 넥타이
  ⇔ ~붉은 넥타이 → ~ 한국 경험

☞ 소결론 2 : X는 ~한국 경험 (∵전제 3 + 전제 6)

- 결론 : X는 미국인 ∧ 변호사

2. 보충해야 할 전제 추론

전제 1 + 2 + 3을 통해 X가 변호사라는 소결론1이 도출된다. 따라서 X가 미국인 변호사라는 결론을 도출하기 위해 필요한 전제는 X가 미국인(= ~영국인)이라는 내용이다. "X가 김치를 먹는다"는 전제가 보충된다면 X는 한국경험이 없기(∵소결론2) 때문에 X는 ~영국인(=미국인)이 된다.

08 생략된 기준의 추론 정답 ②

ㄱ. (○) 미성년자 선호 지속성은 A 기준으로 적절하다. (가)와 (나)는 일시적 선호를 (다)와 (라)는 지속적인 선호를 보이고 있음을 통해 추론할 수 있다.

ㄴ. (×) (가)와 (다)는 내향성을 보인다고 할 수 있으나, (나)와 (라)는 외향성이라고 보기보다는 공격성이라고 보아야 할 것이다.

ㄷ. (○) 공격성은 B 기준으로 적절하다. (가)와 (다)는 성매매나 환심들을 통한 비공격적 방법을 사용하는데 반해 (나)와 (라)는 성폭행 또는 공격적 행동과 같은 공격성을 보이고 있음을 통해 추론할 수 있다.

ㄹ. (×) 성별 선호는 (가)와 (라)를 구분하여 주기는 하지만 (나)와 (다)를 구분하기에는 적절치 않다.

09 업무 분류 기준 정답 ②

제시문의 주요 내용을 표에 정리해 보면 아래와 같다.

		B	
		(다)	(라)
A	(가)	P1 일정한 절차와 기법 예외 상황	P2 단순 정보에 대한 분석 기술 예외 상황 낮음
	(나)	P3 업무와 관련된 정보 복잡 새로운 상황	P4 업무와 관련된 정보 복잡 예외 상황 낮음

따라서 A에는 업무를 표준화된 절차에 따라 과정별로 나누어 수행을 용이하게 할 수 있는 정도인 분석가능성이 들어가야 할 것이고, B에는 업무 중에 예측하지 못한 새로운 일이 생기는 정도인 다양성이 들어가야 할 것이다.

ㄱ. (×) (가)는 분석 가능성이 높은 유형이다.

ㄴ. (×) (다)는 다양성이 높은 유형이다.

ㄷ. (○) 작곡가, 피아니스트와 같은 직업은 표준화된 절차에 따라 업무를 나누어 수행하는 것이 용이하지 않고, 업무 중에 예측하지 못한 새로운 일이 생기는 정도는 낮으므로 P4에 속한다고 할 수 있다.

10 인구와 식량 정답 ④

1. 결론 ⓘ(모든 구성원이 편안하고 행복하게 사는 완전한 사회란 있을 수 없다.)를 지지하는 전제들의 구조를 파악해 보면 ⓕ+ⓖ+ⓗ가 합쳐져 결론을 지지하고 있음을 알 수 있다. (→ 선택지 ①④)

전제 ⓖ + ⓗ : 인구제한 → 심각한 위협 → ~완전한 사회
전제 ⓕ : 인구제한

결론 ⓘ : ~완전한 사회

2. ⓐ, ⓑ, ⓒ, ⓓ와 ⓔ간의 관계를 파악해 보면, ⓐ+ⓑ가 합쳐져 연역적으로 ⓒ를 지지하고 있음을 알 수 있다.

전제 ⓐ : 인구 기하 급수적 증가
전제 ⓑ : 식량 산술 급수적 증가

소결론 ⓒ : 인구의 증가율과 식량의 증가율의 차이 발생

11 행위 책임의 전제 조건으로서의 동일성 정답 ④

비교적 판단이 용이한 전제들을 중심으로 정답을 찾아갈 필요가 있다. ⓔ+ⓕ+ⓗ 가 ⓖ의 근거가 되고 있음은 쉽게 판단할 수 있다. 그러면 선택지는 ②와 ④로 압축되고 ⓐ ⓑ ⓒ 의 관계를 판단해 보면, ⓑ가 ⓐ의 근거가 되고 ⓐ는 ⓒ의 근거가 되고 있음을 알 수 있다. 따라서 정답은 ④이다.

12 보편적 윤리의 토대 정답 ④

5개의 선지들을 분석해보면, ⓓ→ⓔ, ⓖ→ⓕ, ⓒ+ⓔ+ⓕ→ⓑ는 공통적으로 나타나며, ⓐ, ⓑ, ⓗ, ⓘ의 관계에서 차이가 발생한다. 따라서 이들 4개의 문장을 중심으로 구조를 파악해 본다.

4개 문장 모두 옳고 그름, 보편적 윤리, 올바른 삶 등에 대한 판단의 근거에 대한 언급이다.

ⓐ : 행복 추구, 도덕적 감정은 보편적 윤리의 토대가 아님
ⓑ : 행복 추구는 올바른 삶의 당위의 근거가 아님
ⓗ : 인간의 도덕적 감정은 도덕의 기초로서 미흡함
ⓘ : 인간의 감정은 옳고 그름의 보편적 잣대로 삼을 수 없음

ⓗ와 ⓘ는 인간의 (도덕적) 감정, ⓑ는 인간의 행복 추구 성향을 언급하고 있고, ⓐ는 도덕적 감정과 행복 추구 성향 모두를 언급하고 있으므로 ⓐ를 결론으로 보아야 한다.

따라서, ⓑ와 ⓗ로부터 ⓐ 결론을 이끌어내는 선지 4번이 정답이 된다.

13 선(善)의 정의 정답 ⑤

- ㉥+㉧ → ㉨ 의 구조인지, (㉡+)㉥+㉨ → ㉠ 의 구조인지를 먼저 확인한다.

㉥ 선을 자연적 속성과 동일시하는 정의는 오류이다.
㉧ 사실로부터 당위를 끌어내는 것은 가능하지 않다.
㉨ 선을 형이상학적 속성과 동일시하는 정의는 오류이다.

㉥에서 ㉨이 도출되기 위해서는 '자연적 속성'과 '형이상학적 속성'의 관계가 언급되어야 한다. ㉧에는 그러한 언급이 없으므로, ㉥+㉧ → ㉨으로 보기는 어렵다.

- ㉥+㉨ → ㉠ 의 구조인지, ㉡+㉥+㉨ → ㉠ 의 구조인지를 확인한다.

㉡ 선을 정의하려면, 선을 자연적 속성과 동일시하거나, 형이상학적 속성과 동일시해야 한다.
㉥ 선을 자연적 속성과 동일시하는 정의는 오류이다.
㉨ 선을 형이상학적 속성과 동일시하는 정의는 오류이다.
㉠ 선을 정의하려는 시도는 성공할 수 없다.

㉡에 의하면, 선을 정의하기 위해서는 선을 자연적 속성과 동일시하거나, 선을 형이상학적 속성과 동일시해야 한다. 그런데 ㉥과 ㉨에 의해서 이 둘은 모두 오류이다. 따라서, ㉠ 선을 정의하려는 시도는 성공할 수 없다는 결론이 도출된다.

- 따라서, 정답은 ④와 ⑤로 압축된다.

- ㉢+㉣+㉤ → ㉥ 의 구조인지, ㉢+㉣ → ㉤ → ㉥ 의 구조인지를 확인한다.

㉢ 선은 쾌락이라고 정의한다면, "선은 쾌락인가?"라는 물음은 무의미하다.
㉣ "선은 쾌락인가?"라는 물음은 무의미하지 않다.
㉤ 쾌락 대신 어떤 자연적 속성을 대입하더라도 결과는 같다.
㉥ 선을 자연적 속성과 동일시하는 정의는 오류이다.

㉢, ㉣에서 ㉤이라는 결론이 바로 도출되지 않는다. ㉢, ㉣에 의하면 선을 쾌락이라고 정의할 수 없음이 도출되고, 여기에 ㉤이 결합되면 선을 어떠한 자연적 속성이라고도 정의할 수 없게 되어 ㉥이 도출된다. 따라서, 정답은 ⑤가 된다.

- ㉦, ㉧, ㉧, ㉨의 관계도 마찬가지로 분석해볼 수 있다.

㉦ 선을 형이상학적 속성과 동일시하는 정의들은 사실명제로부터 당위명제를 추론한다.
㉧ 형이상학적 질서가 존재한다는 사실로부터 "선은 무엇이다"라는 정의를 이끌어낸다.
㉧ 사실로부터 당위를 끌어내는 것은 가능하지 않다.
㉨ 선을 형이상학적 속성과 동일시하는 정의는 오류이다.

㉦, ㉧에서 ㉧이라는 결론이 바로 도출되지 않는다. ㉦, ㉧에 ㉧이 결합되어 ㉨이 도출되는 구조이다.

14 논증구조도 / 병렬적 관계와 지지관계 정답 ①

㉠ 로봇을 대하는 태도에서 동서양 존재 + 문화선택
㉡ 실험에서 한국인이 서양인보다 더 강하게 로봇과 친구가 될

수 있다고 답함.

㉢ 실험에서 한국인이 서양인보다 로봇에 대한 도덕 명령에도 긍정적

㉣ 한국인이 서양인보다 로봇을 사람처럼 대함

㉤ 묵가의 도덕 판단 근거

㉥ 유가의 도덕 판단 근거

㉦ 묵가와 유가에 의한 실험 결과 설명

㉧ 묵가와 유가에 의한 문화선택이 한국인의 감정과 도덕성에 영향

(설명)

㉠이 결론이다. ㉧은 동서양 차이에 대해 논하고 있는 ㉠을 포괄할 수 없으므로 결론일 수 없다. 다음으로 ㉡과 ㉢은 모두 동서양의 차이에 대한 연구다. 둘은 병렬적으로 이어져 동서양 차이가 있다는 소결론 ㉣을 수식한다. 이때 ㉣은 ㉠의 전반부 논지(로봇을 대하는 태도에서 동서양 존재)와 이어진다. ㉤과 ㉥은 각각 묵가와 유가에 대한 설명으로 둘을 이용하여 실험 결과를 설명하는 ㉦을 병렬적으로 합쳐서 수식한다. 마지막으로 ㉧은 한국인에게 묵가와 유가식 사고가 문화선택을 통해 영향을 끼쳤다고 보므로 ㉠의 후반부 논지(문화선택)과 이어진다. 이에 ㉣과 ㉦과 ㉧이 합쳐져 결론 ㉠을 수식한다고 보는 것이 옳다.

15 논증 분석 문제의 효과적 해결 정답 ⑤

① (○) ⓓ와 ⓔ는 ⓐ의 '주장'을 반박하는 부분이라 할 수 있고 ⓖ ⓗ ⓘ는 ⓐ의 '주장'을 사람들이 받아들이는 이유를 설명하는 부분이라 할 수 있다.

② (○) ⓐ의 '친구'를 이로운 친구로 한정짓지 않는다면 행복한 사람에게 자신의 선행을 받아줄 친구는 필요하다는 점에서 ⓐ의 '주장'이 부정된다.

③ (○) 친구는 스스로 할 수 없는 것을 제공해 주는 사람인데(ⓑ), 행복한 사람은 어떤 것도 추가적으로 필요치 않는다(ⓒ)는 점에서 친구가 필요없다(ⓐ)라고 말하고 있다.

④ (○) ⓓ는 ⓐ의 '주장'에 문제를 제기하고 있고 ⓔ는 ⓓ가 설득력을 갖도록 친구의 개념과 행복한 사람이 하는 일을 한정적으로 제시하고 있다.

⑤ (×) ⓖ와 ⓗ가 결합하여 ⓐ의 '주장'을 반박하는 근거가 되는 것이 아니라 지지하는 근거가 된다.

16 논증의 구조 분석 정답 ④

제시된 논증을 논증구조도로 표현해 보면 다음과 같다.

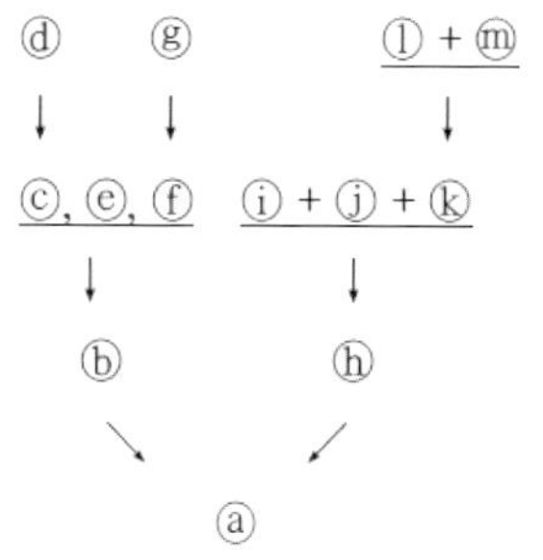

④ (×) ⓘ, ⓙ, ⓚ는 서로 간을 지지하는 근거로 사용되고 있지 않다.

17 논증의 구조 분석 정답 ⑤

① (○) 글쓴이는 ⓓ에서 '가격 하락이 한 상품에만 국한되는 경우에는 실제로 생산자의 이윤을 축소시키지만'이라는 언급을 통해 ⓐ의 타당성을 인정하고 있다.

② (○) ⓓ는 '가격 하락이 모든 상품에 함께 일어나는 경우에는 그런 효과가 없어진다'라는 주장을 통해 ⓑ를 비판하고 있다

③ (○) 글쓴이는 ⓓ와 같이 생각하는 이유를 ⓔ에서 제시하고 있다. ⓔ는 ⓓ의 근거로 사용되고 있다.

④ (○) 글쓴이는 ⓕ에서 자본의 경쟁이 이윤을 낮추는 것은 가격 하락에 기인하는 것이 아니라 임금 상승에 기인한 것임을 언급함으로써 ⓒ를 비판하고 있다.

⑤ (×) ⓕ는 ⓔ의 근거라기보다는 추가적인 언급이라 할 수 있다. 글쓴이는 아담 스미스의 주장 ⓑ를 반박하면서 반박의 근거로 ⓔ의 실질적인 가격하락 없음과 ⓕ의 실질 임금상승을 제시하고 있다.

18 논증의 지지관계 분석 정답 ③

㉠ 자연권 = 생명 보존을 위해 힘을 사용할 수 있는 자유, 모든 사람에게 동등하게 보장

㉡ 자연법 = 자신의 생명 보존에 가장 적합한 행위를 포기하는 것이 금지됨

㉢ 인간의 자연 상태는 만인에 대한 만인의 전쟁 상태

㉣ 모든 인간은 자신의 생명을 보존하기 위해 어떤 것이든 사용할 수 있다.

㉤ 모든 것, 심지어 상대의 신체에 대한 권리도 가진다.

㉥ 상대의 신체에 대한 권리는 그 신체를 훼손할 권리까지 포함한다.

ⓢ 모든 것에 대한 이러한 자연적 권리가 유지되는 한 인간은 누구도 안전할 수 없다.
ⓞ 모든 사람은 평화를 이룰 희망이 있는 한 그것을 얻기 위해 노력하지 않으면 안 된다.
ⓩ 평화와 자기 방어를 위해 우리는 모든 사물에 대한 자연적 권리를 포기하고, 우리가 다른 사람에게 허용한 만큼의 자유에 만족해야 한다.

① (○) 만인의 만인에 대한 전쟁상태에서 모든 인간이 자신의 생명을 보존하는 데 도움이 되는 어떤 것이든 사용할 수 있는 권리는 ㉠에서 설명된 자연권에 기인한다.
② (○) 모든 사람이 상대의 신체에 대한 권리까지 가질 수 있는 이유는, ㉢인간의 자연 상태가 자신의 생명의 안전을 담보할 수 없는 만인에 대한 만인의 전쟁 상태이며, ㉣에서 인간은 적에 맞서 자신의 생명을 보존하는 데 도움이 되는 것은 어떤 것이든 사용할 수 있다고 하였기 때문이다.
③ (×) ㉤ 상대의 신체에 대한 권리를 가진다는 것이 ㉥ 그 신체를 훼손할 권리까지 가진다는 것의 근거가 되지는 못한다.
④ (○) ㉡ 자연법에 따라 인간은 자신의 생명 보존에 가장 적합한 행위를 포기하는 것이 금지되므로, ⓞ 모든 사람은 (만인의 만인에 대한 전쟁상태에서 벗어나 자신의 생명을 보존하기 위해) 평화를 이룰 희망이 있는 한 그것을 얻기 위해 노력하지 않으면 안 된다.
⑤ (○) 만인의 만인에 대한 전쟁상태에서 ⓢ 모든 것에 대한 이러한 자연적 권리가 유지되는 한 인간은 누구도 안전할 수 없고, ⓞ 모든 사람은 이 전쟁상태에서 벗어나 평화를 이루기 위해 노력해야 하므로, ⓩ 평화를 위해 우리는 모든 사물에 대한 자연적 권리를 기꺼이 포기하고, 우리가 다른 사람에게 허용한 만큼의 자유에 스스로도 만족해야 한다.

19 지식의 정당화 정답 ④

①(○) 어떤 추론적 지식인 G_1은 추론적 지식의 정의상 이를 정당화하는 지식이 있고, ⓒ에서 모든 지식이 추론적 지식이라고 가정하고 있으므로 ⓔ와 같이 그 중 어떤 것을 G_2라고 하면, G_2는 추론적 지식이라는 결론이 도출된다.
② (○) ⓒ에서 모든 지식이 추론적 지식이라고 가정하고 있으므로, 어떤 지식은 추론적 지식일 것이고, 이 추론적 지식은 추론적 지식의 정의에 따라 이를 정당화하는 지식을 갖게 되고, 이를 정당화하는 지식은 ⓒ의 '가정'에 의해 추론적 지식이 되고, 이는 추론적 지식의 정의상 이를 정당화하는 지식이 있고……하는 식의 정당화과정이 끝나지 않는다는 것을 보여준다.
③(○) ⓖ의 '과정'이 순환적이라면 2개의 추론적 지식만 있어도 ⓖ의 과정은 무한히 계속될 수 있다.
④(×) ⓖ와 ⓗ가 충돌하기는 하므로 ⓒ의 '가정'은 부정되나 ⓐ가 부정되는 것은 아니다.
⑤(○) ⓐ와 같이 추론적 지식이 있기 위해서는 ⓙ와 같이 비추론적 지식이 존재하여야 한다. 즉, 비추론적 지식이 존재하지 않으면 추론적 지식은 있을 수 없다. 따라서 이 논증이 타당하다면 '비추론적 지식이 없으면 추론적 지식도 있을 수 없다'는 것이 증명된다고 할 수 있다.

20 수단 - 목적 관계와 인과관계 정답 ⑤

①(○) (가)는 논증이 비판하고자 하는 견해인 '우리의 감각기관들과 지체들이 그 사용을 위해 창조되었다'는 내용을 제시하고 있다.
②(○) (나)는 (가)에서 제시한 견해가 시간적 선후 개념을 포함하고 있는 인과 관계를 잘못 파악하고 있음을 지적하고 오히려 '생겨난 그것이 용도를 창출한다'는 견해를 제시하고 있다.
③(○) (다)는 우리 몸의 여러 신체적 지체들의 발생과 사용의 시간적 선후 관계를 이용하여 논증하고 있다.
④(○) (라)에서는 논증이 비판하고자 하는 견해인 '사용을 위해 발명된 것'들을 제시하고 있는데, 그 대상 영역은 '삶과 사용의 필요로부터 나온 것들'이다.
⑤(×) (마)에서는 (다)의 영역은 (라)의 영역과 완전히 다른 부류로서 구분된다는 것을 지적함으로써 (바)가 옳음을 논증하고 있는 것이지 (다)와 (라)가 양립할 수 없음을 지적하고 있는 것은 아니다. (다)와 (라)는 별개의 영역으로서 양립가능하다.

21 사회계약론 정답 ④

① (○) 문맥상 ⓑ는 ⓐ의 근거로 제시되어 있는데, ⓐ의 근거로 제시된 ⓑ가 실질적으로 ⓐ를 뒷받침하려면 ⓑ에서 언급한 '어쩔 수 없어서 하는 행동'인 '물리적인 것'으로부터의 행동과 '의무에서 나온 행동'인 '도적적인 것'으로부

터의 행동이 구별되어야 한다. 그렇지 않다면 즉 물리적인 것과 도덕적인 것이 구별되지 않거나 동일한 것이라면 ⓑ에서 힘에 굴복하여 어쩔 수 없어서 하는 것과 도덕적인 이유에서 하는 것을 구별할 수 없거나 이들이 동일한 것이 되어 ⓐ의 진술[=힘이란 물리력인데, 물리력이 어떻게 도덕적 결과를 가져올 수 있는지 나는 이해할 수 없다.]을 뒷받침하지 못하게 된다.

② (○) ⓒ[= 만일 강자의 권리라는 것이 있어서, 힘이 권리를 만들어낸다고 해보자.]에서 '강자의 권리'가 있다고 가정하고 논리를 전개하여 ⓗ[= '강자의 권리'라는 말에서 '권리'는 '힘'에 덧붙이는 것이 없으며, 따라서 공허한 말이다.]에서 불합리한 귀결에 이른다는 것을 보임으로써 '강자의 권리'를 부정하는 논증을 펴고 있다.

③ (○) ⓓ에서 힘에서 나오는 '권리'라는 것은 무의미하다는 말임을 지적한 후 ⓔ에서는 힘에 굴복하는 것이 '의무'에서 비롯된 것이 아니라는 말을 강도의 사례를 통해 하고 있음을 알 수 있다. 즉 ⓔ는 ⓑ[= 힘에 굴복하는 것은 어쩔 수 없어서 하는 행동이요 기껏해야 분별심에서 나온 행동이지 의무에서 나온 행동은 아니다.]의 예시라 할 수 있다.

④ (×) ⓖ에서 글쓴이가 '장담'할 수 있는 이유는 분별력이 있는 사람이라면 힘에 복종하지 말라고 해도 어쩔 수 없이 복종할 것이기 때문이라는 ⓑ에서 찾을 수 있다. ⓕ는 힘에 어쩔 수 없이 복종해야 하는 상황이라면 의무가 개입될 필요가 없고, 복종을 강요받지 않으면 의무도 없다는 것으로 '의무가 개입될 여지가 없음'을 말하는 것으로 '힘에 복종할 것을 장담'하는 근거라고 할 수 없다.

⑤ (○) ⓓ에서는 '힘과 운명을 같이 하는 권리가 권리로서 무슨 의미가 있는가'라고 반문하고 있고, ⓗ에서는 '의무가 개입될 여지가 없어 사실상 권리라는 것이 아무런 기능을 하지 못함'을 지적함으로써 둘 다 힘에서 나오는 '권리'라는 것은 무의미한 말임을 지적하고 있다.

22 약리효과의 검증기준 정답 ③

① (○) ⓐ(A국 식약청)는 위약 실험을 필수적으로 요구하고 있기 때문에 동등성 요건을 갖췄다 하더라도 신약의 출시를 불허할 수 있다.

② (○) ⓑ(H선언)의 윤리적 기준에 따르면 효과적인 치료법이 있는 경우 의사는 환자에게 그것을 제공할 윤리적 · 법적 의무를 갖는다. 하지만 위약 시험은 위약시험에 참여한 환자에게 효과적인 약품으로 치료받을 수 있는 기회를 박탈하는 상황을 초래하므로 이는 H선언이 위약시험을 비판하는 논거가 된다.

③ (×) ⓑ(H선언)가 동등성시험의 필요성을 주장하는 이유는 H선언의 윤리적 기준(효과적인 치료법이 있는 경우 의사는 환자에게 그것을 제공할 윤리적 · 법적 의무를 갖는다)과 이에 따른 치료의 제공이다. 따라서 설령 위약이 실제 증상을 완화시켰다고 하더라도 ⓑ(H선언)가 주장하는 동등성시험의 필요성을 약화하는 근거가 되지 못한다. 심리적 측면 등과 같은 주관적 요인에 따른 위약의 효과가 언제나 동등성시험의 효과를 대체할 수 있는 것은 아니기 때문이다.

④ (○) ⓒ(몇몇 의사들)는 향정신성 의약품의 경우 위약시험이 동등성시험보다 환자의 주관적 판단이 초래하는 오류로부터 상대적으로 자유롭다고 전제하고 있다. 그렇기 때문에 동등성시험으로 신약 효과를 평가하는 방법이 부적절하다고 ⓒ(몇몇 의사들)는 주장하는 것이다. 즉 위약이 약리 효과를 검증하는 항상적 기준을 제공하는 것으로 가정하고 있기 때문에 이들은 다른 기준(위약시험)이 적용되어야만 한다고 주장하는 것이다.

⑤ (○) 50개 신약 치료 집단 간 응답의 분포 및 평균값에는 유의미한 차이가 없었다는 것은 치료 효과의 주관적 평가가 가변적이지 않음을 의미하고, 50개 위약 치료 집단 간 응답의 분포 및 평균값에 유의미한 차이가 있었다는 것은 치료 효과의 주관적 평가가 상당히 가변적임을 의미하므로, 이는 ⓓ를 지지하는 근거가 된다.

23 자유의지와 도덕적 책임 정답 ①

ㄱ. (×) 제시문의 첫 문장에서 "우리 행위가 우리 자신의 자유로운 선택의 결과일 때에만 우리는 그 행위에 도덕적 책임을 진다."(= 도덕적 책임 → 자유로운 선택)라고 하였다. 이에 따르면 "자유로운 선택에 의한 것이 아니면서도 도덕적 책임을 지는 행위"(도덕적 책임 ∧ ~자유로운 선택)는 있을 수 없지만, "자유로운 선택에 의한 것이지만 도덕적 책임을 지지 않는 행위"(~도덕적 책임 ∧ 자유로운 선택)는 존재할 수 있다.

ㄴ. (○) 제시문 여덟 번째 줄에서 "만약 우리가 우리의 의지가 자유롭다는 것을 정말로 안다면, 우리의 의지가 자유롭다는 것은 참일 수밖에 없다."(= 안다 → 참이다)라고

하였다. 따라서 제시문에 의하면 무언가를 안다는 것은 그것이 참임을 함축하는 것이다.

ㄷ. (×) 우리가 자유롭게 행했다고 여기는 많은 행위들을 인과 법칙적으로 설명할 수 있다면, 우리의 행위가 자유로운 선택의 결과가 아닐 가능성이 높아진다. 이는 "우리의 행위가 자유로운 선택의 결과에 의한 것인지 아닌지 아직 입증하지 못하였다"라는 제시문의 주장과 양립 가능하므로, 이 글의 논지를 약화시키지 않는다.

24 연역논증과 귀납논증 정답 ⑤

제시문에 따르면, 경험에 근거한 추리는 연역적 타당성(=전제가 참이면 결론이 반드시 참인 성질)을 담보할 수 없으므로, '㉢ 미래가 과거와 똑같다'는 것을 기본 전제로 가정하지 않는 이상 과거(경험)를 가지고 필연적인 미래(결론)를 도출할 수는 없다.

ㄱ. (○) "미래가 과거와 똑같다"고 가정한다면, 과거의 경험으로부터 미래에 관한 명제를 추리할 수 있다.

ㄴ. (○) "미래가 과거와 똑같지 않다"면 과거의 경험으로부터 미래의 모습을 확신할 수 없다.

ㄷ. (○) 제시문의 밑에서 두 번째 문장에서 "경험을 근거로 하는 어떠한 논증도 미래가 과거와 똑같을 것이라는 점을 증명할 수는 없다."라고 직접적으로 얘기해주고 있다.

25 함축의 의미 / 귀류법의 논리사용 정답 ⑤

ㄱ. (○) 제시문의 중반부에서 '인간 멸종의 가능성이 없다고 가정하면, 인간이 멸종한다'는 명제를 이끌어낼 수 있다. (2번째 단락 1번째 문장 + 3번째 문장) 그리고, '인간이 멸종하는 상황은 없다고 가정했으므로 모순이 발생한다' 고 말하고 있다. (2번째 단락 4번째 문장) 즉, 인간 멸종의 가능성이 없다는 것과 인간이 멸종하는 상황이 없다는 것을 동일한 의미로 간주하고 있음을 알 수 있다.

ㄴ. (○)

P : 지구에 행성이 충돌한다는 것이 인간 멸종을 필연적으로 함축한다.

Q : 행성 충돌의 가능성이 있다.

R : 인간 멸종의 가능성이 있다.

㉠은 $P \land Q \land \sim R$, ㉡은 $P \rightarrow (Q \rightarrow R)$의 형태이다. 즉, ㉠은 ㉡의 부정이다.

제시문은 ㉡의 부정인 ㉠을 가정하고 이때 모순이 발생함을 보임으로써 ㉡이 참임을 증명하는 과정(귀류법)으로 구성되어 있다. 따라서 실제로 ㉠이 가능한지 여부는 이 논증에 영향을 주지 않는다.

ㄷ. (○) 제시문의 구조는 ㉠을 가정하면 모순이 발생함을 보임으로써, ㉠의 부정인 ㉡이 옳음을 도출하는 형태이다. 즉, 가정으로부터 모순이 도출된다면 가정의 부정은 참이라는 원리에 따라 논증하고 있다.

26 생략된 결론 / 인과적 의존과 원인의 정의 정답 ⑤

사건 A~E의 관계는 다음과 같다.

A → B → E

C → D → E

ㄱ. (○) 갑이 건물 10층에서 떨어지는 사건(C)이 없었다면 갑이 땅바닥에 부딪치는 사건(D)이 없었을 것이고, 갑의 죽음(E)은 없었을 것이다. (정의 1)에 따르면 D는 C에 인과적으로 의존하고, E는 D에 인과적으로 의존한다. (정의 2)에 따르면 C는 E의 원인이다.

ㄴ. (○) ㉠에 따르면 B는 실제로 일어나지 않은 사건이다. (정의 1)에 따를 때 어떤 사건이 B에 인과적으로 의존하려면 B가 실제로 일어나야만 한다. 따라서 어떠한 사건도 B에 인과적으로 의존하지 않는다.

ㄷ. (○) ㉡에 따르면 'C가 일어나지 않았다면 E는 일어나지 않았을 것이다'는 거짓이다. 따라서 (정의 1)에 따라 E는 C에 인과적으로 의존하지 않는다. 그러므로 (정의 2)에 따라 C는 E의 원인도 아니다.

27 언어철학 / 의미와 지시체 정답 ③

ㄱ. (○) (ㄱ)은 (2)의 대우명제에 해당한다. 따라서 옳은 주장이다.

ㄴ. (○) (ㄴ)은 (2)의 반례에 해당한다. 반례에 문제가 없다면 주장은 약화된다.

ㄷ. (×) (ㄷ)의 대우명제는 "허구 작품의 등장인물과 실존 인물의 유사성이 있다면, 등장인물의 이름이 실존 인물을 지칭한다."이다. 그런데, 제시문에 따르면 허구 속의 등장인물이 실존 인물과 유사성이 있기 때문에, 그 이름이 실존 인물을 지칭하는 것이라는 '잘못된 직관'을 갖는다고 한다. 즉, 허구 속의 등장인물과 실존 인물의 유사성이 있다고 하더라도, 등장인물의 이름은 실존 인물을 지칭하는 것은 아니다. 따라서 ㄷ은 옳지 않다.

chapter 2 논증에 대한 평가 및 문제해결

01 논증오류 찾기 정답 ⑤

① (×) ㉠과 모순되는 전제란 양립할 수 없는 전제를 말하는 것이다. 예를 들어 '거짓말 탐지기가 그거 거짓말을 하고 있지 않다는 반응을 보였다'는 내용은 ㉠과 양립 불가능하다. 그러나, 제시문의 논증에는 ㉠과 양립할 수 없는 전제는 포함되어 있지 않다.

② (×) "거짓말 탐지기의 결과에 전적으로 의존할 수 있다"는 내용이었다면 불충분한 사례들로부터 일반화하여 도출된 진술이라 볼 수 있으나, ㉡은 '전적으로 의존할 수는 없다'는 것이므로 오히려 일반화를 하지 않은 경우에 해당된다.

③ (×) ㉢에서 말하는 '극단적 유형의 사이코패스'는 그 앞의 문장("만약 피고인이 연쇄적으로 살인을 저지른 것이 확실한데도 자기가 연쇄살인범이라는 것을 아무런 감정적 없이 부인한다면")을 전제로 하는 표현으로서, 근거 없이 규정하고 있는 것이 아니다. 따라서 인신공격이라고 보기는 어렵다.

④ (×) ㉣ 문장의 주어는 '싸이코패스'이지 '피고인'이 아니다. '싸이코패스는 (피고인처럼) 감정적 동요를 느끼지 않는다'는 것이 주된 의미이며, 이는 앞 부분에서 근거가 제시되고 있다. ("사이코패스는 일반적인 살인자와 달리 살인을 저지르는 동안에 오히려 심리적으로 안정되고 심작 박동이 느려지기까지 한다는 점이 여러 사례에서 밝혀진 바 있습니다.") 또한, 피고인이 감정적 동요를 느끼지 않는다는 사실 역시 앞부분에서 근거가 제시되고 있다. ("피고인은 자기가 연쇄적으로 살인을 했다는 것을 아무런 감정적 동요 없이 단호하게 부인하고 있습니다.")

⑤ (○) 제시문은 '피고인이 연쇄적으로 살인을 저질렀다'는 가정 하에서 피고인이 극단적 유형의 사이코패스에 속한다는 추론을 이끌어낸 후, 이로부터 피고인이 연쇄적으로 살인을 저질렀다는 결론을 도출하는 구조이다. 즉, 피고인이 연쇄적 살인을 했다는 것을 암묵적 전제로 요구하는 동시에 이를 결론으로 도출하고 있다고 할 수 있다.

02 논증 결함지적의 적절성 판단 정답 ④

① (×) 가정 ⓐ의 현실 부합 여부는 제시된 논증에서 문제가 되지 않는다. 이 논증은 ⓐ와 같은 가정 하에서 ⓔ와 같은 놀라운 결론에 이르는 것을 보이는 데 목적이 있기 때문이다.

② (×) "로크의 제한조건에 위배된다."를 "다른 사람들의 상황을 더 나쁘게 한다."가 아닌 "좋은 상태로 사용할 만큼 충분히 남아있지 않다."는 의미로 해석 적용한다면, ⓑ는 ⓒ로부터 도출되지 않는다는 비판은 가능하나, 이에 대한 논거로 제시된 내용이 적절치 못하다. X냐 W냐는 쟁점이 아니다. "로크의 제한조건에 위배된다."를 "좋은 상태로 사용할 만큼 충분히 남아있지 않다."가 아닌 "다른 사람들의 상황을 더 나쁘게 한다."의 의미로 해석할 경우에는 ⓑ는 ⓒ로부터 도출될 수 있다.

③ (×) 만약에 Y가 로크의 제한조건에 위배되지 않고 t를 소유할 여지가 여전히 남아 있다면, 적절한 비판이 되겠지만, 그렇지 않기 때문에 적절한 비판이 될 수 없다. ⓒ의 주장은 별 문제 없는 주장이다.

④ (○) 적절한 비판이다. 시험 후 이의 제기에 대한 출제기관의 상세답변을 인용하여 제시하면 다음과 같다.

> 이의 제기의 내용은 다음 세 가지로 요약할 수 있습니다.
> 답지 ④와 관련하여,
> 첫째, X가 Y를 더 나쁘게 한 방식은 Y가 Z를 그렇게 한 방식과 차이가 없거나, 있어도 정도의 차이에 지나지 않는다.
> 둘째, "ⓓ는 ⓑ로부터 도출되지 않는다."는 진술이 잘못되었다.
> 그리고 답지 ③과 관련하여,
> 셋째, Y가 로크의 제한 조건에 위배되지 않고 t를 소유할 여지가 남아 있다고 볼 수 있다.
>
> 첫째, 제시문의 내용에 따르면 X가 Y를 더 나쁘게 한 방식과 Y가 Z를 더 나쁘게 한 방식에는 질적인 차이가 있습니다. Y에 의해 나빠진 Z의 상황이란, 제시문에서 명시적으로 밝히고 있듯이, 'Z가 사용할 수 있는 사물 t가 더 이상 존재하지 않는 상황'을 가리킵니다. 반면 X에 의해 나빠진 Y의 상황이란, 'Y가 사물 t를 소유하면 로크의 제한 조건을 위배하는 상황'을 가리킵니다. 제시문의 논증은 '상황을 더 나쁘게 한다'는 표현의 이러한 애매성에 의존하고 있고, 답지 ④는 이 점을 지적하고 있으므로 적절한 비판입니다.
> 둘째, 논증을 제시한 자는 ⓑ로부터 ⓓ를 도출하는 데에, "로크의 제한조건에 위배된다."의 정의로 본래 의미인 '다른 사람들도 좋은 상태로 사용할 만큼 (사물들이) 충분히 남아있지 않게

한다.'보다 확대된 "다른 사람들의 상황을 더 나쁘게 한다."라는 매우 느슨한 정의를 이용하고 있습니다. 이와 같은 느슨한 정의 대신 로크의 원래 정의를 사용할 경우 ⓑ로부터 ⓓ가 도출되지 않습니다. ④번 선택지는 바로 이 점을 문제 삼고 있는 것입니다.
셋째, 이 논증을 제시한 자는 Y가 로크의 제한 조건에 위배되지 않고 t를 소유할 여지가 없는 상황을 상정하고 있습니다. 즉, Y는 로크의 제한 조건을 위배하지 않고는 t를 소유할 여지가 없는 사람으로 규정되고 있습니다. 이의 제기자들은 공통되게, X의 소유 후에도 Y가 소유할 수 있는 사물 t가 여러 개 남아 있는 상황을 가정하고 있습니다. 하지만 이러한 가정은 제시문의 내용을 오해한 것입니다. 왜냐하면 제시문은 더 이상 사물 t를 소유할 수 없는 자로 Z를 가정하고, 그 "Z 바로 전에 t를 소유한" 자가 "Y"라고 정의하고 있기 때문입니다. "Z가 t를 사용할 자유를 갖지 못하게 하여 Z의 상황을 더 나쁘게 한" 자로 제시문에 명시된 Y의 규정은 이 제시문 전체에 걸쳐 일관된 의미로 사용되고 있습니다. 이의 제기자가 가정한 것처럼 만약 Y가 소유할 수 있는 사물 t가 여러 개 있어서 그 중 일부만 Y가 소유하고 Z가 사용할 만큼 나머지를 남겨놓았다면, 그 순간 그 Y는 제시문에서 정의한 Y가 아니라 X나 W가 되어야 합니다. 따라서 제시문에서 규정한 대로 Y가 Z 바로 전에 t를 소유한 자인 한, Y가 로크의 제한 조건에 위배되지 않고 t를 소유할 여지는 없습니다.

⑤ (×) ⓔ의 진술의 비판 논거로 제시한 내용이 적절치 못하다. 어떤 사물을 최초로 소유한 자를 불특정 'A'로 지칭하는 것으로 족하고 확정되어야 할 필요는 없다. 논리전개를 위해 불필요한 내용으로 ⓔ의 진술의 비판 논거로 부적절하다.

03 오류의 유형 정답 ⑤

- A : 집단의 속성으로부터 그 구성원 개인들의 속성을 도출 (=분할의 오류)
- B : 편견이나 선입견에 사로잡혀 특정 집단에 특정 성향을 섣불리 연결
- C : 집단의 규모 차이를 고려하지 않고, 특정 행위의 절대적 발생 건수를 단순비교

ㄱ. (○) 집단에 해당하는 선거구의 속성으로부터 유권자 개인의 속성을 도출하려 하였으므로, 이는 A 오류에 해당한다.
ㄴ. (○) 외국인과 내국인 사이에 발생한 범죄가 증가하고 있다는 자료를 가지고는, 예컨대 누가 피해자이고 누가 가해자인지 혹은 둘 다 가해자인지 등, 범죄의 양상을 전혀 알 수 없음에도 가해자가 외국인이고 피해자가 내국인일 것이라 단정 지었다. 이는 특정 집단에 특정 성향을 섣불리 연결하는 B 오류를 범한 것이다.
ㄷ. (○) 50~54세의 중년층 인구가 다른 연령대보다 많기 때문에 그 인구에 비례하여 자살자 수도 많은 것일 수도 있음에도, 집단의 규모에 대한 고려 없이 50~54세의 중년층 인구가 자살 위험성이 가장 크다고 결론을 내린다면 이는 C 오류에 해당한다.

04 딱따구리의 생태환경 정답 ④

ㄱ. (×) 번식 둥지에 관한 조건은 1)가능한 한 오랜 시간 빛이 들어오고 2)다른 나무로 인한 걸림이 적어 수시로 드나들기 쉬운 방향이며 3)비가 들이칠 수 있는 방향은 우선적으로 피한다의 세 가지다. A구역과 B구역은 우리나라의 어떤 지역이라고 한정하였으므로 북반구임을 알 수 있으며, 해는 동쪽에서 떠서 남쪽을 지나 서쪽으로 진다. A구역은 오전에 그늘이 지므로 산책로에 해가 비치는 것은 정오 무렵부터 해가 질 때까지이다. 산책로는 남북으로 곧게 뻗어있으므로 둥지는 산책로 동쪽 가장자리 나무에 있으면서 입구가 서쪽 방향을 향해야 오후의 햇빛이 둥지 안을 비출 것이다. ㄱ에서 진술된 둥지는 그 입구가 반대로 되어 있다.
ㄴ. (○) A구역의 산책로를 벗어나 울창한 숲 속에 잠을 자는 둥지만 있었다는 것은 번식 둥지는 빛을 조건으로 고려함에 반해 잠을 자는 둥지는 빛을 고려하지 않는다는 가설을 지지하며, 잠을 자는 둥지의 입구는 비가 들이칠 수 있는 남쪽을 피하여야 하고 다른 나무로 인한 걸림이 많은 쪽을 향하여야 하므로 동쪽, 서쪽, 북쪽을 향하여 있었고 그 빈도가 세 방향이 비슷하다는 조사결과는 가설을 지지한다.
ㄷ. (○) B구역은 주위에 산이 없이 편평한 곳으로 나무들이 띄엄띄엄 서 있는 구역이기 때문에 동서남북 어느 방향이든 다른 나무의 걸림이 없이 수시로 드나들 수 있다. 그러나 남쪽은 비가 들이쳐 향할 수 없으며 북쪽은 둥지 안으로 들어오는 해가 너무 적어 피한다. 이제 남은 방향은 동쪽과 서쪽이며, 동쪽과 서쪽으로 들어오는 해의 양은 비슷하므로 보기 ㄷ은 가설을 만족한다.

05 인지심리학 정답 ④

〈가설〉의 핵심 내용은 '길이가 같은 두 선분이 길이가 달라 보이는 현상인 뮐러-라이어 착시는 모서리에 관한 입체적 시각 경험이 배경 지식으로 작용하여 평면적 형태의 지각에 영향을 끼치기 때문에 발생한다.'는 것이다.

① (×) 3차원 형태의 지각 방식이 우리와 같을 때에는 똑같이 착시 현상이 발생하고 그렇지 않을 때에는 착시 현상이 발생하지 않는다고 하여야 〈가설〉을 강화하는 것이 된다. 따라서 '3차원 형태를 지각하는 방식이 우리와 다른 꿀벌에게도 뮐러-라이어 착시가 발생한다는 것'은 〈가설〉을 강화하지 않는다.

② (×) 가설을 강화하기 위해서는 둥근 곡선 모양의 모서리가 존재하고 이에 대한 입체적 시각 경험이 배경지식으로 작동하여 평면적 형태의 지각에 영향을 미쳐야 한다. 그런데 우리가 일상에서 경험하게 되는 입체적 모서리는 둥근 곡선 모양이 아니므로 가설을 강화하는 사례라 할 수 없다.

③ (×) 본 사례는 '자로 두 선분의 길이를 재서 서로 같음을 확인하고 난 뒤에도 뮐러-라이어 착시는 여전히 유지된다'는 것으로 '착시 현상'의 지속을 언급하고 있는 것이지 '착시 현상의 원인'에 대한 〈가설〉인 '모서리의 입체적 시각 경험이 배경지식으로 작용하여 평면적 형태의 지각에 영향을 끼치기 때문에 발생한다.'는 것과는 구별된다. 〈가설〉을 강화하지도 약화하지도 않는다.

④ (○) 입체적 시각 경험에 따라 착시 현상이 나타난다는 〈가설〉을 지지하는 사례이다. 사례의 경우 모서리에 대한 입체적 시각 경험이 없었기 때문에 배경지식으로 작용할 수 없어 착시 현상이 나타나지 않는 것으로 〈가설〉을 강화한다.

⑤ (×) 본 사례는 '입체적 시각 경험'에만 국한된 것으로 '입체적 시각 경험과 평면적 형태의 지각'에 대한 내용인 〈가설〉을 강화하지도 약화하지도 않는다.

06 인문학 / 철학 / 인식론 정답 ⑤

	철학자	일반인
(가) 어떤 주장이 누군가에게 참 ↓ 그것은 모든 사람에게 참	'동의함' 83%	'동의함' 40%↑ + '동의하지 않음'이 우세
(나) 모든 사람이 어떤 주장에 동의 ↓ 그 주장은 참	'동의하지 않음'이 훨씬 우세 + '동의함' 비율 일반인보다 높음	'동의하지 않음'이 훨씬 우세 + '동의함' 비율 철학자보다 낮음
(다) 어떤 주장이 참 ↓ 그것은 사실	'동의함' 80%↑	'동의함' 80%↑

[독해 1] : 어떤 주장이 참임이 결정 → 그것이 참임은 객관적
[독해 2] : 누군가가 어떤 주장이 참이라고 생각 → 모두가 그에게 동의할 것
㉠ : (가)를 철학자는 [독해 1]로, 일반인은 [독해 2]로 독해
㉡ : 참임의 객관성에 대해 일반인과 철학자 의견 동일

ㄱ. (○) [독해 1]은 참임의 객관성을, [독해 2]는 참임의 상대성을 긍정하는 독해법이다. ㉠은 철학자들이 (가)를 [독해 1]로 읽어서 동의함의 비율이 높았다고 주장한다. 이는 철학자들이 참임의 객관성에 동의한다는 것을 의미한다. 따라서 참임의 객관성과 상충하는 [독해 2]에 철학자들이 동의하지 않는다는 것은 ㉠의 주장을 강화시켜 주는 사례가 된다.

ㄴ. (○) ㉡에서 일반인과 철학자의 의견이 일치한다는 것은 둘 모두 참임의 객관성에 대해 동의한다는 것을 의미한다. 이는 참임의 객관성을 긍정하는 (다)에 둘 다 동의하고 있다는 점을 통해 추론할 수 있다. 따라서 일반인 대다수가 참임의 객관성을 긍정하는 [독해 1]에 동의한다는 것은 이러한 추론을 강화시켜주는 사례가 된다.

ㄷ. (○) ㉡은 일반인과 철학자의 의견이 일치한다고 주장하나 (나)에 대한 동의함 응답 비율에는 차이가 있다. 양자는 모순된다. 하지만 후자의 응답 비율에 착오가 있었음이 밝혀지면 양자 간에 의견 일치가 일어날 수 있고 반례가 사라진 만큼 ㉡의 주장은 강화된다.

07 눈의 크기와 이동 속도의 관계 정답 ⑤

① (×) 장애물이 많은 곳을 빠르게 나는, 즉 최대 속도가 빠른 동물인 매가 다른 새들에 비해 눈이 크다는 것은 논거 2와 논거 3을 지지하는 논거이다.

② (×) 큰 눈을 가진 것과 이동속도가 빠른 것의 공통적인 원인은 몸의 크기라는 주장은 제시문의 약화 논거로 볼 여지

도 없지 않으나, 제시된 논증의 큰 눈과 이동속도간의 관계를 완전히 부정하는 것은 아니다. 이와 같은 측면에서 이 보기를 가장 적절한 약화논거로 선택하는 것은 적절치 않다.

③ (×) 눈이 작은 철새들이 눈의 크기가 큰 철새들보다 더 빠른 평균 이동속도로 이동한다는 것은 위 논증과 무관하다. 위 논증에서 언급하고 있는 것은 최대 속도가 빠른 동물과 눈과의 관계이다.

④ (×) 위 논증은 몸 크기에 따른 눈의 상대적 크기와 이에 따른 특성을 논하고 있지 않다. 더불어 날고 날지 못하는 것도 논의의 대상이 되지 않는다. 따라서 날지 못하는 쪽으로 진화한 새들이 타조 같이 큰 눈을 가진 경우도 있다는 사례는 위 논증과 무관한 논거이다.

⑤ (○) 매보다 최대 속도가 느린 새들 중에 눈이 매보다 더 큰 새들이 있다는 것은 최대 속도가 빠른 동물일수록 큰 눈을 가진다는 논지를 직접적으로 반박하는 사례이고, 눈이 작은 매가 눈이 큰 새보다도 상이 맺히는 망막 부분에 존재하는 시각세포가 많다는 것은 논거 2를 반박하는 논거가 된다. 따라서 선택지 5번이 가장 직접적으로 위 논증을 약화하는 사례이다.

08 반박 사례 판단 　　　　정답 ①

이론에 따르면 증후군 A는 임신 경험이 있는 여성 중에서 태아 유래 세포가 여성의 면역체계에 의해 파괴되지 않고 남아 있다가, 이후 태아 유래 세포가 여성의 신체에서 다양한 세포로 분화하고 원인 불명의 계기에 의해 면역 체계가 이 세포들을 공격함으로써 발병한다.

ㄱ. (○) 이론에 따르면 증후군 A는 여성의 면역 체계가 태아 유래 세포를 공격함으로써 발생하는 질환이기 때문에 증후군 A에 걸린 여성의 체내에는 태아 유래 세포가 반드시 있어야 한다. 따라서 선택지의 내용은 이론을 반박하는 관찰이다.

ㄴ. (×) 증후군 A의 증상이 없는 여성의 체내에서 태아 유래 세포가 발견되더라도 이론을 반박하는 관찰이라 할 수는 없다. 이론에 따르면 증후군 A는 태아 유래 세포만 있다고 발병하는 것이 아니라, 태아 유래 세포와 면역 체계 간에 특수한 관계가 설정되는 경우에 발생하기 때문에 이론에 따르더라도 증후군 A의 증상이 없는 여성의 체내에서 태아 유래 세포가 발견될 수 있다.

ㄷ. (×) 면역 체계에 문제가 있는 여성에게서 증후군 A의 증상이 나타나지 않았다고 하더라도 이론을 반박하는 관찰이라 할 수는 없다. 이론에 따르면 증후군 A가 발병하기 위해서는 태아 유래 세포가 반드시 필요하고 태아 유래 세포와 면역 체계 간 특수한 관계가 있어야 하므로, 이론에 따르더라도 임신 경험이 있고 면역 체계에 문제가 있는 여성에게서 증후군 A의 증상이 나타나지 않을 수 있다.

09 다윈주장의 약화논거 　　　　정답 ③

이 논증은 다음의 구조를 가지고 있다.

(1) 생명체가 DNA를 사용해야 할 필연적 이유는 없다.
(= 생명체가 DNA를 사용하는 것은 우연적 결과이다)
(2) 지구상 모든 생물들이 DNA라는 공통유전물질을 가지고 있다 ⇒ (1)과 (2)를 동시에 설명할 수 있을까?
(3) 순수한 우연에 의해 (1)과 (2)가 모두 충족되기란 불가능하다. (가능성이 0에 가까움)
(4) 그러므로 다양한 생물종들은 모두 하나의 원시 조상으로부터 유래했을 것이다.

ㄱ. (○) 지구의 모든 생물들이 DNA라는 공통유전물질을 가지고 있다는 전제를 공격하여 논증의 설득력을 약화한다.

ㄴ. (○) 생명체가 DNA를 사용할 수밖에 없다면(=위 (1)번 충족×), 현존하는 생물들이 유전정보 전달을 위해 모두 DNA구조를 사용하고 있다는 사실(=위 (2)번)은 지구상 모든 다양한 생물종들이 하나의 원시조상으로부터 유래하였다는 주장의 근거가 되지 못한다.

ㄷ. (×) 제시문 주장과 양립 가능하다. 보기 (ㄷ)은 결국 어떤 한 생명체로부터 모든 다른 생명체들이 유래했다는 내용이기 때문이다.

10 경찰의 하위문화 수용에 영향을 주는 요인 　　　　정답 ④

① (×) 수사부서와 대민부서를 비교하려면 성별과 계급이 동일하여야 하는데, 선택지에서는 상위계급 여자 경찰관과 중간계급 남자 경찰관을 제시하고 있으므로 비교 판단할 수 없어 약화한다고 말할 수 없다.

② (×) 관찰에 따를 때 중간계급 여자 경찰관이 하위계급 남자 경찰관보다 수용성이 높게 되므로 수사부서에 근무하는 중간계급 여자 경찰관이 대민부서에 근무하는 하위계급 남자 경찰관보다 직무 스트레스가 낮다면 〈이론〉은 강

화된다.

③ (×) 관찰에 따를 때 중간계급 남자 경찰관이 상위계급 남자 경찰관보다 수용성이 높게 되므로 수사부서에 근무하는 중간계급 남자 경찰관이 대민부서에 근무하는 상위계급 남자 경찰관보다 직무 스트레스가 낮다면 〈이론〉은 강화된다.

④ (○) 중간계급 남자 경찰관은 남자 경찰관 중 수용 정도가 가장 높고, 하위 계급에서는 성별에 따른 차이가 없으므로 중간 계급 남자 경찰관은 하위 계급 여자 경찰관보다 수용정도가 높기 때문에 이론에 따르면 심리적 소진의 정도가 더 많이 감소하여야 할 것이다. 따라서 심리적 소진의 정도가 높다면 〈이론〉은 약화된다.

⑤ (×) 관찰에 따를 때 하위계급 남자 경찰관이 상위계급 여자 경찰관보다 수용성이 낮으므로 하위계급 남자 경찰관이 같은 부서의 상위계급 여자 경찰관보다 직무 스트레스가 높다면 〈이론〉은 강화된다.

11 지구 온난화 정답 ②

① (○) 위성 관측 기술의 발달로 전 지구의 온도 분포를 파악할 수 있게 되었다는 사실은 지구의 평균 기온을 제대로 파악할 수 있게 되었다는 것을 의미하므로 (가)의 주장을 약화한다.

② (×) (나)의 주장은 기온 변화의 기준 내지 전제가 되는 기온 관측의 역사가 150년에 불과하기 때문에 최근 기후의 변화를 제대로 판단하는 것은 불가능하다는 것이다. 즉, 오늘날 기상 자료의 신뢰도와는 무관한 주장이다. 따라서 기상 관측 기술의 발달로 오늘날 기상 자료의 신뢰도가 매우 높아졌다는 사실은 (나)의 주장을 약화한다고 할 수 없다.

③ (○) (다)는 기온의 상승과 하강은 되풀이 되었다고 말하고 있다. 따라서 오늘날의 기온 상승 속도가 지구 역사에서 전례 없이 매우 빠르다는 사실은 이전의 기온변화와는 차이가 있다는 것을 의미하므로 (다)의 주장을 약화한다고 할 수 있다.

④ (○) 산업혁명 이래 대기로 배출된 온실가스 중 절반 가까이가 해수로 녹아들고 있다는 사실은 (다)의 주장 중 해수의 온실가스 용해도가 낮아져서 온실가스가 유출되어 온실가스 농도가 높아졌을 가능성을 배제하는 것으로 어느 것이 원인인지 불분명하다는 (다)의 주장을 약화한다.

⑤ (○) 장파복사에너지 흡수 효과가 지상 기온 상승에 크게 기여한다는 것이 컴퓨터 수치 실험의 발달로 입증되었다는 사실은 지상 기온 상승이 지구온난화와 무관하지 않다는 것으로 (라)의 주장을 약화한다.

12 뇌의 인식방법 정답 ③

ㄱ. (○) 대뇌피질 전체가 겉모습이나 구조면에서 균일하다는 것은 대뇌피질의 전담 영역이 각 영역이 가진 물리적 특징에 의해 결정되지 않는다는 사실을 뒷받침하므로 ㉠을 강화한다.

ㄴ. (×) 보기 ㄴ에서 제시하고 있는 사실은 '대뇌피질에는 전담영역이 있다'는 것이고, ㉡은 '대뇌피질로 들어오는 입력 유형'에 대한 진술이다. 따라서 ㉡과 논리적 관계가 없다. 즉, ㉡을 약화하지 않는, 중립적 내용이다.

ㄷ. (○) 뇌가 작은 갈퀴를 외부 세계가 아닌 우리 몸의 일부로 여긴다는 사실은 뇌에 의해 파악된 외부 세계와 몸 사이의 경계가 바뀔 수 있다는 ㉢의 구체적인 사례에 해당하므로 ㉢을 강화한다.

13 p53 단백질의 암 발생 억제기능 정답 ②

가설(㉠) : 발현량이 증가된 p53 단백질의 물질대사 억제 기능이 암 발생을 억제한다.

〈실험〉	실험군			대조군	
	p53 돌연변이			정상	비정상
	a	b	c	정상	p53 유전자제거
p53단백질 발현량	증가	증가	변화無	증가	발현 안됨
정상생쥐 대비 암발생률	동일	높음	높음		높음

p53 단백질은 세포자살 유도, 세포분열 정지, 물질대사 억제 등의 기능을 갖는데, 가설(㉠)은 이 중에서 "물질대사 억제 기능"이 "암 발생을 억제"한다는 것이다. 이 문제는 2016 LEET 문27(모기문제)과 같은 논리로 구성된 문제로 "중립"판단에 유의한다.

ㄱ. (×) a는 세포분열 정지, 물질대사 억제 기능이 그대로 남아있고, a의 암발생률이 정상생쥐와 동일하게 억제되었다. 그런데 이렇게 암 발생이 억제된 이유가 물질대사

억제 기능에 따른 것인지, 세포분열 정지에 따른 것인지 명확히 알 수 없으므로, 본 사례는 가설을 약화하지도 강화하지도 않는다. 다시 말해 물질대상 억제 기능이 원인일수도 있지만 아닐 수도 있기 때문에 중립적 사례이다.

ㄴ. (○) b는 세포자살 유도, 세포분열 정지 기능은 그대로 남아 있고, 물질대사 억제 기능만 사라졌다. 따라서 b에서 p53단백질 발현량이 증가했음에도 암발생률은 정상생쥐보다 높았던 것은, 물질대사 억제 기능의 부재 때문이라고 할 수 있으므로, 본 사례는 물질대사 억제 기능이 암을 억제한다는 가설을 강화한다.

ㄷ. (×) c는 세포분열 정지 기능만 남아 있고, 세포자살 유도 기능과 물질대사 억제 기능은 사라졌다. 또한 c는 p53 단백질의 발현량이 증가되지 않았다. 따라서 c에 대해 암발생을 억제하지 못한 것이, p53 단백질의 발현량이 증가되지 않아서인지, 물질대사 억제 기능이 사라져서 인지, 아니면 세포자살유도기능이 사라져서 인지 알 수 없으므로, 본 사례는 가설을 강화하지도 약화하지도 않는, 중립적인 사례이다.

14 활성산소의 병독균 성장 저해 가설의 평가 정답 ④

기존 실험 결과를 살펴보면

- 활성산소가 분비되었을 때 초파리는 건강하게 생존하였고(물질 X, 세균 B, 세균 B+C)
- 활성산소가 다량 분비되었을 때 초파리는 생존했으나 만성 염증을 일으켰으며 (세균 D)
- 활성산소가 분비되지 않았을 때는 초파리가 죽는 경우(세균 C, 세균 A+세균 C)와 건강하게 생존한 경우(세균 A)가 있었다.

활성산소가 병독균의 성장을 저해한다는 가설을 강화하려면 기존 실험 결과에 의하면 초파리가 죽는 경우이지만, 활성산소가 분비되는 물질 또는 세균을 추가로 주입했을 때 초파리가 건강해지는 사례를 찾으면 된다.

ㄱ. (×) 기존 실험 결과에서 세균 A만 주입했을 때, 세균 B만 주입했을 때 모두 초파리가 건강하게 생존했으므로, 세균 A와 세균 B를 함께 주입했을 때 초파리가 건강하게 생존한 사례는 기존 실험 결과 외에 새로운 정보를 제공해주지 않는다. 따라서 가설을 강화하지 않는다.

ㄴ. (○) 기존 실험 결과에서 세균 C만 주입했을 때는 활성산소가 분비되지 않았고 초파리가 죽었다. 그러나 세균 C와 물질 X를 같이 주입할 경우 초파리가 건강하게 생존했으므로 물질 X에 의한 효과가 세균 C에 의한 효과를 상쇄한 것으로 볼 수 있다. 즉, 활성산소가 병독균의 성장을 저해한다는 가설을 강화한다.

ㄷ. (○) 기존 실험 결과에서 세균 C만 주입했을 때는 활성산소가 분비되지 않았고 초파리가 죽었다. 그러나 세균 C와 세균 D를 같이 주입할 경우 초파리가 생존했으므로 세균 D에 의한 효과가 세균 C에 의한 효과를 상쇄한 것으로 볼 수 있다. 즉, 활성산소가 병독균의 성장을 저해한다는 가설을 강화한다.

15 생명과학 / 자폐증시험 / 가설평가 정답 ③

[수지상세포(이하 'DC')] → [$T_{H}17$ 면역 세포] → [IL-17 단백질] → [태아 뇌 발달 저해]

↑

[바이러스 감염]

DC가 바이러스에 감염되어 면역이 활성화되면, $T_{H}17$ 세포에서 IL-17 단백질이 분비된다. 단 가설에 의하면, 이 과정은 특정 장내 세균이 있어야만 진행된다. 특정 장내 세균이 DC를 면역 활성화하는 과정에서 영향을 미치는지, $T_{H}17$ 면역 세포가 IL-17 단백질을 분비하는 과정에서 영향을 미치는지는 알 수 없다.

ㄱ. (○) X2의 $T_{H}17$과 Y2의 $T_{H}17$은 장내 특정 공생 세균의 여부만 다르다. 장내 특정 공생 세균이 $T_{H}17$ 면역 세포가 IL-17 단백질을 분비하는 과정에서 영향을 미치는 것이라면, X2의 $T_{H}17$에서 IL-17이 분비되고, Y2의 $T_{H}17$에서 IL-17이 분비되지 않는 현상을 설명할 수 있다. 따라서 ㄱ의 결과는 가설을 강화한다.

ㄴ. (○) X1의 DC와 Y1의 DC는 장내 특정 공생 세균의 여부만 다르다. 장내 특정 공생 세균이 DC가 바이러스에 감염되어 활성화되는 과정에서 영향을 미치는 것이라면, X1의 DC와 배양한 Y2의 $T_{H}17$에서 IL-17이 분비되고, Y1의 DC와 배양한 Y2의 $T_{H}17$에서 IL-17이 분비되지 않는 현상을 설명할 수 있다. 따라서 ㄴ의 결과는 가설을 강화한다.

ㄷ. (×) X1과 Y2는 장내 특정 공생 세균의 여부도 다르고, 바이러스 감염 여부도 다르다. 따라서 X1과 Y2의 차이가 장내 특정 공생 세균 때문에 발생한 것인지, 바이러스

감염 여부 때문에 발생한 것인지 알 수 없다. 가설을 강화하지 못한다.

16 물리주의 논증에 대한 평가 정답 ①

ㄱ. (○) 만약 어떤 물리적 결과도 야기하지 않는 정신 현상이 존재한다면, 모든 정신적인 현상은 물리적 결과를 야기한다는 첫 번째 원리가 부정된다. 따라서 첫 번째 원리를 활용하는 제시문의 논증은 올바른 추론이 될 수 없다. 따라서 정신적인 현상(원인)은 물리적인 현상(원인)에 다름 아니라는 결론은 도출되지 않는다.

ㄴ. (×) 아무 원인 없이 일어나는 물리적 사건이 존재하더라도 세 원리 중 어느 것도 부정되지 않는다. 첫 번째 원리는 정신적 현상이 물리적 결과를 야기한다는 원리이고, 세 번째 원리는 한 가지 현상에 대한 두 가지 다른 원인이 있을 수 없다는 원리이므로 원인 없는 물리적 사건과는 무관하다. 두 번째 원리는 어떤 물리적 사건이 원인을 가질 때 적용되는 원리인데, 이는 아무 원인 없이 일어나는 물리적인 사건이 있다는 것을 부정할 수 없다.

ㄷ. (×) 물리적 결과와 정신적 현상을 동시에 야기하는 정신적 현상이 존재한다 하더라도 논증이 의도한 결론이 나올 수 있다. 이 역시 논증에서 사용되는 첫 번째 원리, 두 번째 원리, 세 번째 원리와 무관하다. 따라서 논증이 의도한 결론에는 영향을 받지 않는다.

17 과학개념에 대한 본질주의적 견해 비판 논증 정답 ①

ㄱ. (○) 만약 과학의 역사에서 결정적인 실험이 용어의 정의보다 앞서 실행된 경우가 많다면, 과학적 연구를 위해서는 개념의 정의가 선행되어야 한다는 A 이론에 위배되는 경우에 해당한다. 따라서 이는 A 이론을 약화한다.

ㄴ. (×) A 이론은 용어의 정의가 과학 연구에서 선행되어야 한다고 본다. 개념에 대한 정의를 내리는 활동과 개념과 관련된 과학 연구 활동이 구분될 수 없다면 용어 정의가 과학 연구 활동에 선행될 수도 없을 것이다. 따라서 A 이론이 강화된다고 볼 수 없다.

ㄷ. (×) 甲은 용어의 정의가 끊임없이 변화한다는 점을 들어 A 이론을 비판하고 있다. 과학자들이 중력의 개념을 일반상대성이론에서의 개념과도 다르게 사용한다는 사실은 용어의 정의가 끊임없이 변화한다는 甲의 논지에 더 부합하는 사례이다. 따라서 甲의 주장이 강화될 여지는 있어도 약화되지는 않는다.

18 비특이성 질환 정답 ②

제시문에 따르면 폐암은 다음과 같이 분류된다.

폐암 분류			흡연과 관련성
소세포암			높음
비소세포암	편평세포암		높음
	선암	세기관지 폐포세포암	현저히 낮음
		~세기관지 폐포세포암	높음

ㄱ. (×) 흡연에 노출되지 않은 집단에서 폐암이 발병할 확률이 甲이 포함된 흡연자 집단에서 폐암이 발병할 확률보다 낮은 것으로 확인되었다면, 흡연자 집단에서 폐암이 발병할 확률이 더 높은 것이다. 이는 흡연과 폐암의 상관관계가 높음을 보여준다. 이것이 甲의 폐암이 흡연에 의해 유발되었다는 개연성을 증명한다고 볼 수는 없지만 적어도 개연성을 낮추지는 않는다. 따라서 P의 주장을 약화할 여지는 있어도 최소한 강화하지는 않는다.

ㄴ. (×) 甲의 부친과 甲 모두 폐렴을 앓고 폐암으로 발전된 것으로 보아 유전·체질 등 선천적 요인이 폐암 발생에 영향을 미쳤을 가능성이 있다. 또한 甲의 폐암이 비소세포암으로 판명되었는데 이 유형의 암 중에는 흡연과 관련성이 현저히 낮은 유형도 있다. 따라서 폐암이 흡연에 의해 유발되었을 개연성이 낮다는 P의 주장이 강화될 여지는 있어도 최소한 약화하지는 않는다.

ㄷ. (○) 소세포암은 일반적으로 흡연과 관련성이 높은 것으로 보고되고 있다. 조직검사 결과 甲의 폐암이 소세포암으로 판명되었다면, 흡연에 의해 폐암이 발생했다는 甲의 주장이 강화된다.

19 베이츠 의태에 대한 두 가설 평가 정답 ①

㉠ 가설 : 강한 독성을 가진 모델(B)의 형태로 진화하는 것이 생존에 유리

㉡ 가설 : 약한 독성을 가진 모델(A)의 형태로 진화하는 것이 생존에 유리

ㄱ. (○) 만약 독에 대한 경험이 없는 닭들이 강한 독을 가진 개구리는 잡아먹으려고 시도하지 않지만 약한 독을 가진 개구리는 잡아먹으려고 시도한다면, 의태자 C는 약한

독을 가진 A보다 강한 독을 가진 B의 형태로 진화하는 것이 생존에 유리하다. 따라서 ㉠을 강화하며, ㉡을 약화한다.

ㄴ. (×) 강한 독이 있는 나방을 잡아먹은 닭은 죽어버렸고, 약한 독이 있는 나방을 잡아먹은 닭만 살아있을 것이다. 이런 닭들은 A의 형태로 진화한 나방은 잡아먹지 않지만 B의 형태로 진화한 나방은 잡아먹을 수도 있다. 따라서 B의 형태로 진화하는 것이 생존에 불리하므로 ㉠을 약화한다고 볼 수 있다.

약한 독이 있는 나방을 잡아먹은 닭은 죽지 않고 이후 약한 독이 있는 나방과 독일하게 생긴 독이 없는 나방을 잡아먹지 않으려고 한다면 A의 형태로 진화하는 것이 유리한 결과를 가져온다. 따라서 ㉡을 강화한다.

ㄷ. (×) 독에 대한 경험이 없던 닭들이 아주 강력한 독이 있는 나방을 잡아먹은 이후에도 유사하게 생긴 독이 없는 나방을 잡아먹지 않았다면 '자극의 일반화'에 부합하는 사례로서 ㉡ 가설을 강화할 수 있다. 그러나 전혀 다르게 생긴 독이 있는 개구리를 잡아먹는다는 내용은 ㉡ 가설과는 무관한 내용이다. 따라서 ㉡을 약화한다는 선지의 표현은 옳지 않다.

20 과학적 가설의 강화 중립 판단 정답 ⑤

ㄱ. (○) 열매의 색깔 변화는 성공적 산포를 가능하게 하는 진화의 산물이고 캡사이신의 합성 또한 성공적 산포를 가능하게 하는 진화의 산물로서 씨의 성공적 산포라는 측면에서 그 효과는 유사하다고 할 수 있다.

ㄴ. (○) 갑은 열매의 색깔 변화를 통해, 을은 화학물질의 합성을 통해, 식물이 자신의 씨를 발아 가능한 상태로 산포하기에 적합한 대상을 선택하는 방향으로 진화했다고 보고 있다.

ㄷ. (○) 판단의 편의를 위해 을의 견해를 논리적 연결사를 이용해 정리해 보면 ['식물은 산포해 줄 동물에게만 먹힘' ∧'산포해 주지 못할 동물에게는 먹히지 않음' → 화학물질 합성] 라 할 수 있다. 제시된 실험결과는 을의 견해의 후건부정식에 해당되므로 을의 견해를 강화한다고 할 수 있다.

21 증거와 예시 정답 ①

① (○) A는 다윈이 사진 일부를 의도적으로 변형한 것은 '변조'에 해당되는 연구 부정행위를 저지른 것이라고 주장하며 그 논거로 사진이 다윈의 주장을 지지하는 결정적인 증거로 사용되었다는 점을 제시하고 있다. 반면에 B는 다윈이 사진 일부를 의도적으로 변형한 것은 사실이지만 이것은 주장의 이해를 돕기 위한 예시로 사용되었다는 측면에서 '변조'라 볼 수 없으며 별 문제가 되지 않는다고 보고 있다. 그런데 다윈이 찰나적 감정을 제대로 담지 못하는 당시 사진 기술의 한계를 극복하기 위해 일부 사진을 보정했다고 책에서 밝혔다면, 이것은 보정된 사진이 주장을 지지하는 결정적인 증거로 사용되었다기보다는 이해를 돕기 위한 예시로 사용되었다고 보기에 적절하므로 A의 설득력은 낮아지고 B의 설득력은 높아진다고 할 수 있다.

② (×) 다윈의 책에 사진이 전혀 등장하지 않았더라도 책에 제시된 다른 증거가 다윈의 주장을 충분히 입증한다고 판단된다면, 이것은 다윈 책의 사진이 다윈의 주장을 입증하는 결정적인 증거로 사용된 것이 아니라는 것을 의미하므로 A의 논거를 직접적으로 반박하고 B의 논거를 지지하게 되므로 A의 설득력을 낮추고 B의 설득력을 높인다고 할 수 있다.

③ (×) 다윈의 책 출간 이후 이루어진 관련 과학 연구 결과에 의해 감정 표현의 보편성에 대한 다윈의 주장이 충분히 옹호될 수 있다고 하더라도 이것은 A나 B의 주장과 무관한 내용으로 A, B의 설득력에 영향을 미치지 아니한다.

④ (×) A와 B 논쟁의 쟁점은 사진 일부의 의도적 변형이 주장의 결정적인 증거로 사용되었느냐 아니면 이해를 돕기 위한 예시로 사용되었느냐 하는 것이다. 따라서 피부에 전기 자극을 주어 원하는 얼굴 표정을 인공적으로 만드는 당시 최신 기술을 다윈이 책에 실린 사진 일부를 얻는 데 사용했다고 하더라도 이 사실만 가지고서는 A, B의 설득력에는 영향을 주지 못한다.

⑤ (×) 다윈의 책 출간 당시 과학 연구에서 사진을 증거로 사용하는 것과 '예시'로 사용하는 것의 구별 기준이 미처 확립되지 않았다면, A와 B의 논거 모두를 직접적으로 반박하게 되므로 A와 B의 설득력을 모두 낮추게 된다.

22 시청각 정보의 인식과 감정 반응 체계 정답 ⑤

① (×) 주어진 사실에 따를 때 A는 시각 인식 영역에는 문제가 없고 정서적 감정에 문제가 있는 것이며, 가설은 이와 관련된 것이다. 따라서 A가 오바마나 아인슈타인 같은

유명인의 얼굴을 알아본다는 사실은 〈가설 1〉을 강화하지도 않고 〈가설 2〉를 약화하지도 않는다.

② (×) A가 부모 얼굴에 대한 GSR 시험에 아무 반응을 보이지 않는다는 사실은 시각 인식 영역에 문제가 있어 감정 반응이 안 일어나는 것일 수도 있고 시각 인식 영역은 문제가 없는데 감정 중추에 문제가 있어 감정반응이 안 일어나는 것일 수도 있다. 따라서 단순히 이 사실만 가지고 〈가설 1〉은 약화하고 〈가설 2〉는 강화한다고 말할 수는 없다.

③ (×) A가 농담에 웃고 자신의 처지에 대한 좌절이나 두려움 등의 정상적 감정을 보인다는 사실은 시각인식에는 문제가 있지만 감정중추에는 문제가 없음을 의미하므로 〈가설 1〉은 강화하고 〈가설 2〉는 약화한다.

④ (×) A가 낯은 익지만 별다른 감정을 느낄 이유가 없는 사람에 대해서는 가짜라고 말하지 않는다는 사실은 시각정보인식에 대한 단서가 없으므로 〈가설 1〉과 무관하며, 가짜라고 말하지 않는 이유가 감정반응이 느낄 수 없어서인지 불필요해서인지를 판단할 수 없으므로 〈가설 2〉는 강화한다고 말하기 어렵다.

⑤ (○) A가 부모와 전화로 이야기하는 동안에는 부모를 가짜라고 주장하지 않고 정상적인 친근감을 보인다는 사실은 시각인식에는 문제가 있지만 감정중추에는 문제가 없음을 의미하므로 〈가설 1〉은 강화, 〈가설 2〉는 약화한다.

23 조류의 군집 생활 정답 ③

① (×) 제비벌레 등 집단생활의 잠재적 비용에도 불구하고 새들이 군집 생활을 하고 있는 현상을 지지하는 사실로서 A의 설득력은 달라지지 않는다. A와 B는 이러한 현상이 왜 있느냐를 설명하고 있는 가설이다. 전형적인 오답유형이다.

② (×) 가설 A에 따르면 새들이 군집을 형성하는 이유는 홀로 생활할 때보다 집단에 합류함으로써 얻는 이익이 크기 때문이고, 한 예로 먹이를 찾거나 환경에 효율적으로 대응하기 위한 정보를 보다 쉽게 얻을 수 있다는 것인데, 선택지의 사례와 같이, 먹이를 많이 물고 온 개체를 따라가지 않고 사방으로 퍼진다면 이는 집단 내 개체들이 정보를 공유하지 않고 독자적으로 행동한다는 것을 의미하므로 A의 설득력을 높이지 않는다.

③ (○) 가설 B에 따르면 새들의 군집생활은 단지 모든 개체가 서식지와 배우자를 선택할 때 본능적으로 동일한 '규칙'을 적용하기 때문에 나타나는 부산물일 뿐이고, 한 예로 일반적으로 암컷은 강하거나 새끼에게 헌신적인 수컷을 선호한다고 하고 있다. 그래서 군집생활이 이루어진다는 것인데, 대다수의 암컷들이 복잡한 노래를 길게 부른 영양 상태가 좋은 수컷을 선호한다는 사실은 B가 제시한 사례에 해당되는 것으로 가설B의 설득력을 높인다.

④ (×) 제시된 사실은 환경에 공동 대응하는 사례로 본능에 따른 부산물이라는 가설 B와 관련 없는 내용으로 가설 B의 설득력을 높이지 않고 오히려 가설 A의 설득력을 높인다.

⑤ (×) 제시된 사실은 군집 생활을 통해 먹이를 찾기 위한 정보를 쉽게 얻을 수 있는 사례에 해당되는 것으로 가설 B와 무관하고 오히려 가설 A의 설득력을 높인다.

24 두 가설에 대한 강화 약화 판단 정답 ③

보기	(세포성분, 혈액온도)	판단
(ㄱ) (○)	(정상, 낮음)	A : 혈액온도가 통제되어 있고 A가 주장하는 실험변수인 '세포성분'에 차이가 있는 상황에서 세포성분이 적을 때 액체분비량이 많다면 A는 강화된다. B : 혈액 온도가 모기의 체온과 같으므로, B에 따를 경우 두 경우 액체성분 분비량이 같아야 한다. 상대적으로 B는 설득력을 잃는다.
	(적음, 낮음)	
(ㄴ) (○)	(없음, 높음)	A : 둘 다 세포성분이 없으므로, A에 따를 경우 두 경우 액체성분 분비량이 같아야 한다. 상대적으로 A는 설득력을 잃는다. B : 세포성분이 통제되어 있고 B가 주장하는 실험변수인 '혈액온도'에 차이가 있는 상황에서 혈액온도가 모기 체온보다 높아야 액체가 분비된다면 B는 강화된다.
	(없음, 낮음)	
(ㄷ) (×)	(정상, 낮음)	A(B) : '혈액온도'가(B:'세포성분'이) 모기의 액체성분 분비와 전혀 관련이 없는 변수라는 것이 기정사실이라면, 설령 혈액온도(B:'세포성분'이)라는 변수가 통제되지 않았더라도 해당 실험결과가 A(B)를 강화시킬 수 있다. 그러나 이 경우, 혈액온도차는(B:세포성분은) A(B)의 경쟁가설에 해당하므로, 경쟁가설을 통해 혈액온도(B:'세포성분'이)라는 변수에 대한 논란이 있는 이상 통제되지 않은 실험결과가 A(B)를 강화시킬 수는 없다.
	(적음, 높음)	

25 세 주장에 대한 강화 약화 판단 정답 ①

갑 : 결혼과 가족이 자살의 가능성을 높인다.
을 : 결혼은 자살을 막는 효과가 있다.
병 : 결혼이 최소한 자살 가능성을 높이지는 않는다. 하지만 자살 예방 효과에 대해서는 확신하기 어렵다.

① (○) ㄱ은 결혼의 자살예방효과를 인정하는 자료로서, 결혼은 자살을 막는 효과가 있다고 보는 '을'이 결혼의 자살 예방 효과를 확신하기 어렵다고 보는 '병의 주장'을 반박하는 근거로 사용될 수 있다.

② (×) ㄴ은 결혼의 자살예방효과를 인정하고 여성보다 남성에게서 그 효과가 크다는 것을 보이는 자료로서, 을이 병이나 갑을 반박하는 근거로 사용할 수 있는 것이지, 병이 을의 주장을 반박하는 근거로 사용할 수 있는 것은 아니다.

③ (×) ㄷ은 사별한 배우자와 미혼 남녀의 자살률을 비교한 자료로서 기혼(결혼)과 미혼의 자살률을 비교하고 있지 않으므로 갑과 직접적인 관련이 없는 중립적인 자료로 보는 것이 적절하다. 달리 보면, 갑에 따를 경우, 결혼이 자살가능성을 높인다고 하고 있으므로 사별할 경우에는 자살가능성을 낮출 것이다. 그런데 ㄷ의 통계는 결혼남녀와 기혼 사별 남녀를 비교하고 있지 않으므로 직접적인 관련이 없다. 따라서 ㄷ은 갑을 강화하지 않는다.

④ (×) ㄹ은 결혼과 자살률 간에는 상관성이 없다고 해석될 수도 있고, 결혼과 자살률과의 관계는 알 수 없고 결혼 이외의 다른 요인이 자살에 영향을 미쳤다고 해석될 수도 있다. 전자에 따르면 '을'의 주장을 강화하지 않고 약화하게 된다. 반면에 출제기관의 취지인 후자에 따르면 ㄹ은 강화하지도 않고 약화하지도 않는 중립적인 자료가 된다.

⑤ (×) ④번 선지와 마찬가지 논리로, 전자에 따르면 ㄹ은 '병'의 주장을 약화하지 않고 강화하게 된다. 반면에 출제기관의 취지인 후자에 따르면 ㄹ은 '병'을 약화하지도 않고 강화하지도 않는 중립적인 자료가 된다.

26 실험결과의 가설지지 여부판단 정답 ③

ㄱ. (×) 공개 연주 심사는 인적자본변인과 성별이 모두 영향을 줄 수 있는 상황에서의 심사이고, 커튼으로 가린 연주 심사는 인적자본변인만 영향을 줄 수 있는 상황에서의 심사이다. 따라서 ㄱ의 공개 연주 심사의 여성 합격률이 커튼으로 가린 연주 심사의 여성 합격률보다 유의미하게 높다는 실험결과는 인적자본변인에 의해서만 합격률이 결정되는 것이 아니라 성별요인에 의해서도 영향을 받는다는 것으로 인적자본가설을 지지한다고 볼 수 없다. 또한 남성 합격률과 여성 합격률에 대한 비교자료 없이 여성에 대한 언급만을 하고 있다는 점에서도 인적자본가설을 지지한다고 보기 어렵다. 한편 ㄱ의 실험결과는 여성의 실제 실력보다 오히려 여성임을 알고서 평가할 때 보다 높은 합격률을 나타낸다는 것을 의미하므로 차별 가설 또한 지지하지 않는다. 오히려 약화한다.

ㄴ. (×) 공개 연주 심사라는 것은 성별요인과 인적자본변인 모두 영향을 줄 수 있는 상황으로, 이러한 상황에서 여성 합격률이 남성 합격률보다 유의미하게 낮다는 실험결과는 성별 요인에서 비롯된 것인지, 인적자본변인에서 비롯된 것인지, 두 요인 모두에서 비롯된 것인지 판단할 수 없으므로 차별가설을 지지한다고 볼 수 없다. 다시 말해 이 실험결과는 강화도 약화도 아닌 중립적 자료이다.

ㄷ. (○) 커튼으로 가린 연주 심사라는 것은 성별을 모르기 때문에 인적 자본 변인에 의해서만 영향을 받았음을 의미한다. 따라서 커튼으로 가린 연주 심사에서 여성의 합격률이 남성의 합격률보다 유의미하게 낮다는 결과는 실제로 여성의 인적 자본이 남성의 인적 자본보다 낮다는 것을 의미하므로, 인적 자본 가설을 지지한다.

27 두 가설에 대한 강화 약화 판단 정답 ①

- A : 기온과 공격성은 정(+)의 상관관계
- B : 기온과 공격성은 ∩ 형태 (공격성은 중간 기온에서 가장 두드러짐)
- C : 기온과 공격 행동 간 유의미한 상관관계는 있을 수 있으나, 기온이 공격행동을 유발하는 것은 아님.

ㄱ. (○) 섭씨 30도가 넘는 무더운 여름 날 운전자들이 신경질적으로 경적을 누르는 횟수와 시간이 증가했고 이런 행동은 에어컨이 없는 차량의 운전자들에게서 특히 강하게 나타났다는 실험 연구 결과는, 기온이 높을수록 경적을 누르는 행동으로 표현되는 운전자들의 공격성이 강해진다는 것을 의미하므로, 가설 A를 강화한다.

ㄴ. (×) B의 주장은, '집단과 개인의 공격성은 '날씨가 매우 덥

거나 매우 추울 때'보다 '날씨가 매우 덥거나 매우 춥지 않을 때'의 경우에 훨씬 더 높다'는 입장이다. 보기 ㄴ의 상황, 즉 '매우 더운 장소'보다 '냉방 장치가 가동되고 있는 장소(=매우 덥지 않은 장소)'에서 공격성이 더 높아졌다는 연구 결과는 그러한 B의 주장에 부합하므로 B를 강화한다.

ㄷ. (×) 다른 조건이 동일할 때 유흥가가 한적해지는 주중보다 유흥가가 북적거리는 주말에 폭력 범죄가 훨씬 더 많이 발생한다는 사실은 C와 무관한 내용으로 C를 약화하지 않는다. 만약 유흥가의 사람이 많을수록 공격행동의 기회가 증가해서 폭력범죄가 더 많이 발생한 것으로 해석한다면 "기온 등을 비롯한 다른 변수가 공격 행동의 기회 증감에 영향을 주고, 그 기회의 증감이 공격 행동의 증감에 영향을 준다."라는 가설 C의 전제와 부합하여 가설C를 강화한다고 판단할 수 있다.

28 두 주장에 대한 강화 약화 판단 정답 ①

A와 B 모두 '교사의 기대'와 '실제 성적' 간에는 정적 상관관계(기대↑=> 성적↑)가 있음을 인정하면서, 그 이유에 대해 달리 설명하고 있다.

- A : 특정 학생에 대한 교사의 기대 ⇒ "교사와 학생 간 상호작용" ⇒ 성적 향상(하락)
- B : 특정 학생에 대한 교사의 기대는 "학생의 지적 능력에 대한 정확한 예측을 반영"할 뿐, 기대에 따른 상호작용 효과(A견해, 기대효과)는 없음.

ㄱ. (○) 예전에 비해 담임교사로부터 높은 기대와 관심을 받지 못하게 된 학생들의 성적이 하락했다는 것은, 교사와 학생 간 "긍정적 상호작용"이 줄어들어 성적이 하락했다는 것이므로, 상호작용을 통한 설명을 하는 A의 견해를 강화한다.

ㄴ. (×) '교육 경험에 기초한 예측력'으로 설명하는 B에 따르면, 경험이 많은 교사는 새내기 교사보다 높은 예측력을 갖게 될 것이므로, 학생에 대한 교사의 기대수준과 학생의 실제 성적 간 편차는 적게 나타날 것이다. 그런데 보기 ㄴ의 사례는 이와 상반된 결과를 나타내고 있으므로, B를 강화하지 않고 약화한다.

ㄷ. (×) 교사가 학생들에 대해 가지고 있는 기대치와 학생들의 실제 성적을 동일 시점에서 측정하여 비교하였을 때 기대치가 높은 학생들의 성적은 높았고 기대치가 낮은 학생들의 성적이 낮았다는 것은, '교사의 기대와 그 학생들의 실제 성적 간에는 유의미한 관계가 있다'는 것을 말하고 있을 뿐이므로, A가 주장하는 '상호작용'에 따른 것인지, B가 주장하는 교사의 예측력을 반영할 뿐인지에 대해 어떠한 언급도 하고 있지 않다. 따라서 A, B 모두의 주장을 강화하지도 않고 약화하지도 않는다. '동일 시점'이라는 표현이 다소 오해의 소지가 있기는 하나, '기대 시점'과 '실제 성적 측정 시점'이 동일하다는 것이 아니라, 학생들 간의 측정시점이 다르지 않고 동일하다는 것을 의미한다.

29 두 주장에 대한 강화 약화 판단 정답 ②

ㄱ. (×) (A)는 '불필요'하면 '버린다'는 것으로, '버림'의 이유(원인)가 '불필요'라는 것인데, 보기 ㄱ의 사실은, 버림의 '결과'로 '강한 비위와 왕성한 식욕'을 가지게 되었다는 것으로서, (A)와 직접적인 관련이 없으므로, (A)를 약화하지도 강화하지도 않는다. 한편, 보기 ㄱ의 사실은, 진화적으로 서로 가깝지 않은 다른 종의 잡식동물인 집돼지와 불곰이 적응(쓴맛 수용체 유전자 개수 줄어듦)의 결과, 유사한 형질(강한 비위와 왕성한 식욕)을 보이는 모습으로 진화한 것을 의미하므로, (B)를 강화한다.

ㄴ. (○) 큰돌고래와 바다사자가 먹이를 씹지 않고 통째로 삼기는 형태로 진화했다는 것은 '단맛 수용체 유전자와 감칠맛 수용체 유전자가 불필요함'을 의미한다. 따라서 '불필요함(원인)'의 결과, 유전자 기능하지 않음('버림')이라는 (A)의 주장에 부합하는 사례로, (A)를 강화한다. 한편, 진화적으로 서로 가깝지 않은 다른 종의 육식동물인 큰돌고래와 바다사자가 적응(불필요해짐)의 결과 '단맛 수용체와 감칠맛 수용체 둘 다 기능을 하지 않는' 유사한 형질의 모습으로 진화하였다는 사실은 (B)를 강화한다.

ㄷ. (×) 사람과 오랑우탄의 공동조상이 비타민C를 섭취할 수 있도록 진화했다는 것은 '비타민C 합성 유전자가 불필요함'을 의미한다. 따라서 '불필요함(원인)'의 결과, 유전자 기능하지 않음('버림')이라는 (A)의 주장에 부합하는 사례로 (A)를 강화한다. 반면, 사람과 오랑우탄은 진화적으로 서로 가까운 종이라는 점에서 (B)가 말하는 진화적으로 가깝지 않은 서로 다른 종에 해당되지

않고, (B)가 가깝지 않은 종만 유사한 형질이나 형태를 보인다고 주장한 것은 아니라는 점에서, 보기 ㄷ의 사실은 (B)를 약화하지도 않고 강화하지도 않는다.

30 가설과 실험에 대한 평가 정답 ③

ㄱ. (○) 〈실험1〉에서 A, B그룹은 K의 언어적 행동 면에서는 같으나 비언어적 행동 면에서는 차이를 보이고 있다. 그런데 '예'라고 답한 사람의 똑같이 95% 이상이다. 즉, 사람들은 K의 비언어적 행동에는 영향을 받지 않았음을 알 수 있다. 따라서 〈가설2〉는 약화된다.

ㄴ. (○) 〈실험1〉에서 A그룹에서 '예'라고 답한 사람보다 B그룹에서 K가 아내를 가짜라고 믿는지에 대한 질문에 '예'라고 답한 사람의 비율이 A그룹보다 B에서 월등히 높다는 것은 사람들이 K의 언어적 행동이 아니라 비언어적 행동에 따라 그의 믿음을 판단한다는 것이므로 〈가설 2〉가 강화된다.

ㄷ. (×) 〈실험 2〉의 A그룹 결과만 보면 〈가설1〉은 약화되며 B그룹의 결과는 〈가설 1〉을 강화하는 것으로 보인다. 그러나 언어적 행동의 빈도 또한 언어적 행동의 양태에 해당한다. 가짜라고 한 번 말한 사람보다 여러 번 말한 사람이 '가짜라는 언어적 행동'에 더 부합하는 것이라고 볼 수 있다. B그룹은 A그룹보다 'K가 아내에게 "당신은 가짜다"라는 말을 더 많이 했다'는 정보를 갖고 있다. 〈가설1〉이 맞다면, 가짜라는 언어적 행동에 더 부합하는 정보를 가진 B그룹이 가짜라는 믿음 또한 더 높아져야 한다. ㄷ은 이러한 예측에 부합하는 사례이므로 〈가설1〉을 강화한다.

31 사람들의 행위 동기 연구 실험 정답 ③

ㄱ. (○) 〈가설 2〉는 B 방식을 채택함으로써 남들에게 공정한 것처럼 보일 수 있기 때문에 B 방식을 채택했다고 주장한다. 그런데 참가자들이 A 방식도 B 방식만큼 공정하다고 믿었다면, 굳이 B 방식을 채택할 이유가 없다. 따라서 〈가설 2〉가 주장하는 B 방식 채택 이유가 약화된다.

ㄴ. (×) 〈가설 1〉은 B 방식을 채택한 이들은 애초에 공정하게 업무를 분배하고자 하였으나 막상 원하는 결과가 나오지 않자 결과를 조작했다고 보고 있고, 〈가설 2〉는 처음부터 공정하게 업무를 분배할 생각이 없었으나, 단지 남들에게 공정한 것처럼 보이게 하려고 B 방식을 채택했다고 본다. 최초의 의도는 달랐을지 모르나, 최종적으로 자신의 의도에 따라 결과를 조작했다는 점에서는 〈가설 1〉과 〈가설 2〉가 다르지 않다. 따라서 자신의 업무 할당이 공정하지 않았다는 것을 인정했다는 사실은 〈가설 1〉을 약화하거나 〈가설 2〉를 강화하지 않는다.

ㄷ. (○) (◎) 동전 던지기를 통한 업무 할당 과정이 공개되도록 실험 내용을 수정한다면, 더이상 자신에게 유리한 방향으로 결과 조작은 불가능하다. 이 경우에도 B 방식을 선택하는 사람들은 공정하게 업무를 할당할 의도가 있는 사람들일 것이다. 따라서, B 방식을 선택하는 사람들의 수에 큰 변화가 없다면, 이들이 원래는 공정하게 업무를 할당할 의도가 있었다고 보는 〈가설 1〉은 강화된다. 〈가설 2〉는 B 방식을 선택한 사람들이 처음부터 결과를 조작하려고 마음먹었다고 보는 것이므로 실험 내용이 수정된다면 B 방식 선택자 수가 줄어들 것이다. 따라서 B 방식 선택자 수에 변화가 없다면 〈가설 2〉는 약화된다.

32 제도 / 연구결과의 해석 정답 ②

- A 견해 : 피해의 심각성이 무거운 형량 유도
  + 피해가 심각하지 않은 피해자는 VIS 제시 ×
- B 견해 : 피해의 심각성이 무거운 형량 유도
  + VIS에서 표출되는 강한 감정이 무거운 형량 유도
- P 실험
  [집단 1] : 일반적 기대에 비춰 심각한 내용의 정서적 상해 내용 제공
  [집단 2] : 일반적 기대에 비춰 심각하지 않은 정서적 상해 내용 제공
  [집단 3] : VIS 제공 ×
- Q 실험
  [집단 1] : 매우 고조된 상태로 심각한 내용 낭독
  [집단 2] : 차분하게 심각한 내용 낭독
  [집단 3] : 차분하게 덜 심각한 내용 낭독

ㄱ. (×) A 견해에 따르면 피해의 내용이 심각할 때 형량이 올라간다. P의 [집단 1]과 [집단 2] 간의 격차는 A 견해와 일치하나, [집단 2]와 [집단 3] 사이의 격차는 A 견해로는 설명되지 않는다. 따라서 A 견해가 강화된다고 볼 수 없다.

ㄴ. (○) B 견해는 피해의 심각성과 피해자의 감정 표출이 모두 형량에 영향을 미친다는 것이다. Q의 [집단 1]는 내용

과 감정 모두가 심각했고 [집단 2]는 내용만 심각했고 [집단 3] 내용과 감정 모두 심각하지 않았다. [집단 1], [집단 2], [집단 3] 순서로 형량이 낮아지는 것은 B 견해와 일치하는 결과다. 따라서 B 견해는 강화된다.

ㄷ. (×) Q의 [집단 1]과 [집단 2]의 차이는 감정의 심각성 여부다. 양 집단 사이에 평균 형량 차이가 없다는 것은 감정의 심각성이 형량에 영향을 주지 못한다는 것이다. 피해의 심각성이 문제라고 주장하는 A 견해와는 관련이 없다. 따라서 A 견해는 약화되지 않는다.

33 청소년 비행의 원인 정답 ③

ㄱ. (○) 중퇴와 비행과의 상관성은 인정되지만, 보다 직접적인 요인은 중퇴 이유라는 것으로 (가), (다) 중 어느 한 주장만으로는 설명할 수 없다.

ㄴ. (×) 중퇴 전에 비행을 하지 않던 청소년이 중퇴 이후에도 비행을 하지 않았다는 것은 중퇴여부에 따라 비행이 변호하지 않는다는 것으로 중퇴와 비행 간의 인과관계 뿐 아니라 상관관계까지도 부정하는 사례가 된다. 따라서 이는 (가)와 (라) 모두를 약화한다.

ㄷ. (○) 중퇴생의 비행이 중퇴 이후 시간이 지남에 따라 점차 증가하였다는 것은 중퇴가 청소년 비행의 원인으로 작용한다는 사례로서 이는 (나)를 강화하고 (다)를 약화한다.

34 인과관계와 조건적 관계 정답 ③

본 문제는 1권 추리 앞부분 「추리논증 학습의 실제」에서 자세히 다룬 문제이다. 보기에 대한 주요 내용을 검토하면 다음과 같다.

ㄱ. (○) if, "~S_1 낙하 → ~S_2 낙하" (참)
〈인과이론〉에 따라 "∴ S1 낙하가 S2 낙하의 원인이다." 라고 말할 수 있다.
따라서 〈인과이론〉에 따라 판단 ⓐ는 지지된다.

ㄴ. (○) 〈인과 이론〉의 조건을 충족시킴과 더불어 원인의 추가 조건인 '시간적 선행'을 S2가 충족시킨다면 ⓑ [S2의 낙하가 S1 낙하의 원인이다.]는 보다 설득력을 갖는다.

ㄷ. (×) 판단 ⓐ와 판단 ⓑ에 대한 진술 모두 틀리다.
if, S1 힘 → S2 낙하 → S1 낙하 [시간적 순서]
ⓐ [~S1낙하 → ~S2낙하] ?
NO [S1 낙하가 없어도 S1 힘이 주어지면 S2 낙하 가능]
즉, ⓐ "S1의 낙하가 S2 낙하의 원인이다."가 옳기 위해서는 ~S1 낙하 → ~S2를 충족해야 한다. 그러나 ~S1 낙하라고 하여도 S1 힘을 가하는 사건에 의해 S2 낙하가 발생할 수 있으므로 판단 ⓐ는 옳지 않다.
ⓑ [~S2 낙하 → ~S1 낙하] ?
→ YES [순서가 앞서는 S2 낙하 없이 S1 낙하 불가]
즉, ⓑ "S2의 낙하가 S1 낙하의 원인이다."가 옳기 위해서는 ~S2의 낙하 → ~S1 낙하를 충족시켜야 한다. 그런데 ~S2의 낙하 → ~S1 낙하이므로 판단 ⓑ는 옳다.

35 교육 정책논변 정답 ③

ㄱ. (○) 갑의 원칙에 따른 적용여부를 묻고 있다. 교육기관 P는 1차적으로 A인종의 비율이 60%를 초과하고 있어 정책대상 집단에 해당되고, A인종이 유리하도록 선발해 왔음을 확인할 수 있다. 따라서 위 정책은 교육기관 P에 적용된다.

ㄴ. (×) 을의 원칙에 따른 정책의 적용여부를 묻고 있다. 교육기관 Q는 1차적으로 A인종의 비율이 60%를 초과하고 있어 정책대상 집단에 해당된다. 을은 "재학 중인 각 인종 학생들 모두의 학업성취도를 향상시키는 데 이바지하여야 한다."는 원칙을 제시했다. 다시 말하면, 모든 인종의 학업성취도 향상으로 이어지지 않을 때에는 이 정책을 적용할 수 없다는 것이다. B, C 인종의 학생들이 전학해 올 경우 이들의 학업성취도는 상승할 것으로 예상되나, A인종의 학업성취도에 대한 언급은 없다. 즉, '달라지지 않는다' 또는 '모른다'로 해석될 수 있어 을의 조건을 충족하지 못한다. 따라서 위 정책은 교육기관 Q에 적용된다고 말할 수 없다.

ㄷ. (○) 병의 원칙에 따른 정책의 적용여부를 묻고 있다. 교육기관 R은 B, C 인종의 학생들만 선발하여 왔으므로 1차적으로 A인종의 비율이 60%를 초과하고 있지 않아 정책대상 집단에 해당되지 않는다. 따라서 병의 원칙에 따른 판단이 무의미하다.

36 물가와 통화정책 정답 ⑤

①(○) 손턴은 물가상승의 원인은 통화량 증가가 아닐 수 있다고 보는 측면에서뿐만이 아니라 ㉠이 등장한 상황이 '불황'이라는 점에서도 ㉠에 대한 손턴의 입장은 통화량 증가를 물가상승의 원인으로 보는 지금파보다는 반지금파에 가깝다고 할 수 있다.

②(○) 당시에 극심한 흉년으로 곡물가가 상승했다면, 이는 통

화량의 증가가 아닌 다른 원인에 따른 물가 상승이 있었음을 의미하므로 '지금파'의 논지는 약화되고 '반지금파'와 손턴의 논지는 강화될 것이다.

③(○) 재산을 금융자산으로 보유한 사람들은 물가상승의 원인을 은행권의 초과발행으로 보는 '지금파'를 지지함으로써 은행권 조정에 따른 자신의 금융자산의 가치 회복을 주장할 수 있을 것이며, 농산물을 판매해야 할 사람들은 물가상승의 원인을 통화량 증가에서 찾지 않는 '반지금파'의 주장을 지지함으로써 통화 조정에 따른 실물 가치의 하락을 막을 수 있을 것이다.

④(○) 은행권 발행에 관한 중앙은행의 결정을 엄격한 원리에 의해 제약할 필요성에 대해 '지금파'는 호불황을 가리지 않고 언제나 필요하다고 보며, 손턴은 호황시에 필요하다고 보는 반면, '반지금파'는 은행권의 초과발행은 논리적으로 있을 수 없다는 입장이므로 제약의 필요성을 인정하지 않는다. 따라서 제약의 필요성의 인정 순서는 '지금파', 손턴, '반지금파'의 순서라 할 수 있다.

⑤(×) 실물경제 활동이 부진한 상황에서 불황의 심화를 우려해 은행권을 사용하지 않고 보관하는 사업가들이 늘어났다면, 중앙은행이 경기 악화에 능동적으로 대응할 필요가 있다는 손턴의 논지는 강화되고, 은행권 발행의 규율원리를 강조하는 '지금파'의 논지는 약화될 것이다.

37 연구설계의 타당성 평가 정답 ④

ㄱ. (○) A만으로는 가설의 타당성을 검증할 수 없다. 실제로 특정 인종이 과속을 많이 하기 때문에 단속에 걸린 비율도 높을 가능성을 배제할 수 없기 때문이다.

ㄴ. (○) ㉠ 가설에 따르면 경찰은 의도적으로 특정 인종을 더 많이 단속하려 할 것이다. 즉, 차를 세우기 전에 어떤 인종이 운전을 하고 있는지를 확인할 수 있어야 한다. ㉠ 가설이 옳고 주간/야간 여부가 운전자의 인종 식별에 영향을 준다면, 주간과 야간 단속에서 단속된 운전자의 인종별 비율이 달라졌을 것이다. 그러나 주간/야간 여부가 인종 식별에 영향을 주지 못한다면 ㉠ 가설이 옳다고 하더라도 주간과 야간의 단속 결과가 다르게 나타날 이유가 없다. 즉 주간과 야간의 단속 결과를 비교한다고 하더라도 ㉠ 가설의 타당성을 검증할 수 없다.

ㄷ. (○) 甲이 직접 관찰한 과속 운전자의 인종 분포는 인종 차별이 개입되지 않은 상태에서의 결과이다. 이 결과와 실제 단속 결과가 유사하다면, 실제 단속 역시 인종 차별이 개입되지 않았을 가능성이 높을 것이다. 이는 인종차별의 결과로 특정 인종에 대하여 단속이 집중적으로 이루어진다는 가설을 약화한다.

ㄹ. (×) 관할구역 모집단 중 특정 인종 비율이 15%인데 단속된 사람 중 특정 인종 비율이 25%라는 것만으로는 가설의 타당성이 입증된다고 볼 수 없다. 관할 구역 거주민 모집단의 인종 분포와 실제 운전자의 인종 분포는 다를 수 있으며, 설령 이 비율이 같다고 하더라도, 실제로 특정 인종이 과속을 많이 하기 때문에 이런 결과가 나왔을 가능성을 배제할 수 없다.

38 사회현상의 이유(주장)에 대한 평가 정답 ③

ㄱ. (○) 납 노출과 범죄 감소가 연관성이 있고 미국의 범죄 감소 추세가 2020년까지 지속되고 있다는 것이 ㉠의 주장이다. 따라서 2020년에 10대 후반에서 20대 초반이 되는 2000년 1 ~ 5세 아동이 1990년의 아동보다 평균 혈중 납 농도가 낮다는 것은 ㉠의 주장과 일치하는 지표다. 따라서 ㉠은 강화된다.

ㄴ. (×) 납 노출은 아동일 때 심각하게 영향을 끼치며 그 결과는 범죄율이 가장 높은 10대 후반에서 20대 초반 때에 가장 크게 발현된다. 1970년대에 휘발유에서 납이 제거되기 시작하였다는 것은 그 당시 아동의 납 노출이 감소하기 시작했음을 의미한다. 그들이 10대 후반에서 20대 초반이 되는 1990년대에 범죄율의 감소가 가장 급격하게 나타났다는 사실은 오히려 ㉠의 주장과 일치하는 것이다. 따라서 ㉠은 약화되지 않는다.

ㄷ. (○) 범죄를 저지른 청소년이 그렇지 않은 청소년보다 뼈 안의 납 농도가 더 높다는 것은 납과 범죄 사이의 연관성이 있음을 의미하며 이는 ㉠의 주장과 일치한다. 따라서 ㉠은 강화된다.

39 사회 / 행동경제학 / 이타주의가설 정답 ②

ㄱ. (×) 'b = e – 6'가 참이라면, 자선 단체의 기부액이 늘어난 만큼(6) 참가자의 기부액을 줄인(6) 것이다. ㉠ 가설, 즉 자신의 소비와 수혜자의 효용을 통한 계산과 일치하므로 감정적 효용이 고려될 여지가 없다. 감정적 효용을 고려하는 ㉡은 강화되지 않는다.

ㄴ. (×) 'e-a' 값과 'f-c' 값을 통해 자선 단체의 기부액이 동일하고, 참가자의 소득이 늘었을 때 참가자의 기부액이 얼마나 늘었는지를 볼 수 있다. 만약 ㉠ 가설이 참이라

면 이 값은 동일해야 한다. 그런데 양자 간에는 등호 대신 부등호가 표시되어 있다. ㉠ 가설에서 주장하는 '자신의 소비를 통한 효용', '수혜자의 효용' 외의 다른 요소가 고려된 것이다. 따라서 ㉠은 강화되지 않는다.

ㄷ. (○) A, B, C, D 상황에서, 참가자의 소득에서 자선 단체의 기부액을 뺀 금액은 각각 36, 30, 12, 6이다. 'a-30', 'b-24', 'c-6', 'd'는 위 상황에서 뺄셈으로 균형을 맞춘 식이다. 그러므로 기부액이 자신의 소비와 수혜자의 효용을 통한 계산을 통해서만 이루어진다면 네 계산의 값이 모두 동일해야 한다. 하지만 식 간에는 등호 대신 부등호가 표시되어 있다. 이는 그 외의 고려사항이 포함되었음을 의미한다. 따라서 감정적 효용을 고려한 ㉡이 강화된다.

40 과학과 사회의 관계 정답 ②

① (×) 제시문에서 글쓴이는 뉴턴이 아니었다고 하더라도 다른 누군가가 뉴턴의 책에 담긴 역학의 핵심 내용을 발표했을 것이라고 주장의 논거로서 제시하고 있는데, 뉴턴 책의 문체와 탐구정신 같은 요소들까지 포함한다고 보면 논증의 설득력은 약화된다.

② (○) 글쓴이는 과학과 사회의 관계에 대해 두 가지 점에서 비판하고 있다. 먼저, 문학이나 예술과 마찬가지로 과학 역시 특정한 사회적 환경 속에 존재하는 개인이나 집단에 의해 산출되지만, 과학은 그런 개인의 특성이나 사회환경에 의해 속박되지 않는다고 주장하며, 둘째로, 근대 이후 과학이 확산된 모습을 통해 과학은 특정한 개인들이 특정한 문화 속에서 만든 것이지만 개인과 문화를 초월하는 보편적인 것이라고 주장하고 있다. 따라서 글쓴이는 과학과 사회적 배경의 관계를 평가할 때 과학 이론이 탄생하는 과정보다 그 이론이 수용되고 사용되는 맥락이 더 중요하다고 전제하고 있다고 할 수 있다.

③ (×) 글쓴이는 제시문에서 '모든 문화권이 이렇게 과학을 수용한 것과 대조적으로 유럽의 정치체제나 종교나 예술이 그처럼 보편적으로 수용된 것은 아니다'라고 하고 있는데, 유럽의 정치체제나 사회사상이 유럽의 과학보다 먼저 세계의 다른 지역에 전파된 경우가 확인된다고 하더라도 이것이 유럽의 정치체제나 사회사상이 보편적으로 수용되었음을 의미하는 것은 아니므로 논증의 설득력은 약화되지는 않는다.

④ (×) 글쓴이는 제시문에서 '과학적 발견을 성취해 낸 과학자가 지닌 고유한 품성은 설령 그것이 그 발견에 중요한 역할을 한 경우라 해도 그 성과물이 일단 그의 손을 떠나고 난 뒤에는 과학자들의 연구 활동에 아무런 영향도 미치지 않는다'라든지 '과학은 특정한 개인들이 특정한 문화 속에서 만든 것이지만 이처럼 개인과 문화를 초월하는 보편적인 것이다.'라고 밝히고 있다. 이러한 주장을 통해 볼 때, 글쓴이는 과학적 업적의 탄생 과정에 과학자의 개인적 특성이나 문화적 환경이 영향을 미치고 있음을 인정한다.

⑤ (×) 과학에서 동시발견이 이루어진 사례들이 특정 문화권에 국한되어 있음이 입증되는 경우 이는 글쓴이의 첫 번째 논거에 대한 반박사례로 작용하여 논증의 설득력을 낮추게 된다.

41 생물학 / 강화약화판단 정답 ②

ㄱ. (×) 다른 대륙과 연결된 적이 없는 섬에 카멜레온 종이 있다면 그 종은 다른 곳에서 이주한 것으로 보아야 한다. 따라서 카멜레온이 바다를 건너 이주했다는 사실을 포함하는 ㉡을 강화할 수는 있으나, ㉠과는 관련이 없다.

ㄴ. (×) 제시문에 따르면 서쪽에서 동쪽 방향으로 아프리카-마다가스카르-세이셸-인도의 순으로 위치한다. 해류가 서쪽에서 동쪽으로 흘렀다면 카멜레온의 조상이 아프리카나 마다가스카르에서 해류를 타고 동쪽으로 이동하여 세이셸로 이동했을 가능성이 있다. 따라서 ㉡을 강화한다.

ㄷ. (○) 제시문에 따르면 곤드와나 초대륙에서 아프리카, 마다가스카르 순으로 분리되고, 세이셸과 인도는 제일 마지막에 분리되었다. ㉠이 맞다면 아프리카 동부의 카멜레온보다 마다가스카르 카멜레온이 호랑이 카멜레온과 더 가까워야 한다. 마다가스카르 카멜레온과 호랑이 카멜레온의 공동조상이 더 나중에 출현해야 한다. 따라서 ㉠은 약화된다.

㉡에 따르면 아프리카나 마다가스카르 중 어디에서 이주해 온 카멜레온이 호랑이 카멜레온의 조상이 된 것인지 정확히 알 수 없으므로 아프리카 카멜레온과의 공동조상, 마다가스카르 카멜레온과의 공동조상 중 어느 쪽이 더 먼저 등장했는지도 알 수 없다. 아프리카 카멜레온과의 공동조상이 더 나중에 등장했다고 하더라도 ㉡ 가설과 양립 가능하다. 따라서 ㉡이 약화된다고 할 수 없다.

42 화학 / 라부아지에의 연소설 정답 ②

ㄱ. (×) 라부아지에의 가정에 따르면 기체는 고체보다 많은 열소를 포함하고 있다. 고체가 연소하면서 열을 발생시키고 결과물로서 기체를 발생시켰다면, 연소 과정에서 열소가 결합해야 한다. 즉 외부의 열소를 결합시켜야 한다. 그런데 보기에 의하면 열이 발생한다고 하였으므로 내부의 열소를 외부로 방출해야 한다. 따라서 보기의 내용은 ㉠을 약화한다.

ㄴ. (○) 화약은 고체이고 산소화합물이므로 열소를 많이 포함하고 있지 않다. 그런데 기체 산소와의 결합 없이도 열을 발생시킬 수 있다면(열소를 많이 방출할 수 있다면) ㉠을 약화한다.

ㄷ. (×) 열소는 질량이 없는 물질이라고 가정하였으므로, 열이 공기 중으로 방출되더라도 공기의 질량은 증가하지 않는다. 보기의 내용은 ㉠을 약화하지 않는다.

43 역설 해소 방안 찾기 정답 ⑤

사형을 지지하는 사람들은 사형 집행의 위협이 잠재적 살인자의 살인 행위를 억제할 수 있다고 주장한다. 하지만 〈표〉의 결과들은 오히려 사형제도가 있는 주의 살인 범죄율이 높게 나타나 있다. 따라서 〈표〉를 액면 그대로 해석할 경우 사형 찬성론자들에게 불리하게 해석될 수 있는데 그렇게 해석되지 않게끔 하는 것들을 고르라는 것이 문제의 요구사항이다.

ㄱ. (○) "〈표〉는 제도적으로는 사형 제도를 도입했지만 실제로는 사형을 집행하지 않았기 때문에 나타난 결과일 수 있다."는 해석은 〈표〉의 결과도 부정하지 않으면서 사형 찬성론자들의 입장도 유지시켜줄 수 있는 해석이다.

ㄴ. (○) "〈표〉는 사형 제도 이외의 다른 사회적 요소가 각 지역별 살인 범죄율의 차이를 만들었으며 사형 제도의 억제 효과를 압도했기 때문에 나타난 결과일 수 있다."는 해석은 〈표〉의 결과도 부정하지 않으면서 사형 찬성론자들의 입장도 유지시켜줄 수 있다.

ㄷ. (○) "사형 제도가 폐지되었다고 하더라도 그 효과는 당분간 지속될 수 있으므로, 〈표〉의 사형 제도가 없는 주의 경우 1967년 이전까지 사형 제도가 있었는지 살펴보아야 한다."는 해석 또한 〈표〉의 결과도 부정하지 않으면서 사형 찬성론자들의 입장도 유지시켜 줄 수 있다.

44 역설 해소 방안 찾기 정답 ⑤

ㄱ. (×) 'Z국 사람들은 같은 지역 출신 지인들만을 신뢰하는 경향이 강하기 때문이다'라는 대답은 특수한 신뢰 수준이 높다는 것으로 ㉠의 'Z국의 일반적 신뢰 수준이 최상위권이라는 조사 결과'를 설명하지 못한다. 따라서 적절한 대답이라 할 수 없다.

ㄴ. (○) 'Z국 사람들은 타인에 대한 불신을 다른 사람에게 밝히는 것을 꺼려하는 경향이 강하기 때문이다.'라는 대답은 사실은 특수한 신뢰의 형태를 갖고 있음에도 일반적 신뢰의 형태를 가지고 있는 것처럼 답한다는 것으로 ㉠의 'Z국의 일반적 신뢰 수준이 최상위권이라는 조사 결과'를 설명할 수 있고, Z국은 연줄을 중시하고 특수한 관계에 기초한 좁은 범위의 신뢰만을 허용하는 문화이므로 ㉡의 'Z국이 저신뢰 사회라는 주장' 또한 설명할 수 있다.

ㄷ. (○) 'Z국 사람들은 '대부분의 사람들'에 해당하는 사람을 떠올릴 때 자신의 신뢰 범위 내에 있는 사람들 중에서 찾는 경향이 강하기 때문이다.'라는 대답은 특수한 신뢰의 형태를 갖고 있음에도 일반적 신뢰의 형태를 가지고 있는 것으로 잘못된 답변을 한다는 것으로 ㉠의 'Z국의 일반적 신뢰 수준이 최상위권이라는 조사 결과'를 설명할 수 있고, Z국은 연줄을 중시하고 특수한 관계에 기초한 좁은 범위의 신뢰만을 허용하는 문화이므로 ㉡의 'Z국이 저신뢰 사회라는 주장' 또한 설명할 수 있다.

chapter 3 논쟁 및 반론

01 동의 가능성 판단 정답 ⑤

갑(×) : 갑은 "도덕적으로 나쁜 작품은 바로 그 이유 때문에 미적으로도 열등하며, 도덕적으로 훌륭한 작품은 바로 그 이유 때문에 미적으로 뛰어나다"라고 말하고 있으므로 '도덕적으로 훌륭하지만 미적으로는 열등한 예술 작품이 있을 수 있다'는 주장에 동의하지 않을 것이다.

을(○) : 을은 "예술 작품에 대해서 도덕적 평가를 할 수는 있지만 그 작품의 미적 성질은 도덕적 성질과 내재적인 관계를 갖지 않는다"라고 말하고 있으므로 '도덕적으로 훌륭하지만 미적으로는 열등한 예술 작품이 있을 수 있다'는 주장에 동의할 것이다.

병(○) : 병은 "도덕적으로 나쁜 작품은 바로 그 이유 때문에 미적으로도 열등하다. 긍정적인 사례에는 이와 같은 영향 관계가 없다"라고 말하고 있으므로 '도덕적으로 훌륭하지만 미적으로는 열등한 예술 작품이 있을 수 있다'는 주장에 동의할 것이다.

정(○) : 정은 "반대로 도덕적으로 훌륭한 가치를 드러낸다는 점은 인정할 수 있지만 바로 그 도덕적 메시지 때문에 미적으로는 형편없게 되는 예술 작품도 있다"라고 말하고 있으므로 '도덕적으로 훌륭하지만 미적으로는 열등한 예술 작품이 있을 수 있다'는 주장에 동의할 것이다.

02 주장에 대한 동의 여부 판단 정답 ④

① (○) A의 마지막 진술 중 "악행을 했을 때 도덕 교육의 수단은 존중받고 싶은 아이의 바람을 거부함으로써 수치심을 유발하는 냉담한 태도이어야 한다."는 내용을 통해 A가 도덕 교육의 수단으로 감정을 활용할 수 있다는 주장에 동의할 것임을 추론할 수 있다.

② (○) A의 첫 번째 진술 중 "의무란 보편타당한 도덕적 명령으로서 감정이 아니라 이성에 의해 파악된다."는 부분과 두 번째 대화 중 "도덕 교육에서 더 중요한 것은 기쁨이 동반되지 않더라도 자신이 옳다고 생각하는 원칙에 따라 행위하는 것에 능숙해지도록 가르치는 것"이라는 내용을 통해 A는 '타인을 돕는 데서 그 어떤 기쁨을 느끼지 못하는 사람도 도덕적 인간일 수 있다'는 주장에 동의할 것임을 추론할 수 있다.

③ (○) A의 두 번째 진술인 "도덕 교육에서 더 중요한 것은 기쁨이 동반되지 않더라도 자신이 옳다고 생각하는 원칙에 따라 행위하는 것에 능숙해지도록 가르치는 것이다. 이는 모든 사람에게 보편적으로 적용될 수 있는 행위 원칙이 무엇인가에 대해 생각하기를 배우는 과정이다."라는 내용을 통해 A는 '어떤 일을 올바른 일이라 스스로 생각하고 판단할 수 없는 인간은 도덕적 인간일 수 없다'는 주장에 동의할 것임을 추론할 수 있다.

④ (×) B의 첫 번째 진술 중 "하지만 어떻게 의무에 따라 행위하는 인간으로 성장시킬 것인가의 문제는 별도로 고려해야 한다. 습관을 통해 선행을 기뻐하도록 미리 준비되어 있어야만 의무도 잘 받아들일 수 있다."라는 내용을 통해 B 또한 의무에 따른 행위가 올바른 행위임을 전제하고 있음을 알 수 있다. 따라서 B는 '어떤 행위에 따르는 결과의 좋고 나쁨에 의해서 그 행위의 올바름 여부가 결정된다'는 주장에 동의한다고 보기 어렵다.

⑤ (○) B의 첫 번째 진술 중 "선행을 기뻐하지 않는 사람은 의무를 말해 주어도 잘 실천하지 못할 것이다. 마땅히 기뻐해야 할 것에 기뻐하고 마땅히 괴로워해야 할 것에 괴로워하도록 훈련시키는 것이 올바른 도덕 교육이다."라는 부분과 A의 두 번째 진술 중 "이는 모든 사람에게 보편적으로 적용될 수 있는 행위 원칙이 무엇인가에 대해 생각하기를 배우는 과정이다."에 대해 B가 진술하는 "하지만 도덕적으로 행위 하는 것에서 고통만을 계속 느낀다면 그 누구도 감당할 수 없을 것이다."를 통해 B는 '도덕 교육에서 옳은 행위를 잘 실천하도록 만드는 것이 왜 그 행위가 옳은지의 이유를 가르치는 것보다 더 중요하다'는 주장에 동의할 것임을 추론할 수 있다.

03 의견의 일치 여부 판단 정답 ④

아래는 (1)시위대의 주장과 (2)시위 허용여부에 대한 갑 을 병의 각 주장 내용이다.

갑 : (1)판단 ×. (2)다른 사람에게 직접적인 물리적 위해를 줄 것이 분명한 행위가 아니라면 어떤 행위도 할 수 있는 권리가 보장되어야 하므로, 자신의 의사를 밝히는 행위에 불과한 시위는 그 주장 내용과 관계없이 허용되어야 한다.

을 : (1)남성우월주위를 표방하는 것은 대다수 사람들이 보기에 비도덕적이다. (2)공동체구성원의 다수가 비도덕적이라고 여기는 가치를 떠받드는 행위(=시위)는 금지해야 한다.

병 : (1)판단 ×. (2)시위대의 주장이 옳은가 여부와 관계없이, 그 행위(=시위)가 많은 사람들에게 충분히 불쾌하게 받아들여질 수 있으므로, 공공장소에서의 시위는 막아야 한다. (사람들의 눈에 잘 띄지 않는 장소와 시간에 시위를 할 경우 허용)

ㄱ. (×) 갑과 을은 모두 자신들의 두 번째 발언에서 "시위대가 시민들로부터 물리적 위해를 받을 가능성"은 시위 허용 여부를 결정하는 데 중요한 요소가 아니라고 판단하고 있다.

ㄴ. (○) 을은 "시위대의 주장이 대다수 시민의 윤리적 판단에 부합하는지"가 시위 허용 여부를 결정하는 데 중요한 요소라고 생각하는 반면, 병은 그렇지 않다. 을의 생각

은 첫 번째, 두 번째 발언 모두에 드러나 있으며, 병의 생각은 병의 두 번째 발언 중 '그들의 주장이 옳다 해도 시위를 막아야 하는 것은...' 이라는 부분에서 추론할 수 있다.

ㄷ. (○) "나체 시위를 불쾌하게 여길 사람이 시위를 회피할 수 있을 가능성"이 시위 허용 여부를 결정하는 데 중요한 요소인지에 대해서 갑은 중요하지 않다고, 병은 중요한 요소라고 생각하고 있다. 갑의 생각은 첫 번째 발언 중 다른 사람에게 물리적 위해를 주는 경우를 제외한다면 어떤 행위도 할 수 있는 권리가 보장되어야 한다는 부분에서, 병의 생각은 두 번째 발언 마지막 문장을 통해 추론할 수 있다.

04 공통전제의 추론 정답 ②

ㄱ. (×) A(○), B(×)

자유의지에 의해 범죄행동을 선택할 수 있는 합리적 행위자라는 것은 범죄행동을 반드시 할 수밖에 없는 것이 아니라, 때로는 할 수도 있고 하지 않을 수도 있으며 때와 장소를 가릴 수도 있다는 것을 뜻한다. 따라서 A는 이러한 전제를 필요로 하나, B는 한창 때의 범죄자는 반드시 범죄를 저지른다는 것을 전제로 하고 있으므로 위의 전제는 공통으로 필요한 전제로 보기 어렵다.

ㄴ. (×) A(×), B(○)

어떤 범죄자의 범행이 좌절되거나 억제되었을 때 다른 범죄자가 그 자리를 채워 범행을 하지 않는다는 전제는 B와 밀접한 관련을 가지고 있는 필요 전제이나, A와의 관련성은 떨어지면 꼭 필요한 전제는 아니다. 위 전제가 부정되거나 없다고 하더라도 논리전개에 큰 문제가 되지 않는다. 즉, 어떤 범죄자의 범행이 범죄예방 프로그램에 의해 좌절되거나 억제되었을 때 다른 범죄자가 그 자리를 채워 범행을 한다고 하더라도 범죄예방 프로그램의 의도하지 않은 결과를 초래할 수도 있다.

ㄷ. (○) A(○), B(○)

A에서는 '범죄 발생이 범죄예방 활동에 반응하여 단순히 이동하는 측면이 있다'는 것을 주장하고 있는데, 이는 '범죄자의 범행욕구는 비탄력적이어서 범죄자는 일정 기간 동안 일정한 정도의 범죄를 저지르도록 동기부여되어 있다.'는 전제를 필요로 한다. B는 '한창 때의 범죄자를 교도소에 가둬 둘 경우 범죄기회를 줄일 수 있다'고 주장하고 있는데, 이 또한 '범죄자의 범행욕구는 비탄력적이어서 범죄자는 일정 기간 동안 일정한 정도의 범죄를 저지르도록 동기부여되어 있다.'는 전제를 필요로 한다.

05 암묵적 전제 판단 정답 ④

ㄱ. (○) ⓐ[=강렬한 뜨거움과 강렬한 차가움은 사물에 있는 것이 아니네]추리의 직접적인 근거는 '강렬한 뜨거움과 강렬한 차가움은 지독한 불쾌감에 불과하다'는 것이다. 즉 강렬한 뜨거움과 강렬한 차가움은 불쾌감이기 때문에 사물에 있지 않고 우리 마음에 의해 지각되는 것으로만 존재한다는 것이다. 따라서 ⓐ의 추리는 "쾌감이나 불쾌감은 그것들을 지각하는 주체에만 존재하는 것이다."라는 것을 전제하고 있다. 만일 그렇지 않다면 불쾌감이라는 이유로 사물에 있지 않다는 추론을 할 수 없다.

ㄴ. (×) ⓑ[= 그러므로 이런 정도의 뜨거움은 사물에 있다고 여겨지네]의 추리는 '통증과는 무관한 것이기에 즉 뜨거움이나 차가움으로 지각할 뿐이므로 사물에 있다'는 것을 직접적인 근거로 삼고 있다. 하지만 ⓑ의 추리는 "사물의 성질 중에 인간이 지각할 수 없는 것이 있다."라는 것을 전제하고 있는 것은 아니다. 만일 "사물의 성질 중에 인간이 지각할 수 없는 것이 있다."를 전제로 하지 않거나 부정한다고 하더라도 즉 "사물의 성질 중에 인간이 지각할 수 없는 것이 존재하지 않는다." "모든 사물의 성질은 인간이 지각할 수 있다"고 하여도 ⓑ의 추리를 도출해내는 무리가 없다.

ㄷ. (○) 필로누스의 추리 ⓒ는 하일라스의 주장인 ⓑ를 반박하는 것으로 논증을 재구성해보면 다음과 같다. 1) 동시에 차기도 하고 뜨겁기도 할 수는 없다. 2) 서로 다른 온도에 있던 양 손을 동일한 온도의 물에 동시에 넣는 경우 다르게 느껴진다. 3) 생략된 전제 : 하일라스의 주장 ⓑ가 옳다면 즉 만일 뜨거움이 사물에 있다면, 뜨거움과 차가움이 모두 사물에 있어야 한다. 그러나 어떤 것이 동시에 차기도 하고 뜨겁기도 할 수는 없다. 4)결론 : ⓒ 자네의 손이 느끼는 뜨거움과 차가움이 그 물에 있다고 말할 수는 없네. 생략된 전제를 통해 확인할 수 있듯이 ⓒ의 추리는 "어떤 주장이 불합리한 귀결을 갖는다면 그 주장은 참일 수 없다."는 원리를 이용하고 있다.

06 선호 최대 충족의 원칙 논쟁 정답 ⑤

A가 A_1에서 선호 최대 충족 원칙을 행위 판정의 원칙으로 제시하자 B는 B_1에서 선호 최대 충족의 원칙을 행위 판정의 원칙으로 볼 수 없음을 낙태의 경우를 반례로 들어 반박하고 있다. 그 논거는 선호 최대 충족 원칙에 따라 옳은 것이 종종 도덕적 직관에 배치될 수 있다는 것이다. B가 B_1에서 A_1의 원칙을 반박하자 A는 A_2에서 낙태 반대 시위를 벌이는 사람까지 선호계산에 포함시킨다면 도덕적 직관에 배치되지 않을 수 있다고 언급함으로써 반박에 대처하고 있다(선택지 ① ④). 그러자 B는 B_2에서 소수 노예 검투사와 다수 로마 시민의 경우를 들어 여전히 선호 최대 충족 원칙은 도덕적 직관에 어긋나는 행위를 정당화시키는 문제가 있다고 재반박한다(선택지 ② ③). 이러한 B_2의 재반박에 A는 A_3에서 일시적 착각 등에 기인하지 않은 '계몽된 선호'라는 선호개념을 통해 도덕적 직관에 배치되는 선호는 배제된다고 대응하고 있다(선택지 ④). 이와 같이 A는 처음에는 단순하게 선호를 제시했으나 B의 반박이 이어짐에 따라 초기 선호 개념에 관련 당사자의 범위를 확대시키고 계몽된 선호라는 조건을 추가함으로써 선호의 속성(즉, 내포)은 늘어나고 선호의 외형(즉, 외연)은 축소시키고 있다(선택지 ⑤).

⑤ (×) A_3은 A_1의 선호 개념의 외연을 확대가 아닌 축소를 통해 B_2의 반박에 대처하고 있다.

07 자유의지와 양자역학 정답 ②

① (○) A_1의 주장은 1) 자유의지有 → 신경생물학적 실체 2) 특정시점의 뇌상태는 바로 이전의 뇌 상태에 의해 결정 3) 따라서 자유의지無 로 정리할 수 있는데 B_1은 A_1의 1)에 대해서는 문제 삼지 않고 2)의 주장에 문제를 삼으며 3)에 이의를 제기하고 있다.

② (×) B_1이 A_1을 논박하기 위해 사용한 과학 이론은 양자역학의 비결정성이다. A_2는 B_1이 사용한 양자역학이 거짓이라고 주장하고 있는 것이 아니라 양자역학의 비결정성과 자유의지의 비결정성 사이에는 중대한 차이가 있음을 지적하고 있다.

③ (○) B_1의 핵심주장은 양자역학의 비결정성을 통해 자유의지의 비결정성을 설명할 수 있을 것이라는 점인데 A_2는 이 둘 간의 차이점을 언급함으로써 B_1을 직접 반박하고 있다.

④ (○) B_2는 A_2에서 지적한 「미시세계의 특징이 인간의 자유의지의 특징과 다르다」는 것이 전혀 무관한 것을 의미하는 것은 아니라는 것을 사례를 통해 언급함으로써 여전히 양자역학에 따른 자유의지의 설명 가능성을 제시하고 있다.

⑤ (○) B_3은 A_3가 지적한 「양자역학에 따른 자유의지의 설명 가능성이 양자역학이 자유의지의 존재를 실제로 설명해 주고 있는 것은 아니고 양자역학은 문제해결에 별 도움을 주지 못한다.」는 내용에 대해 앞으로 탐구할 과제가 바로 「양자역학의 비결정성에서 자유의지의 비결정성을 도출하는 것」이라고 제시함으로써 자신의 입장을 좀 더 분명하게 해명하고 있다.

08 종과 변종의 구분기준 정답 ④

① (×) (가)의 주장 중 "두 형태 사이의 차이가 아무리 사소하더라도 대부분의 분류학자들은 두 형태 각각에 종의 지위를 부여하는 것이 마땅하다고 생각할 것이기 때문이다."라는 내용을 통해 (가)는 종이란 형태 사이의 차이에 근거해서 부여된 것이지 단지 분류의 편리함을 위해 임의적으로 이름 붙인 것에 불과하다고 주장하지 않는다. 이 주장은 (나)의 주장에 해당된다.

② (×) 이 또한 (가)의 주장으로, (나)는 "그런 점에서 종과 변종을 구별하는 차이는 같은 종에 속하는 개체들 사이의 차이와 비교할 때 편의상 임의적으로 구별한 것에 불과"하고 "변종에 속하는 개체는 같은 종에 속한다고 보기에는 다른 개체와의 차이가 큰 형태이면서도, 종으로 분류하기에는 그 차이의 정도가 좀 덜 분명한 것일 뿐"이라고 주장한다.

③ (×) (나)의 주장 중 "우리는 이 견해를 따름으로써, 적어도 아직 발견되지 않은 그리고 발견될 수 없을 종의 본질을 헛되이 찾는 일로부터는 자유롭게 될 것이다."라는 내용을 통해 (나)는 '종의 본질을 찾는 노력이 헛된 일이라는 견해'를 받아들일 것임을 추론할 수 있다.

④ (○) (가)의 주장 중 "우리는 한 종과 그 종과는 뚜렷이 구별되는 변종을 식별하는 유일한 기준은, 변종은 현 상태에서 중간형태를 통해 특정 종과 연결된다고 알려져 있거나 믿어지는 데 반해, 서로 다른 종들 사이에는 그러한 방식의 연결이 오직 과거에만 있었다는 점임을 인정해야만 한다."를 통해 (가)는 종이 다른 종들과 구별될 수 있는 불변하는 속성을 가지고 있다는 견해를 받아들이지 않을 것임을 추론할 수 있고, (나) 또한 "단지 변종에 속하는 개체는 같은 종에 속한다고 보기에는 다른 개체와의 차이가 큰 형태이면서도, 종으로 분류하기에

는 그 차이의 정도가 좀 덜 분명한 것일 뿐이다."라는 주장과 "적어도 아직 발견되지 않은 그리고 발견될 수 없을 종의 본질을 헛되이 찾는 일로부터는 자유롭게 될 것이다."라는 내용을 통해 '종이 다른 종들과 구별될 수 있는 불변하는 속성을 가지고 있다는 견해'를 받아들이지 않을 것임을 추론할 수 있다.

⑤ (×) (나)의 주장 중 "종이라는 용어가 변종이라는 용어와 본질적으로 다른 것이 아니라는 점은 이제 분명하다. 단지 변종에 속하는 개체는 같은 종에 속한다고 보기에는 다른 개체와의 차이가 큰 형태이면서도, 종으로 분류하기에는 그 차이의 정도가 좀 덜 분명한 것일 뿐이다."라는 내용을 통해 (나)는 '종과 변종 사이의 차이가 개체들 사이의 차이보다 그 정도가 큰 것일 뿐이라는 견해'를 받아들일 것임을 추론할 수 있다.

09 소크라테스의 문답법 정답 ④

① (○) 메논은 처음에는 Ⓐ[= 어떤 이는 나쁜 것을 원한다는 것]를 인정하였지만, 대화 마지막에 가서 Ⓑ[= 아무도 나쁜 것을 원하지는 않네]를 인정함으로써 Ⓐ에 대한 견해를 바꾸었다.

② (○) 소크라테스의 네 번째 질문인 "또한 그 나쁜 것이 자신에게 이로울 것으로 여기는 자들은 그 나쁜 것이 나쁜 줄을 아는 자일까?"에 메논은 "적어도 그건 전혀 아닐 것입니다."라고 답함으로써 나쁜 것이 나쁜 줄을 아는 자에 그 나쁜 것이 자신에게 이로울 것으로 여기는 자, 즉 ㉠[= 나쁜 것을 좋은 것인 줄로 여기고서 원하는 자]이 포함되지 않는다고 인정하였다.

③ (○) 소크라테스의 네 번째 진술과 다섯 번째 진술을 통해 소크라테스가 ㉡[= 나쁜 것이 자신에게 이로운 줄로 여기고서 원하는 자]을 ㉢[= 좋은 것을 원하는 자]에 포함시키고 있는 것을 바로 확인할 수 있고, 다섯 번째 진술 중 "나쁜 줄 몰라서 그게 좋은 줄로 여긴 거니까. 실상 그런 사람은 좋은 것을 원하는 자임이 명백하네."라는 것을 통해 소크라테스는 ㉠[= 나쁜 것을 좋은 것인 줄로 여기고서 원하는 자]은 실상은 ㉢[= 좋은 것을 원하는 자]으로 보고 있음을 추론할 수 있다.

④ (×) 메논은 소크라테스의 여덟 번째 질문인 "하지만 ㉤ 비참하기를 원하는 자가 있을까?"라는 질문에 "없을 것으로 생각됩니다."라고 답변함으로써 ㉣[= 나쁜 것이 해로울 줄로 여기면서도 그 나쁜 것을 원하는 자]이 있을 수 있다는 견해를 변경하고 있다. 따라서 틀린 진술이다.

⑤ (○) ㉤[= 비참하기를 원하는 자]이 있다는 것은 ㉣[= 나쁜 것이 해로울 줄로 여기면서도 그 나쁜 것을 원하는 자]이 있을 수 있다는 것으로 Ⓑ[= 아무도 나쁜 것을 원하지는 않네.]에 동의할 필요가 없다.

10 이기적 유전자 논쟁 정답 ⑤

① (○) A_1은 유기체는 '이기적' 분자인 유전자를 위한 꼭두각시에 불과하다는 주장을 하고 있고, 이에 대해 B_1은 "바이러스 역시 유전자와 마찬가지로 자기 복제 성향이 강하므로 이기적이라고 할 수 있는가? 그럴 수 없듯이 유전자 또한 이기적이라 할 수 없다"라는 유전자와 바이러스의 유비를 통하여 결과적으로 '유기체가 유전자의 꼭두각시'라는 A_1의 주장을 비판하고 있다.

② (○) A_2는 '이기적'의 개념이 '심성을 지닌 목적 지향적 존재'라는 것이 아니라, 다른 존재의 생존 기회를 증진하는 결과를 낳았다면 '이타적'이라고 말할 수 있듯이 '자신의 존재'의 생존 기회를 증진하는 결과를 낳았다면 이를 '이기적'이라고 말할 수 있다고 '이기적'의 개념을 재정의함으로써 B_1에 대응하고 있다.

③ (○) B_2는 나와 내 자신의 복제본의 사례를 들어 내 복제본은 복제의 주체인 나의 수명을 1초도 늘려주지 못하기 때문에 복제본은 내 이기심의 귀속대상이 아니라고 하면서 A_1이 특정 유전자와 그것의 복제 유전자는 서로 구분되는 독립적인 존재라는 사실을 무시하고 있음을 비판하고 있다. 다시 말해 유전자가 더 많은 복제본을 만들더라도 결국 복제된 유전자는 원본의 유전자와는 독립적으로 존재하므로 복제본 유전자의 존재는 원본 유전자의 이익이 될 수 없어 유전자가 '이기적'이라는 말은 적절치 않다고 비판하고 있는 것이다.

④ (○) A3은 "여기서 내가 말하는 이기적 유전자란 DNA의 한 특수한 물리적 조각이 아니라 그것의 모든 복제를 통칭한다."라는 말을 통해 B_2가 언급한 사례의 유기체와 A가 말하는 유전자의 경우 이기적임'의 성질이 적용되는 대상의 수준이 서로 다름을 들어서 B_2에 대응하고 있다.

⑤ (×) B_3은 단지 A_3을 반박하고 있는 것이지, A_1의 주장과 반대로 유전자가 유기체의 꼭두각시일 수 있음을 주장하고 있는 것은 아니다. A_3의 주장인 "특정의 물리적 DNA 분자는…복사본 형태로는 1억 년을 생존하는 것

도 가능하다."는 것에 대한 반론으로서 마이클 잭슨의 사례를 들어 "원본은 복사본과는 다른 존재이기 때문에 특정의 DNA가 생존하는 기간은 극히 짧다"라고 주장하고 있는 것이다.

11 유용성의 원리 정답 ⑤

아래는 유용성의 원리의 적용 대상에 대한 A B C의 각 주장 내용이다.

A : 유용성의 원리는 행위자의 "개별 행위에" 직접 적용되어야 한다.

B : 유용성의 원리는 개별 행위가 아닌 "행위규칙"의 유용성을 판단할 때 쓰이는 것이다. 행위자는 그 규칙에 부합하는 행위를 하는 것만으로 옳은 행위를 수행할 수 있다.

C : 유용성의 원리는 "하나의 통일적 삶" 속에서만 판단되고 적용되어야 한다.

ㄱ. (○) 행위 규칙의 유용성을 판단하는 데에 유용성의 원리를 적용하는 B의 주장에 따르면, 예컨대 "사람의 생명은 그 숫자에 관계없이 고귀하다"라는 행위 규칙에 의해 행동할 경우 보기의 행위는 충분히 도덕적일 수 있다.

유용성의 원리를 개별 행위에 직접 적용하는 A에 따르더라도 "한 명의 전우를 적진에서 구하기 위해 두 명의 전우가 죽음을 무릅쓰는 행위"는 도덕적일 수 있다. 그 한 명의 전우를 살리는 것이 그 개별 행위와 관련된 사람들의 행복을 증가시킬 수 있는 가능성은 얼마든지 있다. ('라이언 일병 구하기' 영화에서 미국이 왜 고작 일병 한 명을 구하려고 그렇게 애를 썼는지 생각해 보면 쉽다.) 단지 두 명의 목숨과 한 명의 목숨이라는 양적 비교로 사람들의 행복의 크기를 판단할 수 있는 것은 아니다. 보기의 서술어가 "도덕적일 수 있다"라는 가능성의 제시인 점도 고려해야 한다.

ㄴ. (○) A에 따르면 "거짓말을 하는 것이 만약 그 행위와 관련되는 사람들의 행복을 증가시킨다면", C에 따르면 "거짓말을 하는 것이 예컨대 나의 가족, 도시, 부족, 민족 등이 내게 부여한 기대와 책무 등에 부응한다면" 옳은 행위일 수 있다.

ㄷ. (○) A제시문 마지막 줄의 "도덕적 고려의 대상", B제시문 마지막 줄의 "옳은 행위", C제시문 마지막 줄의 "나의 행위가 도덕적이기 위해" 등의 부분을 통해, 세 주장이 모두 유용성의 원리를 도덕적 판단의 기준으로 고려하고 있음을 추론할 수 있다.

12 인과개념 정답 ①

갑 : 어떤 것이 없다거나 행하지 않았다는 것은 원인이 될 수 없다.

을 : 그 사건이 일어나지 않았더라면 결과도 일어나지 않았을 경우, 그 사건은 원인이 될 수 있다.

병 : 시간적으로 결과에 선행하는 사건만이 원인일 수 있다.

ㄱ. (○) 갑은 어떤 것이 없었다는 것은 원인이 될 수 없다고 주장한다. 따라서 오아시스가 없어서 A가 사망했더라도 그것은 A 사망의 원인이 될 수 없다. 존재가 원인의 1차적 요건이다.

ㄴ. (×) B의 행위가 없었더라도 C의 행위에 의해서 A의 죽음이란 결과는 일어났을 것이고, C의 행위가 없었더라도 B의 행위에 의해 A의 죽음이 일어났을 것이다. 따라서 을은 B, C의 행위를 각각 A 사망의 원인이라고 보지 않을 것이고, 다만 B, C의 행위가 합쳐진 것이 원인이라고 볼 것이다.

ㄷ. (×) 병은 결과에 선행하는 것을 원인이 되기 위한 여러 조건 중 하나로 보고 있다. 조건 하나만으로 원인이라고 단정할 수 없다고 본다. 따라서 B의 행위가 A의 사망에 선행한다는 이유만으로 그것을 원인으로 단정할 수는 없다.

13 사실판단과 당위판단 정답 ④

(1) 존은 다음과 같이 말한다. "나는 스미스에게 5달러를 지불하기로 약속한다."(사실)
(2) 따라서 존은 스미스에게 5달러를 지불하기로 약속한 것이다.
(3) 따라서 존은 스미스에게 5달러를 지불해야 한다.(당위)

사실로부터 당위를 이끌어내는 위 논증과 그에 대한 A, B, C 세 사람의 평가를 분석하는 문제이다. 위 논증에서 (1)은 사실 판단, (3)은 당위 판단인데 (2)를 어떤 판단으로 볼지에 대해서는 B, C의 견해가 다르고, A는 이와 관련한 언급은 하지 않는다.

ㄱ. (○) A는 (2)에서 (3)으로 나아가는 과정은 문제가 없지만

(1)에서 (2)가 도출되는 과정은 문제가 있다고 지적할 뿐, (2)를 사실 판단으로 여기는지 당위판단으로 여기는지에 대해서는 언급하지 않았다.

ㄴ. (×) B는 "(2)로부터 (3)이 바로 도출되는 것은 아니다"라고 하면서 그 이유를 사실과 당위를 연결해주는 암묵적 전제가 없기 때문이라고 한다. 이를 볼 때 B는 (2)를 사실 판단으로 여긴다는 것을 알 수 있다. 반면 C는 "약속한다"가 때로는 사실을 때로는 당위를 의미하며 (2)가 사실 판단인지 당위 판단인지는 알 수 없다고 한다. 따라서 C가 그것을 당위 판단으로 여긴다는 진술은 옳지 않다.

ㄷ. (○) A가 (2)의 성격을 어떻게 보는지는 알 수 없지만 예외적인 경우를 제외하면 사실 판단인 (1)에서 (2)가 도출되고 그로부터 당위 판단인 (3)이 도출된다고 본다. 따라서 A는 사실판단에서 당위 판단이 도출될 수 있다고 본다. 한편 C는 (2)로부터 당위 판단인 (3)이 도출되려면 (2)가 당위 판단이어야 한다고 말한다. 이를 볼 때 C는 당위 판단은 오직 당위 판단으로부터만 도출된다고 전제함을 알 수 있다. 따라서 C가 사실 판단에서 당위 판단이 도출될 수 없다고 본다는 진술 역시 옳다.

14 미적취향의 기준 정답 ③

ㄱ. (○) A는 '인간의 자연 본성에는 미적 취향과 관련된 고정된 공통 감정'이 있다고 본다. 즉 편견과 선입견을 극복하는 자연 본성에 보편적 기준이 있다는 것이다. 따라서, A는 '미적 취향의 보편적 기준을 부정하고 모든 이의 미적 취향을 동등하게 인정하는 태도인 ㉠'을 거부한다.

ㄴ. (×) B는 '사회 지배층에 의해서 미적 취향의 기준이 생성되고, 이는 인간 본성에 근거한 것이 아니며, 사회적 관계의 변화에 따라 미적 취향의 기준도 변화할 수 있다'고 본다. 하지만 '사회적 관계의 변화에 따라 미적 취향의 기준이 변화'할 수 있다고 보았다고 하여, '모든 이의 미적 취향을 동등하게 인정해야 한다'는 것이 추론되지는 않는다. 다른 측면에서 출제기관의 취지를 살펴본다면, B는 미적 취향의 기준에 대한 가치판단은 내리지 않고 '사실적 측면'만을 진술하고 있으므로, 이로부터 보기 ㄴ의 '당위적 판단'에 동의할지 여부는 알 수 없다.

ㄷ. (○) '현재의 미적 취향의 기준이 미래에 변화할 수 있는지'에 대한 것이다. A는 '편견이나 선입견 때문에 나쁜 작품도 일정 기간 명성을 얻을 수 있음'을 인정하고 있으므로, 현재의 미적 취향의 기준이 이에 따른 것이라면 변할 수 있다. B는 사회적 관계가 변하면 미적 취향의 기준도 변화할 수 있다고 보고 있으므로, 현재의 미적 취향의 기준이 변할 수 있다고 본다. 따라서 A, B 모두와 모순되지 않는다.

15 신의 속성에 대한 논쟁 정답 ⑤

ㄱ. (○) 甲은 신이 전능한 존재이기에 무슨 일이든 할 수 있다고 본다. "기적을 일으켜 자연법칙을 거스를 수도 있고..." 등의 표현에서 알 수 있다. 乙 역시 아직 결정되지 않은 사건에 대해서는 신이 무한한 능력을 발휘할 수 있다고 보므로, 아직 일어나지 않은 일에 대한 기적은 존재할 수 있다고 볼 것이다.

ㄴ. (○) 甲은 신이 과거를 바꿀 수 있으며, 자신이 계획한 그대로 역사를 진행시킨다고 본다. 반면 乙은 신조차도 과거로 거슬러 올라가 이미 벌어진 사건을 바꿀 수는 없으며, 기도를 통해 신의 계획에 영향을 줄 수 있다고 본다. 따라서 신이 역사를 진행시키는 방식에 대하여 甲과 乙의 견해는 다르다.

ㄷ. (○) 乙은 신이 역사를 완벽히 결정하여 진행시킨다면(계획이 완전하다면), 과거를 바꾸지 않을 것이라고 본다. 따라서 만약 신이 과거를 바꾼다면, 신이 역사에 대해 세운 계획은 완전하지 않다는 것을 의미한다.

16 인식론 / 필요전제여부판단 정답 ③

ㄱ. (○) A는 불충분한 증거에서 어떤 것을 믿는 것은 옳지 않다고 말한다. 그리고 그렇게 하지 않을 경우 사회가 야만의 상태에 빠질 것이라고 경고하고 있다.

ㄴ. (○) B는 "진리를 믿어라!", "오류를 피하라!" 두 명령 중에서 A가 후자만을 권고하고 있다고 지적한다. 또한 이러한 태도는 증거에 기초한 것이 아니라 정념에 기초한 것이라고 말한다. 따라서 ㉠에 대한 클리포드의 믿음은 충분한 증거에 기초하고 있는 것이 아니다.

ㄷ. (×) 충분한 증거에 기초한 믿음이 오류가 아니라 하더라도 B의 논증에는 영향이 없다. B는 충분한 증거에 기초해서만 믿음을 갖고자 하는 A의 입장이 증거가 아닌 정념에 기초한 것임을 지적하고 있을 뿐이다.

17 동일판단 / 동일전제 정답 ②

ㄱ. (×) A의 입장에 의하면, 어떤 판단이 인식적 객관성을 가지기 위해서는 주관적인 요소가 판단에 개입하지 않아야 한다. 그러나 두 사람이 동일한 판단을 내렸다는 사실이 주관적인 요소가 개입되지 않았음을 함축하는 것은 아니다. 주관적인 요소가 개입되었더라도 우연히 두 사람이 같은 결론에 이르렀을 가능성을 배제할 수는 없다.

ㄴ. (○) B는 작품이 요구하는 특정한 관점에서 예술작품이 감상되어야 적절한 판단이 가능하다고 말한다. 이러한 관점은 다른 사람의 주관적 요소를 포함한다. 변론가가 특정한 청중을 향해 연설할 때 그 청중의 고유한 특질, 관심, 견해, 정념, 선입견을 고려해야 하는 것과 마찬가지이다. 따라서, B의 입장에 따르면 비평가가 예술작품에 대해 내리는 판단은 인식적 객관성을 갖지 않는다.

ㄷ. (×) B의 주장에 의하면, 그 작품이 전제하는 특정한 관점에서 예술작품이 감상된다면 적절한 판단이 가능하다. 그러나 두 비평가가 동일한 판단을 내렸다는 사실이, 그 작품이 전제하는 특정한 관점에서 판단이 이뤄졌음을 함축하는 것은 아니다.

18 과학이론 변화의 성격 정답 ①

ㄱ. (○) 갑은 더 많은 사실을 설명하고 예측한 이론이라 하더라도 단지 더 많은 사회적 지원을 받았다는 것만을 보여줄 뿐이라는 이유로 진보성을 부정한다. 이는 진보의 판단이 사회적 요소로만 해명되어서는 안 된다는 것을 전제하는 것이다. 을은 갑의 이러한 주장에 대해, 성공한 이론의 과거 성취와 더불어 미래의 성취 가능성에 의해서도 진보성 판단이 가능하다고 말한다. 이는 갑의 주장 자체를 부정하는 것이 아니라, 갑의 주장을 인정하는 전제 하에서 추가적인 요건을 제시한 것이다. 따라서 과학 이론의 성공이 사회적 요소로만 해명되어서는 안 된다는 데 갑과 을은 모두 동의한다.

ㄴ. (×) 갑은 후속 이론이 기존 이론보다 더 많은 사실을 설명하고 예측한 경우도 있었다는 것은 인정한다. 그러나 과학 이론의 변화가 일반적으로 이러한 방식으로 이뤄졌다는 것까지 동의한 것으로 볼 수는 없다. 이론의 장래성을 비교하는 것은 어렵다는 표현을 통해서 이를 알 수 있다.

ㄷ. (×) 보기의 사례를 통해 상대성 이론이 뉴턴 이론이 예측하지 못했던 새로운 예측을 했다는 사실은 알 수 있다. 그러나 상대성 이론이 뉴턴 이론의 모든 예측을 포함하고 있는지 여부는 알 수 없다. 상대성 이론이 뉴턴 이론의 모든 예측을 포함하지 않는다면 '더 일반적'인 이론이라고 말할 수는 없다.

19 언어철학 / 취향술어 정답 ④

ㄱ. (×) 갑에 따르면 "곱창은 맛있다."라는 진술은 '화자에게'라는 조건이 숨겨진 진술이다. 따라서 화자에 따라 표현하는 명제가 다르다.

ㄴ. (○) 갑에 따르면 영호가 진술한 "곱창은 맛있다."는 "곱창은 영호에게 맛있다."를 의미한다. 따라서 영호가 곱창을 맛없어 한다는 사실은 갑에게는 "곱창은 영호에게 맛있다."라는 명제와 모순된다. 을에 따르면 "곱창은 맛있다."는 .〈곱창이 맛있다〉는 명제 자체를 의미한다. 영호가 개인의 취향과 관계 없이 곱창 자체의 성질에 대해 진술할 수 있으므로 "곱창은 맛있다."라는 진술은 참이 될 수 있다.

ㄷ. (○) 을은 서로 다른 명제의 부정을 표현하는 것은 진정한 논쟁이 아니라고 주장한다. 여기서 진정한 논쟁이 되기 위해서는 같은 명제에 대한 부정이 전제되어야함을 알 수 있다. 따라서 같은 명제에 대한 견해 불일치는 진정한 논쟁을 위한 필요조건이라고 볼 수 있다.

20 논쟁 분석 및 평가 정답 ③

ㄱ. (○) A는 '지구상의 모든 사람들은 평등한 대기 이용 권리를 가지므로 각 개인이 배출할 권리를 갖는 온실가스의 양은 동등해야 한다.'고 주장하고 있다. 따라서 '사치성 소비를 위한 온실가스 배출 권리와 필수 수요 충족을 위한 온실가스 배출 권리에 차별을 두는 것이 합당'하다면, 각 개인이 배출할 권리를 갖는 온실가스의 양이 달라질 수 있으므로, 즉 A의 견해에 반하므로, A는 약화된다.

ㄴ. (○) 과거 세대의 행위에 대해 현재 세대에게 책임을 지울 수 없다는 이유로 B를 비판한다면, 이는 과거 세대의 행위와 현재 세대의 책임은 관련이 없는 것으로 이를 연결시키는 것은 부당하다는 것인데, 이러한 비판을 B가 재비판하려면 관련성을 부각시키면서 부당한 결부가 아님을 보여야 할 것이다. 따라서 B가 과거 화석 연료를 이용한 산업화 과정을 거친 국가들이 현재 1인당 국민총생산도 일반적으로 높다는 사실을 들어 과거 세

대와 현재 세대가 무관하지 않음을 보임으로써 B에 대한 비판을 약화할 수 있다.

ㄷ. (×) 제시된 견해는 온실가스의 배출을 제한하는 경우 그 부담을 공정하게 분배하기 위한 견해이다. 그리고 A는 배출권의 권리에 대한 것이고, C는 배출량 제한으로 인한 비용 분담에 관한 것이다. 현재 인구가 많은 국가는 A에 따르면 온실가스 배출권이 많이 주어지므로 유리한 입장에 처하게 된다. C는 온실가스 제한에 따른 국제적 비용을 제한으로 인한 피해감소 이익의 크기에 따라 부담시키자는 것인데, 현재 인구가 많은 국가는 과거에 온실가스를 더 많이 배출했고, 온실가스를 많이 배출한 국가와 온실가스로 인해 자연재해의 피해를 크게 입은 국가가 일치하지 않는다고 했으므로, 현재 인구가 많은 국가는 그렇게 자연재해의 피해를 크게 입은 국가로서 비용을 크게 부담하지 않게 된다. 따라서 현재 인구가 많은 국가에게 C 또한 불리하지 않다. 그러나 A에 따른 이익과 C에 따른 이익을 비교하기 어렵기 때문에 A보다는 C에 더 동의할 것이라는 분석은 적절치 않다.

21 논쟁 분석 및 평가 정답 ③

- (원리 A) ~a → ~b ⇔ a는 b의 원인
- (원리 B) ~a → ~b 이고 ~b → ~c 이면 ~a → ~c
  ⇔ a가 b의 원인이고 b가 c의 원인이면, a는 c의 원인

ㄱ. (○) '철수가 접시를 구입하지 않았더라면, 철수는 접시를 깨지 않았을 것'(~철수 접시 구입 → ~철수 접시 깸)이 맞다면 원리A에 의해 철수가 접시를 구입한 것이 철수가 접시를 깬 사건의 원인이어야 한다. 그러나 '철수가 접시를 구입한 것'이 '철수가 접시를 깬 사건'의 원인이라고 말하는 것이 부적절하다고 판단한다면, 이는 원리A에 의문을 제기하는 것으로 원리 A를 약화한다.

ㄴ. (×) '수지가 자신에게 전화 걸지 않았더라면, 자신은 접시를 깨지 않았을 것'(~수지 전화 → ~철수 접시 깸)이라는 내용은 철수가 원리 A B의 인과법칙을 통해 도출한 결론이지, 전제가 아니다.

ㄷ. (○) 수지는 "'마찬가지 방식으로 '내가 폭탄을 제거한 사건'이 '네가 출근한 사건'의 원인이라고 해야 하겠지."라는 결론을 도출하였다. 이는 '자신이 폭탄을 제거하지 않았더라면, 철수는 출근하지 못했을 것'(~수지 폭탄제거 → ~철수 출근)이라는 전제를 사용한 것이다.

22 논쟁 분석 및 평가 정답 ③

- A : if 모든 인간은 이기적 → 갑은 을에게 최소한의 액수만 제시하고 을은 그 제안을 받아들임.
- B : 많은 경우 상대방에게 40% 이상의 몫을 제안(= ~최소한의 액수). ∴인간은 이기적 존재만은 아니다.

ㄱ. (○) '㉠ <u>변형된 실험</u>'에서는 갑이 무슨 제안을 하든 을은 갑의 제안을 거부할 수 없다. B의 주장대로 인간이 이기적 존재가 아니라면, 을이 갑의 제안을 거부할 수 없는 상황에서도 갑은 을에게 충분한 몫의 돈을 제안할 것이다. 그러나 갑이 10원만을 제안한다면 이러한 B의 주장은 약화되고, 인간은 이기적 존재라는 A주장이 설득력을 얻는다.

ㄴ. (×) ㉠(변형된 실험)의 상황은 을이 갑의 제안을 거부할 수 없으며 갑이 이를 알고 있다는 것이고, 을이 이기적인 사람이라고 갑이 확신한다는 것은, 갑이 최소한의 액수(10원)만을 제안해도 을이 받아들인다는 것을 갑이 확신한다는 것인데, 이것은 ㉠(변형된 실험)조건에 어떠한 내용도 추가되지 않는 상황이다. 따라서 갑이 이기적(A견해)이냐 그렇지 않느냐(B견해)에 따라, 10원만을 제안할지 그렇지 않을지가 결정된다.

ㄷ. (○) 만약 '많은 경우 상대방에게 40% 이상의 몫을 제안하는 관대함을 보였다'는 B의 관찰 결과가, 갑이 을의 '거부가능성'을 우려하여 (을이 제안을 거절할 경우 한 푼도 받지 못하게 되므로) 안전한 액수를 제시한 것에 불과하다면, 을의 거부가능성이 원천 봉쇄된 '㉠ <u>변형된 실험</u>'에서의 갑은 을에게 최소한의 액수만큼을 제시할 것이므로, 옳은 진술이다.

23 생명과학 정답 ③

(가) : 저탄수화물 식단은 저지방 식단보다 체중 감량 효과가 뛰어남

(나) : 저탄수화물 식단 → 식욕 억제 → 칼로리 섭취↓ → 체중 감소

(다) : 저탄수화물 식단의 식욕 억제 효과가 나타나는 기간은 첫 6개월 정도인 반면, 저지방 식단은 12개월에 걸쳐 체중이 감소

ㄱ. (○) (가), (나), (다) 모두 저탄수화물 식단이 체중을 감소시키는 효과가 있다고 본다. (가)는 직접적으로 '저탄수화물 식단은 저지방 식단보다 체중 감량 효과가 뛰어나다'고 주장하고 있고, (나)는 저탄수화물 식단 자체가 체중을 감량한 것이 아니라 식욕을 억제하고 음식 섭취량을 줄여서 체중을 감소시켰다고 주장하지만 결과적으로 체중 감소 효과는 인정하고 있다. (다)는 효과가 나타나는 기간이 제한적이라고 주장하고 있지만 체중 감소 효과는 인정하고 있다.

ㄴ. (×) (다)가 언급한 실험 결과(L 연구팀)는 W 연구팀의 6개월간의 데이터로 내린 결론과 L 연구팀의 12개월간의 데이터로 내린 결론이 다르다는 것이지, W 연구팀의 실험 데이터가 오류가 있었다는 것을 의미하지 않는다. L 연구팀의 6개월간의 데이터는 W 연구팀의 6개월간의 데이터와 유사한 결과를 나타냈다.

ㄷ. (○) (나)는 '음식 섭취량(섭취 칼로리)'을 고려하지 않은 (가)에 대해 문제를 제기하고 있다. 즉, 저탄수화물 식단 자체가 체중을 감량한 것이 아니라 저탄수화물 식단이 식욕을 억제하였고 이는 '음식량(칼로리) 섭취 감소'로 이어져 체중이 감소되었다고 주장한다. 그런데 ㄷ에서와 같이 저지방 식단에서도 동일하게 '섭취한 칼로리(음식량)가 감소'하였다면, (나)의 주장(비판)으로는 저탄수화물 식단이 저지방 식단보다 체중 감량 효과가 뛰어나다는 실험결과를 설명할 수 없다. 따라서 ㄷ에서의 실험 결과는 (가)에 대한 (나)의 비판을 약화한다.

24 이동통신 보조금 상한제와 요금 인하 간 관계 정답 ④

ㄱ. (×) 甲은 보조금이 높을수록 소비자가 사업자를 더 쉽게 바꿀 수 있다고 본다. 그런데 보조금상한제를 시행한 후 통신 사업자 전환 비율이 증가했다는 것은 甲의 주장에 부합하지 않는다.

ㄴ. (○) 乙의 주장에 따를 경우, 보조금상한을 낮추면 보조금 영역에서의 경쟁이 제한되고, 이는 곧 경쟁이 이용 요금으로 옮겨가 요금이 낮아지게 됨을 의미한다. 따라서 요금 인하를 위해 보조금 상한을 낮추는 정책의 근거가 될 수 있다.

ㄷ. (○) 甲은 보조금이 높으면 사업자를 쉽게 전환할 수 있게 되고 그 결과 요금 경쟁이 치열해질 것이라고 본다. 따라서 보조금상한제를 반대할 것이다. 반면 丙은 보조금을 많이 지급하면 그 비용을 메우기 위해 요금이 높아질 것이라고 본다. 따라서 丙은 요금 인하를 위해 보조금을 많이 지급하지 못하게 하는 보조금상한제에 찬성할 것이다.

25 구간별 누진요금제 정답 ④

ㄱ. (×) 쿨섬머 제도를 도입하면 전력사용량이 늘어날 가능성이 높다. X국에서 여름철에 전력 소비가 가장 크다면 쿨섬머 제도 도입으로 전력 소비는 더욱 늘어날 것이다. 전력 공급의 안정성은 낮아질 것이라는 A의 주장은 강화된다.

ㄴ. (○) 월 400~450kWh를 사용하는 가정의 요금은 다음과 같다.

	쿨섬머 제도	B 제안 방식
기본요금	1600	1600
300kWh까지의 요금	1kWh당 90	1kWh당 180
300~450kWh까지의 요금	1kWh당 180	1kWh당 180

B 제안 방식이 쿨섬머 제도 적용시보다 비싸진다. 대부분의 가정에서 전기요금이 비싸진다면 B의 주장은 약화된다.

ㄷ. (○) 쿨섬머 제도가 도입되어도 200kWh 이하를 사용하는 가정에서는 요금 인하 효과가 없다. 취약계층의 대다수를 차지하는 독거노인들에게 전기요금 인하 효과가 없다면 쿨섬머 제도를 취약계층에 한해 적용한다고 하더라도 효과가 크지 않다. C의 주장은 약화된다.

26 윤리학 / 행위선택의 기준 정답 ①

ㄱ. (○) 을이 원하는 것은 더 많은 사람들이 기쁨을 누릴 수 있는 것이다. 그리고 그것을 획득하는 수단은 공부하지 않는 것이다. 을은 더 많은 사람들이 기쁨을 누린다는 결과가 긍정적이기 때문에 수단 역시 정당하다고 주장한다. 긍정적 결과에서 수단의 정당성이 도출되지 않는다면 을의 논증은 약화될 수밖에 없다.

ㄴ. (×) 을이 공부를 하면 점수가 오르는 것이 참이라고 할지라도 을의 바로 위 등수의 학생과의 점수차가 을이 공부해서 오르는 점수보다 클 경우 등수가 바뀌지 않는다. 이는 을의 전제의 반례가 된다. 따라서 을의 전제는 참이 아니다.

ㄷ. (×) 갑은 다른 사람들이 자신의 등수 때문에 기뻐하는 이유가 그들이 공부를 했기 때문이라고 주장한다. 그리고 을이 공부하지 않는 것과는 관련이 없다고 한다. 무언가를 하지 않는 것이 다른 것의 원인이 될 수 있다고 해도 갑의 주장대로 공부하지 않는 것과 기뻐하는 것이 관련이 없다면 갑의 주장은 참이 될 수 있다. 따라서 〈보기〉 ㄷ의 가정은 꼭 필요한 것은 아니다.

27 가설의 신뢰도 판단 요소 정답 ③

③ (×) 제시문은 '같은 증거라도 그 증거가 사전에 성공적으로 예측된 경우가 사후에 설명되는 경우보다 가설을 지지하는 힘이 더 크다'는 입장이므로, 성공적인 사전 예측이 그 가설이 지닌 과학적 신뢰성의 좋은 증거가 됨을 주장하는 내용은 오히려 제시문의 지지논거가 될 수 있음이 명백하다.

반면에 ①과 ②, ⑤는 과학적 예측에 대해 이와 상반되는 입장을 취하여 제시문의 입장에 대한 비판 논거가 될 수 있으며, ④는 '시점'과 '논리적 관계'의 구분을 들어 제시문의 주장을 정면으로 반박하고 있다.

28 비판논거의 적절성 판단 정답 ④

제시문에 따르면, 최선의 설명으로의 추론이란 "기존 증거와 미래 증거를 모두 고려하여 가장 그럴듯하면서도 아름다운 가설을 채택하는 과정"이다. 이를 도식화하면 아래와 같다.

- 가설의 설명력이 과학적 근거를 제공
  → 과거설명 ∧ 미래설명 ∧ 이론적 아름다움

그런데, 음모론 속 가설의 경우 (과거설명 ∧ 미래설명 ∧ ~이론적 아름다움)이어서, 음모론 속 가설의 설명력이 그 가설에 대한 과학적 근거를 제공하지 못한다는 것이 제시문의 견해이다.

① (×) 제시문의 견해와 부합한다. 제시문에 따르더라도 음모론 속 가설을 통한 미래예측이 가능하다. 단지 복잡하고 비정합적이어서 이론적으로 아름답지 않으므로 '올바른' 설명이라고 생각하지 않을 뿐이다.
② (×) 제시문의 견해와 부합한다.
③ (×) 제시문과 무관하다. 기존 증거들조차 제대로 설명하지 못하는 가설은 애초에 논의의 대상이 아니다.
④ (○) 현재는 복잡하고 비정합적인 가설도 시간이 지나면 이론적으로 단순하고 아름다워지는 경우가 많다면, 음모론 속 가설도 이론적 아름다움을 갖추어 과학적 근거를 가질 수 있을 것이다.
⑤ (×) 선지의 내용은 '음모론 속 가설에 대한 사람들의 믿음'을 얘기하는 것으로, '음모론 속 가설이 과학적 근거를 제공하지 못한다'는 것을 얘기하는 제시문과 직접적인 관련성이 없다. 제시문은 가설이 '과학적 근거'를 가질 수 있는 요건에 대해 이야기 하고 있으므로, "과학적 근거보다는 정신적 혹은 사회적 이익이 중요하다"라는 주장은 논점을 일탈한 것이다. (허수아비 비판)

29 표준사회과학모형 정답 ⑤

ㄱ. (○) 제시문에서는 '동일한 상태의 생물학적 특성과 자질(인간 본성, 진화된 심리)'이 개인 외부의 '사회문화적 환경'의 영향으로 매우 다양한 '행동적·정신적 조직화'로 발현된다고 주장한다. 그런데 ㄱ에서는 '사회문화적 환경'이 동일하다고 하더라도 '행동적·정신적 조직화' 양상이 달라질 수 있다고 진술하고 있으므로, 제시문과 상반된 견해로서, 주장에 대한 반론이 될 수 있다.
ㄴ. (○) 제시문은 '진화된 심리' 자체는 '복잡한 사회 질서 형성' 내지 '인간 생활의 조직화'에 아무런 역할을 하지 못한다고 본다. 그런데 ㄴ에서는 사회현상(복잡한 사회 질서 형성)을 설명할 때 진화된 심리적 구조를 고려하지 않으면 오류에 빠질 수 있다고 하므로, 제시문에 대한 반론으로 적절하다.
ㄷ. (○) 제시문에서는 '동일한 상태의 생물학적 특성과 자질(인간 본성, 진화된 심리)'은 다양한 '행동적·정신적 조직화'로 발현되는데 아무런 역할을 하지 못한다고 주장한다. 그런데, ㄷ에서 다른 문화권에서 성장한 쌍둥이가 태어날 때부터 동일한 생물학적 특성과 자질을 공유하기 때문에 매우 유사한 행동적·정신적 특성을 갖는 경우가 많다고 비판적 주장을 하고 있으므로, 반론으로 적절하다.

30 실험결과 해석에 대한 비판 정답 ③

ㄱ. (○) 〈B의 보고〉는 시각 장애 정도나 지적 수준 등에 대한 어떠한 통제도 하고 있지 않아 이러한 것들이 영향을 줄 수도 있다는 것을 배제할 수 없다. 따라서 A주장에 대한 적절한 비판이 될 수 있다.

ㄴ. (×) 이 내용은 A의 주장에 동의하는 내용으로 적절한 비판이라 할 수 없다.

ㄷ. (○) A는 〈B의 보고〉가 자신의 견해를 입증한다고 주장하는데, 〈B의 보고〉에 대한 해석을 잘못하였을 수 있다고 지적함으로써 A를 비판할 수 있다. 즉, 〈B의 보고〉는 환자가 구별하는 것과 환자가 말하는 것을 구분하지 않는데, 환자는 시각 경험을 언어로 표현해내는 데 시간이 필요할 뿐 시각에 주어진 대상들을 구별하지 못한 것은 아닐 수 있다는 것이다. 적절한 비판이라 할 수 있다.

31 비판 근거 추론 정답 ②

갑은 〈표 1〉을 근거로 하층계급이 중간계급보다 시민권에 대해 더 긍정적인 태도를 가진다고 주장한다. 〈표 1〉에 의하면 하층계급은 전체(100%) 중 45%가 긍정적인 태도를 가지고 있고, 중간계급은 전체(100%) 중 37%가 긍정적인 태도를 갖고 있는 만큼 적절한 주장이라 할 수 있다.

하지만, 을은 동일한 자료를 분석한 〈표 2〉를 통해 중간계급이 하층계급보다 시민권에 대해 더 긍정적인 태도를 갖는다고 주장하며 갑의 결론을 비판하고 있다. 을이 〈표 2〉를 통해 이와 같은 주장을 할 수 있는 것은 A인종의 경우 중간계급의 70%가 긍정적인 태도를 가지고 있고 하층계급의 50%가 긍정적인 태도를 가지고 있으므로 중간계급이 하층계급보다 시민권에 대해 더 긍정적인 태도를 가지고 있다고 할 수 있고, B인종의 경우 또한 중간계급의 30%가 긍정적인 태도를 가지고 있고 하층계급의 20%가 긍정적인 태도를 가지고 있으므로 중간계급이 하층계급보다 시민권에 대해 더 긍정적인 태도를 가지고 있다고 할 수 있기 때문이다. 다시 말하면 A인종의 경우도 B인종의 경우도 모두 중간계급이 하층계급보다 시민권에 대해 더 긍정적인 태도를 가지고 있으므로 중간계급이 하층계급보다 시민권에 대해 더 긍정적인 태도를 가진다고 주장할 수 있다는 것이다.

'왜 갑과 을의 결론이 달라졌을까'를 파악하는 것이 사실상 문제에서 요구한 '을이 갑을 비판하는 근거'를 찾는 것이 된다. 갑과 을의 결론이 달라진 이유는 갑은 인종 간 구분을 하지 않고 전체적으로 중간계급과 하층계급을 비교했기 때문이고, 을은 인종별로 나누어 중간계급과 하층계급을 비교하였기 때문이다. 따라서 인종 간 구분 시 어떤 이유로 이렇게 다른 결론에 이르게 되었는지 추론해 보면, 중간계급의 B인종이 A인종보다 많기 때문에, 그리고 하층계급의 A인종이 B인종보다 많기 때문임을 알 수 있다. 구체적으로 중간계급의 A인종과 B인종의 비율은 7 : 33으로 약 1 : 5이고, 하층계급의 A인종과 B인종의 비율은 5 : 1 임을 추론할 수 있다.

ㄱ. (×) 중간계급 중 A인종이 더 많기 때문이 아니라 B인종이 더 많기 때문이다.

ㄴ. (○) 갑은 을을 비판하는 근거로 '하층계급 중 A인종이 더 많기 때문에 〈표 1〉은 X시 성인들의 시민권에 대한 태도를 제대로 드러내지 않는다.'고 제시할 수 있다.

ㄷ. (×) ㄷ은 관련 없는 근거이다. B인종 중 하급계급이 더 많든 그렇지 않든 갑과 을의 결론이 달라지는 직접적인 이유가 되지 못한다.

32 신경과학과 규범 정답 ④

제시된 논증에 따르면, 뇌와 사람은 구분될 수 있고, 뇌는 자동적이고 법칙 종속적이며 결정론적 도구인 반면, 사람들은 뇌와 달리 자유롭게 행동하는 행위자들이므로 행위에 책임이 있다고 한다. 또한 각 사람의 책임은 타인과의 상호작용을 통해서 비로소 발생하고, 이러한 상호작용으로부터 행동의 자유라는 개념이 발생한다고 주장한다.

ㄱ. (×) 제시된 논증은 '우리의 선택이나 그에 따른 행위가 뇌의 작용에서 비롯된다'는 것을 부정하지 않고 있으며, '사람과 뇌는 구분될 수 있고, 사람들은 뇌와 달리 자유롭다'고 보고 있으므로 '뇌를 포함한 미시적 요소로부터 거시적인 차원의 행동을 예측할 수 없다'는 주장은 이에 대한 반론으로 보기 어렵다. 즉 양립 가능한 주장이다.

ㄴ. (○) 보기의 주장은 '뇌와 사람의 행동은 구별되지 않고 뇌가 결정적으로 작용하므로 사람의 행동이나 사람들의 상호작용 또한 결정되어 있다'는 것으로 '뇌와 사람은 구분될 수 있고 사람들은 뇌와 달리 자유롭다'는 제시된 논증에 대한 반론이 된다.

ㄷ. (○) 보기의 주장은 '사람이 실제로 자유롭기 때문에 책임을 부과하는 것이 아니라 사람들의 행동에 책임을 부과하는 관행 때문에 사람을 자유롭다고 보고 있다'는 것으로 '사람들은 뇌와 달리 자유롭게 행동하는 행위자이므로 행위에 대한 책임을 묻는다'는 논증에 대한 반론이 된다.

33 반론의 적절성 판단 정답 ③

ㄱ. (○) 인지 기능은 새벽 2시부터, 신체기능은 새벽 3시부터

영구 정지한 경우, ㉠에 따르면 '죽음은 인지기능의 영구적 정지'이므로 철수는 새벽 2시부터 사망한 것이 된다. 그러나 한편으로는 잠들어있었을 뿐인 새벽 3시 이전에는 깨우면 일어날 수 있었으므로 ㉠에 의하더라도 살아있었던 것이다. 결국 ㉠에 따르면 새벽 2시~3시 사이의 철수는 죽은 동시에 살아있는 것이 되므로 모순이 발생한다. 따라서 보기 ㄱ의 서술은 '㉠수정된 견해'에 대한 반론이 될 수 있다.

ㄴ. (○) '부활'이란 죽었다가 살아나는 것이다. 만약 철수가 '인지기능의 영구적 정지'상태인 죽음에서 '부활'하여 인지기능을 회복하였다고 가정해보자. 이 경우 '부활'은 모순적이지 않다. 그러나 철수가 인지기능을 회복한 이상 이는 인지기능의 영구적인 정지가 아니므로 결국 철수는 애초에 죽었다고 말할 수가 없어서 '부활'은 모순적인 개념이 된다. 결국 ㉠에 따르면 '부활'은 모순적인 동시에 모순적이지 않은 개념이 되므로 보기 ㄴ의 서술은 '㉠수정된 견해'에 대한 반론이 될 수 있다.

ㄷ. (×) 주문에 걸려서 인지 기능이 작동하지 않은 상태로 잠을 자다가 주문이 풀려 다시 잠에서 깨어난 경우, ㉠에 따르더라도 철수는 '인지기능의 영구적 정지'를 겪은 적이 없으므로 죽었던 적이 없다.

chapter 4 법적 추론 및 논증

01 증명책임의 주체 정답 ①

ㄱ. (○) '분쟁 당사자 사이에 권리 발생의 주장이나 그 사후 소멸에 관한 주장에 관한 다툼이 없으면 권리의 발생이나 그 소멸을 주장하는 자는 그 주장이 진실하다는 것을 증명할 필요가 없다'는 원칙에 따라 갑은 자신의 주장이 진실하다는 것을 증명할 필요가 없다.

ㄴ. (○) '권리가 발생하였으나 사후에 소멸하였다고 주장하는 자는 권리의 소멸에 관한 사실을 증명할 책임이 있다'는 원칙에 따라 권리의 소멸을 주장하는 을은 갑으로부터 빌린 돈을 갚았다는 사실을 증명할 책임이 있다.

ㄷ. (×) '갑의 권리 주장에 대한 다툼이 있는 경우'이므로 '자신의 권리를 주장하는 자는 그 권리의 발생에 필요한 사실을 증명할 책임이 있다'는 원칙에 따라 갑은 자신이 을에게 100만원을 빌려 주었다는 사실을 증명할 책임이 있다.

ㄹ. (×) '갑의 권리 주장에 대한 다툼이 있는 경우'이므로 '자신의 권리를 주장하는 자는 그 권리의 발생에 필요한 사실을 증명할 책임이 있다'는 원칙에 따라 갑은 자신이 을에게 100만원을 빌려 주었다는 사실을 증명할 책임이 있다.

02 변호사의 비밀유지의무 정답 ②

ㄱ. (×) 제3조 단서에 따르면 타인의 생명이나 신체에 대한 중대하고 임박한 위해를 방지하기 위한 경우에는 그러하지 아니하다고 하고 있으므로 을은 이 사실을 경찰에 알릴 수 있다.

ㄴ. (○) 제3조와 제4조에서 언급하고 있는 비밀은 변호사와 의뢰인 간의 대화나 문서가 이에 해당된다. 따라서 청소하던 직원으로부터 알게 된 정보에 대해서는 경찰에 알려줄 수 있다.

ㄷ. (×) 제3조와 제4조에서 언급하고 있는 것은 변호사와 의뢰인 간의 비밀 대화나 문서이다. 갑의 공개적으로 실토했다는 것이라든지 명시적으로 비밀임을 언급하지 않음을 통해 변호사의 비밀유지의무의 대상이라고 보기 어렵다. 따라서 을은 경찰에 알릴 수 있다.

ㄹ. (○) 제5조 비밀유지기간에 따르면 의뢰인이 포기하지 않는 한 '변호사-의뢰인' 관계가 종료된 후에도 지속된다고 하고 있으므로 을이 변호사의 양심상 더 이상 갑의 변호사가 될 수 없어 사임하였더라도, 을은 K의 소재를 경찰에 알려주어서는 안 된다.

03 근로기준법 및 시행령 정답 ②

ㄱ. (×) 법 적용 사유 발생일 전 1개월 동안의 가동일수가 20일이고 처음 10일은 6명, 나중 10일은 4명이 사용자에게 고용되어 근무하였다면 (가)와 (나)에 따라 연인원은 100명, 상시 사용하는 근로자 수는 5명이 되어 원칙적으로 A법이 적용되지만, (다)의 규정에 따라 법 적용 기준에 미달한 일수(4명이 일한 시기)가 가동일수(20일)의 2분의 1 이상(10일)이 되어 A법이 적용되지 않는다.

ㄴ. (○) (라)의 규정에 따라 하루 중 일부 시간만 근무하는 근로자 역시 포함되므로 해당 사업장의 상시 사용하는 근로자수는 8명이 되어 A법이 적용된다.

ㄷ. (×) 만약 사업장 근로자가 모두 친족으로 구성된 경우에는

(가)규정 단서에 의해 A법이 적용되지 않지만, 해당 사업장에는 친족 3명과 단시간 근로자 2명, 파견 근로자 2명이 근무하고 있고, (라) 규정에 따라 친족 3명과 단시간 근로자 2명이 연인원 산정 시 근로자로 인정되므로 당해 사업장의 상시 사용하는 근로자는 5명이 되므로 A법 적용대상이 된다.

04 판단규정의 사례에의 적용 정답 ④

① (○) "2015년 A가 갑을 합병한 경우, 2016년 기준 A는 중소기업이다."
- 2015년 A는 중소기업, 갑도 중소기업이다. 2015년 기준으로 A와 갑은 모두 매출액이 줄곧 1,000억 원 이하였으므로 중소기업이다. '중소기업이 아닌 기업과 합병한 중소기업'에 대해서는 중소기업으로 인정되지 않는다는 단서규정 1이 적용되지 않으므로, 원칙에 따라 옳은 보기이다.

② (○) "2015년 B가 을을 합병한 경우, 2016년 기준 B는 대기업이다."
- 2015년 B는 중소기업, 을은 대기업이다. 2015년 기준으로 B는 매출액이 1,000억 원을 초과하였으나, '매출액이 증가하여 대기업의 기준에 해당하더라도 바로 그 해와 그 다음 해부터 3년간은 중소기업으로 인정'한다는 원칙에 따라 여전히 B는 중소기업에 해당한다. 그러나 을의 경우 줄곧 대기업이었으므로, '중소기업이 아닌 기업과 합병한 중소기업'에 대해서는 중소기업으로 인정되지 않는다는 단서규정 1에 따라 대기업이다.

③ (○) "2015년 C가 병을 합병한 경우, 2016년 기준 C는 중소기업이다."
- 2015년 C는 중소기업, 병도 중소기업이다. 2015년 기준으로 C는 내내 매출액이 1,000억 원 이하였으므로 중소기업이다. 병의 경우, 2012년에 매출액이 증가하였으나 '바로 그 해와 그 다음 해부터 3년간은 중소기업으로 인정'되므로, 2015년까지는 중소기업으로 인정된다. 따라서 병을 합병한 C는 중소기업이다.

④ (×) "2015년 D가 어떤 중소기업을 합병한 경우, 2016년 기준 D는 중소기업이다."
- 2015년 D는 단서규정에 해당하는 중소기업이다. 2015년 기준으로 D는 '중소기업이었던 기업(2010~2014)이 매출액 감소로 중소기업이 된 후(2015), 다시 매출액 증가로 대기업이 된 경우(2016)'인 단서규정 2에 해당한다. 이 경우 D는 중소기업보호기간의 적용을 받지 않는다. 틀린 추론이다.

⑤ (○) "2015년 E가 어떤 중소기업을 합병한 경우, 2016년 기준 E는 중소기업이다."
- 2015년 E는 중소기업이다. E는 2013년에 매출액이 증가하였으나 '바로 그 해와 그 다음 해부터 3년간은 중소기업으로 인정'되므로, 2015년까지는 중소기업으로 인정된다.

05 법원칙에 대한 이해와 적용 정답 ⑤

ㄱ. (○) 제시문 첫 번째 문단에서 "(1) '보험사의 고의 또는 중대한 과실'로 인한 손해배상책임을 면제하는 약관조항은 금지된다. … 이들 금지규정에 위반되는 약관은 무효이다."라고 말하고 있다. 그런데, ㉠약관은 '보험사의 고의 또는 중대한 과실, 경미한 과실' 모두에 대해 손해배상책임을 면제한다. 따라서 첫 번째 문단에 따르면 ㉠약관은 금지규정 위반으로 무효인 약관이지만, 두 번째 문단에 따라, 효력 유지적 축소해석을 한다면 '고의 또는 중대한 과실'에 대해서만 한정하여 책임면제를 금지하고 '경미한 과실'에 대해서는 책임면제금지를 인정하지 않게 된다. 즉 '경미한 과실'에 대해서는 보험사의 손해배상책임면제를 인정하게 된다.

ㄴ. (○) 제시문 두 번째 문단에서도 언급하고 있듯이, ㉡은 '타당한 이유 없이' 제3자의 잘못으로 인한 손해에 대해 보험사의 책임을 면제하는 것이다. 따라서, 제시문 첫 번째 문단의 "(2) 보험사나 보험계약자의 잘못이 아닌 제3자의 잘못으로 보험계약자에게 발생한 손해에 대한 보험사의 책임을 '타당한 이유 없이 면제'하는 약관조항은 금지된다."는 보험약관법 내용에 위반된다.

ㄷ. (○) 보험약관법 금지규정에 위반하는 약관조항 전체를 무효로 할 경우 다시 만들어야 한다. 그렇게 되면, 보험약관법에 의해 허용되는 책임면제(혜택)까지도 받지 못하게 된다. 반면에 약관의 효력 유지적 축소해석을 하게 되면, 보험약관법에 의해 금지되는 것은 배제되지만 허용되는 책임면제(혜택)는 효력이 인정된다. 따라서 약관의 효력 유지적 축소 해석을 하면, 규정 (1), (2)에 부합하는 약관조항을 만드는 것이나 그렇지 않은 것이나 차이가 없기 때문에, 보험사로 하여금 규정 (1)과 (2)에 부합하는 약관조항을 만들 유인이 약해진다.

06 금지 규칙 / 개념 이해 및 사례에의 적용 정답 ⑤

규칙이 사례를 '과대포함'한다는 것은 규칙에 포함하지 않아도 될 사례를 포함하는 것(금지하지 않아도 되는 사례를 금지하는 것), '과소포함'한다는 것은 규칙에 포함해야 할 사례를 포함하지 않는 것(금지해야 하는 사례를 금지하지 않는 것)을 의미한다.

ㄱ. (○) 동물원 이용자의 안전 확보의 목적이라면, 이용자의 안전을 위협하는 차량을 막기 위하여 경찰차의 진입이 허용되어야 한다. 그러나, 〈규칙 1〉에 따르면 어떠한 경우에도 차량이 진입해서는 안 된다. 진입할 필요가 있는 차량(규칙에 포함하지 않아도 될 사례, 금지하지 않아도 될 사례)을 진입하지 못하도록(규칙에 포함, 금지) 하므로 규칙이 사례를 과다포함한다.

ㄴ. (○) 불필요한 소음 방지의 목적이라면, 핫도그 판매 차량은 동물원에 진입해서는 안 된다. 그러나, 〈규칙 2〉에 따르면 사전 허가를 받은 핫도그 판매 차량은 진입이 가능하다. 진입을 막아야 할 차량(규칙에 포함해야 할 사례, 금지해야 할 사례)을 진입하도록 허용(규칙에 포함하지 않음, 금지하지 않음)하므로 규칙이 사례를 과소포함한다.

ㄷ. (○) 불필요한 소음을 발생시키지 않는 구급차가 동물원 이용자를 구호하는 경우는 ㉠, ㉡ 어떠한 관점에서 보더라도 진입이 허용(규칙에 포함하지 않음, 금지하지 않음)될 수 있다. 따라서 구급차 진입을 허용하는 〈규칙 3〉은 규칙에 포함하지 않아도 될 사례를 포함한 것이 아니므로 사례를 과다포함하지 않으며, 규칙에 포함해야 할 사례를 포함하지 않은 것도 아니므로 과소포함하지도 않는다.

07 행복극대화기준 / 원리이해 및 사례에의 적용 정답 ②

ㄱ. (×) 〈원리 1〉에 의해 A에서 누리는 행복보다 더 큰 행복을 누리는 다른 상황이 없다면 A에서 나쁘게 대우받는 것이 아니다. 사례에서 甲은 상황 A에서 5, B에서 5의 행복을 누리며, 乙은 상황 A에서 5, B에서 3의 행복을 누린다. 따라서 甲, 乙은 A보다 더 많은 행복을 누리는 다른 상황이 존재할 수 없기에 나쁘게 대우받는 것이 아니다.

丁의 경우 상황 A에서 존재하지 않는다. 〈원리 3〉에 의할 때, 어떤 상황에서 존재하지 않을 경우 존재하여 더 큰 행복을 누리는 다른 상황이 있더라도 존재하지 않는 상황에서 나쁘게 대우받는 것은 아니다. 따라서 丁이 B에서 5의 행복을 누릴 수 있다 하더라도 丁이 존재하지 않는 상황 A에서 나쁘게 대우받는 것은 아니다.

丙은 상황 B에서 5보다 큰 행복을 누리는 경우, 5보다 같거나 작은 행복을 누리는 경우로 나누어 볼 수 있다. 丙이 B에서 5보다 같거나 작은 행복을 누리는 경우 〈원칙 1〉에 의해 A에서 나쁘게 대우받지 않는다. 丙이 B에서 5보다 큰 행복을 누리는 경우, 〈원칙 2〉에 따라 B보다 A에서 더 많은 행복을 누리는 사람이 존재하는지 여부를 살펴보아야 한다. 乙은 A에서 5, B에서 3의 행복을 누리므로 이에 해당한다. 따라서 〈원칙 2〉에 의해 丙은 나쁘게 대우받지 않는다.

결국 甲, 乙, 丙, 丁 모두 상황 A에서 나쁘게 대우받지 않는다.

ㄴ. (×) 선지 ㄴ의 대우명제인 "α가 5보다 같거나 크다면, 甲~丁 중 두 사람 이상이 나쁘게 대우받고 있거나 아무도 나쁘게 대우받고 있지 않다."를 검증한다.

甲과 丙은 B에서 5 이상, A에서 5의 행복을 누린다. 따라서 〈원칙 1〉에 따라 나쁘게 대우받지 않는다. 丁은 B에서 5, A에서 0의 행복을 누리므로 〈원칙 1〉에 따라 나쁘게 대우받지 않는다.

乙은 B에서 3, A에서 5의 행복을 누린다. 따라서 〈원칙 2〉 따라 A에서 존재하는 사람 중에 A보다 B에서 더 많은 행복을 누리는 사람이 존재하는지 여부를 살펴보아야 한다. α가 5인 경우에는 그런 사람이 존재하지 않는 것이므로, 〈원칙 2〉에 따라 乙은 B에서 나쁘게 대우받는 것이다.

즉, α가 5인 경우에 甲~丁 중 한 사람(乙)만 나쁘게 대우받는다. ㄴ의 대우명제가 틀렸으므로 ㄴ 역시 틀린 표현이다.

ㄷ. (○) 선지 ㄷ의 대우명제인 "α가 5보다 같거나 작다면, A, B 중 도덕적으로 허용가능하지 않은 상황이 존재한다."를 검증한다.

상황 A는 甲, 乙, 丙, 丁, 누구도 나쁘게 대우받지 않으므로 도덕적으로 허용된다. (선지 ㄱ 해설 참고) 따라서 상황 B가 도덕적으로 허용되는지 살펴본다.

甲과 丁은 〈원칙 1〉에 따라 나쁘게 대우받지 않는다.

乙은 B에서 3, A에서 5의 행복을 누리므로 〈원칙 2〉에 따라 A에서 존재하는 사람 중 A보다 B에서 더 많은 행복을 누리는 사람이 존재하는지 여부를 살펴보아야 한다. 甲, 乙, 丙, 丁 모두 이에 해당하지 않는다. 따라서 乙도 나쁘게 대우받지 않는다.

丙이 B에서 5의 행복을 누리는 경우, 〈원칙 1〉에 따라 나쁘게 대우받지 않는다.

丙이 B에서 5보다 작은 행복을 누리는 경우, 〈원칙 2〉에 따라 A에서 존재하는 사람 중 A보다 B에서 더 많은 행복을 누리는 사람이 존재하는지 여부를 살펴보아야 한다. 乙의 경우에서 살펴보았듯이 甲, 乙, 丙, 丁 모두 이에 해당하지 않는다. 따라서 丙도 나쁘게 대우받지 않는다.

甲, 乙, 丙, 丁 모두 상황 B에서 나쁘게 대우받지 않으므로, 상황 B는 도덕적으로 허용된다. 선지 ㄷ의 대우명제가 옳으므로 선지 ㄷ 역시 옳다.

08 선의의 제3자 보호 요건 　　정답 ③

ㄱ. (○) A와 B의 허위 거래 사실을 모르고 C는 이를 기초로 하여 B와 매매계약을 체결하여 아파트를 취득하였고, 이를 통해 새로운 이해관계를 형성되었으므로 이 경우의 C는 보호되어야 한다.

ㄴ. (○) A와 B의 허위 거래 사실을 모르고 C는 이를 기초로 하여 A의 보증인으로 B에게 돈을 갚았고, 이로써 새로운 이해관계가 형성되었으므로 이러한 경우의 C는 보호되어야 한다.

ㄷ. (×) A와 B의 허위 거래를 기초로 새로운 이해관계가 형성된 경우의 병은 D가 해당된다. C의 경우는 A와 B의 허위 양도를 기초로 형성된 새로운 이해관계라기보다 B가 D에게 실제 양도함으로써 형성된 이해관계를 기초로 한 손배배상청구권을 양도받은 것으로 제시문의 병으로 보기 어렵다.

09 재판채택진술 　　정답 ③

㉠ (×) 용의자(갑돌)의 평소 행실에 대한 진술이므로 채택할 수 없다.

㉡ (×) 증인(마당쇠)의 과거 특정한 행위에 대한 진술이므로 첫 번째 요건에 따라 원칙적으로 채택할 수 없다. 그리고 두 번째 채택요건인 '재판에서의 허위진술'과 무관하기 때문에 예외적으로도 채택될 수 없어, 결국 첫 번째 요건에 따라 채택할 수 없는 진술이다.

㉢ (○) 증인(을돌)이 과거 재판에서 허위 진술로 처벌받은 적 있다는 진술이므로 두 번째 요건에 따라 채택한다.

㉣ (○) 증인(을돌)이 매우 진실하다는 소문은, 첫 번째 요건의 '증인의 평소 언행의 진실성'에 대한 고을에서의 평판에 해당될 뿐 아니라, 세 번째 요건의 '증인이 진실하다'라는 진술에 해당된다. 또한 다른 사람(대장장이)이 '증인(을돌)이 예전에 재판에서 허위 진술로 처벌받은 적이 있다'는 진술을 한 상태이므로 첫 번째 요건과 세 번째 요건을 모두 충족한다. 따라서 이 진술은 채택될 수 있다.

10 사이버몰판매 / 규정이해 및 사례에의 적용 　　정답 ①

ㄱ. (○) '사이버몰판매'는 사이버몰을 이용하여 '재화를 판매하는 것'이며, '사이버몰판매중개'는 거래 당사자간의 사이버몰판매를 알선하는 행위이다. 선지 ㄱ의 사례에서 P는 배달 서비스를 제공하는 것이며, P가 직접 식당에 가서 주문을 하는 방식이므로 식당의 입장에서는 '사이버몰을 이용하여 재화를 판매'하는 것이 아니다. 따라서, P가 제공하는 서비스는 '사이버몰판매중개'가 아니며, P 역시 사이버몰판매중개자가 아니다.

ㄴ. (×) 선지 ㄴ의 사례는 '임대차'를 중개하는 것으로서 '재화의 판매'를 중개하는 것이 아니다. Q 역시 사이버몰판매중개자가 아니다.

ㄷ. (×) 할인쿠폰은 재화로 볼 수 있으므로, R은 '사이버몰을 이용하여 재화를 판매'하는 사이버몰판매자에 해당한다. 거래 당사자 간의 사이버몰판매를 알선하는 행위가 아니므로 사이버몰판매중개자는 아니다. 따라서, 사이버몰판매의 당사자가 아니라고 고지한다 하더라도 상품에 관한 손해배상책임에서 면제되지 않는다.

11 요건 포섭여부 판단 　　정답 ②

ㄱ. (×) X국 주식시장에 상장된 Y국 회사가 Y국에서 증권을 발행하는 것은 〈규정〉 제2조의 '외국에서 증권을 발행하는 외국 회사가 X국 주식시장에 상장된 상황'에 해당한다. 따라서 제2조가 적용되고 제1조를 준용한다. 제1조에 따르면 증권이 X국 거주자가 발행일부터 2년 이내에 그 증권을 취득하는 것을 허용하지 않는 때에는 신고의무가 없다. '발행일로부터 2년이 경과하지 않으면 X국 거주자가 취득할 수 없다'는 조건이 포함되었으므로 신고의무가 없는 경우에 해당한다.

ㄴ. (×) Y국 주식시장에 상장된 Z국 회사가 Y국에서 증권을 발행하는 경우는 〈규정〉 제1조에 해당하지 않는다. 또

한 제2조 'X국 주식시장에 상장된 외국회사가 외국에 증권을 발행하는 경우'에도 해당하지 않고, Z국 회사의 X국 거주자의 주식보유율도 15%로서 'X국 거주자의 주식비유보율이 20% 이상'인 경우에도 해당되지 않는다. 따라서 제2조의 적용 대상이 아니며 제1조를 준용하지도 않으므로 신고의무가 없다.

ㄷ. (○) X국 거주자의 주식보유비율이 20%이므로 〈규정〉 제2조의 'X국 거주자의 주식보유비율이 20% 이상인 경우'에 해당한다. 제2조의 적용대상이 되고 제1조를 준용하여 신고의무가 발생한다. 단, 제3조에 해당하는지 여부를 살펴보아야 한다. 외국 회사가 외국 통화로 표시된 증권을 발행하는 경우이기는 하나, X국 거주가가 발행일로부터 6개월만 경과하면 증권 취득이 가능하므로, 제3조의 적용대상이 되지 않는다. 따라서, 제1조에 따라 당국에 신고할 의무가 있다.

제2조의 적용 대상 여부를 파악해야 한다.

12 국제형사재판소 관할권 행사 정답 ②

ㄱ. (○) C국은 회원국이므로 제13조 (가)의 경우에 해당되며, A국은 혐의행위가 발생한 영역국이자 범죄혐의자의 국적국이기도 하므로 제12조의 전제조건 중 어떤 국가가 국제형사재판소의 관할권을 수락한 경우에 해당되어 국제형사재판소의 관할권 행사가 가능하다.

ㄴ. (×) B국은 회원국이므로 제13조 (가)의 경우에 해당되나, A국은 회원국도 아니고 관할권을 수락하지도 않았으므로 제12조의 전제조건을 충족시키지 못하여 국제형사재판소의 관할권 행사가 가능하다고 할 수 없다.

ㄷ. (×) 검사가 독자적으로 수사를 개시한 것은 제13조의 (나)의 경우에 해당되나 A국은 회원국도 아니고 관할권을 수락하지도 않았으므로 제12조의 전제조건을 충족시키지 못하여 국제형사재판소의 관할권 행사가 가능하다고 할 수 없다.

ㄹ. (○) 제13조 (다)의 경우에 해당되고 이는 제12조의 전제조건과 무관하므로 국제형사재판소의 관할권 행사가 가능하다.

13 규정과 판례를 통한 형벌의 추론 정답 ④

- 사례 : 노비 '흉'은 동료 셋과 함께 양민인 주인의 숙부를 구타하여 손가락 3개를 부러뜨리고 도망하였다가 동료 한 명을 붙잡아 자수
- 손가락 3개 부러뜨림 : 도형 1년 반
- 노비가 양민인 주인의 숙부 구타 (3단계 상향)
  : 신분 차이 2단계 상향, 주인의 친족 1단계 추가 상향
- 여럿이 구타 : 1등급 하향
- 범인이 다른 범인 잡아 자수 (3등급 하향)
  : 자수 2등급 하향, 같이 범행 저지른 범인 잡아 자수 1등급 하향

결국 기본형인 도형 1년 반에서 1등급을 감한 형을 받게 되므로 도형 1년에 처하게 된다.

14 규정에 따른 사례의 형벌 추론 정답 ④

병의 가중요소와 감경요소를 파악하면 다음과 같다.
- 가중요소 : 자신을 체포하려는 포졸을 때려 상해를 입힘(4), 탈옥(5)
- 감경요소 : 갑의 범죄를 도와줌(3), 자수(6)

(9)에 따라서 (3), (4), (5), (6)을 순서대로 적용해야 한다.

1. 병은 사람을 때려 재물을 빼앗은 갑을 도왔으므로 (3)에 따라 (2)의 3등급에서 한 등급 감경해야 한다. 3등급에서 감경하는 것이므로 (7)을 적용해야 한다. 따라서 5등급에 해당한다.
2. (4)에 따라 네 등급을 가중해야 하는데 5등급에서 가중하는 것이므로 (8)을 적용해야 하므로 2등급까지만 가중할 수 있다. 따라서 2등급에 해당한다.
3. (5)에 따라 세 등급을 가중한다. 2등급에서 가중하므로 (8)을 적용하지 않는다. 따라서 1등급에 해당한다.
4. (6)에 따라 세 등급을 감경한다. 1등급에서 감경하므로 (7)을 적용해야 한다. 따라서 5등급에 해당한다.

병이 받을 형벌은 5등급인 노역 3년 6개월에 해당한다.

3.에서 2등급에서 가중하므로 (8)을 적용하지 않는 것에 주의한다.

15 군무원의 이중배상금지 정답 ②

ㄱ. (○) '군인·경찰관 기타 공무원의 직무상 불법행위로 손해를 받은 사람은 국가에 손해배상을 청구할 수 있다'는 〈규정〉에 따라 군인 D의 직무상 불법행위로 손해를 받은 회사원 A는 국가에 손해배상을 청구할 수 있다.

ㄴ. (×) 〈규정〉의 단서는 군인이나 경찰관이 받은 손해에 대한

규정으로 회사원인 B와 무관한 단서 규정이다. 따라서 '군인·경찰관 기타 공무원의 직무상 불법행위로 손해를 받은 사람은 국가에 손해배상을 청구할 수 있다'는 〈규정〉에 따라 군인 D의 직무상 불법행위로 손해를 받은 회사원 B는 국가에 손해배상을 청구할 수 있다.

ㄷ. (×) '군인·경찰관 기타 공무원의 직무상 불법행위로 손해를 받은 사람은 국가에 손해배상을 청구할 수 있다'는 〈규정〉에서 손해를 신체적 손해에 한정하고 있지 않으므로 〈규정〉에 따라 C는 그 피해의 배상을 국가에 청구할 수 있다.

ㄹ. (○) E는 군인이므로 '다만 군인·경찰관이 전투·훈련과 관련된 직무집행과 관련하여 받은 손해에 대하여 다른 법률에 따라 보상금을 지급받을 수 있는 경우에는 국가에 대해 손해배상을 청구할 수 없다'는 〈규정〉의 단서 또한 검토하여야 하는데, '사고 당시 D와 E의 직무가 전투·훈련과 무관한 것'이라면 이에 저촉되지 않으므로 '군인·경찰관 기타 공무원의 직무상 불법행위로 손해를 받은 사람은 국가에 손해배상을 청구할 수 있다'는 〈규정〉에 따라 E는 국가에 대해 손해배상을 청구할 수 있다.

16 소유권 취득 특례 정답 ③

A와 B 모두 매수 후 도품임을 모르고 2년이 지났다면 X뿐 아니라 Y도 병의 소유로 본다. 그러나 매수 후 2년이 지나지 않아 도품임을 알았다면 A는 X와 Y 모두 을의 것이라고 보나 B는 2년이 지나지 않았다하더라도 일정 조건(X 매수 후 Y가 수태되었고, Y가 태어날 때까지 X가 도품인 줄 모름)을 갖췄을 경우에는 X는 을의 것이 되지만, Y는 병의 것이 된다고 본다. 따라서 A와 B의 판단이 일치하지 않는 경우는 매수 후 2년이 지나지 않아 도품임을 알았고 일정 조건(X 매수 후 Y가 수태되었고, Y가 태어날 때까지 X가 도품인 줄 몰랐어야 함)을 갖췄을 경우로 3번 선택지가 이에 해당된다.

① (×) A : Y(을) vs. B : Y(을)
매수 후 2년이 지나지 않아 도품임을 알았다면 A는 X와 Y 모두 을의 것이라고 보나 B는 2년이 지나지 않았다하더라도 일정 조건(X매수 후 Y가 수태되었고, Y가 태어날 때까지 X가 도품인 줄 모름)을 갖췄을 경우에는 X는 을의 것이 되지만, Y는 병의 것이 된다고 본다. 하지만 Y 수태 후 X를 매수한 것이므로 X뿐 아니라 Y 또한 을의 소유가 된다.

② (×), ④ (×) A : Y(병) vs. B : Y(병)
병이 X가 도품이라는 것을 알았던 시점이 매수 이후 2년이 지난 시점이므로 A와 B 모두 X뿐 아니라 Y도 병에게 귀속된다고 본다.

③ (○) A : Y(을) vs. B : Y(병)
병이 X가 도품인 것을 알았던 시점이 매수 이후 2년이 지나기 전이었으므로 A에 따르면 X와 Y모두 을에게 귀속된다. 반면 B의 경우 매수 이후 2년이 지나기 전이더라도 Y가 매수 시점 이후에 수태되었고, Y가 태어날 때까지 병이 X가 도품인 것을 몰랐다면 Y는 병의 소유가 된다고 주장하므로 B는 X는 을, Y는 병에게 각각 귀속된다고 판단할 것이다.

⑤ (×) A : Y(을) vs. B : Y(을)
X의 매수 이후 2년이 지나지 않은 시점에 X가 도품임을 병이 알았으므로 A는 X와 Y 모두 을에게 귀속된다고 주장할 것이다. 그리고 병이 X가 도품인 것을 알았던 시점이 Y의 출산 이전이므로 B역시 X와 Y 모두 을에게 귀속된다고 주장할 것이다.

17 정당의 합당 절차 및 요건 정답 ②

ㄱ. (×) C당으로의 합당(이때의 합당은 새로운 당명으로 합당한 것으로서, '신설합당'에 해당한다)이 성립하려면 〈규정〉의 제1조 제2항에 따라, 제2조 제1항의 '선거관리위원회에 합당등록'이 필요하다. 제1조 제3항에 의하면 정당의 합당이 성립한 경우에는 그 소속 시·도 당도 합당된 것으로 간주한다. 보기 에서 시·도 당의 합당이 전제되어야 한다는 말의 의미는 시·도 당의 합당이 선행되어야 한다는 것을 의미하는데, 조문에 따르면 그럴 필요가 없으므로 ㄱ은 틀린 보기이다.

ㄴ. (×) '신설합당'의 경우, 〈규정〉 제1조 제3항 및 제4항에 따라 '합당등록신청일로부터 3개월 이내'에 '시·도 당 개편대회를 거쳐 변경등록신청'을 하지 않을 경우, 그 기간만료일의 다음날에 당해 시·도 당은 소멸된다. 〈사례〉에서는 '합동회의 결의'가 있었던 날이 2017. 5. 1. 이므로, 그로부터 14일 이내에 합당등록신청을 해야 한다. 그런데 〈사례〉에서 C당이 '합당등록신청'을 어느 날짜에 했는지는 주어져 있지 않으므로, '변경등록신청일'의 기산점이 언제인지는 명확하지 않다. 따라서 변경등록신청을 하지 않아서 소멸되는 시점이 반드시

2017. 8. 16. 이라고 단정할 수는 없다.

ㄷ. (○) 〈규정〉 제2조 제2항 및 제3항에 따라, 시, 도당의 대표자의 성명이 '합당등록신청일로부터 120일 이내'에 보완되지 않을 경우에는 당해 시·도 당의 등록이 취소될 수 있다. 이때 C당의 대표자가 '합당등록신청'을 2017. 5. 10. 하였다면, 초일불산입의 원칙에 따라 그로부터 120일이 지난 날짜는 2017. 9. 7. 이 되므로 옳은 보기이다. 이때 120일을 4개월로 계산할 수 없다는 점에 유의해야 할 것이다.

18 특별이해관계주주의 의결권 제한 정답 ①

ㄱ. (○) 병의 이사해임 안건이 가결되기 위해서는 규정 (3)에 따라 1) 출석 주주의 소유 주식 수가 발행주식총수의 1/3 이상이고 2) 출석주주 중 의결권을 행사할 수 있는 주주의 의결권 수의 2/3 이상 찬성이라는 2가지 요건을 모두 충족해야 한다. 병이 자신의 해임 안건에 특별이해관계가 있다면, 규정 (1)에 따라 그 안건에 대해 의결권을 행사할 수 없다. 갑, 을, 병 모두가 출석한 경우, 1)의 출석요건은 충족하였다. 2)의 요건을 충족하기 위해서는 '출석주주 중 의결권을 행사할 수 있는 주주의 의결권 수', 즉 갑과 을의 의결권 수인 600개의 2/3 이상인 400개 이상이 찬성으로 되어야 한다. 이때 갑과 을의 의결권은 각 340개, 260개이므로, 갑과 을 모두가 찬성해야만 본 안건이 가결될 수 있다.

ㄴ. (×) 병이 자신의 해임 안건에 특별이해관계가 없다면, 그 안건에 대해 의결권을 행사할 수 있다. 따라서 병만 출석한 경우, 1)의 출석요건은 충족하였으며, 2)의 요건 역시 충족할 수 있다. 병만 찬성한다고 하더라도 출석한 주주 중 의결권을 행사할 수 있는 주주의 2/3 이상 찬성이 가능해지기 때문이다. 따라서 틀린 보기이다.

ㄷ. (×) 병이 자신의 해임 안건에 특별이해관계가 있다면, 규정 (1)에 따라 그 안건에 대해 의결권을 행사할 수 없다. 을이 불참하고 갑과 병이 참석했다면, 1)의 출석요건은 충족한다. 이때 출석한 주주인 갑과 병의 의결권은 각 34개, 0개이므로, 갑의 찬성만으로도 '출석주주 중 의결권을 행사할 수 있는 주주의 의결권 수'의 60%는 충족 가능하다. 따라서 틀린 보기이다.

19 특허보상규정 정답 ②

〈규정〉에 따라 X가 받을 수 있는 처분보상금 규모는 다음과 같다.

1) 특허임대수익 : 30억 원
 [총임대료(120억) - 개발비용(48억) - 영업비용(42억) = 30억]
2) 처분보상금 : 5천만 원~1억 원
 [특허임대수익(30억)의 5~10% × 기여도(1/3)]

처분보상금 전체규모는 1.5~3억 원이지만, 이 중 X의 기여도가 1/3이므로 0.5~1억 원을 받을 수 있다.

① (×) 특허임대수익(30억)의 5~10%에 해당하는 금액은 1.5억 원~3억 원이고, 기여도(1/3)를 고려할 때의 금액은 5천만 원~1억 원이다. 따라서 어떻게 해석하더라도 틀린 판단이다. 또한 출원보상과 처분보상이 별개라는 측면에서도 갑의 진술은 논리적으로 적절치 않다.

② (○) X의 기여도(1/3)를 고려한 처분보상금은 5천만 원~1억 원이므로 옳은 판단이다.

③ (×) 보상금은 최대 1억 원까지 받을 수 있으므로 틀린 판단이다. 총 임대료가 120억 원인 것은 맞으나, 특허임대수익 계산 시 개발비용과 영업비용을 제외하여야 한다. 그렇지 않으면 보상금을 최대 4억 원으로 계산하는 오류를 범하게 된다.

④ (×) 임대료 수익은 30억 원이고, 보상금은 최대 1억 원까지 받을 수 있으므로 틀린 판단이다. 임대료 수익을 52억 원으로 본 것은 초회 대금, 중간 정산대금을 임대료에 포함시키지 않고 개발비용과 영업비용을 제하지 않아서 나온 결과로 잘못된 판단을 하고 있다. 임대료 수익이 52억 원이라고 하여도, X의 기여도(1/3)를 고려하여 계산해 보면, 최소금액은 2억 6천만 원의 1/3로서 최소 보상금 청구 또한 잘못되어 있다.

⑤ (×) 규정 (3)에 의하면 '수령할 임대료'도 특허임대수익 산정에 포함된다. 총 임대료는 120억이고, 특허임대수익은 30억 원이므로 틀린 판단이다.

20 공직선거법 / 지방의회 정답 ④

① (×) 세 번째 경우에 해당된다. 이 경우 '종전의 의원은 새로운 지자체의 의원으로 되어 잔여기간 재임'하고, '합병된 의회의 의원정수는 재직하고 있는 의원수'이므로, 합병된 지방의회의 잔임기간 의원정수는 A구 10명, B구 8명을 합한 18명이 된다.

② (×) a1 선거구 전부가 다른 지자체(B구)에 편입되는 경우로서 첫 번째 경우에 해당된다. 이 경우 '편입된 선거구에

서 선출된 의원은 종전의 의원 자격을 상실하고 새로운 지방의회의원의 자격을 취득'하므로 A구가 아닌 B구 의회 소속이 된다.

③ (×) a2 선거구의 일부가 다른 지자체(B구)에 편입되는 경우로서 두 번째 경우에 해당된다. 이 경우 '편입된 구역이 속해 있던 선거구에서 선출된 의원은 자신이 속할 지방의회를 선택'하므로 B구 의회로 반드시 소속이 변경되는 것은 아니다. A구 의회나 B구 의회를 선택할 수 있다.

④ (○) B구가 2개의 지방자치단체(B1, B2)로 분할되는 경우로서 네 번째 경우에 해당된다. 이 경우 '후보자등록 당시의 선거구 관할 지자체의 의원으로 되어 잔여기간 재임'하므로 b1에서 선출된 2명은 B1구 소속이 된다. 비례대표의 경우, '자신이 속할 지방의회를 선택'하므로 기존 비례대표 2명이 모두 B1구를 선택할 경우, B1구 의원정수는 최대 4명이 될 수 있다.

⑤ (×) 합병의 경우에도 잔임 기간 경과 후 해당 지방의회 의원정수가 조정될 가능성이 있고, 구역 변경의 경우에는 의원정수의 조정 가능성이 없으므로 틀린 판단이다. 구역 변경의 경우에는 '해당 의회의 의원정수'에 대해 규정하고 있어 '잔임 기간 이후'에도 변함없이 적용이 되는 반면, 합병의 경우와 분할의 경우에는 '그 잔임 기간의 합병된 의회의 의원정수'에 대해 규정하고 있을 뿐이므로 '잔임 기간 이후'에 대해서는 조정 가능성이 있다.

21 규정에 따른 사례의 주차대수추론 정답 ⑤

- 시설 중에서 판매시설에 해당하는 3000㎡는 기존의 기계식주차장치를 철거하고 새로운 부설주차장을 설치한 것이다. 이는 제2조 제3항의 적용 대상이므로 〈표〉의 판매시설 설치기준을 2분의 1로 완화해서 적용해야 한다.

- 판매시설에서 위락시설로 변경된 3000㎡는 설치기준이 강화되는 용도로 변경된 것이다. 따라서 위락시설에 해당하는 3000㎡에는 제2조 제4항에 따라 〈표〉의 위락시설 설치기준을 적용해야 한다.

이를 그림으로 나타내면 다음과 같다.

3000㎡ 판매시설 최소 주차대수 : 10대 (3000÷150÷2=10)	3000㎡ 위락시설 최소 주차대수 : 30대 (3000÷ 100=30)

따라서 제3조에 따라 필요한 총 최소 주차대수는 40대이다. 현재 시설의 주차대수는 20대이므로 추가로 갑이 갖추어야 할 최소 주차대수는 20대이다.

시설면적 6000㎡을 판매시설 3000㎡과 위락시설 3000㎡로 나누어 각각의 면적에 필요한 최소 주차대수를 계산해야 한다.

22 미술품 저작권 / 규정에 따른 사례 판단 정답 ⑤

- 저작자가 ㉠을 청구할 수 있는 요건
  : (1) 원본 최초 매도 이후 후속거래 + (2) 미술상이 매도·매수·중개 + (3) 거래가액 40만 원 이상
  : 매도인에게 청구해야 함
- 저작자가 거래정보 및 매도인의 정보를 요구할 수 있는 요건
  : (1) 미술상이 관여 + (2) 자기 저작물의 거래 + (3) 최근 3년간 거래

- 갑 - 을의 거래 : 최초 매도이므로(1-×) 요건 불충족
- 을 - 병의 거래 : 후속거래이고(1), 미술상이 매도했으나(2), 40만 원 미만이므로(3-×) 요건 불충족
- 병 - 정의 거래 : 후속거래이고(1), 미술상이 중개했으며(2), 40만 원 이상이므로(3) 요건 충족
  → 매도인 병에게 거래가액 2억 원의 2%인 400만 원을 청구할 수 있음 (제3조 제2호)
- 정 - 무의 거래 : 후속거래이고(1), 미술상이 매도했으며(2), 40만 원 이상이므로(3) 요건 충족
  → 매도인 정에게 거래가액 3억 원의 3%인 900만 원을 청구할 수 있음 (제3조 제3호)
- 무 - 기의 거래 : 후속거래이지만(1), 미술상이 매도·매수·중개한 거래가 아니므로(2-×) 요건 불충족

①,③ (○) 갑은 병에게 400만 원, 정에게 900만 원을 청구할 수 있다.

② (○) 갑은 을에게 ㉠을 청구할 권리가 없다.

④ (○) 병 - 정의 거래에서 중개인은 을, 매도인은 병이므로, 갑은 을에게 병의 정보를 요구할 수 있다(제5조).

⑤ (×) 무 - 기의 거래는 중개인 정이 관여한 거래가 아니다. 따라서 제4조에 의하더라도 갑이 정에게 정보를 요구할 권리는 없다.

요건을 모두 충족하는지 꼼꼼히 따져보아야 하며, 특히 미술상이 매도·매수·중개한 거래인지를 확인해야 한다.

23 규정에 따른 사실관계 판단 정답 ④

날짜	사유	근거 규정	벌점 배점	벌점 소멸	처분 벌점	처분
2017. 5. 1.	신호위반	제2조 제1항	15		15	
2018. 4. 30.	벌점 소멸	제2조 제3항		-15	0	
2020. 7. 1.	정지선위반	제2조 제1항	18		18	
2021. 3. 1.	갓길통행	제2조 제1항	25		43	
		제3조 제1항		-43	0	43일간 운전면허 정지 (~2021.4.13.)
2021. 4. 1.	속도위반 (45km/h 초과)	제2조 제2항 제3조 제2항	80		80	
		제3조 제1항 제3조 제3항		-80	0	80일간 운전면허 정지 (~2021.7.2.)

- 2021. 3. 1.에 처분벌점이 43점이 된다. 3 2.부터 43일간 면허가 정지된다.
- 2021. 4. 1.은 면허정지기간 중이므로 벌점이 2배가 된다. 벌점이 80점이 되면서 80일간 운전면허가 정지된다.
- 제3조 제3항에 따라 기존 정지처분 기간 종료 후(4. 14. 부터) 80일간이므로 7월 2일이 된다.

24 처벌방법 / 규정에 따른 사례 판단 정답 ②

갑 : [Y국 규정]에 따르면 강간죄는 내국인의 경우 Y국 영역 내외를 가리지 않으나 외국인의 경우에는 Y국 내에서 강간이 행해져야 처벌할 수 있다. 이에 반해 해상강도의 경우는 그 영역과 국적을 가리지 않는다. 이에 따라 X국 국적인 갑이 X국에서 저지른 강간은 처벌대상이 아니나 해상강도는 2회 모두 처벌의 대상이 된다. [Y국 규정] 제4조 제1항에 따르면 동종의 범죄가 2회 범해진 경우 가장 중한 형을 선택하여 그 형에 그 형의 1/2를 가산한다. 따라서 해상강도 죄의 형량 9년에 4년 6개월을 가산한 13년 6개월이 갑의 형량이 된다.

을 : [Y국 규정]에 따르면 강간죄는 내국인의 경우 Y국 영역 내외를 가리지 않고 처벌할 수 있다. 이에 따라 Y국 국적인 을은 X국에서 한 강간도 처벌받게 된다. [Y국 규정] 제4조 제2항에 따르면 동종의 범죄는 1회의 범죄를 1개의 범죄로 본다. 따라서 을의 강간 범죄는 총 3회가 된다. [Y국 규정] 제4조 제1항에 따르면 동종의 범죄가 3회 범해진 경우 가장 중한 형을 선택하여 그 형에 그 형의 2/3를 가산한다. 따라서 강간죄의 형량 6년에 4년을 가산한 10년이 을의 형량이 된다.

정 : [X국 규정]에 따르면 강간죄는 X국 내에서 일어난 경우 국적을 불문하여 처벌하고 해상강도죄는 외국인의 경우 X국 내에서 범죄를 저지른 경우 처벌한다. 단, [X국 규정] 제3조에 따르면 X국은 X국 국적만을 가진 이를 내국인으로 본다는 것이다. 이에 따라 병은 X국 국적이 있지만 X국 내국인이 아니다. 따라서 병은 X국에서 한 2회의 강간만을 처벌받는다. X국은 [X국 규정] 제4조에 따라 수회 범해진 범죄의 형량을 합산하므로 정에게는 강간죄의 형량 7년을 두 번 더한 14년이 선고된다.

따라서 최저 형량은 10년이고 최고 형량은 14년이 된다.

25 지분보유제한 / 규정에 따른 사례 판단 정답 ⑤

① (○) 병은 배우자 을과 함께 Q회사의 지분 50%를 확보하고 있으므로 제2조 제3호에 해당한다. 따라서 병은 Q회사와 사실상 동일인이다. 따라서 제1조에 따라 병이 마스크 생산회사인 P회사의 지분을 취득할 때, 병과 Q회사의 지분을 합쳐 50%까지 가능하다. Q회사의 지분이 20%이므로 30%를 더 취득할 수 있다.

② (○) 을이 갑의 딸이라 할지라도 Q회사와 갑은 사실상 동일인 관계가 아니다. 따라서 갑은 Q회사의 지분에 구애받지 않고 35퍼센트의 지분을 추가로 취득할 수 있다.

③ (○) 정이 갑의 딸이라면 정과 갑은 사실상 동일인이며, Q회사 역시 정이 50%를 보유하고 있으므로 사실상 동일인이다. 따라서, 정은 갑의 지분 15%, Q회사의 지분 20%를 합쳐서 50%까지만 P회사의 지분을 취득할 수 있다. P회사 지분 15% 취득 가능하다.

④ (○) 병이 정에게 Q회사 지분 10%를 판다면, 병의 지분은 30%로 줄고 배우자인 을과 지분을 합하더라도 그 합이 40%가 되어 병과 Q회사는 사실상 동일인 관계가 성립하지 않는다. 따라서 병은 Q회사의 P회사 지분에 구애받지 않고 50%의 지분을 취득할 수 있다.

⑤ (×) 갑이 정으로부터 Q회사 지분 50%를 매입할 경우 갑은 Q회사와 사실상 동일인 관계가 성립한다. 이에 따라 갑

은 기존 P회사 지분 15% 및 Q회사의 P회사 지분 20%를 합쳐서 50%까지만 확보할 수 있다. 따라서 P회사 지분 15%만 취득 가능하다.

26 외국인에 대한 대우 정답 ④

ㄱ. (○) 〈전제〉에서 「자국민에 대해 선진국이 개발도상국보다 더 높은 수준으로 대우한다」 고 하고 있으므로 선진국이 개발도상국에게 자신이 자국민을 대우하는 만큼 또는 (나)와 같이 국제사회가 합의한 최소한의 수준만큼 대우하라고 요구할 수 있는데 이때 (가)는 개발도상국이 취할 수 있는 하나의 논거가 될 수 있다.

ㄴ. (×) (나)는 선진국이 개발도상국에 있는 자국민에 대한 대우를 개발도상국에 요구하는 것으로 파악할 수 있다.

ㄷ. (○) 「배경 진술」 이라는 표현에 주의할 필요가 있다. 외국에서 자국민을 부당하게 대우하였고 이것이 문제로 인식될 경우 (가) 또는 (나)와 같은 주장이 나올 수 있다. 따라서 '외국인을 부당하게 대우하는 자는 그 외국인의 국적 국가를 간접적으로 침해하는 것'이라는 주장은 (가)와 (나) 모두에 「반드시」 적용되는 배경 진술이라고는 할 수 없으나, 적용 가능한 배경 진술이라고는 할 수 있다.

ㄹ. (○) (가)를 지지하는 어떤 국가가 개발도상국일 경우 다른 상황이나 조건의 변화 없이 (나)를 따른다는 것은 외국인을 자국민에 비해 보다 높은 수준의 대우를 한다는 것을 의미하므로 결과적으로 자국민에 대한 역차별 문제가 나타난다고 할 수 있다.

27 추론된 사실에 대한 종합적 판단 정답 ③

① (○) 백 소사가 분함을 가지게 되었을 수 있다든지 그러한 분함은 남은 쌀을 가져감으로써 해소되었을 것이라든지 하는 추정은 사람에 따라 다를 수 있다. 따라서 (A)가 타당한지 확인하려면 김 소사와 백 소사 사이의 평소 인간관계나 금전 거래 관계를 조사해 볼 필요가 있을 것이다.

② (○) (B)는 재물을 동기로 볼 경우, 백 소사는 김 소사 집에 재차 침입하지 않았을 것이라는 결론을 내리고 있고, 그러한 추론의 근거로는 이미 백 소사는 이미 김 소사의 집을 샅샅이 뒤져 가져갈 것이 없음을 알고 있었다는 것이다. 따라서 B는 "누구든 가져갈 것이 없음을 알고 있는 집에 도둑질하러 들어가지는 않을 것이다."라는 취지의 암묵적인 전제에 의존하고 있음을 알 수 있다.

③ (×) '반박'되는 것이 아니라 지지된다고 할 수 있다.

④ (○) (D)의 내용은 범인의 입장에서의 행동의 논리를 추정한 것이므로 김 소사가 남몰래 집 안에 귀중품을 감추어 두고 있었다는 사실이 사건 후에 새로 밝혀졌다 해도 범인이 그 사실을 알지 못하였다면 (D)는 약화되지 않는다.

⑤ (○) 아이가 살아나도 큰 문제가 되지 않을 사람이라는 것은 아이가 모르는 사람이거나 안다고 하더라도 아이의 진술을 방어할 수 있는 사람일 것이다. 따라서 백 소사가 범인이 아님을 단정할 수 없지만, 죽은 아이가 모르는 사람이 범인일 가능성이 있다고 추리할 수 있다.

28 제척기간의 예외 적용 정답 ⑤

대화에서 견해의 차이를 빚는 구분기준으로서의 중심개념에 대한 빠르고 정확한 파악이 중요하다. 법률상 권리행사 가능성과 사실상 권리행사 가능성이 견해를 구분짓는 중요개념이다.

① (○) 일조권을 침해당하게 된 사람은 권리행사가 법률상 가능했던 자이므로 갑의 주장에 따르면 아무런 권리주장 없이 일정 기간이 지나면 권리행사를 할 수 없을 것이다.

② (○) 정치·사회적 상황상 수십 년간 국가를 상대로 손해배상을 청구하지 않던 사람이 과거사정리위원회의 진실규명 결정을 받은 후에 비로소 손해배상을 청구하였다는 것은 이전까지는 법률상 권리행사가 가능했다 하더라도 사실상 불가능한 상태에 놓였다고 판단할 수 있으므로 을의 주장에 따르면 손해배상 청구를 인정할 수 있을 것이다.

③ (○) 이 경우는 권리행사가 사실상 불가능한 경우에 해당되므로 을의 주장에 따르면 오랜 시간이 지났더라도 그 권리를 행사할 수 있도록 해야 할 것이다.

④ (○) 보상에 관한 법규정이 없어 청구하지 못했다는 것은 법률상 행사가 불가능했었음을 의미하므로 갑의 주장에 따르더라도 헌법재판소의 결정이 있은 이후에 보상청구권을 행사할 수 있을 것이다.

⑤ (×) 20년이 지났다 하더라도 그 동안 AIDS가 발병하지 않아 피해사실뿐 아니라 피해의 원인 또한 알 수 없었던 사례로 권리행사가 사실상 불가능한 경우에 해당되므로 을의 주장에 따를 경우 손해배상청구권을 행사할 수 있을 것이다.

29 상황에 따른 유불리 판단 정답 ③

ㄱ. (○) '이혼 상대방이 연금형성에 기여했음에도 불구하고 연금분할여부가 이혼절차의 종결시점에 따라 결정되는 것은 불합리하다'라는 것은 'A의 의견이 불합리하다'라는 것이므로, A는 약화된다.

ㄴ. (○) 이혼 후 퇴직연한이 65세에서 60세로 바뀌어 연금 전액을 수령하기 위한 최소한의 근속연수를 채우지 못하였다는 것은 퇴직 후 받게 되는 연금 총액이 줄었음을 의미한다. 하지만 D는 B와 달리 퇴직 후 받게 될 연금 총액을 기준으로 지급 금액을 결정하는 것이 아니라 이혼일에 사퇴한다고 가정할 때 받게 될 연금액을 기준으로 지급 금액을 결정한다. 따라서 이혼 상대방에게 지급하는 금액이 B의 경우가 D의 경우보다 클 것이므로 연금 수령자에게는 B보다 D가 더 유리하다. 설령 퇴직 시 실제 수령하는 금액은 적어지더라도 이러한 관계는 변하지 않는다.

ㄷ. (×) 주의해야 할 것은 '연금수령자'의 유불리를 묻고 있는 것이 아니라, '이혼 상대방'의 유불리를 묻고 있다는 것이다. B는 이혼 시 지급하는 것이고, C는 퇴직 시 지급하는 것이므로, 만약 이혼 후 연금 자산운용의 수익률 증가로 인하여 연금수령자가 이혼 시 예상했던 것보다 더 많은 연금을 받게 된다면, 이혼 상대방에게는 B보다 C가 더 유리하다.

30 각국 저작권법의 공통점과 차이점 추론 정답 ⑤

① (×) 사례 1과 3 모두 전문성의 요건을 충족하고 있다고 볼 수 있으므로 B국의 경우 저작권에 의한 보호여부가 전문성에 있다고 보기 어렵다.

② (×) 사례 2의 경우 등록, 허가가 없음에도 B국에서는 저작권에 의해 보호된다.

③ (×) 사례 1의 경우 축하곡으로 예술성과 관련이 있으나 B국에서 보호되지 않고, 사례 3의 경우 학술성과 관련이 있으나 B국에서는 보호되지 않는다. 사례 2와 비교할 때 예술성과 학술성의 수준을 구분할 수 있는 단서는 제시되어 있지 않다.

④ (×) 제시된 정보만으로 독창성 여부를 판단하기 어렵다. 따라서 B국에서의 보호여부가 독창성에 달려 있다고 보기 어렵다.

⑤ (○) B국을 중심으로 판단해 보면 사상이나 감정이 유형의 표현매체에 고정되어 있는지의 여부에 따라 저작권법에 의해 보호되거나 보호되지 않음을 알 수 있다.

31 피고인 인정 요소와 해당 국가 연결하기 정답 ④

① (○) '검사의 의사'는 A국의 고려요소가 아니고, '공소장'은 C국의 고려요소가 아니므로 '법정 출석자'는 B국의 고려요소가 아니다.

② (○) A국은 '법정에 출석한 자'와 '공소장'을 고려하되, '법정 출석자'를 우선순위에 두고 있으므로 검사가 피고인으로 인식한 갑과 공소장에 기재된 을이 모두 법정에 출석한 경우, A국에서는 을을 피고인으로 인정할 것이다.

③ (○) C국은 '검사의 의사'와 '법정 출석자'를 고려하되, '검사의 의사'를 우선순위에 두고 있으므로 검사가 피고인으로 인식한 갑과 공소장에 기재된 을이 모두 법정에 출석하지 않고 대신 병이 출석한 경우, C국에서는 갑을 피고인으로 인정할 것이다.

④ (×) C국은 '검사의 의사'와 '법정 출석자'를 고려하되, '검사의 의사'를 우선순위에 두고 있으므로 C국에서는 을이 아니라 갑을 피고인으로 인정할 것이다.

⑤ (○) A국은 '법정에 출석한 자'와 '공소장'을 고려하되, '법정 출석자'를 우선순위에 두고 있으므로 을을 피고인으로 인정할 것이다.

32 추론된 내용의 근거나 이유 찾기 정답 ⑤

① (○) 정리해고는 해고사유가 사용자에게 있는 것이므로 해고사유가 발생하면 이후 일정한 기준을 통해 해고대상자를 선정하는 과정이 필요하다고 할 수 있다.

② (○) 제시문 첫 번째 문단의 「직장의 의미가 자신의 인격을 실현하는 장이라는 현대적 의미도 갖는다」는 내용에서 그 근거를 찾을 수 있다.

③ (○) 제시문 두 번째 문단 하단부의 「근로계약관계에 의해 형성되는 공동체는 고유한 질서를 가진 또 다른 작은 사회에 다름 아니다」라는 내용에서 그 근거를 찾을 수 있다.

④ (○) 제시문 세 번째 문단의 두 번째 해고 유형의 「적격성을 상실하였다는 것은, 근로자가 업무를 수행하고 싶어도 상당 기간 수행할 수 없게 되었다는 것」라는 내용에서 그 근거를 찾을 수 있다.

⑤ (×) 이에 대한 직접적인 근거를 제시문에서 찾을 수 없다.

33 생략된 전제 추론 정답 ③

①(×) C국의 〈당해 재판에 적용할 법률〉이 사망자의 본국의 법률에 따르도록 하고 있으므로 그 사망자의 본국인 A국은 A국의 법률을 따라야 한다. 따라서 A국의 법률은 상속에 관하여는 사망자의 최후 주소지의 법률에 따른다고 하고 있으므로 상속에 관하여는 B국의 법률에 따라야 한다. 순환구조가 계속해서 이어짐에 따라 'A국의 상속법이 적용되어야 한다'는 C국 법원의 판단이 도출되기 어렵다.

②(×) 1번 선택지와 같은 결론에 이르게 되어 적용 법률을 판단할 수 없게 된다.

③(○) C국의 〈당해 재판에 적용할 법률〉에서 언급되고 있는 법률 즉, 「C국 : 상속에 관하여는 사망자의 본국의 법률에 따른다.」에서의 A국의 법률에는 A국이든 B국이든 그 나라의 〈당해 재판에 적용할 법률〉 자체는 포함되지 않는다고 해석한다면 결국 A국의 법률 즉, A국의 상속법이 적용된다는 결론이 도출될 수 있다. 결국 본 문제가 요구하는 정답은 모순처럼 보이는 역설적 상황을 해소하는 방안으로서의 암묵적 가정 내지 전제를 묻고 있다.

④(×) 이 또한 계속된 순환 고리를 끊을 수 없어 〈C국 법원의 판단〉과 같은 결론에 도달하기 어렵다.

⑤(×) 본 사례는 C국의 〈당해 재판에 적용할 법률〉에 따른 결과가 다시 C국의 법률을 적용하도록 명하는 경우로서 이 경우 C국의 〈당해 재판에 적용할 법률〉은 적용하지 않는 다면 결국 B국의 〈당해 재판에 적용할 법률〉에 따라 상속재산 소재지인 C국의 상속법이 적용되어야 한다는 결론에 이르게 된다.

34 법률의 위헌여부 판단 정답 ②

② (×) 제시된 논증의 구조를 분석해 보면 다음과 같다.

$$\frac{1+2}{\downarrow}\quad \frac{3+4+5}{\downarrow}\quad 6$$

1, 2, 그리고 3만을 놓고 볼 때, 1은 헌법 제37조 2항을 다시 정리해 준 것으로 일종의 대전제에 해당되며, 2는 헌법 제10조에 대한 요건해석과 A조항이 이 요건에 포섭되는 지를 판단하고 있는 것으로 소전제에 해당되고, 3은 결론에 해당된다. 일반적으로 논리전개의 순서는 대전제 - 소전제 - 결론 순이나 대전제와 소전제가 바뀐다 하여도 그리 큰 문제가 되지 않는다. 따라서 결론에 이르는 판단의 순서에 있어 1과 2는 바뀔 수 있다.

③ (○) 좌석안전띠를 매지 않을 자유가 일반적 행동자유권의 보호영역에 속하지 않는다고 판단되었다면 이는 헌법 제37조 제2항에서 보호하고 있는 국민의 자유와 권리에 해당되지 않기 때문에 위반 여부를 굳이 판단할 필요가 없다.

35 배아의 법적 지위 관련 견해 및 판례 정답 ③

① (○) 제시문 마지막 문단의 「배아에 대한 부적절한 이용가능성을 방지하여야 할 공익적 필요성의 정도가 배아생성자의 자기결정권이 제한됨으로 인한 불이익의 정도에 비해 작다고 볼 수 없으므로, 생명윤리법 규정이 헌법에 위반된다고 볼 수 없다.」는 내용을 통해 확인할 수 있다.

② (○) '임의로'라는 부분에 주의할 필요가 있다. 제시문「다만 잔여 배아는 발생학적으로 원시선이 나타나기 전까지에 한하여 체외에서 동의권자의 동의를 전제로 연구 목적으로 이용할 수 있다.」에 따르면 동의권자의 동의를 전제로 하고 있으므로 임의로 처분할 수 있는 연구의 대상이 아니라고 할 수 있다.

③ (×) A국의 헌법재판소가 합헌결정을 하였다고 하여 배아의 권리를 배아생성자의 권리보다 무조건 크다는 것을 전제하고 있는 것은 아니다. 단지 이 사안의 경우에 이익의 비교형량을 통해 배아의 부적절한 이용가능성 방지라는 공익적 필요성을 크게 판단한 것이라 할 수 있다.

④ (○) 인간 배아의 법적 지위와 관련하여, 제1견해는 인간의 생명은 수정된 때부터 시작되므로 배아를 완전한 인간으로 인정해야 한다고 보고 있다. 따라서 착상 전 배아에 손상을 주는 연구는 인간에게 손상을 주는 연구를 의미하므로 제1견해에 따르면 원칙적으로 금지된다고 할 수 있다.

⑤ (○) A국의 헌법재판소 결정은 A국의 생명윤리법이 합헌이라는 결론을 내리고 있다. 따라서 A국의 생명윤리법 규정을 통해 제3견해와 부합하는지를 판단할 수 있다. 규정 단서에 따르면, 「다만 잔여 배아는 발생학적으로 원시선이 나타나기 전까지에 한하여 체외에서 동의권자의 동의를 전제로 연구 목적으로 이용할 수 있다.」고 하고 있으므로 원시선을 기준으로 생명권의 주체여부를 판단하고 있다. 따라서 A국의 헌법재판소 결정은 제3견해와 부합한다.

36 법률상책임 / 강화약화판단 정답 ①

ㄱ. (○) 제시문에 따르면 합리적 행위 능력은 '자신의 믿음에 입각하여 자신의 욕구를 달성하는 행동을 수행할 수 있는 능력'이다. 이것이 법률상 책임을 판단하는 기준이 된다. 만약 신경과학이 믿음과 욕구의 역할을 부정한다면 이는 제시문에서 말하는 '합리적 행위 능력'의 정의에 대한 반박이 되며 글의 논지 역시 약화된다.

ㄴ. (×) 제시문에 따르면 법은 형이상학적 의미의 자유의지 유무에는 관심이 없고, 사람들이 최소한의 합리성 기준을 충족하는지에만 관심이 있다. 합리적 행위 능력이 두뇌의 생물학적 특성에 불과하다는 사실은 제시문의 주장과는 무관한 내용이며, 글의 논지를 약화할 수 없다.

ㄷ. (×) 범죄를 저지른 사람 중 상당수가 공통된 신경적 기제를 지니고 있다는 사실은 뇌 안의 신경적 요인이 범죄 행위의 이유가 될 수 있음을 의미한다. 필자가 비판하는 견해를 지지하는 연구 결과에 해당하므로 글의 논지를 강화하는 주장이 될 수 없다.

37 행정소송에서의 확인소송 정답 ③

ㄱ. (×) 을은 '행정소송은 민사소송과 목적, 취지 및 기능을 달리하기 때문에 보충성의 원칙이 요구되지 않는다'는 주장을 하고 있다. 직접적으로 민사소송에서의 확인소송이 보충성의 원칙이 요구되는지 그렇지 않은지를 언급하고 있지는 않지만, 민사소송과의 차이점을 언급하여 보충성의 원칙이 요구되지 않는다는 주장을 하고 있는 만큼 '민사소송에서의 확인소송은 보충성의 원칙이 요구되는 것'을 전제로 하여 논리를 전개하고 있다고 할 수 있다.

ㄴ. (×) 을은 행정소송에서의 무효확인소송의 성질이 '확인소송'임을 부인하는 것이 아니라, 민사소송에서의 무효확인소송과 같이 '소의 이익이 없다'는 것을 부인하고 있다. 즉 행정소송에서의 무효확인소송은 그 자체만으로도 소의 실익이 있기 때문에 민사소송에서의 확인소송과 달리 보충성의 원칙이 요구되지 않음을 주장하고 있다.

ㄷ. (○) 을의 "행정소송법은 무효확인소송의 판결의 효력에 있어서 그 자체만으로도 권리구제의 실효성을 담보할 수 있는 여러 특수한 효력을 추가적으로 인정하고 있기 때문에 권리구제방법으로서 효과적인 다른 소송수단이 있다 하더라도 무효확인소송을 제기할 수 있다."는 주장을 통해 을은 확인소송의 보충성의 원칙을 행정소송에서는 배제하고 결과적으로 민사소송에만 한정하고자 하는 것을 확인할 수 있다.

38 헌법규정에 대한 해석 정답 ⑤

① (○) 헌법 제34조의 규정에서 "인간다운 생활을 할 권리"를 가진다고 명시적으로 표현하고 있음에도 불구하고 A는 '법적 권리를 부여하는 것이 아니라 법률제정의 방침을 제시하고 있을 뿐'이라고 견해를 제시하고 있으므로, A에 대하여는, 헌법 제34조의 문언에 반하는 해석을 하고 있다는 비판을 할 수 있다.

② (○) B는 법적 권리를 추상적 권리와 구체적인 권리로 구분하여, 국가기관에 주장하여 실현할 수 있는 구체적인 법적 권리는 입법부가 권리의 내용을 법률로 구체화한 다음에라야 비로소 가능하다는 견해를 제시하고 있으므로, B에 의하면, 국가가 그 권리의 구체적인 내용을 법률로 정하지 않을 경우 국민은 자신의 권리를 실현할 수 없다.

③ (○) C는 '권리의 확정적인 내용은 국민이나 국가기관이 구체적인 사태에서 … 여러 요소를 고려하여 판단한다.'는 견해를 제시하고 있으므로, C에 대하여는, 헌법 제34조의 구체적인 내용을 사람마다 달리 이해할 수 있어서 권리의 내용이 불안정하게 된다고 비판할 수 있다.

④ (○) D는 '인간다운 생활'의 수준을 최소한의 물질적인 생존 조건과 이를 넘어서는 상태로 나누어 접근하고 있다. 구체적으로, 최소한의 물질적인 생존 조건은 어떤 경우에도 구체적인 법적 권리가 인정되지만, 이를 넘어서는 상태에 대해서는 '사회의 여건에 따라서는 이를 넘어서는 상태에 대한 구체적인 법적 권리도 바로 인정할 수 있다'라고 진술하고 있으므로, D가 인정하는 구체적인 법적 권리 특히 최소한의 물질적인 생존 조건을 넘어서는 구체적인 법적 권리의 실현 여부는 사회여건에 따라 다를 수 있다.

⑤ (×) A와 B의 경우에는 국가의 다른 조치 없이는 법원에 구체적인 권리 주장을 할 수 없지만, C는 '위 조항은 국민에게 법적 권리를 부여'한다는 서술로부터 판단해볼 때 국가의 다른 조치가 없이도 헌법 제34조를 근거로 법원에 구체적인 권리 주장을 할 수 있다는 입장이므로, C 견해에 대해서는 잘못된 판단을 하고 있다.

39 무죄추정원칙 / 견해 이해 및 사례에의 적용 정답 ③

각 쟁점에 대한 乙, 丙, 丁의 견해를 정리해보면 아래와 같다.

	무죄 추정의 원칙
乙	형사 절차상 불이익을 입지 말아야 한다는 것 회사의 직원 해고와는 무관
丙	구체적 규정이 있을 때만 인정됨 (형사절차 : 규정 ○, 회사의 직원 해고 : 규정 ×)
丁	재판 과정에서 검사의 입증책임에 관한 문제

ㄱ. (○) 丙은 무죄추정의 원칙이 구체적 규정이 있을 때에만 인정된다고 보며, 회사의 직원 해고에 대해서는 규정이 없으므로 무죄추정의 원칙과는 무관하다고 볼 것이다. 乙은 무죄추정의 원칙이 형사절차에서만 적용되는 것으로 보므로 회사에서 직원을 해고하는 것과는 무관하다고 볼 것이다. 따라서 결론을 같이 한다.

ㄴ. (○) 丁은 무죄추정의 원칙을 재판 과정에서의 검사의 입증책임에 관한 문제로 이해한다. 피의 사실을 공개하는 것은 재판과 관련된 것이 아니므로 무죄추정의 원칙에 위배된다고 보지 않을 것이다.

ㄷ. (×) 乙은 무죄추정의 원칙을 '형사 절차의 전 과정에서 불이익이 없어야 한다'는 것으로 이해한다. 스스로 무죄를 입증하지 않으면 처벌받는(유죄로 추정되는) 특별법은 형사 절차의 과정에서 불이익을 주는 것이므로 무죄 추정의 원칙에 위배된다고 볼 것이다. 丁은 무죄추정의 원칙을 '검사의 유죄 입증 책임'의 문제로 본다. 따라서 피고인이 무죄를 입증해야 하는 특별법은 무죄추정의 원칙에 위배된다고 볼 것이다. 입장을 달리하지 않는다.

40 전제여부판단 정답 ②

음란물을 저작권법상 저작물로 보호해야 하는지 여부에 대한 갑, 을, 병의 견해는 다음과 같다.

갑 : 음란물도 저작권법상 저작물로 보호해야 한다. 저작물은 창의성을 요구할 뿐 도덕성을 요구하지는 않기 때문이다.
- 암묵적인 전제 : 음란물에 대하여 창의성을 인정할 수 있다.

을 : 음란물은 저작권법상 저작물로 보호해서는 안 된다. 음란물은 형법에서 제작배포를 금지하는 불법행위의 결과물이기 때문이다.
- 암묵적인 전제 : 법은 불법적인 것을 보호해서는 안 된다.

병 : 사회적 해악성이 명백한 음락물은 저작권법상 저작물로 보호할 수 없지만 그 외의 음란물은 저작물로 보호해야 한다. 표현의 자유와 재산권의 침해를 최소화하기 위해서이다.
- 암묵적인 전제 : 보호할 가치가 있는 음란물과 그렇지 않은 음란물이 있으며 이를 구분할 수 있다.

ㄱ. (×) 갑은 음란물을 저작권법상 저작물로 보호해야 한다는 견해로 음란물에 대해서도 저작권법이 요구하는 창의성이 인정될 수 있음을 전제로 하고 있다.

ㄴ. (○) 을의 견해에 따르면, 음란물을 저작권법상 보호해서는 안 되는 이유는 그것이 법이 금지하는 불법행위의 결과물이기 때문이다. 따라서 법적으로 금지된 장소에 그려진 벽화나 국가보안법에 위반하여 대중을 선동하는 작품 역시 저작권법상 보호해서는 안 된다.

ㄷ. (×) 병의 입장은 저작물 인정 기준으로 '음란성'에 대한 법적 평가가 아니라 '사회적 해악성'을 기준으로 하자는 것이다. 같은 시대, 같은 지역에서도 상황에 따라 음란성에 대한 법적 평가가 달라질 수 있다는 것은 병의 주장과는 무관한 내용이다. 음란성에 대한 법적 평가가 달라지지 않는다 해도 병의 주장은 유효하다.

대립하는 견해들의 암묵적인 전제를 파악할 수 있는지가 중요하다. 삼단논법의 대전제-소전제-결론을 의식하면 갑, 을, 병의 결론과 전제를 보다 확실하게 파악할 수 있다.

41 국가배상 / 원리와 사실 구분 정답 ①

ㄱ. (○) 갑은 어떤 행위가 없었을 경우 대상자가 더 좋은 삶을 누렸을 때 배상이 이뤄져야한다고 본다. 만약 K섬의 무단 점유가 없었을 때 B가 더 낮은 수준의 삶을 누렸다면 이는 배상을 위한 조건에 해당하지 않는다. 따라서 갑은 B에게 배상이 이루어져야 한다는 주장에 동의하지 않을 것이다.

ㄴ. (×) 을은 B가 K섬 무단 점유가 없었다면 태어나지 않았을 것으로 본다. 이에 K섬 무단 점유가 없었더라도 B가 더 좋은 삶을 누렸을 것이라 할 근거가 없다고 주장한다. 따라서 을이 ㉠을 받아들이더라도 B에 대한 보상이 이뤄져야 한다고 보지 않을 것이다.

ㄷ. (×) 병은 'K섬의 무단점유에 대해 A에게 배상이 이뤄지지 않았다는 사실'이 원인이 되어 B가 더 나쁜 삶을 살게

되었고 B에게 배상이 이뤄져야 한다고 본다. 즉, 병은 ㉠에서 말하는 '잘못된 것 X'가 'A에게 배상이 이루어지지 않았다는 사실'이라고 보는 것이며, ㉠에는 동의하고 있다고 보아야 한다.

42 디지털 성범죄 처벌법 / 입법안 비교분석 정답 ⑤

① (○) 성적 의도로 타인의 신체를 그의 의사에 반하여 촬영하는 행위와 그 촬영물을 유포하는 행위에 대해 〈1안〉은 각각 4년 이하, 6년 이하의 징역에, 〈3안〉은 각각 5년 이하, 7년 이하의 징역에 처한다. 두 안 모두 유포 행위를 촬영 행위보다 중히 처벌하고 있음을 알 수 있다.

② (○) 촬영물을 저장하는 행위는 〈3안〉에서만 처벌 대상에 해당한다.

③ (○) 〈1안〉에서 유포죄의 대상이 되는 촬영물은 '의사에 반하여 촬영된 촬영물'이다. 따라서 허락을 받아 촬영한 나체사진은 〈1안〉에서는 처벌 대상이 되지 못한다. 이에 반해 〈2안〉과 〈3안〉은 의사에 따라 촬영되었다고 할지라도 유포 행위가 의사에 반한다면 처벌한다. 따라서 선지의 행위는 〈2안〉과 〈3안〉에서는 처벌대상이다.

④ (○) 〈3안〉은 촬영대상자의 의사에 반하여 그 촬영물 및 복제물을 유포할 경우 처벌한다. 따라서 SNS로 받은 사진을 촬영자의 의사에 반하여 유포하는 행위는 처벌대상이다.

⑤ (×) 도로변 가판대는 정보통신망이 아니므로 〈1안〉의 경우 제2항이 적용되어 6년 이하의 징역에 처해진다. 또 〈2안〉의 경우에는 제1항이 적용되어 5년 이하의 징역에 처해진다. 〈3안〉의 경우에는 제2항이 적용되어 7년 이하의 징역에 처해진다. 따라서 〈3안〉이 가장 중한 처벌을 규정한 입법안이다.

43 특별검사제 도입 논쟁 정답 ①

ㄱ. (○) 특별검사의 권한남용에 대한 적절한 통제수단이 없다는 것은 특별검사제의 문제점을 언급한 것으로 특별검사제를 통한 해결이 능사가 아니라는 측면에서 A와 B 모두를 약화한다고 판단할 수 있다. 그러나 제시문의 문제 상황은 기존 검찰의 정치적 중립성에 대한 해결안으로서의 특별검사제이므로 "권한남용"과 "정치적 중립성"은 별개라는 생각에서 A와 B의 주장을 약화하지 않는다고 판단할 여지도 있다. 그러나 출제자는 엄격하게 접근하기보다는 좀 더 크게 접근하여 이는 둘 다 약화한다는 취지로 출제하였다. 따라서 수험생의 입장에서는 정오답을 골라갈 때 좀 더 탄력적인 대응을 할 필요가 있다.

ㄴ. (×) 명확하게 틀린 보기이다. 특검이 쉽게 작동될 경우의 정치적 부작용을 언급하고 있는 것으로 상설특검을 반대하고 사안별 개별특검을 지지하는 내용이다. 따라서 A는 약화되고 B는 강화된다.

ㄷ. (×) 기존의 검찰과 개별 특검을 비교하고 있다. 따라서 A와는 무관 내지 강화의 여지가 있고, B는 강화된다. A가 약화된다는 것은 명확히 틀린 판단이다.

44 사형제도 찬반 논쟁 정답 ①

①(×) "사회계약에 참여하는 사람들은 자신이 사형당할 만한 죄를 저지를 가능성을 염두에 두지 않는다."라면 갑과 같은 결론에 이르지 않고 오히려 사형은 법에 의해 정당화될 수 있다. 따라서 위 주장은 갑의 논지를 강화하는 것이 아니라 약화한다.

②(○) 사회계약에 참여하는 사람이 사형을 택한다고 하면 법에 의해 사형이 정당화될 수 있다는 것으로 갑의 논지를 약화하게 된다.

③(○) "살인을 함으로써 보편적 인간성을 희생시킨 범죄자는 자신의 보편적 인간성도 이미 죽인 것이다."라는 주장에 따르면 사형을 통해 비로소 범죄자의 보편적 인간성이 죽게 되는 것이 아니므로 병의 주장과 같은 모순은 발생되지 않으며 사형은 정당화될 수 있다. 따라서 병의 논지를 약화한다.

④(○) "신체의 소멸을 통해서 보편적 인간성을 회복할 수 있다."라는 주장은 사형을 통해 보편적 인간성이 존중된다는 것으로 을의 논지를 강화하고 병의 논지를 약화한다.

⑤(○) "개별적 인간들에 공통적으로 귀속되는 것으로 여겨지는 보편적 인간성이란 허구일 뿐이다."라는 주장은 보편적 인간성에 대한 논의 자체를 부정하는 것으로 을과 병의 논지를 모두 약화한다.

45 민사소송의 당사자 자격 정답 ④

ㄱ. (×) A가 명확히 틀렸다. A에 따르면, 당사자능력을 인정받기 위해서는 '일반적으로 정해지고, 법에서 명시적으로 인정'하고 있으면 족하므로 A는 소송에서 당사자능력을 인정받기 위해서 침해되는 이익이 있어야 함을 전제하고 있다고 말할 수 없다. 반면에 B의 "우리는 그 사

람에게 이익침해가 있다고 보아 법으로 보호받을 수 있는 자격과 기회를 인정하여야 한다."라는 진술을 통해, B는 소송에서 당사자능력을 인정받기 위해서 침해되는 이익이 있어야 함을 전제하고 있음을 추론할 수 있다.

ㄴ. (○) 당사자가 적법하게 소송을 수행할 수 있으려면 당사자능력, 당사자적격, 소송능력 등의 당사자자격을 갖추어야 하는데, A에 따르면, 현행법은 사람이나 일정한 단체에만 당사자능력을 인정하고 있고, 법에서 명시적으로 인정하는 자 이외에는 당사자능력을 추가로 인정할 수 없다는 견해를 견지하고 있으므로, 올빼미가 현실적으로 이익을 침해당하더라도 법 개정이 없이는 소송을 수행할 수 없다.

ㄷ. (○) A의 진술을 고려한 판단과 그렇지 않을 경우의 판단은 달라질 수 있다. B의 내용만 가지고 판단한다면 '보호이익'과 '명문 규정'은 무관하다고 판단할 수 있으나, A와의 논쟁임을 고려하여 판단한다면, '강화'로 판단할 수 있다. 즉, B의 주장의 핵심은 '적법하게 소송을 수행할 수 있는 자격은 법으로 보호할 이익이 있는지에 따라서 판단해야 하며, 위험에 처했다면 이익침해가 있다고 보며, 올빼미에게 법으로 자격을 부정할 이유는 없고, 원활한 소송을 위해 시민단체가 대리하여 소송을 진행하면 된다는 것'으로 '법규정의 명문에 반하는 해석이 허용'된다면 A의 '현행법은 사람이나 일정한 단체에만 인정하고 있다'는 명문에 반하지만 '올빼미'를 인정할 수 있게 되므로 B의 주장은 강화된다.

46 마약류 처벌 논쟁 정답 ①

갑 : 마약류의 단순 사용범죄가 처벌 대상이라는 입장이다. 갑1에서는 '자신에게 피해를 준다'는 이유, 갑2에서는 '타인에게 위해를 가할 가능성'이 있다는 이유, 갑3에서는 '사회 전체의 건전한 근로 의식을 저해'한다는 이유를 들고 있다.

을 : 마약류의 단순 사용범죄가 처벌 대상이 아니라는 입장이다. 을1에서는 '타인에게 피해를 주지 않는다'는 이유로 처벌 대상이 아니라고 하며, 을2에서는 '중독 상태에서 발생'(~목적) + '타인에게 위해를 가할 가능성'만으로는 처벌 대상이 아니라고 하고 있다.

ㄱ. (×) 을1의 주장은 타인에게 피해를 준 행위는 형벌 부과 대상이 될 수 있지만, '자신에게만 피해를 주고 타인에게 피해를 주지 않는 행위는 형벌 부과 대상이 아니'라는 것이다. 보기 ㄱ의 '전쟁 중 병역 기피 목적'으로 자신의 신체를 손상한 사람을 '병역법 위반'으로 처벌한다는 내용을 통해 자신에게뿐 아니라 타인에게도 피해를 주는 행위라 판단할 수 있다. 따라서 을1의 주장에 부합하는 내용으로서 을1의 주장을 약화한다고 할 수 없다.

ㄴ. (○) 갑2의 주장은 '타인에게 위해를 가할 가능성이 있으면 형벌 부과 대상'이라는 것이다. 따라서 '위해의 가능성만으로는 형벌 부과 대상이 아니라는 견해'는 갑2의 주장과 상반된 주장으로서, 갑2의 주장을 약화한다.

ㄷ. (×) 을2는 '중독은 치료와 예방의 대상이지 처벌의 대상이어서는 안 된다'고 보고 있으므로, 인터넷 중독 사례와 관련하여 형벌을 부과하지 않고 예방교육과 홍보를 강조하는 A국 정책은 을2의 주장에 부합한다. 따라서 이러한 정책이 타당성을 인정받는다면 약화되는 것이 아니라 강화된다.

47 논쟁 이해 및 종합적 판단 정답 ①

A : 은을 몰래 소지한 것은 몰래 판매한 것과 다르지 않다는 입장이다. 즉 A는 제4조를 유추적용하여 밀매죄로 처벌할 수 있다고 본다.

B : 은을 몰래 소지한 것은 판매를 위한 준비에 불과하므로, 준비행위를 처벌하는 규정이 없는 한 처벌할 수 없다고 본다. 즉, 제4조를 유추적용할 수는 없다고 본다. 다만 유사한 판례가 있다면 판례를 유추적용할 수 있다고 본다.

C : 준비행위를 처벌하는 별도의 규정을 신설하여 처벌해야 한다는 입장이다.

ㄱ. (○) '범죄를 준비한 자를 처벌하기 위해서는 법에 정한 바가 있어야 한다'는 논거는 B주장의 내용이다. B에 따르면 ㉠을 주장할 수 없으므로, ㉠은 약화된다.

ㄴ. (×) 〈보기〉 ㄴ의 판결은 '모반을 도운 자 ⊂ 모반을 행한 자'로 보는 것이고, ㉡의 판결은 '범죄를 준비한 자 ⊂ 범죄를 행한 자'로 보는 것으로 구분된다. 즉 〈보기〉 ㄴ은 일종의 조력자 내지 공범을 범죄를 행한 자로 보는 것이고, ㉡은 범죄를 준비한 자를 범죄를 행한 자로 보는 것으로 다르다. 따라서 ㉡에 해당되지 않는다.

ㄷ. (×) 국왕의 명령에 의하면, 밀매죄(제4조)의 형에서 1단계를 감경하여 처벌하게 되므로 교형에서 유배형으로 감경되고, 이는 71세인 자가 유배형에 처해진 것이므로 제2조에 의해 최종적으로 속죄금만을 징수하게 된다.

48 헌법재판기관의 민주적 정당성 정답 ①

①(×) (가)의 비판 중 「정기적인 선거를 통하여 국민이 직접 헌법재판기관을 구성하고 그 구성원에 정치적 책임을 추궁할 수 있어야 헌법재판기관은 민주적 정당성을 갖출 수 있다.」을 통해 볼 때 민주적 정당성을 갖추기 위해서는 국민이 직접 헌법재판기관을 구성하여야 할 뿐 아니라 정치적 책임까지도 추궁할 수 있어야 하기 때문에 헌법재판기간 구성원의 선출방식을 직선제로 변경하는 것만으로 (가)가 해소된다고 보기 어렵다.

②(○) (가) 비판의 해소요건은 국민에 의한 헌법재판기관의 구성 및 정치적 책임 추궁 가능성이므로 헌법재판기관이 법률들에 대하여 합헌 결정을 내렸더라도 (가)는 해소되지 않는다.

③(○) (나)는 A국의 헌법재판기관이 구성뿐 아니라 활동에 있어서도 민주주의 체제에 부합하지 않는다고 비판하고 있다. 즉, 국민에 의해 직접 선출되지 않은 헌법재판기관이 직접 선출된 입법부를 견제하고 있고, 더욱이 입법부의 결정인 법률은 국민 의사가 반영된 것인데 이에 반대하는 위헌결정은 민주적 정당성을 갖추지 못한다는 것이다. 따라서 (나)에 따르면 헌법재판 제도 자체가 입법부에 대한 견제수단으로 적절하지 않다고 주장할 수 있다.

④(○) (나)는 헌법재판기관의 구성이 민주주의 체제에 부합하지 않는다고 하고 있고, 그 이유는 국민의 직접 선출하지 않았기 때문이라는 것을 「국민이 직접 선출한 입법부」라는 내용을 통해 추론할 수 있다. 또한 「이에 대하여 위헌결정을 내리는 경우 헌법재판기관은 입법부에 반영된 국민의 의사에 반대하게 되어 민주적 정당성을 갖추지 못한다.」는 내용을 통해 헌법재판기관의 결정은 국민의 의사를 반영하고 있지 않음을 알 수 있다. 따라서 (나)에서는 헌법재판기관 구성과 관련된 대통령의 결정이 국민의사의 반영이라고 이해하지 않는다고 할 수 있다.

⑤(○) 사용된 용어에 대한 정확한 의미를 묻고 있다. 맞는 내용이다.

49 역설기반 파악 및 해소방안 정답 ②

- 갑은 을이 계약을 위반했다고 주장하며, 을은 위반하지 않았다고 주장한다. 이에 대한 판단에는 2가지 쟁점이 존재한다.
  1) 계약이 행위 X를 금지하는지 여부
  2) 을이 행위 X를 했는지의 여부
- 세 명의 판사가 위 2가지 쟁점에 대해 내린 판단을 요약하면 다음과 같다.

	계약이 행위 X를 금지하는지의 여부	을이 행위 X를 했는지의 여부	을의 계약 위반 여부
판사 1	○	○	○
판사 2	○	×	×
판사 3	×	○	×
판사 4 (ㄷ 참고)	×	×	×

- 각 쟁점에 대해서는 다수의 판사들이 내리는 판단을 따르며, 각 쟁점에 대해 서로 다른 판단을 내리는 판사의 수가 같은 경우에는 가장 경력이 오래된 판사 1의 의견을 따르게 된다.
- 위 원칙에 따를 경우, 계약이 X를 금지하는지의 여부에 대해서는 ○, 을이 행위 X를 했는지에 대해서도 ○라고 판단해야 한다.
- 그럼에도 불구하고 을의 계약 위반 여부에 대해서는 아니라고 판단해야 한다. 을이 계약을 위반했다고 판단한 판사는 한 명 뿐이기 때문이다 (판사 1)

ㄱ. (×) 을의 주장을 추론할 수 있는 근거는 주어져 있지 않다.

ㄴ. (○) 판사 3이 위 쟁점 모두에 대해 ×, ×라고 판단했다면, '을이 행위 X를 했는지의 여부'에 대해서 ×라고 판단하게 된다(다수의 판사들이 내리는 판단에 따르기 때문). 따라서 ㄱ의 '곤란한 상황'은 발생하지 않는다.

ㄷ. (×) 판사 한 명을 추가시킨다고 해도, ㄱ이 발생하지 않는다고 확정적으로 추론할 수 없다. 특히 추가된 판사가 (×, ×, ×)인 경우 '계약이 행위 X를 금지하는지 여부'에 대해서는 판사들의 의견이 동수로 갈리므로 연장자의 의견에 따라 ○가 되고, '을이 행위 X를 했는지 여부'에 대해서도 같은 이유로 ○가 되나, 을의 계약 위반 여부는 다수결에 따라 ×가 되므로 곤란한 상황이 여전히 발생하게 된다.

현강·인강 수강생 수 1위, 수험적합성 1위

합격생들이 가장 많이 추천하는 강의
최신 출제 경향을 공략한 차별화된 강의

"조성우 선생님의 차별화된 장점 3가지"

첫째, **선생님의 열정**
둘째, **효율적인 수업**
셋째, **양질의 문제 제공**

떨리는 마음으로 본고사장에서 추리논증 문제지를 펼쳤을 때의 기분을 잊지 못합니다.
문제의 구성이나 풀어나가는 방식 등이 평소 조성우 선생님 강의를 통해 꾸준히 연습했던 문제들과
놀라울 정도로 비슷하게 느껴졌기 때문입니다.
_ 2012 전국수석(표준점수 80.0점) 송은진

LEET라는 시험을 처음 접했을 때는 문제를 푸는 기초적인 방법조차 몰랐었고, 공부를 해도 오르지 않을
것이라는 생각으로 수험생활을 시작하였습니다. 그러나 조성우 교수님의 추리논증 강의에 충실하면서
언어적 장벽 이외에도 배경지식과 같은 장애 요소들을 극복할 수 있었고, 시행착오를 거듭한 끝에
추리논증 표준점수를 52.0점(백분위 56.3%)에서 70.5점(99.1%)으로 20점 가까이 향상시켰습니다.
_ 2017 최고수준 성적향상자(표준점수 52.0점 → 70.5점) 박○○

기초부터 파이널까지의 전 과정에서 조성우 선생님의 교재와 강의를 통해 배운 내용을 빠짐없이 정리해서
완벽히 소화해내기 위해 노력했고, 본고사에서 이전에 받아본 적 없는 최고의 점수를 받을 수 있었습니다.
_ 2020 추리논증 백분위 100% 성적우수자 양○○

조성우 선생님의 강의는 메가로스쿨에서 가장 많은 학생들이 선택하는 수업입니다.
수많은 학생들이 선택한 데에는 이유가 있다고 생각합니다. (…중략…) 이런 제 기대와 같이 매 수업마다
양질의 참고자료를 제공받을 수 있었습니다. 분만 아니라 모의고사 문제를 자체 제작하므로
타 강의에 비해 실전과 같은 연습을 하는 데 도움이 되었습니다.
_ 2023 추리논증 백분위 100% 성적우수자 강○○

저는 많은 문제를 풀어보고 2022년 리트를 응시했지만 처참한 점수를 받고 다음날 바로 조성우 교수님의
수업을 수강하기 시작했습니다. 선배님들께 고민상담을 했을 때, 모두 입을 모아 조성우 교수님의 기본강
의를 적극 추천해 주셨기 때문입니다. 수업을 통해 무조건 문제를 많이 풀어내는 것보다 중요한 것은
기본을 바로잡는 것임을 깨달았습니다. 초시든 재시든, 올바른 접근법을 배우는 것이 선행되어야 합니다.
이에 최적화된 수업이 조성우 교수님의 기본강의이기 때문에, 추리논증에 어려움을 겪고 계시는
모든 분들께 기본강의를 적극 추천합니다!
_ 2023 최고수준 성적향상자(백분위 26.0%→ 94.3%, 전년대비 68.3% 향상) 이○○

발행 초판 1쇄 2008년 5월 23일 개정 10판 2쇄 2023년 12월 29일 **지은이** 조성우
펴낸곳 메가로스쿨 **출판등록** 2007년 12월 12일 제 322-2007-000308호
주소 서울특별시 서초구 반포대로 81, 2층 **주문전화** 070-4014-5139 **팩스** 031-754-5145

•메가로스쿨은 메가스터디(주)가 설립한 법학전문대학원 입시교육 브랜드입니다.

21064 값 45,000원
13360
9 788966 346516
ISBN 978-89-6634-651-6